공인중개사법및중개실무

홍길성 교수 경영학박사(감정평가사) / 성대경영행정대학원 교수 / 감정평가학회장 역임
정신교 교수 법학박사 / 목포해양대 교수 / 한국부동산학회 분과위원장
김상현 교수 법학박사 / 건대 · 한밭대 교수 / 한국부동산학회 학술위원 / 한국지식재단 연구위원
유원상 교수 부동산학박사 / 한양대학교 교수 / 한국부동산학회 분과위원장
양영준 교수 부동산학박사 / 제주대부동산학 교수 / 한국부동산학회 지역학회장
김동현 교수 부동산학박사 / 이학박사 / 청암대 교수 / 자산정보연구소장 / 한국부동산학회 학술위원
조광행 교수 경제학박사 / 열린사이버대 교수 / 한국부동산학회 부학회장
김성은 교수 법학박사 / 고려대 / 창신대부동산학과 교수 / 고려대법학연구원 연구위원
방경식 교수 행정학박사(부동산) / 주택산업연구원연구실장 · 한국부동산학회 수석부학회장 역임
윤황지 교수 법학박사 / 건국대 / 강남대부동산학과 전교수 / 한국부동산학회 자문위원
박기원 연구위원 부동산학전공 / 건대행정대학원 / 한국부동산학회이사 역임, 연구위원
장재원 교수 국민대법무대학원 중개실무연구 / 단국대 강사 / 한국지식재단 연구교수

부동산공법

송명규 교수 환경토지정책박사 / 단국대부동산학과 교수 / 한국부동산학회 부학회장
윤준선 교수 공학박사 / 강남대부동산건축공학부 교수 / 한국부동산학회 부학회장
정태용 교수 서울대법학전공, 아주대 로스쿨 교수 / 법제처 행정심판관리국장 역임
김향종 교수 행정학박사 / 세명대 교수 / LH토지연수석연구원 역임 / 한국부동산학회 지역학회장
김진수 교수 행정학박사 / 건국대행정대학원 교수 / 한국부동산학회 부학회장 / 한국지식재단 자문위원
이옥동 교수 경영학박사(부동산) / 성결대도시계획부동산학부 교수 / 한국부동산학회 부학회장
홍성지 교수 행정학박사 / 백석대부동산학 교수 / 한국지식재단 연구위원
김동환 교수 부동산학박사 / 서울사이버대부동산학과 교수 / 한국부동산학회 학술위원
백연기 교수 한국부동산학회 공법연구위원 겸 연구교수 / 인하대강사
이윤상 연구위원 도시계획학박사 / LH연구원 연구위원 / 한국부동산학회 학술위원
이춘호 교수 공학박사 / 강남대부동산건축공학부 교수 / 한국부동산학회 학술위원
이기우 교수 법학박사 / 호남대학교대학원장 역임 / 한국부동산법학회장 역임
김용민 교수 법학박사 / 강남대부동산학 전교수 / 한국부동산학회 지역학회장 역임
진정수 연구위원 행정학박사(부동산학) / 국토연구원 전연구위원
조정환 교수 법학박사 / 건국대 / 대진대법무대학원장 · 한국부동산학회 부학회장 역임
김재덕 교수 법학박사 / 건국대부동산학과 교수 · LA캠퍼스총장 역임/한국지식재단 자문위원

부동산공시법

조재영 교수 법학박사 / 한양대학교 교수 / 한국부동산학회 부학회장
최승영 교수 법학박사 / 목포대지적부동산학과 교수 / 한국부동산학회 학술위원
천 영 교수 법학박사 / 감정평가사 / 건국대부동산대학원 교수 / 한국부동산학회 부학회장
이승섭 교수 서울대법학전공, 충남대로스쿨 교수 / 대전 · 인천지방법원판사역임/한국지식재단 전문위원
주명식 교수 민사집행실무연구회장 / 사법연수원 교수 / 대법원법정국장 역임
정삼석 교수 도시계획박사 / 창신대부동산대학원 교수 / 한국지식재단 연구위원
이진경 교수 공학박사 / 감사원평가연구원 · SH연구원팀장 / 싱지대교수 / 한국부동산학회 학술위원
이기우 교수 법학박사 / 호남대 교수 · 대학원장 · 한국부동산법학회장 / 한국부동산학회 자문위원 역임
송현승 교수 부동산학박사 / 평택대학교 교수 / 한국부동산학회 학술이사
윤창구 교수 경영학박사 / 인천대경영대학원부동산학과 교수 / 한국감정원연수원장 역임
임이택 교수 경영학박사 / 목포대지적부동산학과 교수 · 대학원장 · 교수협회장 · 한국부동산회장 역임
오현진 교수 법학박사(부동산학) / 청주대지적학과 교수 · 사회과학대학장 · 한국부동산학회 부학회장 역임
박준석 변호사 건국대 / 수원지방법원/군판사역임
조형래 변호사 한국부동산학회 학술위원
손기선 연구원 부동산공시전문 / 한국지식재단 연구원 / 한국부동산학회 연구원
임석회 연구위원 지리학박사 / 대한감정평가협회 연구위원

부동산세법

이찬호 교수 경영학박사(회계학) / 부동산학박사 / 부산대학교 교수 / 한국부동산학회 지역학회장
김용구 교수 부동산학박사 / 건국대학교 부동산대학원강사 / 단국대학교 겸임교수
장 건 교수 법학박사 / 김포대부동산경영학과 교수 / 한국부동산학회 학술위원 / 한국지식재단 연구위원
황재성 교수 기획재정부 재산세과장 역임 / 세무대학교 교수
안상인 교수 경영학박사(회계학) / 창신대부동산학과 전교수 / 한국지식재단 연구위원
이옥동 교수 경영학박사(부동산) / 성결대도시계획부동산학 교수 / 한국부동산학회 부학회장
최정일 교수 경영학박사(재무, 금융) / 성결대학교 교수 / 한국부동산학회 분과위원장
양해식 교수 세무대학세법전공 / 국세청 전재직 / 중부대학겸임교수
송진영 교수 세무사시험출제위원 / 한국지식재단 연구교수
김재운 교수 부동산전공 / 남서울대부동산학과 전교수 / 한국부동산학회 윤리위원
김정완 연구원 법학박사(수) / 한국부동산학회 연구원 / 한국지식재단 연구원
오맹렬 연구원 법무전문 / 한국지식재단 연구원 / 한국부동산학회 연구원
김병준 교수 경영학박사(금융) / 강남대실버산업학과 교수 / 한국부동산학회 학술위원
나병삼 교수 행정학박사(부동산학) / 명지전대부동산경영과 전교수
박상학 연구위원 경제박사(금융/부동산) / LH토지주택연구원 연구위원 / 한국부동산학회 분과위원장

그 밖에 시험출제위원 활동중인 교수그룹 등은 참여생략

알고 보니
경록이다

우리나라 부동산전문교육의 본산 경록 1957

한방에 합격은 경록이다

제1회 시험부터 수많은 합격자를 배출한 전문성 - 경록

별☆이☆일☆곱☆개

경록 부동산학·부동산교육 최초 독자개척 고객과 함께, 68주년 기념

1957

2025 100% PASS PROJECT

경록
공인중개사 기본서

6 2차 부동산세법

1회 시험부터 수많은 합격자를 배출한 독보적 정통교재

No.1 SINCE1957

우리나라 최초 부동산학을 개척하고 교육한 정통 부동산전문교육운선

알고 보니 경록이다

우리나라 부동산전문교육의 본산 경록 1957

머리말

매년 99% 문제가 경록 교재에서!!

경록 교재는 공인중개사사 시험 통계작성 이후 27년간 매년 99% 문제가 출제되는 독보적 정답률을 기록한 유일한 교재입니다. 경록은 우리나라 부동산 교육의 본산이며 경록교재는 우리나라 부동산교육의 정통한 역사를 이끌어가는 오리지널 교재입니다.

이 교재는 우리나라 부동산교육의 본산인 경록의 68년간 축적된 전문성을 기반으로 130여 명의 역대 최대 '시험출제위원 부동산학 대학교수그룹'이 제작, 해마다 완성도를 높여가며 시험을 리드하는 교재입니다.

특히 경록의 온라인과정 전문기획인강은 언택트시대를 리드하는 뉴 트렌드가 되었습니다. 업계 최초로 1998년부터 〈경록 + MBN TV 족집게강좌〉 8년, 현재까지 28년차 검증된 99%족집게강좌입니다.
일반 학원의 6개월에 1회 수강과정을 경록에서는 1개월마다 2회 반복완성이 가능합니다.

경록의 전문성이 곧 합격의 지름길로 이끌어 드립니다. 성공은 경록과 함께 시작됩니다.

여러분의 건투를 빕니다.

교재 구성과 활용

무엇을 공부해야 하는가
"학습포인트"
핵심이 무엇인지 문제의식을 가지고 공부한다.

학습포인트
- 이 장(章)의 내용은 제2장 부동산의 개념 및 제3장 부동산의 특성과 연결시켜 이해하게 되면 부동산학 이론의 전반적인 내용을 체계적으로 학습할 수 있다. 부동산학은 부동산의 자연적 특성에서 비롯되어 종합식 접근방법에 의한 종합응용사회과학으로 체계화된 것이다.
- 부동산학연구의 전반을 차지하는 것은 부동산활동이다.

내용이 너무 어려워요
"삽화해설"
초학자도 쉽게 접근할 수 있도록 삽화로 풀이하였다.

주요키워드 **만화해설**

 부증성(不增性)

① · 不 : 아닐 [부]
· 增 : 증가할 [증]
· 性 : 성질 [성]

② 부증성이란 글자 그대로 '증가하지 않는 성질'을 말한다.
③ 토지의 자연적 특징 중 가장 많이 출제되는 특성임!

이 단원 알아둘 **키워드**

콕 짚어주세요.
"키워드"
각 장별로 중요한 주제들을 선별하였다.

| CHAPTER | 학습 & 출제되는 키워드 |

☑ 부동산학의 정의   ☑ 부동산현상의 개념   ☑ 부동산활동의 개념
☑ 부동산환경의 분야 ☑ 종합식 접근방법   ☑ 능률성의 원칙

이 단원 주요 **출제질문 예**

이렇게 문제로 출제되는 구나
"출제질문 예"
최근 시험에서 출제된 문항들을 정리하였다.

| CHAPTER | 학습 & 출제되는 질문 |

☑ 부동산학에 관한 설명으로 틀린 것은?
☑ 부동산활동에 관한 설명으로 옳은 것을 모두 고른 것은?

단락문제 02
제24회 기출개작

한국표준산업분류에 따른 부동산업에 해당하지 <u>않는</u> 것은?
① 주거용 건물 개발 및 공급업
② 부동산 투자 및 금융업
③ 부동산 중개 및 대리업
④ 비주거용 부동산 관리업
⑤ 기타 부동산 임대업

해설 부동산업
한국표준산업분류에 따른 부동산업에는 "부동산 투자 및 금융업"이 포함되지 않습니다. **답** ②

잊기 전에 문제로 확인한다
"단락문제"
각 단락의 내용이 실전에서 어떻게 문제로 변환되는지 알 수 있도록 하였다.

Key Point 법정대리와 임의대리

구 분		법정대리	임의대리
발생원인		법률의 규정	법률행위(대리권수여 의사표시)
대리권의 범위		법률의 규정	대리권수여 범위 내(보충 제118조)
복임권	선임권	언제나 선임가능	① 본인의 승낙이 있는 때 ② 부득이한 경우에 한해서 가능
	책 임	무과실책임	선임감독책임 및 통지에 한하여
대리권 소멸		본인의 사망, 대리인의 사망, 성년후견개시, 파산	본인의 사망, 대리인의 사망, 성년후견개시, 파산, 원인된 법률관계의 종료, 수권행위의 철회

이것이 이해의 핵심
"key point"
각 단락의 핵심내용을 압축적으로 표현하여 복습이 가능하도록 했다.

WIDE 경기회복의 지역적 관찰사항
① 시장 지역을 찾는 고객의 동향
② 택지의 거래동향
③ 형성된 가격수준
④ 공가(空家)의 동향
⑤ 건축자재 등의 수요동향
⑥ 건축허가의 신청동향
⑦ 과거의 경기후퇴를 촉구한 요인의 변화 등

숨은 의미가 있어요
"wide(참고사항)"
참고사항과 이해를 위한 부가적 사항을 따로 정리하였다.

친절한 그래프 설명
그래프에 첨삭 설명한 유일교재

임대료
R₂
R₁
S 임대료 보조금 지급 전 공급곡선
D⁺ 보조금 지급 후 수요곡선
D 보조금 지급 전 수요곡선
Q₁Q₃ Q₂ 저소득층 임대부동산

용어사전
직장주택조합
같은 직장의 근로자가 주택을 마련하기 위하여 설립한 조합

용어사전을 쉽게 정리
"용어사전"
독학자를 위해 관련용어를 쉽게 쉽게 풀이 하였다.

단락핵심 부동산문제
(1) 지가고(地價高)란 합리적 지가수준을 넘는 지가상태를 말한다.
(2) 양적 주택문제는 주택수가 가구 총수에 합리적인 공가율에 의한 필요공가수를 합친 필요주택수에 미달하는 현상이다.

이것만은 반드시 기억하자
"단락핵심"
기출 지문을 중심으로 각 단락별 핵심내용을 정리했다. 학습한 내용을 확인하고 복습 및 정리를 위해 활용할 수 있도록 하였다.

단원을 정리하자
"빈출 함정 총정리"

01 부동산은 기술(물리)적 측면에서 자연이나 공간, 위치, 환경 등
별해설 부동산은 유형적 측면에서 자연, 공간, 위치, 자본 등으로 인식한다.

지속가능한 직업
공인중개사

▌공인중개사란

🔍 공인중개사?
공인중개사법령에 의한 공인중개사자격을 취득한 자를 말한다(「공인중개사법」 제2조 제2항).

🔍 중개업?
중개업은 다른 사람의 의뢰에 의하여 일정한 보수를 받고 중개대상물에 대한 거래당사자 간의 매매, 교환, 임대차 그 밖의 권리의 득실변경에 관한 행위의 알선을 업으로 하는 것이다(「공인중개사법」 제2조 제1호, 제3호 참조).

🔍 중개대상물?

| 토지 | 건축물 그 밖의 토지의 정착물 | 입목 |
| 광업재단 | 공장재단 | 분양권 | 입주권 |

(대판 2000.6.19. 2000도837 등 참조)

▌개업 공인중개사 업역
(「공인중개사법」 제14조 참조)

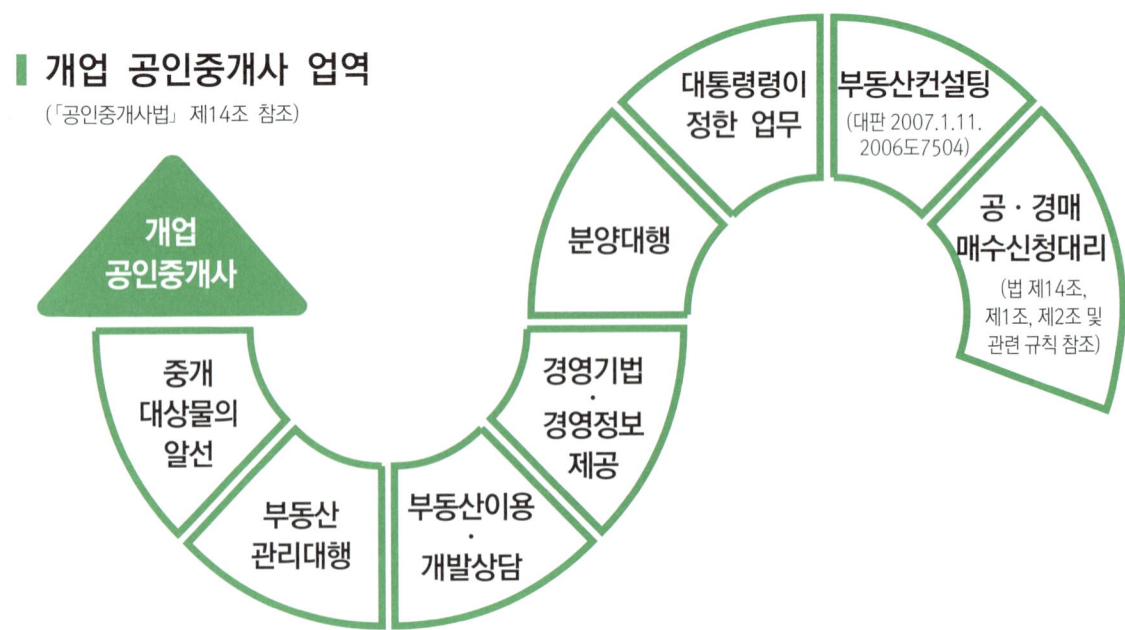

개업 (창업)

중개업의 개업은 공인중개사시험에 합격한 후 소정의 교육을 받고, 개설코자 하는 사무소 소재지 시·군·구청에 "사무소" 개설 등록을 하면 된다.

개인중개사무소, 합동중개사무소, 법인중개사무소를 개설하여 영위할 수 있다.

세상에는 수많은 직업이 있으나 돈이 되고, 시장규모가 크고, 경제성이 높고, 일반 진입이 용이한 직업은 거의 없다.

100세가 되어도 건강하면 경제활동이 가능하고, 시장규모가 크고, 높은 경제성이 있고, 일반 진입이 가능한 직업은 공인중개사뿐이다.

법정취업

- **개인중개사무소, 합동중개사무소, 법인공인중개사무소의 소속공인중개사로 취업**
  11만 4천여 개(법인 포함) 중개업체의 소속공인중개사, 법인의 사원 또는 임원으로 취업 (2021현재)
- **특수 중개법인 취업** (「공인중개사법」 제9조 참조)
  - **지역농업협동조합** : 농지의 매매·교환·임대차 업무
  - **산림조합** : 임야, 입목의 매매·교환 업무
  - **산업단지관리기관** : "산단" 내 공장용지·건축물의 매매·임대차 업무
  - **자산관리공사** : 금융회사 부실자산 등 비업무용 부동산의 매매 업무

일반취업 (가산점 등)

공인중개사 수요는 경제성장과 함께 폭발적으로 증가한다.

국내외 부동산투자회사, 부동산투자신탁회사, LH토지주택공사, SH공사 등 각 지자체공사, 금융기관, 보험기관 등에서 유자격자를 내부적으로 보직 고려나 승급 시 가산점을 부여한다.

일반기업, 공무원 등에서 보직 참고, 승급 등의 업무소양을 가늠하는 전문자격 및 직능향상 기능을 한다.

탁월한 선택

경록의 선택은 탁월한 선택입니다. 우리나라 부동산교육의 본산으로서 65년 전통과 축적된 전문성, 그리고 국내 최대 전문가 그룹이 서포트합니다.

부동산학을 독자연구 정립하고, 최초로 한국부동산학회를 설립하였으며 대학원에 최초로 독립학과를 설립 교육하고, 공인중개사 제도를 주창, 시험시행 전부터 교육해 시험을 리드한 역사적 전통과 축적을 이룬 기관은 경록뿐입니다 (설립자 김영진 박사 1957~현재).

공인중개사 시험

■ **시험일정** : 매년 1회 1, 2차 동시 시행

시험 시행기관 등	인터넷 시험접수	시험일자	응시자격
• 법률근거 : 공인중개사법 • 주무부 : 국토교통부 • 시행기관 : 한국산업인력공단	• 매년 8월 둘째 주 5일간 • 특별추가 접수기간 : 별도 공지 일정은 변경될 수 있음	매년 10월 마지막 토요일	학력, 연령, 내·외국인 제한 없이 누구나 가능 (법에 의한 응시자격 결격사유에 해당하는 자는 제외)

※ 큐넷(http://www.q-net.or.kr) 참조, 이상의 일정 등은 변경될 수 있습니다.

■ **시험과목 및 시험방법**

구 분	시험과목	시험방법	문항 수	시험시간	휴대

1차 시험
1교시
(2과목)
	■ 부동산학개론
	  (부동산감정평가론 포함)
	■ 민법 및 민사특별법 중
	  부동산중개에 관련되는 규정
		객관식
		5지선다형
			과목당
			40문항
			(1번~80번)
				100분
				(9:30~11:10)
					계산기

2차 시험 1교시 (2과목)	■ 공인중개사의 업무 및 부동산거래신고 등 에 관한 법령·중개실무 ■ 부동산공법 중 부동산중개에 관련되는 규정		과목당 40문항 (1번~80번)	100분 (13:00~14:40)	

2차 시험
2교시
(1과목)
	■ 부동산공시에 관한 법령(「부동산등기법」,
	  「공간정보의 구축 및 관리등에 관한 법률」)
	  및 부동산 관련 세법
			40문항
			(1번~40번)
				50분
				(15:30~16:20)	

※ 답안작성 시 법령이 필요한 경우는 시험시행일 현재 시행되고 있는 법령을 기준으로 작성

주의사항
1. 수험자는 반드시 입실시간까지 입실하여야 함(시험시작 이후 입실 불가)
2. 개인별 좌석배치도는 입실시간 20분 전에 해당 교실 칠판에 별도 부착함
3. 위 시험시간은 일반응시자 기준이며, 장애인 등 장애유형에 따라 편의제공 및 시험시간 연장가능
   (장애 유형별 편의제공 및 시험시간 연장 등 세부내용은 큐넷 공인중개사 홈페이지 공지사항 참조)

▎합격기준

구분	합격결정기준
1차 시험	매 과목 100점을 만점으로 하여 매 과목 40점 이상, 전 과목 평균 60점 이상 득점한 자
2차 시험	

▎시험과목 및 출제비율

구 분	시험과목	출제범위	출제비율
1차 시험 (2과목)	부동산학개론 (부동산감정평가론 포함)	부동산학개론	85% 내외
		부동산감정평가론	15% 내외
	민법 및 민사특별법 중 부동산중개에 관련되는 규정	민법(총칙 중 법률행위, 질권을 제외한 물권법, 계약법 중 총칙·매매·교환·임대차)	85% 내외
		민사특별법(주택임대차보호법, 집합건물의 소유 및 관리에 관한 법률, 가등기담보 등에 관한 법률, 부동산 실권리자명의 등기에 관한 법률, 상가건물 임대차보호법)	15% 내외
2차 시험 (3과목)	공인중개사의 업무 및 부동산거래신고 등에 관한 법령·중개실무	공인중개사법, 부동산거래신고 등에 관한 법률	70% 내외
		중개실무	30% 내외
	부동산공법 중 부동산중개에 관련되는 규정	국토의 계획 및 이용에 관한 법률	30% 내외
		도시개발법, 도시 및 주거환경정비법	30% 내외
		주택법, 건축법, 농지법	40% 내외
	부동산공시에 관한 법령 (「부동산등기법」, 「공간정보의 구축 및 관리등에 관한 법률」) 및 부동산 관련 세법	부동산등기법	30% 내외
		공간정보의 구축 및 관리 등에 관한 법률 (제2장 제4절 및 제3장)	30% 내외
		부동산 관련 세법(상속세, 증여세, 법인세, 부가가치세 제외)	40% 내외

차 례

특집 부동산세법 조세 핵심정리

Part 1 국세와 지방세의 기본내용

Chapter 1 조세의 일반 4

제1절 조세의 기본개념(Ⅰ) 5
1. 조세의 의의 5
2. 국세와 지방세 6
3. 내국세와 관세 6
4. 보통세와 목적세 7
5. 직접세와 간접세 9
6. 인세와 물세 10
7. 종가세와 종량세 11
8. 독립세와 부가세 12

제2절 조세의 기본개념(Ⅱ) 13

제3절 현행 조세의 구분 21
1. 국세 21
2. 지방세 22

제4절 부동산 관련 조세 24
1. 유통과세 24
2. 보유과세 27
3. 부동산활동시 관련되는 기타 조세 28

제5절 서류의 송달 35
1. 의의 35
2. 송달받아야 할 자 35
3. 송달장소 36
4. 송달방법 36
5. 송달의 효력발생시기 38

제6절 국세부과의 원칙 39
1. 실질과세의 원칙(국기법 제14조) 39
2. 신의성실의 원칙 39
3. 근거과세의 원칙 40
4. 조세감면의 사후관리 40

Chapter 2 국세와 지방세의 기본법 중 주요내용 41

제1절 납세의무 성립·확정·소멸 42
1. 납세의무의 성립 42
2. 납세의무의 확정(국기법 제22조 제1항) 44
3. 납세의무의 소멸 45

제2절 제2차 납세의무자   48
   1 의의   48
   2 제2차 납세의무의 유형   48

제3절 국세와 지방세의 우선권   51
   1 의의   51
   2 국세우선권의 제한(國稅優先權制限)   51
   3 국세와 국세, 국세와 지방세의 관계   56

제4절 수정신고와 경정청구   58
   1 수정신고   58
   2 경정청구   59

제5절 국세와 지방세의 불복   61
   1 국세불복   61
   2 지방세불복   63
     ■ 핵심 키워드 잡기   65
     ■ 단원 오답잡기   68

Part2 지방세

Chapter 1 지방세 총설   72

   1 지방세의 성격   73
   2 조례·규칙과 지방세의 세율 및 과세면제   75
   3 지방세의 징수방법   76

Chapter 2 취득세   78

제1절 의의   79
   1 실질과세   80
   2 취득의 범위   82

제2절 납세의무자   85

제3절 납세지   92

제4절 취득의 시기(지세령 제20조)   93
   1 유상승계취득   93
   2 무상승계취득   96
   3 연부취득   96
   4 건축물의 건축   97
   5 차량·기계장비·항공기·주문을 받아 건조하는 선박   98
   6 선박·차량 또는 기계장비의 종류변경   98
   7 토지의 지목변경   98
   8 수입의 경우   99
   9 매립·간척 등의 경우   99
   10 기타 특수한 경우   99

제5절 과세대상   102

제6절 과세표준(지세법 제10조)   106
   1 과세표준 : 원칙 - 취득당시가액   106
   2 부동산의 경우 시가표준액   108

차 례

제7절 사실상의 취득가격 112
  1 건축물의 증·개축, 개수 114
  2 선박·차량 및 기계장비의 종류변경 115
  3 지목변경 115
  4 과점주주의 과세표준 116

제8절 세 율 119
  1 표준세율 119
  2 중과세율 123

제9절 비과세(지세법 제9조) 146
  1 국가 등에 대한 비과세 146
  2 임시용 건축물에 대한 비과세 147
  3 신탁으로 인한 신탁재산의 취득에 대한 비과세 147
  4 환매권의 행사로 인한 취득에 대한 비과세 147
  5 공동주택의 개수로 인한 취득에 대한 비과세 148

제10절 부과징수 148
  1 신고 및 납부 148
  2 중과세대상 재산의 신고 및 납부 150
  3 취득세 부과대상 또는 추징대상의 신고 및 납부 151
  4 가산세 151
  5 기한 후 신고제도 155
  ■ 핵심 키워드 잡기 157
  ■ 단원 오답잡기 160

Chapter 3 등록에 대한 등록면허세 165

  1 의 의 166
  2 납세의무자(지세법 제24조) 167
  3 납세지(지세법 제25조) 169
  4 과세표준(지세법 제27조) 172
  5 세 율(지세법 제28조) 175
  6 비과세(지세법 제26조) 179
  7 신고·납부 181
  ■ 핵심 키워드 잡기 187
  ■ 단원 오답잡기 188

Chapter 4 재산세 190

  1 의 의 191
  2 과세주체 194
  3 과세대상 194
  4 토지의 과세대상 구분 196
  5 납세지 216
  6 납세의무자(지세법 제107조) 217
  7 과세표준(지세법 제110조) 222
  8 세 율(지세법 제111조) 226
  9 비과세(지세법 제109조) 233
  10 부과 및 징수 237
  ■ 핵심 키워드 잡기 245
  ■ 단원 오답잡기 248

Chapter 5 목적세 253

제1절 지역자원시설세 254
1. 의의와 목적 254
2. 과세대상 254
3. 납세의무자 256
4. 납세지 256
5. 과세표준 256
6. 세율 257
7. 부과·징수 259
8. 비과세 260
9. 소액징수면제 260

제2절 지방교육세 261

Chapter 6 지방세특례제한법 264

Part3 국세

Chapter 1 종합부동산세 272
1. 의의 273
2. 용어의 정의 273
3. 과세기준일 및 납세지 276
4. 과세구분 및 세액 277
5. 주택에 대한 종합부동산세 278
6. 토지에 대한 종합부동산세 284
7. 부과와 징수 등 288
- 핵심 키워드 잡기 289
- 단원 오답잡기 291

Chapter 2 소득세 292

제1절 양도소득세 293
1. 양도의 의의 294
2. 납세의무자 302
3. 납세지 303
4. 양도소득의 범위(과세대상)—국내자산 305
5. 양도 또는 취득시기 314
6. 비과세와 감면 321
7. 과세표준 352
8. 세율(소득세법 제104조 제1항) 375
9. 신고와 납부 384
10. 국외자산에 대한 양소득세 394
- 핵심 키워드 잡기 398
- 단원 오답잡기 400

차 례

제2절 부동산임대소득 408
1. 부동산임대소득금액의 계산　408
2. 부동산임대소득의 내용　408
3. 비과세 부동산임대소득　411
4. 부동산임대소득의 총수입금액　411
5. 부동산임대소득의
   필요경비·필요경비불산입　415
6. 부동산임대소득의 수입확정시기　415
7. 세율　416

제3절 부동산매매업 417
1. 부동산매매업의 개요　417
2. 총수입금액의 수입시기　420
3. 토지 등 매매차익의 계산(소법영 제128조 참조)　420
4. 토지 등 매매차익 예정신고와 자진납부　423
5. 토지 등 매매차익과 세액의 조사·결정 및
   통지　423
6. 양도소득세율이 적용되는 주택매매사업자　424

부 록　**제35회 공인중개사시험**
경록교재 99% 정답!! 기출문제해설

특집

출제되는 부동산세법 조세 핵심정리

1. 취득 관련 조세 핵심정리(지방세 Ⅰ)

내용 구분	취득세	등록에 대한 등록면허세	비 고
• 개 요	사실과세원칙, 유통세, 특·광·특·독·도세, 물세, 신고납부, 표준세율	형식주의과세, 유통세, 특시·특도·구세·도세, 물세, 신고납부, 표준세율(부동산등기)	
• 납세의무자	(1) 일반취득 ① 승계취득 : 물건의 사실상 취득자 ② 시설대여 : 시설대여업자 ③ 지입차량 : 사실상 취득한 자 ④ 증축·개축 : 건축주 ⑤ 상 속 : 상속인 ⑥ 조합주택 : 조합원 (2) 간주취득 ① 설치자가 다를 경우 : 주체구조부취득자 ② 종류변경 및 지목변경 : 변경시점 소유자 ③ 과점주주 : 과점주주(=50% 초과)가 된 자	(1) 재산권 기타 권리의 설정·변경 또는 소멸에 관한 사항을 공부에 등기 또는 등록하는 자 (2) 사실상 소유자와 명의자가 다를 경우 : 명의자에게 등록세 과세 (3) 공동등기·등록 : 연명이 등기자(연대 납세의무 성립)	
• 취득시기 (납세의무의 성립시기)	(1) 유상승계취득시(예 : 매매) ① 원 칙 : 사실상 잔금지급일 ② 예 외 : 등기접수일(먼저 등기) (2) 무상승계 ① 상 속 : 상속개시일, 유 증 : 유증개시일 ② 증여·기부 : 계약일 (3) 자가건설 및 건축시 ① 허가건축 : 사용승인서 내주는 날과 사실상 사용일 중 빠른 날 ② 무허가건축 : 사실상 사용일 (4) 연부취득시 : 사실상 연부금 지급일	등기·등록시	

부동산세법 조세 핵심정리

		내용
과세대상자산	(5) 차량, 기계장비, 선박	① 승계취득 : 실수요자가 인도받거나 계약상 잔금지급일 중 빠른 날 ② 간주취득(종류변경) : 사실상 변경일과 공부상 변경일 중 빠른 날
	(6) 지목변경시 : 사실상 변경된 날	
	(7) 공유수면매립 : 공사준공 인가일	
	(1) 일반취득(원시·승계취득) ① 부동산 : 토지, 건축물 ② 차 량 ③ 기계장비 ④ 입 목 ⑤ 항공기 ⑥ 선 박 ⑦ 광업권, 어업권, 양식업권 ⑧ 골프회원권, 승마회원권, 콘도회원권, 종합체육시설이용권, 요트회원권	**과세대상 / 납세지** ① 부동산 — 부동산 소재지 ② 선박 — 선적항 소재지 ③ 차량, 기계장비 — 등록지 ④ 항공기 — 정치장 소재지 ⑤ 입목 — 입목 소재지 ⑥ 광업권 — 광구 소재지 ⑦ 어업권, 양식업권 — 어장 소재지 ⑧ 회원권 — 골프장·승마장·콘도미니엄 및 종합체육시설의 소재지 골프회원권, 승마회원권, 콘도회원권 종합체육시설이용권·요트회원권 납세지 : 시설(요트회원권은 계류장) 소재지를 취득세 납세지로 한다.
	(2) 간주취득 등 ① 건축물 : 개수+가액 증가 ② 토 지 : 지목변경+가액 증가 ③ 차량·선박·기계장비 : 종류변경+가액 증가 ④ 과점주주 : 50% 초과 취득	
과세표준	(1) 일반취득 • 원 칙 : 취득 당시의 가액(사실상 취득가액)	**■ 부동산등기의 과세표준** (1) 가액기준(=증가세) 　1) 원 칙 : 등기등록 당시 신고가액 　2) 예 외 　　• 시가표준액 적용 　　* 자산재평가, 감가상각 등으로 가액변경 시 변경된 가액 (2) 건수에 의한 기준(=중량세) 　말소등기, 지목변경, 구조변경, 멸실, 합필 등
	(2) 간주취득 등의 경우 ① 증 축 : 증가한 금액(증축에 소요되는 비용) ② 개축, 종류변경 : 증가한 금액 ③ 지목변경 : 증가한 금액 ④ 과점주주 : 과점주주 소유비율	(1) 취득세 : 증가세 (2) 등록세 : 증가세, 중량세 **■ 등록세 과세표준** ① 부동산가액기준 : 소유권 지상권, 지역권 가등기 등 ② 채권금액 : 저당권 가등기, 가처분, 경매신청, 가등기 등 ③ 건수 : 말소, 멸실, 합필 등 **취득세, 등록세 시가표준액** (=공시가액) ① 토지 : 개별공시지가 ② 주택 : 단독주택 – 개별주택가격 　　공동주택 – 공동주택가격 ③ 건축물 : 국세청장이 산정·고시한 가격을 기준으로 하여 지방자치단체장이 결정·고시한 가격

부동산세법 조세 핵심정리

세율	**표준세율**	**(1) 상속취득** ① 농지 : $\frac{23}{1,000}$ (=2.3%) ② 농지외 것 : $\frac{28}{1,000}$ (=2.8%) **(2) 증여 등 무상취득** ① 비영리사업자 : $\frac{28}{1,000}$ (=2.8%) ② 비영리사업자외 자 : $\frac{35}{1,000}$ (=3.5%) **(3) 원시취득** : $\frac{28}{1,000}$ (=2.8%) **(4) 매매 등으로 인한 취득** ① 농지 : $\frac{30}{1,000}$ (=3%) ② 농지와 주택 외의 부동산 : $\frac{40}{1,000}$ (=4%) ※ 표준세율+8% 중과세 대상 : 골프장신·증설, 고급주택, 고급오락장, 고급선박 선택 ■ **고급주택의 범위** 1) 단독주택 → 주택과 부수토지 ① 건물연면적 331㎡ 초과(주차장 면적 제외) 또는 대지면적 662㎡ 초과 ② 엘리베이터(200kg 이하 제외) ③ 에스컬레이터, 67㎡ 이상 수영장 1개 이상 시설 주택(공동주택은 제외) 2) 공동주택 → 주택과 부수토지 건물연면적(공용면적 제외)이 245㎡ 초과하는 주택(다만, 복층인 경우는 274㎡ 초과) * 단독주택의 ③을 제외한 나머지는 취득 당시 주택의 시가표준액(=공시가격)이 9억원을 초과하여야 한다.	**(1) 취득세** 정률세율, 중과세율, 차등비례세율 **(2) 등록세** 차등비례세율, 정액세율, 중과세율 **(3) 유상거래 취득세** 주택(주택부수토지 포함)을 취득하여 소유권이전등기시 : 거래가액 6억원 이하 1%, 6억원 초과 9억원 이하 Y%, 9억원 초과 3% $Y = \frac{2}{3} \cdot X - 3$ Y = 세율, % X = 취득가액 ■ **부동산등기 세율** (1) **소유권등기**[2010년 12월 31일 이전에 취득하여 등기를 하지 못한 경우] ① 보존등기 : $\frac{8}{1,000}$ ② 이전(유상) : $\frac{20}{1,000}$ ③ 이전(상속이외 무상) : $\frac{15}{1,000}$ ④ 이전(상속) : $\frac{8}{1,000}$ (2) **소유권 이외의 등기** ① 지상권 : 부동산가액의 $\frac{2}{1,000}$ ② 저당권, 경매신청, 가압류, 가처분, 채권금액의 $\frac{2}{1,000}$ ③ 지역권 : 요역지가액 $\frac{2}{1,000}$ ④ 전세권 : 전세금액 $\frac{2}{1,000}$ ⑤ 임차권 : 월 임대차금액 $\frac{2}{1,000}$ ⑥ 가등기 : 부동산가액 또는 채권금액 $\frac{2}{1,000}$ ⑦ 말소, 변경등기 등 : 건당 6,000원 ※ 산출세액이 6,000원 미만인 경우에는 6,000원으로 한다(=소액징수면제와 면세점 없음, 최소 6,000원 납부). 표준세율은 $\frac{50}{100}$ 범위 내에서 가감할 수 있다(다만, 등록세는 부동산등기에 한하여 적용함).	공포장의 경우는 신구개정(증설포함)만 취득세 중과대상 1) 도시형 공장 제외함. 2) 연면적 500㎡ 이상의 공장을 대상
	중과세율	1) 중과세대상 재산 : 표준세율 + 8% 중과세 • 과세대상물건 : 골프장(신·증설), 고급주택, 고급오락장, 고급선박 2) 수도권 중 과밀억제권 내 공장 신·증설시 : 표준 세율 + 4% 중과세 • 과세대상물건 : 공장용 부동산, 기계장비, 공장용차량	등록면허세는 중과세율 적용하지 않음. 1) 수도권 중 과밀억제권 내 법인 등기 : 3배 중과세 2) 중과세 등기 대상	

부동산세법 핵심정리

부과 징수	신고 납부	3) 수도권 중 과밀억제권역 내 법인의 본점·주사무소사업용 부동산취득(신·증축에 한함): 표준세율 + 4% 중과세 4) 수도권 중 과밀억제권역 내 공장신·증설시 부동산등기: 표준세율 × 3배 − 4% 중과세 　• 과세 대상물건: 공장용 부동산등기 5) 수도권 중 과밀억제권역 내 법인등기에 따른 부동산등기: 표준세율 × 3배 −4% 중과세 　* 2), 3)과 4), 5)가 중복될 경우 높은 세율이 적용되지 않고 표준세율 × 3배 중과세율을 적용 　* (1)과 (4), (5)가 중복될 경우 표준세율 × 3배 + 4% 적용	① 설립등기 ② 본점, 주사무소 전입 ③ 지점, 분사무소 설치 ■ 공장신설 중과세 예외, 즉, 중과세하지 않음 ① 승계취득 ② 이전 ③ 업종변경 ④ 외국인투자기업 ⑤ 산업단지, 공업지역, 유치지역
		① 일반취득, 건축주: 60일 이내 ② 상속: 6월(국외 9월)	등기등록신청하기 전(접수일)까지
	중과세유 발생	사유발생일로부터 60일 이내 신고납부	
	보통 징수	■ 신고납부하지 아니한 경우 1) 가산세 　① 신고불성실가산세 　　㉠ 일반과소신고: 10% 　　㉡ 일반 무신고: 20% 　　㉢ 부정과소·무신고: 40% 　　㉣ 납부지연가산세: = (㉠+㉡) 　② 중가산세: 80%	■ 신고납부하지 아니한 경우 1) 신고불성실가산세 　㉠ 일반과소신고: 10% 　㉡ 일반 무신고: 20% 　㉢ 부정과소·무신고: 40% 　2) 납부지연가산세: = (㉠+㉡) 　㉠ 미납부세액×미납일수×2.5/10,000 　㉡ 고지 후 미납부세액×3% 3) 중가산세는 없음
	기한 후 신고	신고기한경과 후 신고 ⇒ 신고불성실가산세 50% 경감(1개월 이내), 30% 경감(3개월 이내), 20% 경감(6개월 이내)	등기·등록하기 전가지 등록면허세를 납부한 때에는 신고납부 간주 *) 기한 후 신고제도는 취득세, 등록면허세 등 모든 신고납부세목에 적용된다.
	면세점	취득가액 50만원 이하	부동산등기의 경우 세액이 6,000원 미만인 경우 6,000원으로 함
부가세		① 농어촌특별세(취득세납부세액의 10%, 취득세감면세액의 20%) ② 지방교육세(취득세납부세액의 20%)	지방교육세(등록세액의 20%), 농어촌특별세(감면 등록세액의 20%)
비과세	국가 등	① 국가, 지방자치단체, 지방자치단체조합, 외국정부, 주한국제기구 ② 귀속 또는 기부채납조건 부동산 및 사회기반시설 취득	국가, 지방자치단체, 지방자치단체조합, 외국정부, 주한국제기구
	용도 구분	임시 건축물(1년 이내)	외국부어는 상호주의
	형식적 소유권 이전	① 신탁재산(신탁법에 의한 신탁) ② 환매권 행사(동일 대상지역 내)	부동산등기의 경우 최소 6,000원임 (죄저한세)

부동산세법 조세 핵심정리

2. 보유 관련 조세 핵심정리(지방세Ⅱ)

내용	구분	재산세Ⅰ(건축물, 주택 등)	재산세Ⅱ(토지)	비 고
• 개 요		특시·특도·시·군·구세, 보유과세, 물세, 가산금, 보통징수, 대장세, 초과누진세, 비례세, 보통징수, 대장세, 응익과세	특시·특도·시·군·구세, 보유과세, 인세, 물세, 초과누진세, 비례세, 보통징수, 대장세, 응익등록세, 가산금	
• 납세의무자	원 칙	사실상 소유하고 있는 자		공유토지의 경우에는 지분권자를 납세의무자로 본다.
	예 외	1) 소유권 변동시 미신고 : 공부상 소유자 2) 소유권 귀속이 불분명 : 사용자 3) 연부매수계약된 토지 : 매수계약자 4) 신탁토지 : 수탁자 5) 상속 토지 미신고 : 주된 상속자 6) 종중토지 미신고 : 공부상 소유자 7) 체비지, 보류지 : 사업시행자 8) 외국인 소유의 항공기·선박의 임차인 : 수입하는 자		
• 납세지		1) 건축물 : 부동산 소재지 지방자치단체 2) 주 택 : 주택 소재지 지방자치단체 3) 선 박 : 선적항 소재지 지방자치단체 4) 항공기 : 정치장 소재지 지방자치단체	토지 소재지 지방자치단체	주택에는 그 부속토지를 포함
• 과세대상		건축물, 주택, 선박, 항공기 ※ 사실·현황과세	토 지	
• 과세표준		1) 주 택 : 시가표준액 × 공정시장 가액비율(60%) 2) 건축물 : 시가표준액 × 공정시장 가액비율(60%) 3) 선박, 항공기 : 시가표준액	1) 과세기준일 현재 토지가액 = 시가표준액 × 공정시장 가액비율(60%) 2) 과세표준 종합합산과세대상, 별도합산과세대상, 분리과세대상	
• 세 율		(1) 건축물 ① 골프장, 고급오락장 : $\frac{40}{1,000}(=4\%)$ ② 특·광·시·특도·특시 주거지역 공장 : $\frac{5}{1,000}(=0.5\%)$ ③ 기 타 : $\frac{2.5}{1,000}$ (비례세)(=0.25%) 2) 주 택 • 주택(일반주택) : 초과누진세율	1) 종합합산대상세율 : 초과누진세율 2) 별도합산대상세율 : 초과누진세율 3) 분리과세대상세율 ① 농지, 임야, 목장용지 : $\frac{0.7}{1,000}(=0.07\%)$ ② 골프장, 고급오락장 : $\frac{40}{1,000}(=4\%)$ ③ 기타 분리과세토지(공장용지 등) : $\frac{2}{1,000}(=0.2\%)$	1) 재산세(주택) : 주택의 세율적용시 고급주택을 포함. 즉, 고급 주택의 개념이 존재하지 아니한다. 2) 재산세(토지) : 모든 초과누진세율이 적용되기 때문이다. 누진세율 및 비례세율 3) 표준세율의 $\frac{50}{100}$ 범위 내에서 탄력 적용(가·감 적용등)

부동산세법 조세 핵심정리

		(3) 선 박 : $\frac{3}{1,000}$ (비례세율) 고급선박 : $\frac{50}{1,000}$ (4) 항공기 : $\frac{3}{1,000}$ (비례세율)	
부과징수	중과세율	과밀억제권역 신·증설공장 5년간 표준세율 5배 중과세(1,000분의 12.5)(=1.25%)	
	과세기준일	매년 6월 1일	■물납재산평가 1) 원 칙 : 과세기준일 시가 2) 예 외 : ┌ 토 지 : 시가표준액 └ 건축물 : 시가표준액
	납 기	(1) 주 택 : 50%는 7월 16일~7월 31일, 나머지 50%는 9월 16일~9월 30일 단 재산세액이 20만원 이하인 경우에는 7월 16일~7월 31일 (2) 건축물, 선박, 항공기 : 매년 7월 16일~7월 31일	매년 6월 1일 매년 9월 16일~9월 30일
	부가세목	지방교육세 : 재산세액(도시지역분 제외)의 20%	
	소액징수면제	고지서 1장당 세액이 2,000원 미만	
•비과세	국가 등 비과세	① 국가, 지방자치단체, 지방자치단체조합, 외국, 주한 국제기구재산 ② 국가, 지방자치단체, 지방자치단체조합이 1년 이상 공용에 무료 사용	외국정부 : 상호면세 단, 다음의 경우 과세함 ① 사치성 재산 ② 유료로 사용 ③ 직접사용하지 않는 경우
	용도 구분 비과세	① 1년 미만 임시용 건축물 ② 비상재해구조용, 무료도선용 등 선박 ③ 청가명령받은 건축물 ④ 도로, 하천, 제방, 구거, 유지, 묘지 ⑤ 산림보호구역, 채종림, 시험림 ⑥ 통제보호구역 안의 전·답·과수원 및 대지 이외의 토지	
•분납 및 물납		세액이 1,000만원 초과(물납)	세액이 1,000만원 초과(분납) 분 납 : 3개월 이내(분납된 세액 250만원 초과)
•토지분 재산세 대상토지		■종합합산(사례) 1) 공장기준면적 초과토지 2) 시 이상의 주거·상업·생업·공업지역 내의 농지 3) 기준면적 초과 목장용지 ① 도시지역 내의 목장용지(개발제한녹지 제외) ② 분리과세대상 이외의 모든 임야 ④ 일반영업용 건축물 부속토지 중 기준초과 ⑤ ② 기준기준 미달 및 무허 건축물 토지 6) 지상정착물이 없는 토지 7) 잡종지 8) 일반매출표준용 토지 9) 기타 기준초과 및 규정 미달된 토지 등	■별도합산 1) 공장기준 면적 내 토지(산업단지·공업지역 안) 2) 일반영업용 건축물 부속토지(기준면적 내) 3) 기타 별도합산대상토지(기준면적 내) ① 차고용 토지(운송업, 대여사업) ② 주기장, 옥외작업장 ③ 운전교습장용 토지 ④ 야적장, 컨테이너 장치장용 토지 ⑤ 자동차 정비용, 폐차사업용 토지 ⑥ 유흥시설용 토지 등 ■분리과세 1) 공장기준 면적 내 토지(산업단지·공업지역 안) 2) 지정 농지, 목장용지, 영농조합법인소유농지 등 3) 기준면적 내 목장용지 4) 특정임야 5) 골프장, 고급오락장 토지 6) 공사등의 공급용 토지, 염전 광구, 공유수면매립지 등

부동산세법 조세 핵심정리

3. 지방세법상 목적세 핵심정리

구 분	세 목		지역자원시설세	지방교육세
· 과세목적			지역의 균형개발 및 수질개선 등 비용 충당	지방교육재원 확보
· 과세주체			특·광·특시·특도·도세	특·광·특시·특도·도세
· 과세객체			건축물(주택 포함), 선박, 토지	취득세, 등록면허세 등 본세에 따름
· 납세의무자			소방시설 등으로 인하여 이익을 받는 특정 부동산의 소유자	취득세, 등록면허세, 재산세 등 본세의 납세의무자
· 과세표준			· 토지, 건축물, 선박 : 시가표준액 · 주택 : 시가표준액 × 공정시장가액비율	취득세, 등록면허세, 재산세액
· 세 율	개 요		초과누진세율	취득세액, 등록면허세액·재산세액·재산세액(도시지역분 제외)의 20%
	일반 세율		· 초과누진세율 · 정률세율	
	중과 세율		· 2배 중과세(화재위험성) : 주유소, 유흥장, 극장, 4층 이상 10층 이하 건축물(주거용 제외) · 3배 중과세 : 대형마트, 대형창고점, 백화점, 호텔, 11층 이상의 대형건축물 등	본세에 따름
· 과세기준일			매년 6월 1일	· 취득세 등이 신고납부기한과 동일 · 재산세 등이 부과징수기한과 동일
· 납부기간			재산세 준용	
· 부과·징수			보통징수	신고납부, 보통징수
· 소액징수면제 및 면세점			고지서 1장당 세액 2,000원 미만	본세에 따름
· 비과세			재산세 준용	본세에 따름

4. 양도소득세 비과세규정 중 1세대 1주택 핵심정리

요 건	구 분		구체적 내용
• 1세대요건	1) 1세대		거주자 및 그 배우자가 그들과 동일한 주소 또는 거소에서 생계를 같이 하는 가족과 함께 구성
	2) 배우자가 없어도 1세대로 보는 경우		① 당해 거주자의 연령이 30세 이상이거나 소득세법상의 소득이 있는 경우 ② 배우자가 사망하거나 이혼한 경우 ③ 독립된 생계를 유지할 수 있는 경우
• 1주택요건	1) 주 택		① 상시 주거용으로 사용하는 건물, 주택정착면적 5배(도시지역 이외 10배) 이내의 부수토지 포함 ② 주택여부의 판정 : 사실상의 용도에 의한 판단
	2) 겸용주택		① 주택 > 기타 건물 : 모든 주택 ② 주택 ≤ 기타 건물 : 주택부분만 주택
	3) 고가주택		양도소득세 비과세 제외(부분과세). 즉, 12억원까지 비과세, 12억 초과부분만 과세
	4) 1세대 2주택 소유에 대한 비과세 적용		① 일시적인 2주택의 경우 신 주택 취득일부터 구 주택을 3년 이내 양도(양도주택 2년 이상 보유, 조정대상지역 2년 이상 거주) 　　　　　　　　　　　　　　　　　　　→ 행정신도시 등 5년 ② 세대를 합쳐서 2주택이 된 경우 : 5년 이내(누구부 봉양은 10년) 양도 　㉮ 노부모 동거봉양을 위한 2주택인 경우 ┐ 　㉯ 혼인으로 인한 일시적인 2주택의 경우 ┘ 양도주택만 2년 보유 ③ 상속으로 인한 2주택의 경우 ④ 재건축 등 조합원주권 양도
	5) 농어촌주택		다음의 주택으로서 수도권 이외 지역 중 읍지역 또는 면지역에 소재하는 주택과 그 외의 주택을 국내에 각각 하나씩 소유한 경우 1세대 1주택 규정 적용 ① 상속받은 주택(피상속인이 취득 후 5년간 거주) ② 이농인이 취득한 후 5년 이상 가주한 사실이 있는 이농주택 ③ 영농·영어를 목적으로 취득한 귀농주택
	6) 비과세 배제		미등기, 부함양도, 국외주택, 기준조과토지
• 보유기간의 요건	1) 2년 이상 보유		보유기간은 취득일부터 양도일까지의 기간
	2) 보유기간의 제한을 받지 않는 경우		① 5년 이상 거주한 「민간임대주택에 관한 특별법」에 따른 민간건설임대주택 또는 「공공주택 특별법」에 따른 공공건설임대주택 또는 공공매입임대주택을 취득하여 양도하는 경우 ② 주택 및 그 부수토지의 전부 또는 일부가 공공사업으로 인해 공공사업의 시행자에게 양도하는 경우 ③ 법률에 의하여 수용되는 경우 ④ 국외 이주(세대 전원 출국) ⑤ 취학·근무·질병의 요양 사유로 1년 이상 거주한 주택을 양도 ⑥ 거주자가 해당 주택을 임대사업자등록을 한 경우 ⑦ 1주택 소유의 1세대가 그 주택 양도 전에 조합원입주권을 취득한 경우(3년 이내에 종전 주택의 양도)

5. 양도 관련 조세 핵심정리(국세 I)

내 용	구 분		양도소득세	비 고
• 양도의 개념	양도		사실상 유상이전 : 매도, 교환, 현물출자, 부담부증여, 대물변제, 경매, 수용, 공매 등	
	양도 제외		① 저제준비속, 배우자 양도 ② 환지처분 및 체비지 충당한 토지 ③ 양도담보 ④ 공유권단순분할	

• 양도 또는 취득의 시기			(1) 매매 등 일반적인 경우
			  1) 원 칙 : 대금을 청산한 날
			  2) 예 외
			    ① 청산일이 불분명 : 등기접수일
			    ② 먼저등기 : 등기접수일
			
			(2) 특수한 경우
			  1) 장기할부
			    인도일·사용수익일·등기접수일 중 빠른 날
			  2) 자가건설
			    ① 허 가 : 사용승인서 교부일
			    ② 무허가 : 사실상의 사용일
			  3) 무상취득
			    ① 상 속 : 상속이 개시되는 날
			    ② 증 여 : 증여받는 날
			  4) 환지의 취득 : 종전토지 취득일
			  5) 시효취득 : 점유개시일
			  6) 의제취득 : 주식을 제외한 부동산·부동산권리 등 1984.12.31.
			    이전취득은 1985.1.1. 로 한다.	

• 과세대상	대 상		(1) 토지, 건물
			(2) 부동산에 관한 권리
			  1) 지상권, 전세권, 등기된 부동산 임차권
			  2) 부동산을 취득할 수 있는 권리
			(3) 대주주의 상장주식 등
			(4) 기타자산
			  1) 특정주식 양도
			  2) 특수업종주식 양도
			  3) 특정영업권
			  4) 특정시설물이용권 및 권리가 부여된 주식
			  5) 이축권
			(5) 파생상품	

• 과세표준	산 식		1) 양도가액 − 필요경비 = 양도차익 2) 양도차익 − 장기보유특별공제 = 양도소득금액 3) 양도소득금액 − 기본공제 = 과세표준	

부동산세법 핵심정리

기액 결정	(1) 토지, 건물, 부동산에 관한 권리 1) 원 칙 : 실지거래가액 적용. 예외적으로 기준시가 적용	(2) 주식, 기타 자산 1) 원 칙 : 실지거래가액 적용 2) 예 외 : 기준시가 적용	■ 미등기자산 양도시 불이익 1) 양도세 ① 비과세 배제 ② 장특, 기본공제 적용 제외 ③ 중과세 적용(70%)
필요경비	(1) 기준시가에 의한 경우 취득 당시 기준시가 + 필요경비개산공제 ■ 필요경비개산공제 1) 토지 : 취득 당시 개별공시지가 3%(미등기 0.3%) 2) 건물 : 취득 당시 기준시가 3%(미등기 0.3%) 3) 지상, 전세, 등기부 : 취득 당시 기준시가 7%(미등기 1%) 4) 부동산·특(이용)권 : 취득 당시 기준시가 1%	(2) 실거래가액에 의한 경우 실지취득가액 + 자본적 지출 + 양도면세 1) 실지취득가액 : 매입원가 + 취득세 + 등록세 + 매입부대비용 2) 자본적 지출액 3) 양도비 : 증권거래세, 채권매각차손, 계약서작성비, 공증비, 인지대, 소개비 등	
장기보유 특별공제	■ 보유기간 3년 이상(토지, 건물, 등기된 것, 일정요건 충족한 조합원입주권 1) (토지·건물)3년 이상~15년 이상 : 양도차익 6~30% 2) (1세대 1주택 과세)3년 이상~10년 이상 : 양도차익 24~80%		■ 미등기 부동산 장기보유특별공제 적용하지 않음 ■ 보유기간 교려하여 공제
기본공제	1) 모든 자산에서 공제하며 토지, 건물, 부동산권리는 등기된 것만 된다. 2) 과세대상그룹별로 연간 250만원 공제		1) 부동산 + 부동산에 관한 권리 + 기타 자산 : 양도연도에 250만원 공제 2) 주 식 : 양도연도에 250만원 공제 3) 파생상품 : 양도연도에 250만원 공제
보유기간 계산	1) 일반적인 : 취득일~양도일 2) 증여에 의한 : 증여받는 날~양도일 3) 상속에 의한 : 상속개시일~양도일(세율적용시 피상속인의 취득일부터)		■ 양도소득세 배우자로부터 증여받은 부동산등을 10년 이내 양도한 경우, 당초 증여한 배우자의 취득일로부터 기산한다.
· 세 율	(1) 토지·건물·부동산에 관한 권리 1) 미등기 : 70% 2) 등 기 ① 2년 이상 보유(초과누진세율) ② 1년 이상 2년 미만 보유 : 40%(주택과 조합원입주권은 기본세율, 21.6.1. 이후 양도분 60%) ③ 1년 미만 보유 : 50%(주택과 조합원입주권 40%, 21.6.1. 이후 양도분 70%) ④ 1세대 2주택 이상 : 초과누진세율 ⑤ 1세대 조합원입주권수와 주택수의 합이 2 이상인 경우 그 주택 : 초과누진세율 ⑥ 비사업용 토지 : 초과누진세율+10%p(조정대상지역은 +20%p)	(2) 기타 자산 초과누진세율(보유기간, 등기여부 관계없이 적용)	■ 양도소득세 1) 초과누진세율 2) 비례세율 3) 탄력세율 ④, ⑤, ⑥의 경우 보유기간에 해당하는 세율과 비교하여 높은 세율을 적용한다.
· 기준시가	토 지	1) 일반지역 : 개별공시지가 2) 지정지역 : 개별공시지가 × 배율	

부동산세법 조세 핵심정리

신고납부	건물		1) 지정지역 안 오피스텔·상업용 건물·토지와 건물이 가액을 일괄 산정·고시한 가액 2) 1) 이외 건물 : 국세청장 산정·고시가액	1) 단독주택 : 개별주택가격 2) 공동주택 　 ┌ 그 이외 공동주택 : 국토교통부장관의 공시 가액 　 └ 개별주택가격과 공동주택가격이 없는 경우에는 납세 　※ 개별주택가격과 공동주택가격이 없는 경우에는 납세지 관할 세무서장이 산정·고시한 가액
	예정신고	1) 대　상 : 매매한 개인, 매매업자 2) 기　간 : 양도한 달 말일부터 2월 내 3) 양도차손이 발생한 경우에도 신고	비영리법인은 특례적용시 예정신고 가능
	확정신고	1) 다음 연도 5월 1일~5월 31일까지 2) 제 외 : 양도소득만 거주자로서 예정신고한 자	■ 가산세 1) 신고불성실가산세 　① 부정신고위반 : 40% 　② 단순무신고(=일반무신고) : 20% 　③ 단순과소신고 : 10% 2) 납부지연가산세(①+②) 　① 미납부세액×(납부기한의 다음날~납부일)×0.022% 　② 납부고지 후 미납부세액×3%
	납부	1) 납부할 세액이 2천만원 이하 : 1천만원을 초과하는 금액 2) 납부할 세액이 2천만원 초과 : 50% 이하 금액 3) 분납기간 : 2월 이내	
비과세		1) 파산선고에 의한 처분 2) 농지의 교환과 분합 3) 1세대 1주택 및 부수토지양도(고가주택 제외) 4) 지적재조사에 따른 경계확정으로 지급받은 조정금 ■ 고가주택의 범위 양도당시 실지거래가액 12억원 초과하는 주택(부수토지 포함) ※ 12억원까지는 비과세, 12억원 초과부분만 과세대상	1) 1세대 1주택의 지분분할 양도는 비과세 적용하며 부수토지만을 분할하여 양도한 경우에는 과세한다. 2) 겸용주택(양도) 　① 주거 > 0이면 = 전부주택 　② 주거 ≤ 0이면 = 주택부분만 주택

6. 보유 관련 조세(국세Ⅱ) / 종합부동산세 핵심정리

구 분		내 용	비 고
• 납세의무자	주택분	국내 주택에 대한 공시가격의 합계액이 9억원(1세대 1주택으로서 단독명의일 경우 12억원)을 초과한 자(개인은 개인별 합산, 법인은 법인별 합산)	주택분은 주택과 그 부속토지를 포함
	토지분	종합합산	국내 종합합산공시가격의 합계액이 5억원을 초과한 자(개인은 개인별 합산, 법인은 법인별 합산)	
		별도합산	국내 별도합산공시가격의 합계액이 80억원을 초과한 자(개인은 개인별 합산, 법인은 법인별 합산)	
• 과세표준	주택분	{주택분 공시가격 합계액 ⊖ 9억원(1세대 1주택으로서 단독명의일 경우 12억원)} × 공정시장 가액비율(60%)	
	토지분	종합합산	(종합합산토지의 공시가격 합계액 ⊖ 5억원) × 공정시장 가액비율(100%)	
		별도합산	(별도합산토지의 공시가격 합계액 ⊖ 80억원) × 공정시장 가액비율(100%)	
• 세 율		주택분, 토지분 모두 초과누진세율	
• 부과와 징수		부과과세가 원칙이고 예외적으로 신고납부할 수 있음	
• 세부담의 상한		전년도 해당 주택분, 토지분에 대한 총세액 상당액의 150%를 초과할 수 없다.	
• 1세대 1주택 고령자 세액공제		60세 이상 : 20%, 65세 이상 : 30%, 70세 이상 : 40% ┐	
• 1세대 1주택 장기보유자 세액공제		5년 이상 10년 미만 보유 : 20%, 10년 이상 보유 : 40%, 15년 이상 보유 : 50% ┘ 한도 80%	

※ 공동명의 단독명의 1주택자는 1세대 1주택자의 과세표준과 세율등이 개산방법을 적용할 수 있다(선택사항).

PART 01 국세와 지방세의 기본내용

구 분		26회	27회	28회	29회	30회	31회	32회	33회	34회	35회	계	비율(%)
국세와 지방세의 기본내용	제1장 조세의 일반	0	2	0	0	1	1	0	1	0	0	5	3.1
	제2장 국세와 지방세의 기본법 중 주요내용	1	0	1	2	2	0	0	2	1	2	11	6.9
	소 계	1	2	1	2	3	1	0	3	1	2	16	10.0

CHAPTER 01

조세의 일반

학습포인트

- 이 장은 조세의 일반적이고 공통적인 내용을 설명한 것이다. 세법을 처음 시작하는 수험생에게는 부동산세법 공부에 쉽게 접근할 수 있는 길잡이가 될 것이다.
- 따라서 처음에는 개략적으로 한 번 읽고 난 후 이 책을 모두 읽은 다음 본 장을 정독하는 게 도움이 된다.
- 주요 학습포인트는 국세와 지방세의 구분, 보통세와 목적세의 구분, 부동산의 취득·보유·양보 단계별 세금의 종류이다.
- 세법은 매년 개정이 이뤄지고 있어 개정된 세법에 관한 정보를 요약해 두는 것이 수험준비에 필수이다(시험과 관련된 개정사항은 경록홈페이지에서 확인 가능함).

CHAPTER 학습 & 출제되는 키워드

- ☑ 조세의 기본개념
- ☑ 내국세와 관세
- ☑ 인세와 물세
- ☑ 세율
- ☑ 가산세와 가산금
- ☑ 과세기간
- ☑ 보통징수·신고납부·특별징수
- ☑ 서류의 송달

- ☑ 국세
- ☑ 보통세와 목적세
- ☑ 종가세와 종량세
- ☑ 비례세율
- ☑ 강제징수비
- ☑ 과세표준
- ☑ 유통과세
- ☑ 송달방법

- ☑ 지방세
- ☑ 직접세와 간접세
- ☑ 독립세와 부가세
- ☑ 누진세율
- ☑ 납세의무자
- ☑ 표준세율
- ☑ 보유과세
- ☑ 국세부과의 원칙

CHAPTER 학습 & 출제되는 질문

- ☑ 모두 국세에 해당하는 것은?
- ☑ 지방세의 종류 중 목적세인 것은?
- ☑ 부동산을 취득할 때 납부하는 조세에 해당하지 않는 것은?
- ☑ 부동산의 보유단계에서 과세되는 지방세로서 옳은 것은?

제1절 조세의 기본개념 (I)

이 부분은 조세의 기본개념을 다지는 분야이다. 조세의 기본개념이 최근에는 직접 출제되고 있고, 조세체계의 전반을 이해하는 데 필수적인 내용이므로 철저히 이해하여야 한다. 조세는 국세·지방세, 내국세·관세, 보통세·목적세, 직접세·간접세, 인세·물세, 종가세·종량세, 독립세·부가세로 구분된다.

Q: 양박사님, 세금(= 조세)이란 무엇이에요?
A: 네, 세금이란 무엇인지 간단히 살펴보겠습니다.

01 조세의 의의

조세(세금)란 무엇일까? 현대 자유민주주의 국가에서는 국민 또는 주민이 일꾼을 선출하여 대표기관을 구성하고 그 대표기관에서 법률을 제정한 후 시행하므로 다음과 같이 정의할 수 있다. '조세'란 국가 또는 지방자치단체의 구성원인 국민 또는 주민이 스스로 합의한 법률에 의하여 국가 또는 지방자치단체의 재정수입을 충족시키기 위하여 납부하는 금전 등을 말한다. 즉 조세란 국민(주민)이 법률에 의하여 국가(지방자치단체)의 살림살이를 충족시키기 위하여 납부하는 금전 등을 말한다.

Q: 아 그렇군요. 그럼 세금의 종류가 많던데 어떻게 분류하나요?
A: 그렇지요. 세금의 분류는 여러 가지 기준에 따라 다양하게 분류할 수 있어요.

이하에서는 여러 가지 기준에 따라 다양하게 분류할 수 있는 조세의 분류에 대해서 살펴보기로 한다.

Key Point 조세의 체계(분류) – 주요 세목을 중심으로

과세주체에 따른 구분	용도의 특정목적 여부	전가 여부	세 목
국 세	보통세	직접세	소득세(종합, 양도), 종합부동산세 등
		간접세	증권거래세, 인지세, 부가가치세 등
	목적세		교육세, 농어촌특별세
지방세	보통세	직접세	취득세, 등록면허세, 재산세, 주민세 등
		간접세	지방소비세
	목적세		지역자원시설세, 지방교육세(총 2개)

제1편 국세와 지방세의 기본내용

02 국세와 지방세

 PROFESSOR COMMENT
전통적인 학설에 의하여 과세주체에 따른 구분이다.

조세를 과세주체에 따라 국세와 지방세로 구분한다. 즉, 조세를 부과하는 주체가 국가인가, 지방자치단체인가에 따른 구분이다.

1 국 세

국가가 과세주체이며, 국가의 재정수입을 주요목적으로 하는 조세이다. 대표적인 세목으로 소득세(종합, 퇴직, 양도), 법인세, 종합부동산세 등이 있다.

2 지방세

지방자치단체(예 서울특별시장)가 과세주체이며, 지방자치단체의 재정수입을 주요목적으로 하는 조세이다. 대표적인 세목으로 취득세, 등록면허세, 재산세 등이 있다.

03 내국세와 관세

 PROFESSOR COMMENT
우리나라 국경(장소)에 따른 구분으로, 내국세와 관세로 나눈다.

1 내국세

조세가 납부 또는 징수되는 장소를 중심으로 분류한 것으로 주로 우리나라 국경 내에서 납부 또는 징수하는 조세이다.

2 관 세

우리나라 국경을 통과할 때 납부 또는 징수하는 조세이다. 통상적으로 국외에서 우리나라로 수입할 때 납부 또는 징수하는 수입관세를 말한다.

제1장 조세의 일반

04 보통세와 목적세

PROFESSOR COMMENT
조세수입의 용도가 특정(목적)되어 있는가에 따른 구분이다. 예를 들어 교육재정 목적인 교육세는 목적세라고 할 수 있다.

조세 수입의 용도가 특정(목적)되어 있느냐의 여부에 따른 구분으로 용도가 특정(목적)되어 있으면 목적세, 용도가 특정(목적)되어 있지 않으면 보통세로 구분한다.

국세와 지방세

* 수험용으로 정리 한번 해볼까요?

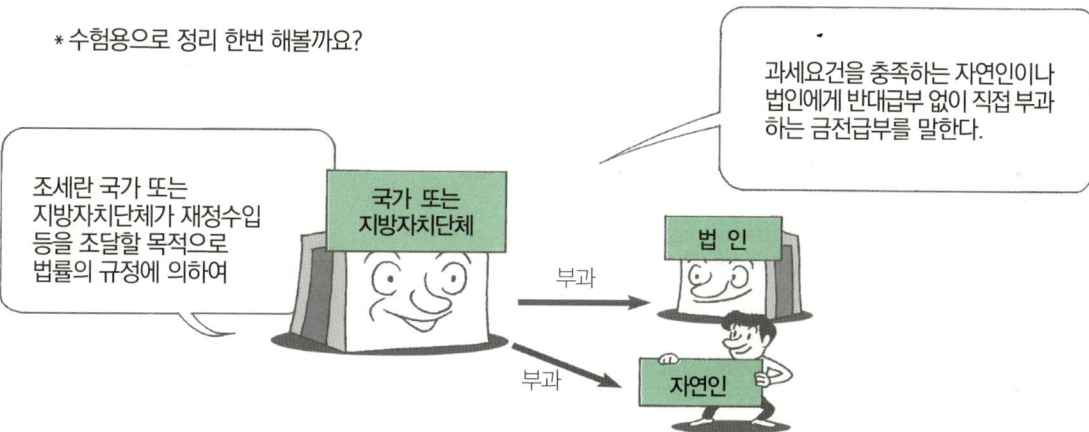

제1편 국세와 지방세의 기본내용

1 보통세(普通稅)

조세 중 국가 또는 지방자치단체의 일반(보통)경비에 충당되는 것을 말한다.

(1) 국 세	국세 중에서 보통세는 주요 세목으로 소득세, 법인세, 상속세, 증여세, 종합부동산세 등이 있다.
(2) 지방세	지방세 중에서 보통세는 주요 세목으로 취득세, 등록면허세, 재산세, 주민세 등이 있다.

2 목적세(目的稅)

조세수입의 용도가 특정한 목적을 위하여 충당되는 것을 말한다.

(1) 국 세	국세 중에서 목적세는 교육세, 농어촌특별세가 있다.
(2) 지방세	지방세 중에서 목적세는 지역자원시설세, 지방교육세가 있다.

단락문제 Q1　　　　　　　　　　　　　　　　　　　　　　　제13회 기출 개작

다음 지방세 세목 중 목적세에 해당하는 것은?
① 취득세　　　　② 등록면허세　　　　③ 주민세
④ 지역자원시설세　　⑤ 재산세

해설 목적세
지방세 중 목적세는 지역자원시설세와 지방교육세가 있다.　　　　**답** ④

Q: 와, 조세의 분류가 쉬운 듯하면서 어렵네요. 아직도 알아보아야 할 내용이 많이 있나요?
A: 질문 잘 하셨어요. 여기까지의 내용이 기본적이고 필수적인 내용입니다. 자. 그럼 나머지도 살펴볼까요?

제1장 조세의 일반

05　직접세와 간접세

 부동산을 취득해서 양도했을 경우 양도소득세는 양도자의 소득에서 양도자가 직접 세금을 납부합니다. 즉 세금을 부담한 자와 납부한 자가 동일합니다. 이러한 세금을 직접세라 합니다. 이와는 다르게 부가가치세나 증권거래세처럼 세금을 부담한 자(고객, 손님)와 납세의무자(사장)가 다른 세금을 간접세라 합니다.

 PROFESSOR COMMENT
조세부담의 전가 여부에 따른 구분이다.

직접세와 간접세의 분류는 입법상 조세부담의 전가(예정) 여부에 따른 것이므로 실제 전가여부와는 일치하지 않을 수도 있다.

1　직접세(直接稅)

(1) 입법상 조세부담의 전가를 예상하지 않은 조세를 말한다.
(2) 세금을 부담하는 자(=담세자)와 납세의무자가 동일하다.
(3) 주요세목
　　직접세의 주요세목은 다음과 같다.
　　　① 소득세(종합, 퇴직, 양도), ② 법인세, ③ 상속세 및 증여세, ④ 종합부동산세 등

2　간접세(間接稅)

　　　　　　　　　　→ 예 가전제품 사장이 소비자에게 세금을 부담시킨다는 의미이다.
(1) 입법상 조세부담의 전가를 예상한 조세를 말한다.
(2) 세금을 부담하는 자(=담세자)와 납세의무자가 다르다.
　　　　　→ 예 소비자　　　　　→ 예 가전제품매장 사장
(3) 주요세목
　　간접세의 주요세목은 다음과 같다.
　　　① 부가가치세, ② 주세, ③ 개별소비세, ④ 인지세, ⑤ 증권거래세, ⑥ 지방소비세 등

kyungrok.com

제1편 국세와 지방세의 기본내용

06 인세와 물세

납세의무자의 소득이나 재산 등이 많고 적음을 고려하느냐의 여부에 따른 구분이다.

납세자의 소득이나 재산 등이 많고 적음을 고려하면 인세, 고려하지 않으면 물세로 구분한다.

1 인 세(人稅 ; 主體稅)

(1) 소득이나 재산이 귀속되는 사람을 중심으로 인적 사정을 고려한 조세를 말한다.

(2) **주요세목**
① 소득세(종합, 퇴직, 양도), ② 상속세, ③ 종합부동산세 등이 있다.

납세의무자의 조세부담 능력을 감안한다.

2 물 세(物稅 ; 客體稅)

(1) 인적 사정을 고려하지 않고 재산이나 수익 자체만을 고려한 조세를 말한다.

(2) **주요세목**
① 재산세, ② 취득세, ③ 부가가치세 등이 있다.

납세의무자의 조세부담 능력과는 관계없다.

단락문제 02

다음 조세 중에서 물세(物稅)에 해당되는 것은?
① 종합소득세　　② 종합부동산세　　③ 양도소득세
④ 부가가치세　　⑤ 상속세

해설 인세와 물세
과세표준의 계산이나 납부세액의 산출에 있어서 개인적 사정을 고려하여 주는 조세가 인세이다. 그러나 개인적 사정을 고려하지 않고 부과하는 조세를 물세라 하고 물세에는 재산세, 부가가치세 등이 있다.　　**답** ④

07 종가세와 종량세

PROFESSOR COMMENT
과세표준의 결정기준을 가액(또는 수량 등)으로 하느냐 여부에 따른 구분이다.

1 종가세(從價稅)

(1) 과세표준을 과세물건의 가액으로 하는 조세를 종가세라 한다.
  └▶ 부동산을 1억원에 취득했다면 1억원이라는 금액을 과세기준금액으로 한다.

(2) 과세의 공평을 기할 수 있으나 과세물건의 가액평가가 어렵다.

(3) 주요세목
① 취득세, ② 등록면허세, ③ 재산세, ④ 인지세, ⑤ 소득세, ⑥ 법인세, ⑦ 상속세 및 증여세, ⑧ 부가가치세, ⑨ 주세, ⑩ 종합부동산세, ⑪ 개별소비세, ⑫ 지방소득세 등이 있다.

2 종량세(從量稅)

(1) 과세물건의 수량 또는 건수를 과세표준으로 하는 조세를 종량세라 한다.

(2) 과세는 간단하나 조세 부담이 불공평하게 될 우려가 있다.

(3) 주요세목
① 등록면허세(일부), ② 지역자원시설세(일부), ③ 인지세(일부), ④ 주세(일부), ⑤ 균등분 주민세(전체), ⑥ 개별소비세(일부) 등이 있다.

예) 시가 2억원에 해당하는 건물을 멸실등기할 경우 등록면허세 과세표준을 2억원이 아닌 1건으로 하여 등록면허세를 신고납부하여야 한다. 따라서 멸실등기❶ 1건을 과세표준으로 하므로 종량세에 해당한다.

용어사전
❶ 멸실등기
기존의 등기된 부동산이 불에 타 없어진 경우처럼 전부멸실(全部滅失)된 경우에 행하여지는 등기이다.

종가세와 종량세

종가세와 종량세는 과세표준의 결정기준을 무엇(가액 또는 수량)으로 하느냐에 따른 분류이다.

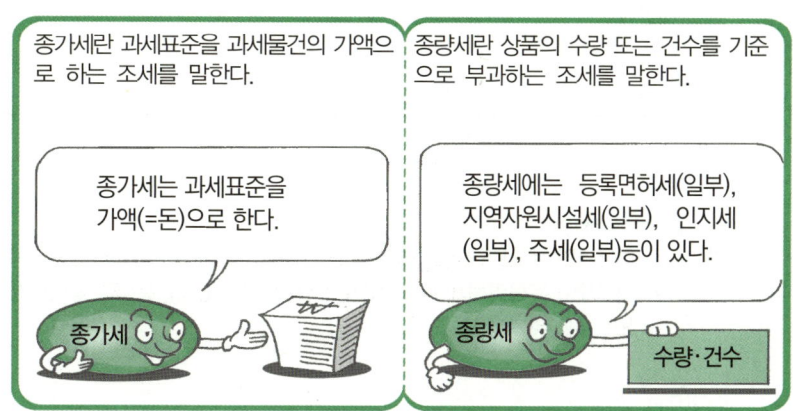
종가세란 과세표준을 과세물건의 가액으로 하는 조세를 말한다.
종가세는 과세표준을 가액(=돈)으로 한다.

종량세란 상품의 수량 또는 건수를 기준으로 부과하는 조세를 말한다.
종량세에는 등록면허세(일부), 지역자원시설세(일부), 인지세(일부), 주세(일부)등이 있다.
수량·건수

제1편 국세와 지방세의 기본내용

08 독립세와 부가세

PROFESSOR COMMENT
독립된 세원 여부에 따른 구분이다.

1 독립세(獨立稅)

(1) 국가 또는 지방자치단체가 독립된 세원에 대하여 부과하는 조세를 말한다.

(2) 주요세목
① 재산세, ② 양도소득세, ③ 취득세, ④ 등록면허세 등이 있다.

예) 취득세의 경우 부동산을 취득·등기할 때 부동산 취득·등기라는 독립된 세원에 대해서 부과하므로 취득세를 독립세라 한다.

2 부가세(附加稅) 27회 출제

(1) 다른 세목(본세)을 기준으로 부가하여 과세하는 조세를 말한다.

(2) 주요세목
① 교육세, ② 지방교육세, ③ 농어촌특별세 등이 있다.

예) 취득세가 1,000,000원일 경우 농어촌특별세는 취득세액의 10%인 100,000원이다. 이 경우 취득세를 독립세, 농어촌특별세를 부가세라 한다.

Key Point 부가세 및 그 세율

본세(독립세)	부가세 및 그 세율	본세 감면의 경우
취득세	• 농어촌특별세(본세의 10%) • 지방교육세(본세의 20%)	농어촌특별세(감면세액의 20%)
등록면허세	지방교육세(본세의 20%)	농어촌특별세(감면세액의 20%)
재산세	지방교육세[본세(도시지역분 제외)의 20%]	―
양도소득세	―	농어촌특별세(감면세액의 20%)
종합부동산세	농어촌특별세(본세의 20%)	―

*부동산을 임대하거나 양도하는 경우 독립세인 지방소득세가 해당된다.

PROFESSOR COMMENT
① 취득세와 등록면허세의 부가세 및 그 세율은 반드시 기억하고 있어야 한다.
② 취득세와 등록면허세의 암기요령 : 취·농·십(10%), 등·지·투(20%), 본세감면시에는 취득세·등록면허세 모두 감·투(20%)

제1장 조세의 일반

제2절 조세의 기본개념 (II) 13·31회 출제

PROFESSOR COMMENT
주요 용어를 정리한 부분이므로 전반적인 이해를 하여야 한다. 또한 시험문제의 문장 속에서 용어가 사용되므로 문맥을 이해하기 위해서 용어를 반드시 정리하여야 한다.

> **Q**: 세법을 처음 공부하려고 하니까 용어가 생소합니다. 용어를 간단히 정리해 주셨으면 합니다.
> **A**: 네, 세법에서 사용하는 용어는 반복해서 사용되므로 시간이 지나면 어느 정도 익숙해질 겁니다. 지금 당장 이해되지 않아도 걱정할 것 없습니다. 그럼 필요하다고 생각되는 용어를 알아보겠습니다.

국세를 중심으로 서술하고, 지방세에 있어서는 국세와 차이가 현저하거나 중요한 부분만 서술하기로 한다.

1 세 법
국세의 종목과 세율을 정하고 있는 법률과 「국세징수법」·「조세특례제한법」·「국제조세조정에 관한 법률」·「조세범 처벌법」 및 「조세범 처벌절차법」을 말한다.

2 원천징수
세법에 의하여 원천징수 의무자가 국세를 징수함을 말한다.

> 예) 회사의 사장이 종업원에게 근로대가를 지급할 때 그 지급금액에서 일정액의 소득세를 떼어 내는 것을 원천징수라 한다.

3 지방세의 가산세(지방세기본법 제2조 제23호 및 제52·53조) ★ 13·22회 출제

(1) 가산세

PROFESSOR COMMENT
신고납부의무가 있는 조세(취득세·등록면허세 등)만 해당한다.

1) **의의**: 세법에 규정하는 의무의 성실한 이행을 확보하기 위하여 그 세법에 의하여 산출한 세액에 가산하여 징수하는 금액을 말하며, 지방세를 감면하는 경우 가산세는 그 감면 대상에 포함시키지 않는다.

2) **종류**: 가산세에는 신고불성실가산세와 납부지연가산세가 있다.

제1편 국세와 지방세의 기본내용

Key Point 가산세의 종류와 세율   27회 출제

세목 \ 가산세	신고불성실가산세	납부지연가산세(= ㉠ + ㉡)
취득세	납부세액 또는 부족세액의 10%, 20%, 40% • 일반(단순)과소신고 10% • 일반(단순)무신고 20% • 부정과소 또는 부정무신고 40%	㉠ 미납세액 × 1일에 $\frac{2.2}{10,000}$ (=0.022%) : 납세고지서별 세목별 세액이 30만원 미만인 경우 ㉠을 적용하지 아니함 ㉡ 납세고지 후 미납부세액×3%
등록면허세		

Key Point 부정 또는 부당의 유형

1) 이중장부의 작성 등 장부의 거짓 기록
2) 거짓증명 또는 거짓문서(이하 '거짓증명 등'이라 한다)의 작성
3) 거짓증명 등의 수취(거짓임을 알고 수취한 경우만 해당)
4) 장부와 기록의 파기
5) 재산의 은닉이나 소득·수익·행위·거래의 조작 또는 은폐
6) 고의적으로 장부를 작성하지 아니하거나 비치하지 아니하는 행위 또는 계산서, 세금계산서 또는 계산서합계표, 세금계산서합계표의 조작
7) 그 밖에 지방세를 포탈하거나 환급·공제받기 위한 사기, 그 밖의 부정한 행위 또는 위계(僞計)에 의한 것

> **용어사전**
>
> ❶ 공매
> 공매는 「국세징수법」에 의한 압류재산에 대하여 불특정다수인의 매수희망자로 하여금 자유경쟁을 하게 하여 그 결과 형성된 최고가격에 의하여 매각가격과 매수인이 될 자를 정하는 방법과 한국자산관리공사, 금융기관 등에서 하는 것으로서 금융기관 등이 대출채권과 상계하여 취득한 부동산을 매각하는 경우에 사용하는 사매매로서의 공매를 말한다.

4 국세의 가산세

(1) 가산세

1) **의의**   지방세의 가산세의 의의와 동일하다.
2) **종류**   가산세에는 신고불성실가산세와 납부지연가산세로 나누어진다.
   ① **신고불성실가산세** : 과소신고 10%, 무신고 20%, 부정과소 또는 부정무신고 40%
   ② **납부지연가산세[㉠+㉡]** (제47조의4)
      ㉠ 미납부세액 × (납부기한의 다음날~납부일) × 0.019% ~ 0.022% 범위 내(2022년에는 0.022% 적용함)

> **PROFESSOR COMMENT**
> 납세고지서에 따른 고지세액이 납세고지서별·세목별 세액 150만원 미만인 경우에는 ㉠을 적용하지 아니한다.

   ㉡ 납부고지 후 미납부세액 × 3%

5 강제징수비

「국세징수법」 또는 「지방세기본법」과 「지방세법」 중 강제징수에 관한 규정에 의한 재산의 압류·보관·운반과 공매❶에 소요된 비용을 말한다.

6 공과금

세법에 규정하는 강제징수의 예에 의하여 징수할 수 있는 채권 중 국세·관세·임시수입부가세 및 지방세와 이에 관계되는 가산금 및 강제징수비 이외의 것을 말한다.

7 납세의무자

세법에 의하여 국세 또는 지방세를 납부할 의무(국세 또는 지방세를 징수하여 납부할 의무를 제외)가 있는 자를 말한다.

8 납세자

납세의무자(연대납세의무자와 납세자와 갈음하여 납부할 의무가 생긴 경우의 제2차 납세의무자 및 보증인을 포함)와 세법에 의하여 국세 또는 지방세를 징수하여 납부할 의무를 지는 자를 말한다. 즉, 납세자는 납세의무자와 징수하여 납부할 의무자로 구분된다.

Key Point 납세의무자와 납세자

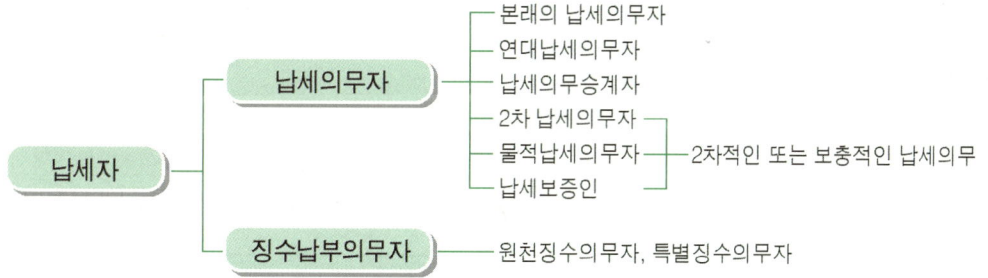

단락문제 03

납세의무자에 대한 설명 중 틀린 것은?
① 납세의무승계자는 납세의무자에 해당한다.
② 2차적인 또는 보충적인 납세의무자에는 물적납세의무자도 포함한다.
③ 납세자는 납세의무자에 모두 해당한다.
④ 원천징수의무자는 납세의무자에 해당되지 않는다.
⑤ 납세의무자는 납세보증인을 포함한다.

해설 납세의무자
납세자는 납세의무자와 징수납부의무자를 포함한 개념이다.   답 ③

9 보증인

납세자의 국세와 강제징수비(지방세의 경우 지방세와 가산금, 강제징수비)의 납부를 보증한 자이다.

10 과세기간

세법에 의하여 국세 또는 지방세의 **과세표준❶**의 계산에 기초가 되는 기간으로 주요세목의 경우 다음과 같다.

(1) 재산세, 종합부동산세 : 1년(매년 1/1~12/31)

(2) 소득세(종합, 양도) : 1년(매년 1/1~12/31)

(3) 부가가치세 ┌ 제1기 : 6월 (1/1~6/30)
　　　　　　　　　└ 제2기 : 6월 (7/1~12/31)

> **용어사전**
> ❶ 과세표준
> 세법에 의하여 직접적으로 세액산출의 기초가 되는 과세물건의 수량(종량세) 또는 가액(종가세)을 말한다.

11 과세표준

세법에 의하여 직접적으로 세액산출의 기초가 되는 과세물건의 수량이나 면적(종량세) 또는 가액(종가세)을 말한다.

12 세 율

 세율이란 납세의무자에게 얼마만큼 부담을 시킬 것인가? 즉, 몇 %만큼 세금을 부담시킬 것인가의 문제입니다.

세액을 산출하기 위하여 과세표준에 곱하는 비율로서 과세표준이 금액인 경우에 세율(tax rate)은 백분비·천분비·만분비로 표시되고, 과세표준이 수량인 경우에는 단위에 대한 금액으로 표시된다.

(1) 비례세율(比例稅率, 定率稅率)

과세표준의 크기와 관계없이 과세표준과 세액의 비율이 일정한 세율을 말한다.

1) 단순비례세율

① 모든 과세대상에 동일세율을 적용한다.

② **주요세목** : 부가가치세(10%)

예 컴퓨터를 100만원 상당액과 200만원 상당액을 구입했을 경우 또한 상가를 취득한 경우나 컴퓨터를 취득한 경우나 모두 부가가치세(지방소비세 포함)의 세율이 10%로 동일하다. 이를 단순비례세율이라 한다.

2) 차등비례세율

① 과세대상에 따라 차등세율을 적용한다.

② **주요세목** : ㉠ 개별소비세, ㉡ 주세, ㉢ 증권거래세 등

(2) 누진세율(累進稅率)

과세표준이 증가할수록 점차적으로 높아지는 세율을 말한다. 소득의 재분배와 응능부담 원칙 등 조세정책적 목적으로 책정된다.

> 응능부담 ← 능력에 상응하는 부담

1) 단순누진세율

과세표준 전체에 대하여 높은 세율을 적용한다. 현행 세법상 단순누진세율을 채택하고 있는 세목은 없다.

2) 초과누진세율

과세표준 증가에 따라 초과분에만 높은 세율을 적용한다. 예를 들면 소득세, 법인세, 상속세, 증여세, 종합부동산세, 주택분 재산세(별장 제외) 등이 있다.

(3) 역진세율(逆進稅率)

1) 과세표준이 증가함에 따라 점차 낮아지는 세율을 말한다.
2) 현행 우리나라 세법상 역진세율을 채택하고 있는 세목은 없다.

13 표준세율

지방자치단체가 지방세를 부과할 경우에 통상 적용하여야 할 세율로서 재정상 기타 특별한 사유가 있다고 인정할 경우에는 이에 따르지 아니할 수 있는 세율을 말한다.

14 납세고지서(지방세의 경우)

납세의무자가 납부할 지방세에 대하여 그 부과의 근거가 되는 법률 및 해당 지방자치단체의 조례의 규정, 납세자의 주소, 성명, 과세표준, 세율, 세액, 납부기한, 납부장소, 납기기한까지 납부하지 아니한 경우에 이행될 조치 및 부과가 법령에 어긋나거나 착오가 있는 경우의 구제방법 등을 기재한 문서로서 세무공무원이 작성한 것을 말한다.

15 보통징수 ★

(1) 세무공무원이 납세고지서를 해당 납세자에게 발급하여 지방세를 징수하는 것을 말한다.

(2) 주요세목

① 재산세, ② 지역자원시설세(일부) 등이 있다.

제1편 국세와 지방세의 기본내용

단락핵심 보통징수

재산세는 지방세로서 보통징수방법만으로 부과·징수한다.

단락문제 Q4
제18회 기출

지방세로서 보통징수방법만으로 부과·징수하는 것은?
① 지방교육세 ② 양도소득세 ③ 종합부동산세
④ 등록에 대한 등록면허세 ⑤ 재산세

해설 지방세
지방세는 신고납부방법, 보통징수방법, 특별징수방법으로 구분하여 징수한다. 지방교육세는 신고납부방법과 보통징수방법 모두 다 인정되고, 등록에 대한 등록면허세는 신고납부방법 인정된다. 재산세는 보통징수방법만 인정된다. 양도소득세와 종합부동산세는 국세이다.   **답** ⑤

신고납부

① 신고납부하는 조세에는 취득세, 등록에 대한 등록면허세, 레저세, 담배소비세, 지방소득세 등이 있다.
② 신고납부해야 하는 조세를 신고납부하지 않는 경우에는 '가산세'가 부과된다.

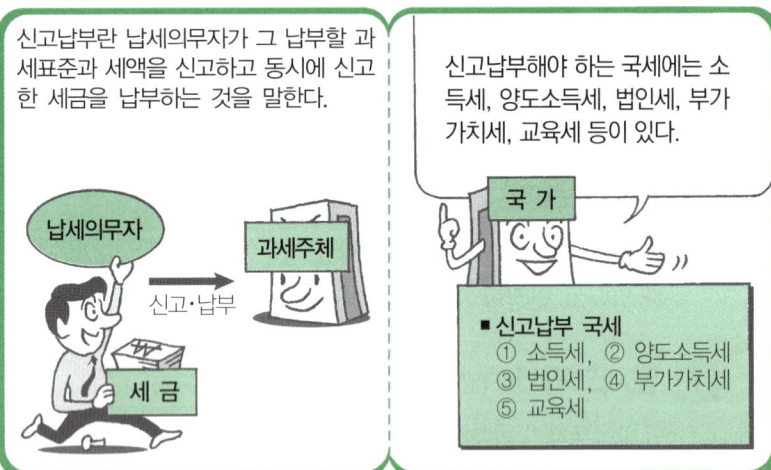

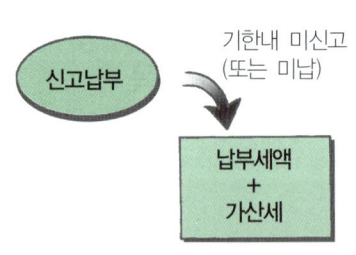

16 신고납부 ★

(1) 납세의무자가 그 납부할 과세표준과 세액을 신고하고 동시에 신고한 세금을 납부하는 것을 말한다.

(2) 주요세목   신고납부의 주요세목은 다음과 같다.

① 취득세
② 등록에 대한 등록면허세
③ 지방소득세
④ 지역자원시설세
⑤ 소득세(양도소득세)
⑥ 법인세
⑦ 부가가치세 등

단락문제 Q5

지방세의 경우에는 납세의무자가 과세표준(課稅標準)과 세액을 신고하고, 신고한 세액을 납부하는 신고납부방식을 인정하고 있다. 신고납부의 대상이 되는 세목이 아닌 것은?

① 취득세   ② 등록에 대한 등록면허세   ③ 지방소득세
④ 취득세에 부가되는 농어촌특별세   ⑤ 재산세

해설   **신고납부의 대상 세목**
신고납부하는 조세에는 취득세, 등록에 대한 등록면허세, 레저세, 담배소비세, 지방소득세 등이 있으며, 보통징수방법으로 부과징수하는 조세에는 재산세, 지역자원시설세(일부), 균등분주민세 등이 있다.

답 ⑤

17 특별징수 (국세의 원천징수와 유사함)

지방세의 징수에 있어서 그 편의상 징수할 여건이 좋은 자로 하여금 징수시키고 그 징수한 세금을 납입하게 하는 것을 말한다.

㉠ 소득세의 이자소득과 배당소득에 대하여 소득세를 원천징수하는 제도와 유사하다.

18 과세요건 ★

납세의무 성립에 필요한 법률상의 요건으로서 일반적으로 납세의무자, 과세대상, 과세표준, 세율을 말한다. 이를 4대 요소 또는 4대 과세요건이라고 한다.

19 납세지

(1) 납세의무자가 과세표준과 세액을 신고하고 납부하여야 할 장소를 말한다.

(2) 예를 들면 양도소득세의 경우 거주자는 주민등록상의 주소지 관할 세무서이고, 주택분 재산세의 경우 주택의 소재지 관할 시·군·구청이다.

20 결손처분(缺損處分)

(1) 의 의
납세자에게 일정한 사유가 있어 지방세를 징수할 수 없는 경우에 지방자치단체장은 결손처분을 할 수 있다.

(2) 사 유
1) **강제징수가** 종결되고 체납액에 충당된 배분금액이 그 체납액보다 적은 때
2) **강제징수를** 중지하였을 때
3) 지방세징수권의 소멸시효가 완성되었을 때
4) 체납자의 행방이 불명하거나 재산이 없음이 판명되어 징수할 수 없다고 인정되는 때
5) 「채무자 회생 및 파산에 관한 법률」의 규정에 의하여 체납한 회사가 납부의무를 면제받게 된 때

소멸시효는 권리의 불행사가 일정한 기간 계속함으로써 권리의 소멸을 초래하는 제도이다.

(3) 절 차
1) 결손처분을 하는 경우에는 체납자와 관계가 있다고 인정되는 행정기관에 체납자의 행방 또는 재산의 유무를 확인하여야 한다.
2) 다만, 체납된 지방세가 10만원 미만인 때에는 그러하지 아니한다.

(4) 효 과
결손처분에 의하여 조세채권은 소멸한다. 결손처분을 한 후에 압류할 수 있는 다른 재산을 발견하였을 때에는 그 처분을 취소하고 강제징수를 하여야 한다(다만, 지방세징수권의 소멸시효가 완성된 경우는 제외).

21 납세의무의 승계
일정한 경우에 납세자 이외의 자에게 납세의무가 이전되는 것을 말한다.

조세채권의 확보를 위하여 납세의무를 확장하는 제도이다.

(1) **법인의 합병**(法人合倂)
합병 후 존속하는 법인 또는 설립된 법인이 승계한다.

(2) **상속**(相續)
상속인 또는 상속재산 관리인이 상속으로 얻은 재산을 한도로 납부할 의무를 진다.

제1장 조세의 일반

제3절 현행 조세의 구분

> **Q** : 그럼, 양도소득세는 국세에 속한가요, 또한 보통세인가요. 보다 더 구체적으로 설명해주시지요.
> **A** : 네, 그럼 구체적으로 살펴보겠습니다.

PROFESSOR COMMENT
① 조세의 구분에 관한 내용은 다소 쉽게 출제되었다. 난이도가 매우 어려운 내용도 출제된 바 있으나 출제빈도가 낮다. 모든 세목을 암기한다는 것은 현실적으로 어렵고 또한 수험방법도 좋지 않다. 따라서 일상생활과 직접 관련된 세목을 중심으로 국세와 지방세, 보통세와 목적세, 직접세와 간접세의 어느 부류에 속하는지 이해하면 충분하다.
② 출제빈도가 높고 일상 생활과 관련된 세목인 취득세, 등록에 대한 등록면허세, 재산세, 종합부동산세, 양도소득세를 중심으로 정리하기 바란다.

01 국 세 ★

국세는 일반적으로 보통세와 목적세, 직접세와 간접세로 구분한다.

Key Point 국세의 구분
1) 보통세 : 소득세(종합, 양도), 법인세, 상속세, 증여세, 부가가치세, 종합부동산세
2) 목적세 : 교육세, 농어촌특별세

1 보통세

국세 중 보통세는 다음과 같다.

```
              ┌─ 직접세 : 소득세(종합소득세, 양도소득세), 법인세, 상속세, 증여세, 종합부동산세
(1) 내국세 ─┤              ┌─ 일반소비세 : 부가가치세
              └─ 간접세 ─┤ 개별소비세 : 주세, 개별소비세
                             └─ 유 통 세 : 인지세, 증권거래세
(2) 관 세
```

2 목적세

국세 중 목적세는 교육세, 농어촌특별세가 있다.

PROFESSOR COMMENT
교통·에너지·환경세는 폐지(2021년 12월 31일)

제1편 국세와 지방세의 기본내용

단락핵심 국세

종합소득세, 종합부동산세, 양도소득세(讓渡所得稅)는 국세(國稅)이다.

단락문제 Q6
제6회 기출 개작

다음 중 모두 국세(國稅)에 해당하는 것은?

① 상속세, 증여세, 양도소득세
② 취득세, 양도소득세, 지방소비세
③ 재산세, 지방소득세, 등록면허세
④ 상속세, 증여세, 양도소득세, 재산세
⑤ 양도소득세, 재산세, 등록면허세

해설 조세의 분류

1) 국 세 ─ 내국세 ─ 직접세 : 소득세(종합·퇴직·양도), 법인세, 상속세 및 증여세, 종합부동산세
            └ 간접세 : 부가가치세, 개별소비세, 주세, 증권거래세, 인지세
         ─ 관 세
         └ 목적세 : 교육세, 농어촌특별세
2) 지방세 ─ 보통세 : 주민세, 레저세, 취득세, 재산세, 자동차세, 등록면허세, 담배소비세, 지방소득세, 지방소비세
         └ 목적세 : 지역자원시설세, 지방교육세

답 ①

02 지방세 ★ 13회 출제

지방세는 지방자치단체에 따라 특별시세, 광역시세, 도세, 구세, 시·군세, 특별자치시세·특별자치도세로 구분한다.

Key Point 지방세의 구분

1) 보통세 : 취득세, 등록면허세, 레저세, 담배소비세, 주민세, 재산세, 지방소득세, 지방소비세, 자동차세
2) 목적세 : 지역자원시설세, 지방교육세

1 특별(광역)시세

특별시세와 광역시세를 보통세와 목적세로 구분하여 살펴보면 다음과 같다. 다만, 광역시의 군 지역에서는 도세를 광역시세로 한다.

(1) **보통세** : 취득세, 주민세, 자동차세, 레저세, 담배소비세, 지방소득세, 지방소비세, 특별시 해당분 재산세

(2) **목적세** : 지역자원시설세, 지방교육세

2 구 세

구세는 재산세, 등록면허세로 구분한다.

(1) **보통세** : 등록면허세, 재산세(특별시의 구의 해당분 재산세 포함)

(2) **특수규정** : 주민세 재산분 및 종업원분은 구세로 한다.

3 도 세

도세는 다음과 같이 구성되어 있다. 광역시의 군지역에서는 도세를 광역시세로 한다.

(1) **보통세** : 취득세, 등록면허세, 레저세, 지방소비세

(2) **목적세** : 지역자원시설세, 지방교육세

4 시·군세

시·군세(광역시의 군세를 포함)는 담배소비세, 주민세, 지방소득세, 재산세, 자동차세로 한다.

5 특별자치시세·특별자치도세

특별자치시세·특별자치도세는 취득세, 등록면허세, 레저세, 담배소비세, 지방소비세, 주민세, 지방소득세, 재산세, 자동차세, 지역자원시설세, 지방교육세로 한다.

단락문제 Q7 제2회 기출

지방세의 종류 중 목적세인 것은?

① 부가가치세 ② 법인세 ③ 등록면허세
④ 지역자원시설세 ⑤ 취득세

해설 **목적세**
지방세의 종류 중 목적세는 지역자원시설세, 지방교육세가 있다.

답 ④

제1편 국세와 지방세의 기본내용

제4절 부동산 관련 조세 ★

PROFESSOR COMMENT
① 이 부분은 부동산의 취득, 보유, 양도단계별로 세목을 파악하여야 할 필수내용이다.
② 취득, 보유, 양도의 단계별로 기본세목을 먼저 이해하고 나서 지방교육세, 농어촌특별세(이하 "농특세"라 함), 지방소득세 등을 이해하기 바란다.

Key Point 부동산의 취득, 보유, 양도단계별 조세분류

구분	주요세목	참고세목
취득단계	취득세	농어촌특별세, 지방교육세
양도단계	양도소득세	지방소득세, 농어촌특별세
보유단계	재산세, 종합부동산세	지방교육세, 농어촌특별세

Q: 공인중개사 사무실용 건축물을 취득한 후 보유하고 있다가 나중에 양도한 경우 어떤 세금이 해당되나요?
A: 부동산의 취득·보유(소유)·양도단계별로 해당되는 세금에 대해서 살펴보고자 합니다.

01 유통과세   13·추가15회 출제

PROFESSOR COMMENT
재산의 취득·양도단계, 즉 유통단계에 관련된 조세를 말한다.

1 취득 25회 출제

부동산을 취득하면 어떤 세금이 해당될까? 상가를 매매로 취득하여 등기하였을 경우에 취득세와 취득세에 부가하여 납부하는 농어촌특별세 및 지방교육세가 있다. 이와 같이 유통과세 중 취득에 관련되는 조세를 살펴보면 다음과 같다.

(1) 원시취득 : 취득세(농특세, 지방교육세)   * ( ) 안은 부가세이다.
(2) 승계취득
   1) **유상** ── 취득세(농특세, 지방교육세)
   2) **무상** ┬ **상속 :** 상속세, 취득세(농특세, 지방교육세)
                 └ **증여 :** 증여세, 취득세(농특세, 지방교육세)

   ➡ 부동산 —상속/증여→ 영리법인 : 법인세(지방소득세)

단락핵심 부동산의 취득단계시 조세
부동산을 취득할 때에 납부하는 주요조세는 농어촌특별세, 지방교육세, 취득세이다.

2 양 도

부동산을 양도한 경우 어떤 세금이 해당될까? 개인이 상가를 양도하였을 경우에 양도소득세와 지방소득세를 납부한다. 이와 같이 유통과세 중 양도 관련 조세를 개략적으로 살펴보면 다음과 같다.
   ➡ 이 경우를 "양도소득세 해당분 지방소득세"라 함

Key Point 부동산의 양도단계시 조세
1) 개 인 : 종합소득세, 양도소득세, 지방소득세
2) 법 인 : 법인세, 지방소득세

(1) 개 인

   1) **종합소득** ┬ 부동산매매업 ┐ 사업소득으로 종합소득세를 납부한다.
                  └ 건설업(주택신축판매업) ┘

   2) **양도소득 :** 양도소득세

(2) 법 인 : 법인세

   ➡ 개인, 법인 모두 부동산양도관련 조세에 지방소득세가 해당된다.
     예) 양도소득세가 1,000,000원일 경우 소득세분 지방소득세가 100,000원이다.

제1편 국세와 지방세의 기본내용

예제 개인 甲은 대지를 양도하고 (주)경록은 임야를 1억원에 취득하여 등기했다. 취득단계와 양도단계의 세금의 종류와 금액은?

풀이
1) **취득단계**(과세표준 1억원 가정)
   ① 취득세 : 1억원 × 1,000분의 40 = 4,000,000원
   ② 농어촌특별세 : 1억원 × 2%(농어촌특별세 부과기준 취득세액) × 10% = 200,000원
   ③ 지방교육세 : 1억원 × (4% − 2%) × 20% = 400,000원(총 4,600,000원)

2) **양도단계**(등기, 2년 이상 보유, 과세표준 1천만원, 6%, 확정신고 가정)
   ① 양도소득세 : 10,000,000원 × 6% = 600,000원
   ② 지방소득세 : 10,000,000원 × 0.6% = 60,000원(총 660,000원)

3) **기타 참고 세목**
   ① 인지세 : 과세문서(= 매매계약서) 작성시
   ② 부가가치세, 지방소비세 : 상가 등 과세대상 거래시

단락문제 Q8
제13회 기출 개작

다음 중 부동산을 취득할 때에 납부하는 조세에 해당하지 <u>않는</u> 것은? [개인 甲이 부동산(대지)을 1억원에 취득했다고 가정]

① 농어촌특별세　　② 주민세　　③ 지방교육세
④ 취득세, 농어촌특별세　　⑤ 취득세

해설 개인 甲이 1억원의 부동산(대지)을 취득한 경우
① 농어촌특별세 : 1억원 × 2%(농어촌특별세 부과기준 취득세액) × 10% = 20만원
③ 지방교육세 : 1억원 × (4% − 2%) × 20% = 40만원
④ 취득세 : 1억 × 4% = 400만원

답 ②

PROFESSOR COMMENT
계산과정과 세율은 암기하지 않아도 된다. 위의 조세가 부동산의 취득단계에도 해당된다는 것만 숙지하면 된다.

02 보유과세 ★★　　　　　　　　　　　　　　　　13·17·30회 출제

PROFESSOR COMMENT
재산의 보유단계 조세이다.

부동산을 취득한 후 소유 또는 보유할 경우에 해당되는 세금에 대하여 살펴보고자 한다.

1 단순보유(單純保有)

보유과세 중 단순보유세목은 다음과 같이 구분된다.

(1) 건축물 및 주택 : 재산세, 지역자원시설세, 지방교육세가 해당된다.

(2) 토지 : 재산세, 지방교육세가 해당된다.
　➡ 토지 : 지역자원시설세가 「지방세법」에 규정되어 있으나, 현재는 부과되지 않고 있다.

(3) 토지와 주택
　공시가격의 합계액이 일정금액을 초과할 경우 종합부동산세가 해당된다.
　➡ 종합부동산세가 해당될 경우 종합부동산세액의 20%에 해당하는 농어촌특별세가 부가된다.

2 임대소득(賃貸所得)

(1) 개 인 : 부동산 임대소득으로 보아서 종합소득세, 부가가치세, 지방소비세가 해당된다.

(2) 법 인 : 법인세, 부가가치세, 지방소비세가 해당된다.
　➡ 개인, 법인 모두 부동산 임대소득에 대하여 지방소득세가 해당된다.

단락핵심 　부동산의 보유단계시 조세

부동산의 보유단계에서 과세되는 국세는 종합부동산세이고, 지방세는 재산세이다.

단락문제 09　　　　　　　　　　　　　　　　　　　　제17회 기출

부동산의 보유단계에서 과세되는 국세로서 옳은 것은?

① 재산세　　　　② 종합부동산세　　　　③ 상속세
④ 양도소득세　　⑤ 취득세

해설 　부동산 보유단계시 과세

국세이면서 보유단계 세금은 종합부동산세이고, 재산세는 지방세이면서 보유단계 세금이다.　　　　　**답** ②

제1편 국세와 지방세의 기본내용

03 부동산활동시 관련되는 기타 조세

PROFESSOR COMMENT
부동산활동시 관련되는 기타 조세는 시간이 부족하면 주요 부분만 공부하기 바랍니다.

부동산활동과 관련하여 독립세에 부가되어 과세되는 부가세인 지방교육세와 농어촌특별세, 그리고 지방소득세를 부동산과 관련하여 살펴보고자 한다.

1 지방교육세 추가15회 출제

지방교육재정을 위하여 취득세액·재산세액 등의 일정율로 부과하고 있다. 즉 독립된 세원에 과세하는 취득세등에 지방교육세를 부가하여 과세한다.

(1) 표준세율 ★ → [취득세세율 − ($\frac{20}{1,000}$)] × 과세표준

1) 취득세액(일부 세액) × 100분의 20
2) 등록면허세액 × 100분의 20
3) 레저세액 × 100분의 40
4) 균등분 주민세액 × 100분의 10(다만, 인구 50만 이상의 도시 : 100분의 25)
5) 재산세액(도시지역분 제외) × 100분의 20
6) 자동차세액 × 100분의 30
7) 담배소비세액 × 10,000분의 4,399

(2) 탄력세율

지방자치단체의 장은 지방교육투자재원의 조달을 위하여 필요한 경우에는 표준세율의 100분의 50의 범위 안에서 가감할 수 있다.

(3) 신고납부와 보통징수(부과징수)

신고불이행에 대한 가산세는 없다.

예) 취득세액이 1,000,000원일 경우 지방교육세는 취득세액의 20%인 200,000원이다.

단락문제 Q10 제10회 기출 개작

토지분 재산세액(도시지역분 제외)**에 부가되는 지방교육세의 세율은?**

① 5%   ② 10%   ③ 15%   ④ 20%   ⑤ 25%

해설 지방교육세의 세율

지방교육세는 취득세·재산세의 $\frac{20}{100}$ 이다.

답 ④

2 인지세

부동산을 매매할 경우 매매계약서를 작성하고, 인지세를 납부하여야 한다. 이와 같이 일상생활에서 우리는 인지세를 납부하고 있다. 이하에서는 인지세 중에서 주요내용만 살펴보고자 한다.

(1) 과세문서 및 세액

1) 부동산·선박·항공기의 소유권이전에 관한 증서 ➜ 2만원부터 35만원까지
2) 금융·보험기관과의 금전소비대차에 관한 증서 ➜ 상동
3) **도급❶** 또는 위임에 관한 증서 ➜ 상동
4) 광업권·**무체재산권❷**·어업권·출판권·저작인접권 또는 상호권의 양도에 관한 증서 ➜ 상동
5) 시설물 이용권의 입회 또는 양도에 관한 증서 ➜ 상동
6) 소유권에 관하여 등록을 요하는 동산으로서 양도에 관한 증서 ➜ 3,000원
7) 계속적·반복적 거래에 관한 증서 ➜ 300원 또는 1,000원
8) 상품권 및 선불카드 ➜ 50원부터 600원까지
9) 주권·채권·출자증권·수익증권, 기업어음 ➜ 400원
10) 예금 또는 적금증서, 예금 또는 적금통장, 환매조건부채권 매도약정서 ➜ 100원
11) 시설대여계약서 ➜ 1만원
12) **채무의 보증에 관한 증서**
    ① 사채보증에 관한 증서 ➜ 1만원
    ② 신용보증기금이 발행하는 채무의 보증에 관한 증서 ➜ 1,000원
    ③ 보험사업자가 발행하는 보증보험증권 ➜ 200원

> **용어사전**
>
> ❶ 도급
> 당사자의 일방(수급인)이 어느일을 완성할 것을 약정하고 상대방(도급인)이 그 일의 결과에 대하여 보수를 지급할 것을 약정함으로써 성립하는 계약이다.
>
> ❷ 무체재산권
> 유체물에 대한 배타적 지배권인 물권에 대하여, 비유체적 이익에 대한 배타적 지배권의 총칭. 무체재산권에 대하여는 국제적인 분쟁이 일어나기 쉬우므로 여러 가지의 국제조약이 체결되어 있다.

(2) 비과세문서

1) 국가 또는 지방자치단체(지방자치단체조합)가 작성하는 증서 또는 통장
2) 국고금의 취급에 관하여 작성하는 증서 또는 통장
3) 공공사업을 위한 기부를 위하여 국가 또는 지방자치단체에 제출하는 증서
4) 자선 또는 구호를 목적으로 하는 단체가 그 사업에 관하여 작성하는 증서
5) 주택의 소유권이전에 관한 증서로서 기재금액이 1억원 이하인 것
6) 어음의 인수 또는 보증

7) 유가증권❶의 복본 또는 등본
8) 금전소비대차에 관한 증서로서 기재금액이 5천만원 이하인 것
9) 「우편법」에 의한 우편전용의 물건에 관한 증서
10) 「공익사업을 위한 토지 등의 취득 및 보상에 관한 법률」의 적용을 받는 토지 등을 국가, 지방자치단체 또는 그 밖의 특별법에 따라 설립된 법인에 양도하는 경우 그 양도 절차상 필요하여 작성하는 증서
11) 「한국은행통화안정증권법」에 따라 한국은행이 발행하는 통화안정증권
12) 「국제금융기구에의 가입조치에 관한 법률」에서 정한 국제금융기구가 발행하는 채권 및 그 채권의 발행과 관련하여 작성하는 증서

> **용어사전**
> ❶ **유가증권**
> 「자본시장과 금융투자업에 관한 법률」 규정에 의한 유가증권 및 선물거래의 대상이 되는 유가증권을 말한다.

3 농어촌특별세 [추가15회 출제]

농어촌발전을 위하여 취득세등에 부가하여 과세하는 농어촌특별세를 주요내용을 중심으로 살펴보고자 한다.

(1) 「조세특례제한법」, 「관세법」, 「지방세법」, 「지방세 특례제한법」에 의하여 감면받는 소득세·법인세·관세·취득세·등록면허세의 감면세액 ➔ 100분의 20
(2) 「조세특례제한법」에 따라 감면받은 이자소득·배당소득에 대한 소득세의 감면세액
  ➔ 100분의 10
(3) 개별소비세액 ➔ 100분의 10, 100분의 30
(4) 증권시장에서 거래된 증권의 양도가액 ➔ 10,000분의 15
(5) 취득세액(표준세율을 2%로 적용하여 산출한 세액) ➔ 100분의 10
(6) 레저세액 ➔ 100분의 20
(7) 종합부동산세액 ➔ 100분의 20

  예 취득세액이 1,000,000원, 취득세감면세액이 2,000,000원일 경우 농어촌특별세액은 1,000,000원의 10% (100,000원)와 2,000,000원의 20%(400,000원)의 합계액인 500,000원이다.

단락문제 Q11 제10회 기출

취득세액에 부가되는 농어촌특별세의 세율은?

① 5%   ② 10%   ③ 15%   ④ 20%   ⑤ 25%

해설 농어촌특별세의 세율

「지방세법」등에 의해 농어촌특별세 부과기준 취득세액의 $\frac{10}{100}$, 취득세감면세액의 $\frac{20}{100}$이다.

답 ②

제1장 조세의 일반

4 지방소득세 27회 출제

(1) 개 요
지방소득세는 개인지방소득세와 법인지방소득세로 구분하여 과세한다. 부동산의 임대와 양도의 경우에 지방소득세가 해당되므로 과세요건을 중심으로 중요한 내용만 살펴보고자 한다.

(2) 납세의무자
1) 「소득세법」에 따른 소득세 또는 「법인세법」에 따른 법인세의 납세의무가 있는 자는 지방소득세를 납부할 의무가 있다.
2) 지방소득세 납세의무의 범위는 「소득세법」과 「법인세법」에서 정하는 바에 따른다.

(3) 지방소득의 범위 및 구분
1) 거주자의 개인지방소득은 종합소득, 퇴직소득, 양도소득으로 구분하고, 해당소득의 범위는 「소득세법」에서 정하는 바에 따른다.
2) 비거주자의 개인지방소득은 「소득세법」 제119조에 따라 구분한다.
3) 내국법인 및 외국법인의 법인지방소득은 각 사업연도의 소득, 청산소득, 양도소득, 미환류소득으로 구분하고, 법인의 종류에 따른 해당 소득의 범위는 「법인세법」 제3조에서 정하는 바에 따른다.

(4) 납세지
1) 개인지방소득세
「소득세법」 제6조부터 제8조까지에 따른 납세지로 한다.
2) 법인지방소득세
「법인세법」 제9조에 따른 납세지로 한다.

(5) 과세표준

→ 다른 법률에 따라 조세감면 또는 조세특례가 적용되는 경우에는 이에 따라 계산한 금액

1) 거주자의 종합소득에 대한 지방소득세
「소득세법」에 따라 계산한 금액으로 한다.

2) 거주자의 양도소득에 대한 지방소득세
「소득세법」 제92조에 따라 계산한 금액으로 한다.

3) 내국법인의 각 사업연도소득에 대한 지방소득세
「법인세법」 제13조에 따라 계산한 금액으로 한다.

→ 다른 법률에 따라 조세감면 또는 조세특례가 적용되는 경우에는 이에 따라 계산한

(6) 세율(표준세율의 $\frac{50}{100}$ 범위에서 가감할 수 있다)

1) 거주자의 종합소득에 대한 개인지방소득세의 표준세율은 초과누진세율 구조이다.

2) 거주자의 양도소득에 대한 개인지방소득세의 표준세율은 자산의 종류, 보유기간, 등기여부 등에 따라 초과누진세율, $\frac{40}{1,000}$ 등 다양하게 적용된다.

3) 내국법인의 각 사업연도소득에 대한 법인지방소득세의 표준세율은 초과누진세율 구조이다.

(7) 신고와 납부

1) 자진신고와 납부, 그리고 특별징수의무제도가 있다.

2) 양도소득에 대한 개인지방소득세의 경우 예정신고·납부의무제도도 있다.

(8) 기 타

1) 지방소득세는 지방세, 보통세, 독립세, 특별시·광역시, 시·군세, 특별자치시·특별자치도세에 해당한다.

2) 지방소득세의 세액이 2,000원 미만일 때에는 징수하지 아니한다.

제1장 조세의 일반

▼ 주요세목의 조세체계(Ⅰ) 15회 출제

[참고]

세목 \ 항목	활동	과세주체 등	조세전가	목적구속	과세표준	세율
1) 취득세	유통과세	지방세·도세	직접세	보통세	종가세	표준세율
2) 등록에 대한 등록면허세	유통과세	지방세·도세	직접세	보통세	종가세·종량세	표준세율·정액세
3) 재산세	보유과세	지방세·시·군·구세	직접세	보통세	종가세	표준세율·초과누진세율·정률세
4) 지역자원시설세	보유과세	특·광·도세	직접세	목적세	종가세·종량세	정률세·초과누진세·정액세
5) 지방교육세	보유·유통	특·광·도세	직접세	목적세	종가세	정률세
6) 종합소득세	보유·유통	국세	직접세	보통세	종가세	초과누진세율
7) 매매업	유통과세	국세	직접세	보통세	종가세	초과누진세율
8) 건설업	유통과세	국세	직접세	보통세	종가세	초과누진세율
9) 부동산임대소득	보유과세	국세	직접세	보통세	종가세	초과누진세율
10) 양도소득세	유통과세	국세	직접세	보통세	종가세	정률세·초과누진세율
11) 상속세	유통과세	국세	직접세	보통세	종가세	초과누진세율
12) 증여세	유통과세	국세	직접세	보통세	종가세	초과누진세율
13) 인지세	유통과세	국세	간접세	보통세	종가세·종량세	정액세
14) 부가가치세	유통과세	국세	간접세	보통세	종가세	정률세
15) 교육세	유통과세	국세	직접세	목적세	종가세	표준세율
16) 종합부동산세	보유과세	국세	직접세	보통세	종가세	초과누진세율

제1편 국세와 지방세의 기본내용

▼ 주요세목의 조세체계(Ⅱ)

[참고]

세 목 \ 항 목	부과징수	과세기준일 등	면세점 등
1) 취득세	신고납부	취득일 : 60일 내(상속 : 6월 내)	면세점 : 취득가액 50만원 이하
2) 등록에 대한 등록면허세	신고납부	등기·등록할 때	부동산 등기의 경우 최소 6,000원 납부
3) 재산세	보통징수	매년 6월 1일	소액징수 면제 : 2,000원 미만
4) 지역자원시설세	보통징수	매년 6월 1일	소액징수 면제 : 2,000원 미만
	신고납부	익월 10일까지(컨테이너 : 20일)	
5) 지방교육세	신고·보통	독립세와 동일	
6) 종합소득세	신고납부		〈소액징수 면제〉
7) 매매업	신고납부	① 예정신고 : 매매일이 속하는 달의 말일부터 2월 이내 ② 확정신고 : 다음 연도 5.1~5.31	① 원천징수세액 : 1,000원 미만 ② 납세조합의 징수세액 : 1,000원 미만 ③ 중간예납세액 : 10만원 미만
8) 건설업	신고납부	확정신고(다음 연도 5.1~5.31)	
9) 부동산임대소득	신고납부	확정신고	
10) 양도소득세	신고납부	① 예정신고 : 양도일이 속하는 달의 말일부터 2월 이내 ② 확정신고 : 다음 연도 5.1~5.31	
11) 상속세	신고납부	상속개시일이 속하는 달의 말일 → 6월 내(사망일, 실종선고일)	과세최저한 : 과세표준액 50만원 미만
12) 증여세	신고납부	증여일이 속하는 달의 말일 → 3월 내	과세최저한 : 과세표준액 50만원 미만
13) 인지세	신고납부	과세문서 작성일	
14) 부가가치세	신고납부	매년 4.25, 7.25, 10.25, 1.25	납부의무면제 간이과세자 : 공급대가 2,400만원 미만
15) 교육세	신고납부	독립세와 동일	
16) 종합부동산세	부과징수 (신고납부)	매년 6월 1일	

제1장 조세의 일반

제5절 서류의 송달

> **Q** : 과세주체(= 세무서장, 시장 등)가 세금을 납부하라는 서류 등을 국민이나 주민에게 보내는 방법을 알려주십시오.
> **A** : 과세주체가 납세의무자에게 서류를 전달하는 방법입니다. 서류의 송달방법에는 몇 가지가 있습니다. 자세히 살펴보겠습니다.

01 의 의

'서류의 송달'이란 과세관청이 납세자에게 알리는 행위와 절차를 말한다. 이러한 서류의 송달에 의하여 처분의 효력이 발생하며, 불복청구기간이 기산되는 등 세금에 관한 권리·의무에 중대한 영향을 미친다.

PROFESSOR COMMENT
여기서 과세관청이란 세무서장, 시장·군수·구청장 등을 말한다.

02 송달받아야 할 자

1 원 칙 : 명의인

「국세기본법」 또는 세법에 의한 서류는 그 명의인에게 송달하여야 한다.
→ 해당 서류에 수신인으로 지정된 자

2 예 외 : 사리를 판별할 수 있는 자

교부송달 또는 등기우편송달의 경우에 송달장소에서 송달받을 자를 만나지 못한 때에는 그 사용인 기타 종업원 또는 동거인으로서 사리를 판별할 수 있는 자에게 서류를 송달할 수 있다.

03 송달장소

1 원칙 : 주소 또는 영업소
서류는 그 명의인의 주소 또는 영업소(전자송달인 경우 명의인의 전자우편주소)에 송달한다.

2 예외 : 신고한 송달장소
송달받아야 할 자가 주소 또는 영업소 중에서 송달장소를 과세관청에 신고한 때에는 그 신고된 장소에 송달하여야 하며, 이를 변경한 때에도 또한 같다.

04 송달방법

1 개요
서류의 송달은 원칙적으로 교부송달과 우편송달 또는 전자송달에 의한다. 다만, 전자송달은 납세자가 신청한 경우에 한한다. 교부송달이나 우편송달 등에 의한 송달이 불가능한 경우에 예외적으로 공시송달에 의한다.

2 교부송달
(1) 교부송달은 과세관청이 송달장소에서 송달받아야 할 자에게 서류를 교부하는 방법으로 송달하는 것을 말한다.
(2) 서류를 교부한 때에는 송달서에 수령인으로 하여금 서명날인하게 하여야 한다.
(3) 서류의 송달을 받아야 할 자 또는 사리를 판별할 수 있는 자가 정당한 사유없이 서류의 수령을 거부한 때에는 송달할 장소에 **서류를 둘 수 있다.**
　　　　　　　　　　　　　　　└→ 유치송달이라 한다.

3 우편송달
등기우편이나 일반우편에 의하여 송달하는 것을 말한다. 다만, 납세의 고지·독촉·강제징수·세법에 의한 정부명령관계서류의 송달은 등기우편에 의한다.

4 전자송달

정보통신망을 이용하여 명의인의 전자우편주소에 송달하는 방법을 말한다. 전자송달은 납세자가 신청하는 경우에 한하되, 전자송달이 불가능한 경우에는 교부 또는 우편에 의하여 송달할 수 있다.

5 공시송달 ★ 24회 출제

(1) 의 의

서류의 송달은 원칙적으로 교부송달이나 우편송달의 방법으로 하여야 한다. 그러나 이와 같은 방법으로 송달이 불가능할 경우 예외적으로 송달에 갈음하는 방법이 공시송달이다.

(2) 공시송달사유

1) 주소 또는 영업소가 국외에 있고 그 송달이 곤란한 경우
2) 주소 또는 영업소가 분명하지 않은 경우
3) 서류를 등기우편으로 송달하였으나 수취인이 부재 중 또는 수취를 거부하여 반송됨으로써 납부기한 내 송달이 곤란하다고 인정되는 경우
4) 세무공무원이 2회 이상 납세자를 방문[처음 방문과 마지막 방문의 기간이 3일(토·공휴일 제외) 이상이어야 함]하여 서류를 교부하고자 하였으나 수취인 부재로 납부기한 내 송달이 곤란하다고 인정되는 경우

(3) 공시송달방법

→ 다른 공시송달방법과 함께 하여야 한다.

세무서·<mark>국세정보통신망</mark>·지방세의 경우 지방세정보통신망 또는 지방자치단체의 정보통신<mark>망·해당</mark> 서류의 송달장소를 관할하는 시·군·구의 게시판 기타 적절한 장소에 게시하거나, 관보 또는 일간신문에 게재하여야 한다.

05 송달의 효력발생시기

1 우편 또는 교부송달
도달주의에 의한다.

2 전자송달
전자우편주소에 입력된 때, 국세정보통신망에 저장한 경우에는 저장된 때에 도달된 것으로 본다.

3 공시송달
공고일부터 14일이 경과된 날에 효력이 발생한다.

단락문제 Q12 제24회 기출

「지방세기본법」상 공시송달할 수 있는 경우가 아닌 것은?
① 송달을 받아야 할 자의 주소 또는 영업소가 국외에 있고 그 송달이 곤란한 경우
② 송달을 받아야 할 자의 주소 또는 영업소가 분명하지 아니한 경우
③ 서류를 우편으로 송달하였으나 받을 사람이 없는 것으로 확인되어 반송됨으로써 납부기한 내에 송달하기 곤란하다고 인정되는 경우
④ 서류를 송달할 장소에서 송달을 받을 자가 정당한 사유없이 그 수령을 거부한 경우
⑤ 세무공무원이 2회 이상 납세자를 방문하여 서류를 교부하려고 하였으나 받을 사람이 없는 것으로 확인되어 납부기한 내에 송달하기 곤란하다고 인정되는 경우

해설 송달방법
④ 교부송달 중 유치송달을 설명한 내용이다. 나머지는 공시송달사유를 설명한 것이다.   답 ④

제6절 국세부과의 원칙

Q: 세금을 부과하는 데도 원칙이 있나요?
A: 그럼요. 국세나 지방세를 부과하는 데도 원칙이 있지요. 이 원칙을 반드시 지켜야 합니다.

세금을 부과 징수함에 있어서 과세주체나 납세의무자가 지켜야 할 원칙을 말한다.

01 실질과세의 원칙 (국기법 제14조)

1 귀속의 실질

과세의 대상이 되는 소득·수익·재산·행위 또는 거래의 귀속이 명의일 뿐이고 사실상 귀속되는 자가 따로 있는 때에는 사실상 귀속되는 자를 납세의무자로 하여 세법을 적용한다.

2 내용의 실질

세법 중 과세표준의 계산에 관한 규정은 소득·수익·재산·행위 또는 거래의 명칭이나 형식에 불구하고 그 실질내용에 따라 적용한다.

3 행위 또는 거래의 실질

제3자를 통한 간접적인 방법이나 2 이상의 행위 또는 거래를 거치는 방법으로 이 법 또는 세법의 혜택을 부당하게 받기 위한 것으로 인정되는 경우에는 그 경제적 실질내용에 따라 당사자가 직접 거래를 한 것으로 보거나 연속된 하나의 행위 또는 거래를 한 것으로 보아 이 법 또는 세법을 적용한다.

02 신의성실의 원칙

납세자가 그 의무를 이행함에 있어서는 신의에 좇아 성실히 하여야 한다. 세무공무원이 그 직무를 수행함에 있어서도 또한 같다.

03 근거과세의 원칙

1 조사와 결정의 근거

납세의무자가 세법에 의하여 장부를 비치·기장하고 있는 때에는 해당 국세의 과세표준의 조사와 결정은 그 비치·기장한 장부와 이에 관계되는 증빙자료에 의하여야 한다.

2 상이·누락부분에 한하여 과세주체가 조사·결정

위 **1**에 의하여 국세를 조사·결정함에 있어서 기장의 내용이 사실과 다르거나 기장에 누락된 것이 있는 때에는 그 부분에 한하여 정부가 조사한 사실에 따라 결정할 수 있다.

04 조세감면의 사후관리

1 운용범위 한정 → 「지방세기본법」에는 위 3가지 원칙은 규정되어 있으나, 조세감면의 사후관리의 규정은 규정되어 있지 않다.

정부는 국세를 감면한 경우에 그 감면의 취지를 성취시키거나 국가정책을 수행하기 위하여 필요하다고 인정하는 때에는 세법이 정하는 바에 의하여 감면한 세액에 상당하는 자금 또는 자산의 운용범위를 정할 수 있다.

2 감면 취소 가능

위 **1**에 의한 운용범위에 따르지 아니한 자금 또는 자산에 상당하는 감면세액은 세법이 정하는 바에 의하여 감면을 취소하고 징수할 수 있다.

CHAPTER 02

국세와 지방세의 기본법 중 주요내용

학습포인트

- 국세와 지방세의 기본법 중 주요내용을 간추린 것이다. 최근 출제된 내용을 보면 기본 개념을 정확히 알고 있으면 충분히 정답을 도출할 수 있는 내용이 출제되었다. 따라서 여기에서 다룬 내용은 확실히 이해하기 바란다.
- 국세와 지방세의 주요내용 중 기출문제를 중심으로 해당 분야를 집중정리하기 바란다.
- 납세의무의 성립·확정·소멸의 단계별 내용을 정리하여야 한다.

CHAPTER 학습 & 출제되는 키워드

- ☑ 납세의무의 성립
- ☑ 납세의무의 확정
- ☑ 납세의무의 소멸
- ☑ 2차 납세의무자
- ☑ 청산인 등
- ☑ 출자자 등
- ☑ 법인
- ☑ 사업양수인
- ☑ 국세와 지방세의 우선권
- ☑ 국세우선권의 제한
- ☑ 담보물권·소액보증금·임금채권
- ☑ 국세와 지방세 등과의 관계
- ☑ 수정신고
- ☑ 수정신고 대상·기한
- ☑ 경정청구
- ☑ 경정청구 대상·기한
- ☑ 국세불복
- ☑ 심사청구
- ☑ 심판청구
- ☑ 불복의 대상
- ☑ 청구인
- ☑ 불복의 기한
- ☑ 지방세불복
- ☑ 불복청구와 처분의 집행위

CHAPTER 학습 & 출제되는 질문

- ☑ 납세의무의 성립시기에 관한 설명 중 틀린 것은?
- ☑ 국세와 지방세는 일정기간이 경과하면 부과할 수 없다. 부과제척기간을 설명한 것 중 틀린 것은?
- ☑ 조세와 피담보채권이 경합되는 경우 피담보채권보다 우선 징수되는 조세가 아닌 것은?

제1편 국세와 지방세의 기본내용

제1절 납세의무 성립·확정·소멸 ★★ 13·추가15회·18·20회 출제

Q: 납세의무의 성립·확정·소멸이 어렵게 느껴집니다. 쉽게 설명해주세요.
A: 네, 사례를 들어 쉽게 설명해 보겠습니다.

예제
■ 납세의무성립·확정·소멸
개인 양해식은 200△. 2. 10. 상가를 10억원에 취득한 후 해당 과세관청에 200△. 3. 5. 취득세를 신고하고 세금을 200△. 3. 6. 세법 규정대로 완벽하게 납부하였다. 납세의무의 성립·확정·소멸에 대하여 설명하시오.

풀이 상가를 취득한 때(200△. 2. 10.)를 납세의무가 성립되었다고 하고, 해당 과세관청에 취득세를 신고(200△. 3. 5.)한 사실을 납세의무를 확정하였다고 한다. 그리고 세금을 완벽하게 납부(200△. 3. 6.)하였으므로 이제 과세관청과의 세금문제가 종결되었다. 이를 납세의무가 소멸되었다고 한다.

Q: 그럼 세법에서는 구체적으로 언제를 납세의무의 성립·확정·소멸시기로 규정하고 있나요.
A: 납세의무 성립·확정·소멸에 대해서 자세히 알아보겠습니다.

01 납세의무의 성립 29회 출제

세법의 규정에 의하여 과세표준의 산정과 세율의 적용이 가능하여 조세를 납부할 의무가 추상적으로 성립한 사실을 말하며 세목별 사례는 다음과 같다.

(1) **취득세** : 취득세 과세물건을 취득하는 때
(2) **등록에 대한 등록면허세** : 재산권과 그 밖의 권리를 등기하거나 등록하는 때
(3) **재산세, 종합부동산세** : 과세기준일(매년 6월 1일)
(4) **지방소득세** : 과세표준이 되는 소득에 대하여 소득세·법인세의 납세의무가 성립하는 때
(5) **양도소득세** : 과세기간이 끝나는 때(12월 31일)
(6) **법인세** : 과세기간이 끝나는 때(사업연도 종료일)
(7) **상속세** : 상속이 개시되는 때

제2장 국세와 지방세의 기본법 중 주요내용

(8) 증여세 : 증여에 의하여 재산을 취득하는 때

(9) 부가가치세, 지방소비세 : 과세기간이 끝나는 때(6월 30일, 12월 31일)

* 부가세 (예 농어촌특별세, 지방교육세 등)는 과세표준이 되는 세목의 납세의무가 성립하는 때이고, 수시부과 세목은 수시부과할 사유가 발생하는 때이다. → 취득세, 재산세, 양도소득세 등

(10) 가산세 납세의무 성립시기

   1) **무신고·과소신고·초과환급신고가산세** : 법정신고기한이 경과한 때

   2) **납부지연가산세** : 법정납부기한 경과 후 1일마다 그날이 경과하는 때

      다만, 납세고지서상 납부기한까지 납부하지 않음에 따른 납부지연가산세는 납세고지서에 따른 납부기한이 경과하는 때

   3) **원천징수 납부 등 불성실가산세** : 법정납부기한이 경과하는 때

   4) **그 밖의 가산세** : 가산할 국세·지방세의 납세의무가 성립하는 때

PROFESSOR COMMENT
납세의무의 성립시기에는 납세의무 추상적으로 성립할 뿐이므로 납세의무자의 납부의무이행이 이루어지는 단계가 아니다.

단락문제 Q1 제18회 기출

납세의무의 성립시기에 관한 설명 중 틀린 것은?

① 재산세 : 과세기준일
② 취득세 : 취득세 과세물건을 취득하는 때
③ 등록에 대한 등록면허세 : 재산권과 그 밖의 권리를 등기하거나 등록하는 때
④ 지방소득세 소득분 : 매년 7월 1일
⑤ 종합부동산세 : 재산세의 과세기준일

해설 납세의무의 성립시기
④ 과세표준이 되는 소득에 대하여 소득세·법인세의 납세의무가 성립하는 때이다. **답** ④

제1편 국세와 지방세의 기본내용

02 납세의무의 확정 (국기법 제22조 제1항) 24회 출제

추상적으로 성립한 납세의무의 내용을 구체적으로 확인하여 확정하는 것을 말한다.
납세의무의 확정에는 신고납세제도, 부과과세제도 그리고 자동확정제도가 있다.

1 신고납세제도(申告納稅制度)

(1) 납세의무자의 신고에 의하여 과세표준과 세액을 확정하는 제도이다.
(2) 신고납세제도의 주요 세목으로 취득세, 등록에 대한 등록면허세, 법인세, 부가가치세, 교육세, 양도소득세 등이 있다.

2 부과과세제도(賦課課稅制度)

(1) 과세관청의 처분에 의하여 과세표준과 세액을 확정하는 제도이다.
(2) 부과과세제도의 주요 세목으로 상속세, 증여세, 종합부동산세, 재산세 등이 있다.

▼ 납세의무의 확정시기

> 1) 신고납세 : 납세의무자가 신고하는 때
> 2) 부과과세(보통징수) : 과세관청이 결정하는 때

3 자동확정제도

(1) 특별한 절차없이 과세표준과 세액이 확정되는 제도이다.
(2) 주요세목으로 인지세, 원천징수하는 소득세 등이 있다.

단락핵심 납세의무의 성립과 확정

(1) 취득세의 납세의무성립시기는 과세물건을 취득하는 때이다.
(2) 재산세의 납세의무성립시기는 과세기준일이고, 납세의무확정시기는 지방자치단체가 부과결정하는 때이다.
(3) 과세표준과 세액을 과세관청에 신고하는 때 납세의무가 확정되는 세목은 양도소득세·부가가치세이다.
(4) 신고납부방법이란 납세의무자가 그 납부할 지방세의 과세표준액과 세액을 신고하고 동시에 신고한 세금을 납부하는 것을 말하며 취득세와 등록에 대한 등록면허세가 이에 해당된다.
(5) 보통징수방법이란 세무공무원이 납세고지서를 해당 납세의무자에게 교부하여 지방세를 징수하는 것을 말하며 재산세가 이에 해당된다.

03 납세의무의 소멸 28회 출제

Key Point 소멸사유
납부, 충당, 부과취소, 제척기간만료, 소멸시효완성

과세관청과 납세자의 권리·의무관계가 종료되는 것을 말한다.

1 납 부(納付) 17·25회 출제

(1) 원칙 : 현금납부
(2) 예외 : 물납❶

▼ 물납의 예

① 상속세　　② 재산세

단락문제 Q2 제17회 기출

부동산에 관련된 조세 중 물납을 허용하고 있는 것으로 올바른 것은?
① 양도소득세　② 증여세　③ 재산세　④ 부가가치세　⑤ 종합부동산세

해설 물 납
③ 물납가능한 세금은 재산세, 상속세 등이다.　　　답 ③

2 충 당(充當)

(1) 납세의무자가 납부할 세액과 환급세액을 상계❷하는 것을 말한다.
(2) 「국세기본법」상 국세환급금은 체납된 국세·가산금·강제징수비 등에 먼저 충당하고 잔여금을 환급하여야 한다.

3 부과의 취소

유효하게 성립한 부과 처분에 대하여 그 성립에 흠결이 있음을 이유로 그 처분의 효력을 상실시키는 것을 말한다.

용어사전

❶ 물납
조세의 납부는 현금납부를 원칙으로 하나 상속세의 경우 금전납부만을 관철한다면 그 납세의무이행이 곤란하기 때문에 일정요건이 성립되면 상속재산 자체로서 상속세의 납부를 허용하는 제도이다.

❷ 상계
상계는 채무자가 그 채권자에 대하여 자기도 같은 종류의 채권을 가지는 경우에 그 채권과 채무를 대등액(對等額)에 있어서 소멸케 하는 것을 목적으로 하는 일방적 의사표시이다.

제1편 국세와 지방세의 기본내용

4 부과제척기간의 만료 21·34회 출제

PROFESSOR COMMENT
과세관청 입장에서는 고지서를 발부할 수 없고, 납세자 입장에서는 세금을 신고납부하지 않아도 된다.

국세와 지방세는 다음에 규정하는 기간(→부과제척기간)이 만료된 날 후에는 부과할 수 없다.

▼ 국세와 지방세의 부과제척기간

(1) 국세	1) 상속세 2) 증여세 3) 부담부증여 해당분	① 원칙	부과할 수 있는 날부터 10년간
		② 예외	㉠ 사기 기타 부정한 행위로써 포탈·환급·공제받는 경우 : 15년간 ㉡ 신고서를 제출하지 아니한 경우와 허위신고 또는 누락신고한 경우 : 15년간 ㉢ 재산가액 50억원 초과 포탈하는 경우 : 상속 또는 증여있음을 안 날부터 1년
	소득세 등 기타 세목	① 원칙	부과할 수 있는 날부터 5년간
		② 예외	㉠ 법정신고기한 내에 과세표준신고서를 제출하지 아니한 경우 : 7년간 ㉡ 사기 기타 부정한 행위로써 포탈·환급·공제받는 경우 : 10년간
(2) 지방세		① 원칙	부과할 수 있는 날부터 5년간(신고납부세목의 무신고 : 7년간)
		② 예외	㉠ 명의신탁약정으로 실권리자가 취득하는 경우 : 10년간 ㉡ 사기 기타 부정한 행위로써 포탈·환급·공제받는 경우 : 10년간 ㉢ 상속 또는 증여를 원인으로 취득하는 경우 : 10년간 ㉣ 타인의 명의로 법인의 주식 또는 지분을 취득하였지만 해당 주식 또는 지분의 실권리자인 자가 과점주주가 되어 해당 법인의 부동산 등을 취득하는 것으로 보는 경우 : 10년간
(3) 공통(국세·지방세)			① 이의신청·심사·심판 청구에 대한 결정 또는 소송에 의한 판결이 확정되거나 상호합의가 종결된 날부터 1년간 ② 후발적 사유에 의한 경정청구 또는 조정권고가 있는 경우 : 경정청구일 또는 조정권고일부터 2개월간

* 법인세와 소득세를 계산함에 있어서 결손금을 5년 경과 10년 이내에 공제하는 경우에는 공제한 사업연도 또는 공제한 연도의 신고기한으로부터 1년간
* 국제거래에서 발생한 부정행위로 국세를 포탈·환급·공제 받은 경우 : 15년간
* 국세와 지방세를 부과할 수 있는 날
• 과세표준과 세액을 신고하는 양도소득세·취득세 등 : 과세표준 신고기한의 다음 날
• 과세표준과 세액을 신고하지 않는 종합부동산세·재산세 등 : 납세의무 성립일
* 경정청구 또는 조정권고가 있는 경우
  • 경정청구 또는 조정권고의 대상이 된 과세표준·세액과 연동된 다른 과세기간의 과세표준·세액의 조정이 필요한 경우 경정청구일 또는 조정권고일부터 2개월간

제2장 국세와 지방세의 기본법 중 주요내용

단락문제 03
제20회 기출

국세와 지방세는 일정기간이 경과하면 부과할 수 없다. 부과제척기간을 설명한 것 중 가장 틀린 것은?

① 취득세 : 5년
② 상속을 원인으로 취득하는 경우의 취득세 : 10년
③ 사기 기타 부정한 행위로 등록에 대한 등록면허세를 포탈 : 10년
④ 양도소득세 : 5년
⑤ 부담부증여에 해당되어 양도소득세가 과세되는 경우 : 5년

해설 부과제척기간
⑤ 부담부증여 해당분은 10년이다.

답 ③

---

5 소멸시효의 완성

PROFESSOR COMMENT
과세관청 입장에서는 고지서를 발부한 후 일정기간 동안 아무런 조치를 취하지 아니하면 세금을 징수할 수 없다.

(1) 국가·지방자치단체의 징수를 목적으로 하는 국가·지방자치단체의 권리는 그 권리를 행사할 수 있는 때부터 <u>5년간</u> 행사하지 아니한 때에는 시효로 인하여 소멸한다.
→ 국세채권(가산세 제외)이 5억원[지방세(가산세 제외)의 경우 5천만원] 이상인 경우에는 10년

(2) 소멸시효는 중단과 정지가 있으며 중단사유가 발생하면 그때까지 진행된 시효기간은 효력이 상실되고 중단기간이 경과한 날부터 소멸시효의 진행이 새롭게 다시 시작되는 것을 말하며, 중단사유로는 납세고지, 독촉 및 납부최고, 교부청구, 압류가 있다.
→ 압류금지재산 또는 제3자의 재산을 압류한 경우는 소멸시효 중단 제외

Key Point 제척기간과 소멸시효의 비교

구 분	국세부과 제척기간	국세(국세에서 가산세는 제외)징수권 소멸시효
성 격	권리의 존속기간	권리의 불행사기간
대 상	국세부과권(형성권의 일종)	국세징수권(청구권의 일종)
기 간	5년 ~ 15년, 평생	5년(5억원 이상 국세와 5천만원 이상 지방세 10년)
기산일	국세를 부과할 수 있는 날	국세징수권을 행사할 수 있는 날
중단과 정지	없 음	있음
소급효 유무	소급효 없음	소급효 있음
시효이익포기	포기할 수 없음	포기할 수 없음
원용필요성	원용이 불필요함	원용이 불필요함

제1편 국세와 지방세의 기본내용

단락문제 Q4
제12회 기출

다음 중 「국세기본법」상 납세의무의 소멸사유에 해당하지 <u>않는</u> 것은?
① 부과의 취소   ② 납 부   ③ 징수유예
④ 국세징수권의 소멸시효 완성   ⑤ 국세부과제척기간의 만료

해설 납세의무의 소멸사유
납세의무의 소멸사유는 납부, 충당, 부과의 취소, 제척기간의 만료, 소멸시효의 완성이다. 징수유예는 세금의 징수를 일정기간 유예한 것이기 때문에 납세의무의 소멸은 아니다.

답 ③

제2절 제2차 납세의무자

Q: 제2차 납세의무자란 무슨 뜻입니까?
A: 2번째로 세금 낼 의무가 있다는 것입니다. 예를 들어 갑의 세금이 100이고, 갑의 모든 재산으로 80을 납부하고 나머지 20을 납부하지 못하였을 경우 20에 대하여 갑에 갈음하여 을이 2번째로 납세의무가 있는 경우를 말합니다.

01 의 의

제2차 납세의무자라 함은 본래 납세자의 재산에 대해 강제징수를 하여도 그가 납부하여야 할 국세·지방세 등이 부족한 경우, 그와 법에서 정한 일정한 관계에 있는 자가 본래의 납세자에 갈음하여 그 부족액에 대하여 보충적으로 납세의무를 지는 자를 말한다.

02 제2차 납세의무의 유형

1 청산인 등의 제2차 납세의무

법인의 해산시 그 법인이 부담할 국세·지방세 등을 납부하지 아니하고 청산인이 잔여재산을 분배 또는 인도한 때에, 그 법인에 대하여 강제징수를 집행하여도 징수할 금액에 부족한 경우 청산인 또는 잔여재산의 분배 또는 인도받은 자가 해당 재산가액을 한도로 그 부족분에 대한 납세의무를 진다.

제2장 국세와 지방세의 기본법 중 주요내용

PROFESSOR COMMENT
청산법인에는 집행기관 겸 대표기관으로 이사 대신 청산인을 둔다. 따라서 청산인이 청산법인의 능력의 범위 내에서 대외적으로 청산법인을 대표하고, 대내적으로 청산사무(淸算事務)를 집행한다.

2 출자자의 제2차 납세의무

→ 국세와 지방세 모두 비상장법인만 해당된다.

법인의 재산으로 그 법인이 부담할 국세·지방세 등에 충당하여도 부족한 경우에 그 국세·지방세의 납세의무 성립일 현재 무한책임사원 또는 과점주주(주식 또는 출자지분 50% 초과)가 그 부족액에 대하여 제2차 납세의무를 진다.

→ 지방세의 경우 과세기준일 또는 납기개시일 포함

3 법인의 제2차 납세의무

국세·지방세의 납부기간 종료일 현재 해당 법인의 무한책임사원 또는 과점주주의 재산으로 그들이 납부할 국세·지방세 등에 충당하여도 부족한 경우, 해당 법인이 해당 법인의 순자산에 대한 그들의 출자비율을 한도로 그 부족액에 대하여 납세의무를 진다.

4 사업양수인의 제2차 납세의무 ★ 14회 출제

→ 양도인과 특수관계인 또는 양도인의 조세회피를 목적으로 사업을 양수한 자

사업의 포괄적 양도·양수가 있는 경우에 양도일 이전에 양도인의 납세의무가 확정된 해당 사업에 관한 국세·지방세 등(해당 사업에 관한 국세·지방세·가산금·강제징수비를 말하며 양도소득세등은 제외됨)을 양도인의 재산으로 충당하여도 부족액이 있는 경우에 사업양수인이 양수한 재산가액을 한도로 그 부족분에 대하여 납세의무를 진다.

제1편 국세와 지방세의 기본내용

Key Point 제2차 납세의무자

구 분	청산인 등	출자자 등	법 인	사업양수인
1) 주된 납세의무자	법인	비상장법인	① 무한책임사원 ② 과점주주	사업양도인
2) 제2차 납세의무자	① 청산인 ② 잔여재산을 분배·인도받은 자	① 무한책임사원 ② 과점주주 중 법소정 요건에 해당하는 자❶	법인 (주권상장법인도 포함)	사업양수인 ①양도인과 특수관계인자 ② 양도인의 조세회피를 목적으로 사업을 양수한 자
3) 요건	① 법인이 해산 ② 국세를 납부하지 아니하고 잔여재산을 분배·인도 ③ 법인의 재산으로 징수부족한 경우	① 비상장법인 ② 납세의무 성립일 현재 무한책임사원 또는 과점주주 ③ 법인의 재산으로 징수부족한 경우	① 납부기간 종료일 현재 무한책임사원 또는 과점주주 ② 주된 납세의무자의 소유주식·출자지분의 매각 불능 및 제한 ③ 출자자의 재산으로 징수부족한 경우	① 사업장별로 사업의 포괄적 양수도 ② 양수한 해당 사업에 관한 국세로서 사업양수도 당시 확정된 국세 ③ 양도인의 재산으로 징수부족한 경우
4) 한도	① 청산인 : 분배·인도한 재산의 가액 ② 분배·인도받은 자 : 분배·인도받은 재산의 가액	① 무한책임사원 : 잔액 ② 과점주주 : 징수부족액×지분비율* * 무의결권주식 제외	(자산 − 부채) × 지분율	양수한 재산가액

▼ 출자자의 2차 납세의무 보충설명

출자자의 2차 납세의무 (국기법 39조) (2021.부터 시행)
  • 비상장법인
1. 무한책임사원으로서 다음의 어느 하나에 해당하는 사원
   가. 합명회사의 사원
   나. 합자회사의 무한책임사원
2. 주주 또는 다음 각목의 어느 하나에 해당하는 사원 1명과 그의 특수관계인 중 대통령령으로 정하는 자로서 그들의 소유주식 합계 또는 출자액 합계가 해당법인의 발행주식 총수 또는 출자총액의 $\frac{50}{100}$ 을 초과하면서 그 법인의 경영에 대하여 지배적인 영향력을 행사하는 자들(이하 "과점주주"라 한다)
   가. 합자회사의 유한책임사원
   나. 유한책임 회사의 사원
   다. 유한 회사의 사원

용어사전

❶ 과점주주 중 다음의 어느 하나에 해당하는 자
① $\frac{50}{100}$ 을 초과하는 주식 또는 출자지분에 관한 권리를 실질적으로 행사하는 자
② 사장 등 명칭에 관계없이 법인의 경영을 사실상 지배하는 자
③ 위 ①과 ②의 배우자 및 그와 생계를 같이하는 직계존속·비속

제2장 국세와 지방세의 기본법 중 주요내용

제3절 국세와 지방세의 우선권 `22회 출제`

> **Q**: 제목만 보아도 알 수 있듯이 국세와 지방세가 다른 채권과 경합되었을 경우 국세와 지방세가 다른 채권보다 우선한다는 내용인가요?
>
> **A**: 네 그렇습니다. 그러나 국세나 지방세가 무조건 우선하지는 않습니다. 세금이 우선하는 경우와 세금보다 다른 채권이 우선하는 것이 있습니다. 그럼 정리를 해보겠습니다.

01 의의

국세와 지방세의 우선권이란 납세자의 일반재산에 대하여 국세와 지방세의 채권과 다른 공과금, 기타의 채권이 경합되는 경우에 국세와 지방세의 채권이 우선하여 징수되는 것을 말한다. 그러나 일정한 경우에는 기타의 채권이 국세와 지방세보다 우선하여 징수된다. 즉 국세와 지방세의 우선권이 제한된다. 여기서는 국세와 지방세보다 기타의 채권이 우선하여 징수되는 내용을 국세를 기준으로 살펴보고 지방세에 있어서는 국세와 차이난 내용만 기술하고자 한다.

02 국세우선권의 제한 (國稅優先權制限) `26·35회 출제`

PROFESSOR COMMENT
다른 채권이 국세보다 우선한다.

Key Point 국세우선권의 제한

1) 먼저 집행한 지방세 등의 강제징수비의 우선
2) 공익비용의 우선
3) 담보물권의 우선
4) 임차인의 소액보증금의 우선
5) 임금채권의 우선
6) 가등기에 의하여 담보된 채권의 우선

1 먼저 집행한 지방세 등의 강제징수비의 우선

(1) 지방세 또는 공과금의 강제징수에 있어서 그 강제징수 금액 중에서 국세 또는 강제징수비(强制徵收費)를 징수하는 경우의 그 지방세 또는 공과금의 강제징수비는 국세에 우선한다.

(2) 지방세 또는 공과금의 강제징수 금액 중에서 국세를 징수하는 경우에도 공과금은 국세보다 우선하지 못하나 지방세인 경우에는 국세와 우열이 없고 동 순위이므로 압류선착수주의에 의하여 먼저 압류한 것이 교부청구하는 것에 우선한다.

2 공익비용(公益費用)의 우선

강제집행·경매 또는 파산절차에 의한 재산의 매각에 있어서 그 매각금액 중에서 국세와 강제징수비를 징수하는 경우의 그 강제집행·경매 또는 파산절차에 소요된 비용은 국세와 강제징수비에 우선한다. 강제집행 등에 소요된 비용은 채권자 공동의 이익을 위하여 소요된 것이므로 국세 또는 강제징수비에 우선한다.

▼ 변제순서

1) 제1순위 : 강제집행·경매 또는 파산절차에 소요된 비용
2) 제2순위 : 국세·강제징수비
    지방세의 경우 지방세·가산금·강제징수비(이하 같음)

3 담보물권(擔保物權)의 우선 30회 출제

(1) 국세의 법정기일 전에 전세권(傳貰權)·질권❶(質權) 또는 저당권(抵當權)의 설정을 등기·등록한 사실이 증명되는 재산의 매각에 있어서 그 매각금액 중에서 국세를 징수하는 경우의 그 전세권·질권 또는 저당권에 의하여 담보된 채권은 국세에 우선한다.

용어사전

❶ 질권
채권의 담보로서 채무자 또는 제3자(물상보증인)부터 받은 목적물을 채무의 변제 시까지 유치하고, 변제가 없을 때에는 그 목적물에 의하여 우선변제를 받는 담보물권이다.

(2) 다만, 그 재산에 대하여 부과된 국세에 대하여는 그러하지 아니하다[그 재산에 부과된 국세로는 상속세, 증여세, 종합부동산세, 지방세의 경우 재산세, 자동차세, 소방분에 대한 지역자원시설세, 지방교육세(재산세와 자동차세에 부가되는 것)가 있다].

→ 상속세등이 담보물권보다 우선한다.

(3) 법정기일
→ 「소득세법」 제105조에 따라 신고하는 경우로 한정

이 경우 담보채권과 국세채권의 우선여부를 판정하는 기준인 법정기일은 다음과 같다.
1) 과세표준과 세액의 신고에 의하여 납세의무가 확정되는 국세(중간예납하는 법인세와 예정신고 납부하는 부가가치세 및 **소득세**를 포함)에 있어서 신고한 해당 세액에 대하여는 그 신고일
2) 과세표준과 세액을 정부가 결정·경정 또는 수시부과 결정하는 경우에는 고지한 해당 세액에 대하여 그 납세고지서의 발송일
3) 원천징수의무자 또는 납세조합으로부터 징수하는 국세와 인지세에 있어서는 ①, ②의 규정에 불구하고 그 납세의무의 확정일
4) 제2차 납세의무자(보증인을 포함)의 재산에 국세를 징수하는 경우에는 납부통지서의 발송일
5) 양도담보재산에서 국세를 징수하는 경우에는 납부통지서의 발송일. 한편, 「국세징수법」의 규정에 의하여 납세자의 재산을 압류한 경우에 압류의 효력이 미치는 체납된 국세에 있어서는 그 법정기일이 압류등기일 또는 등록일 이후에 도래하는 경우에는 위의 규정에 불구하고 압류등기일 또는 등록일을 그 체납된 국세의 법정기일로 한다.

▼ 담보채권과 국세채권의 변제순서

1) 제1순위 : 국세의 강제징수비
2) 제2순위 : 그 재산에 대하여 부과된 국세
3) 제3순위 : 국세의 법정기일 전에 전세권·질권 또는 저당권의 설정을 등기·등록한 채권
4) 제4순위 : 국세
5) 제5순위 : 국세의 법정기일 후에 전세권·질권 또는 저당권의 설정을 등기·등록한 채권

(4) 전세권·질권 또는 저당권의 설정을 등기·등록한 사실의 증명서류

1) 부동산등기부 등본
2) 공증인의 증명
3) 질권에 대한 증명으로 세무서장이 인정하는 것
4) 공부 또는 금융기관의 장부상 증명으로서 세무서장이 인정하는 것

(5) 재산에 대하여 부과된 국세 또는 지방세

1) 재산에 대하여 부과된 국세는 상속세 및 증여세, 종합부동산세로 하며, 지방세는 재산세, 자동차세, 소방분에 대한 지역자원시설세, 지방교육세(재산세와 자동차세에 부가되는 것)로 한다.
2) 상속세 및 증여세 등 그 재산에 대하여 부과된 국세 또는 지방세는 전세권·질권·저당권의 설정일자에 관계없이 동 전세권 등에 의하여 담보된 채권보다 항상 우선한다.
3) 법정기일보다 먼저 설정된 주택임대차보호법상의 일정 요건을 갖춘 임대차보증금반환채권 또는 같은 법에 의한 전세권은 당해세보다 우선한다. 즉 당해세가 후순위다.

(6) 사해행위취소(詐害行爲取消)

1) 세무서장은 납세자가 제3자와 통정하여 허위로 그 재산에 전세권·질권 또는 저당권의 설정계약, 가등기설정계약 또는 양도담보설정계약을 하고 그 등기 또는 등록을 함으로써 해당 재산의 매각대금으로 국세를 징수하기가 곤란하다고 인정하는 때에는 해당 행위의 취소를 법원에 청구할 수 있다.
2) 납세자가 국세의 법정기일 전 1년 내에 친족 기타 특수관계인과 전세권·질권 또는 저당권의 설정계약, 가등기의 설정계약 또는 양도담보설정계약을 한 경우에는 통정한 허위계약으로 추정한다. 이 경우의 친족 기타 특수관계인의 범위에 관하여는 「국세기본법」 제20조의 규정을 준용한다.

제1편　국세와 지방세의 기본내용

4 「주택임대차보호법」에 의한 임차인의 소액보증금의 우선

(1) 「주택임대차보호법」은 국민의 주거생활의 안정을 도모하기 위하여 임차인의 소액보증금 중 일정액은 임차주택의 환가대금에서 다른 담보물권자보다 우선하여 변제받을 수 있도록 하고 있다.

(2) 「국세기본법」도 같은 취지에서 주택의 매각대금에서 국세를 징수하는 경우에는 그 임차인의 소액보증금에 관한 채권 중 일정액이 국세에 우선하여 변제받도록 규정하고 있다. 소액보증금은 국세보다는 우선하나 강제징수비보다는 우선하지 아니한다.

▼ 변제순서

> 1) 제1순위 : 국세의 강제징수비
> 2) 제2순위 : 소액보증금에 관한 채권
> 3) 제3순위 : 국세

5 「상가건물 임대차보호법」에 의한 임차인의 소액임차보증금의 우선

우선변제대상 보증금은 국세(지방세)에 우선한다. 위 4 의 취지와 동일하므로 자세한 내용은 생략한다.

6 임금채권(賃金債權)의 우선

(1) 사용자의 재산을 매각하거나 추심함에 있어서 그 매각금액 또는 추심금액 중에서 국세를 징수하는 경우에 「근로기준법」 제38조, 「근로자퇴직급여 보장법」 제12조의 규정에 의하여 국세에 우선하여 변제되는 임금·재해보상금·퇴직급여등 기타 근로관계로 인한 채권이 국세에 우선한다.

(2) 「근로기준법」과 「근로자퇴직급여 보장법」은 사용자가 파산되거나 압류에 대하여 강제매각될 경우 임금채권을 다른 채권보다 우선변제받을 수 있도록 함으로써 근로자의 최저생활보장을 하고 있다. 이 경우 임금채권은 최종 3월분의 임금·재해보상금, 최종 3년간의 퇴직급여등과 일반 임금채권 및 일반 퇴직급여등으로 구분하여 우선변제권을 달리 규정하고 있다.

1) **최종 3월분 임금·재해보상금·최종 3년간의 퇴직급여등**(이하 "최종 3월분의 임금등"이라 함)
최종 3월분 임금·재해보상금·최종 3년간의 퇴직급여등은 사용자의 총재산에 대하여 질권 또는 저당권에 의하여 담보된 채권과 조세·공과금 및 다른 채권에 우선한다.

2) **일반 임금채권 및 일반 퇴직급여등**(임금 기타 근로관계로 인한 채권)
① 일반 임금채권 및 일반 퇴직급여등은 질권 또는 저당권에 의하여 담보된 채권을 제외하고는 조세·공과금 및 다른 채권에 우선한다. 다만, 질권 또는 저당권에 의하여 담보된 채권에 우선하는 조세·공과금에 대하여는 그러하지 아니한다.

② 최종 3월분의 임금등은 최우선 변제순위에 있으나 일반 임금채권 및 일반 퇴직급여등은 질권 또는 저당권에 의하여 담보된 채권의 다음 변제순위를 확보받음으로 조세·공과금에 우선하여 변제되나, 조세·공과금이 질권 또는 저당권에 의하여 담보된 채권에 우선하는 경우에는 일반 임금채권 및 일반 퇴직급여등은 조세·공과금과 질권·저당권에 의하여 담보된 채권에 우선하지 못하게 된다.

3) 임금채권과 기타 채권의 우선 변제순서의 예

① 압류재산에 국세의 법정기일 전에 설정된 질권 또는 저당권에 의하여 담보된 채권이 있는 경우

1) 제1순위 : 강제징수비
2) 제2순위 : 임차인의 소액보증금 및 최종 3월분의 임금등
3) 제3순위 : 질권 또는 저당권에 의하여 담보된 채권
4) 제4순위 : 임금 기타 근로관계로 인한 채권
5) 제5순위 : 국세
6) 제6순위 : 일반채권

② 압류재산에 국세의 법정기일 후에 설정된 질권 또는 저당권에 의하여 담보된 채권이 있는 경우

1) 제1순위 : 강제징수비
2) 제2순위 : 임차인의 소액보증금 및 최종 3월분의 임금등
3) 제3순위 : 국세
4) 제4순위 : 질권 또는 저당권에 의하여 담보된 채권
5) 제5순위 : 임금 기타 근로관계로 인한 채권
6) 제6순위 : 일반채권

③ 압류재산에 질권 또는 저당권에 의하여 담보된 채권이 없는 경우

1) 제1순위 : 강제징수비
2) 제2순위 : 임차인의 소액보증금 및 최종 3월분의 임금등
3) 제3순위 : 임금 기타 근로관계로 인한 채권
4) 제4순위 : 국세
5) 제5순위 : 일반채권

7 가등기에 의하여 담보된 채권의 우선

(1) 납세의무자를 등기의무자로 하고 채무불이행을 정지조건으로 하는 대물변제의 예약에 기하여 권리 이전의 청구권의 보전을 위한 가등기(가등록을 포함) 기타 이와 유사한 담보의 목적으로 된 가등기된 재산을 압류하는 경우에 해당 가등기에 기한 본등기가 압류 후에 행해진 때에는 그 가등기의 권리자는 그 가등기 재산에 대한 강제징수에 대하여 가등기에 기인한 권리를 주장할 수 없다. 다만, 국세(지방세)의 법정기일 전에 가등기된 재산에 대하여는 그러하지 아니하다.

(2) 그 재산에 대하여 부과된 국세(지방세)는 가등기설정일자와 관계없이 가등기에 의하여 담보된 채권에 항상 우선한다.

8 대항요건과 확정일자를 갖춘 임차보증금

법정기일 전에 「주택임대차보호법」·「상가건물 임대차보호법」에 따라 대항요건과 확정일자를 갖춘 임차보증금은 국세와 지방세에 우선한다.

03 국세와 국세, 국세와 지방세의 관계

1 압류(押留)에 의한 우선

(1) 여러 종류의 국세채권과 지방세채권이 경합되는 경우에는 압류선착주의에 따라 먼저 압류한 국세나 지방세가 우선한다. 즉, 국세의 강제징수에 의하여 납세자의 재산을 압류한 경우에 다른 국세·강제징수비 또는 지방세의 교부청구가 있는 때에는 압류에 관계되는 국세·강제징수비는 교부청구한 다른 국세·강제징수비와 지방세에 우선한다.

(2) 또한, 지방세와 국세 간에도 압류선착주의가 적용되므로 지방세의 강제징수에 의하여 납세자의 재산을 압류한 경우에 국세 또는 강제징수비의 교부청구를 한 때에는 교부청구한 국세와 강제징수비는 압류에 관계되는 지방세의 다음 순위로 징수한다.

▼ 국세채권간의 변제순서

> 1) 제1순위 : 담보된 국세
> 2) 제2순위 : 강제징수한 국세
> 3) 제3순위 : 교부청구한 국세

2 담보(擔保)에 의한 우선 29회 출제

납세담보물을 매각한 때에는 압류에 의한 우선규정에 불구하고 그 국세 또는 강제징수비는 매각대금 중 다른 국세·강제징수비와 지방세에 우선한다.

단락문제 05
제22회 기출

체납된 조세의 법정기일 전에 채권담보를 위해 甲이 저당권 설정등기한 사실이 부동산등기사항증명서에 증명되는 甲 소유 토지 A의 공매대금에 대하여 그 조세와 피담보채권이 경합되는 경우 피담보채권보다 우선 징수하는 조세가 <u>아닌</u> 것은?(단, 토지 A에 다음의 조세가 부과됨)

① 취득세
② 종합부동산세
③ 지역자원시설세(소방분)
④ 재산세
⑤ 재산세에 부가되는 지방교육세

해설 국세와 지방세의 우선권

재산에 대하여 부과된 국세와 지방세의 경우에는 법정기일에 관계없이 피담보채권보다 우선하여 징수한다. 국세 중에는 상속세·증여세·종합부동산세, 지방세 중에는 재산세·자동차세·특정부동산에 대한 지역자원시설세·지방교육세(재산세와 자동차세에 부가되는 것)가 이에 해당한다.

답 ①

제1편 국세와 지방세의 기본내용

제4절 수정신고와 경정청구

Q : 세금을 정상적으로 신고하였습니다. 그런데 신고 이후에 처음 신고한 내용이 정확하지 않게 신고된 것을 발견한 경우 어떻게 해야 하나요?

A : 처음 신고한 내용이 적게 또는 많이 신고된 경우에 올바로 바로 잡는 내용이 지금 공부하게 될 수정신고 또는 경정청구입니다.

01 수정신고

1 개 요

세법에서 정한 신고기한 이내에 과세표준과 세액을 신고한 자 또는 기한 후 신고한 자는 그 신고내용이 불완전할 경우에 올바른 내용으로 수정신고할 수 있다.

2 대 상

다음의 어느 하나에 해당할 경우 수정신고서를 제출할 수 있다.

(1) 과세표준신고서에 기재된 과세표준 및 세액이 세법에 따라 신고하여야 할 과세표준 및 세액에 미치지 못할 때, 즉 과세표준과 세액을 적게 신고한 경우이다.

(2) 과세표준신고서에 기재된 결손금액 또는 환급세액이 세법에 따라 신고하여야 할 결손금액이나 환급세액을 초과할 때, 즉 결손금액이나 환급세액을 많이 신고한 경우이다.

3 신고기한

과세주체가 해당 국세 또는 지방세의 과세표준과 세액을 결정 또는 경정하여 통지하기 전까지 과세표준 수정신고서를 제출할 수 있다.

4 가산세 감면

법정신고기한이 지난 후 일정기한 이내에 수정신고한 경우에는 과소신고불성실 가산세에서 일정한 금액을 감면한다.

(1) 1개월 이내에 수정신고한 경우에는 90%
(2) 1개월 이후 3개월 이내에 수정신고한 경우에는 75%

(3) 3개월 이후 6개월 이내에 수정신고한 경우에는 50%

(4) 6개월 이후 1년 이내에 수정신고한 경우에는 30%

(5) 1년 이후 1년 6개월 이내에 수정신고한 경우에는 20%

(6) 1년 6개월 이후 2년 이내에 수정신고한 경우에는 10%

02 경정청구

1 개 요

세법에서 정한 신고기한 이내에 과세표준과 세액을 신고한 자 또는 기한 후 신고한 자는 그 신고내용에 대하여 과세주체에게 사실내용을 확인하여 줄 것을 요청하는 제도이다.

2 대 상

다음의 어느 하나에 해당할 경우 경정청구를 할 수 있다.

(1) 과세표준신고서에 기재된 과세표준 및 세액이 세법에 따라 신고하여야 할 과세표준 및 세액을 초과할 때, 즉 과세표준 및 세액을 많이 신고한 경우이다.

(2) 과세표준신고서에 기재된 환급세액이 세법에 따라 신고하여야 할 환급세액보다 적을 때, 즉 환급세액을 적게 신고한 경우이다.

3 청구기한

세법에서 정한 신고기한이 지난 후 5년 이내에 결정 또는 경정을 청구할 수 있다. 다만, 결정 또는 경정으로 인하여 증가된 과세표준 및 세액에 대하여는 해당 처분이 있음을 안 날(처분의 통지를 받을 때에는 그 받은 날)부터 90일 이내에 경정을 청구할 수 있다.

➡ 법정신고기한이 지난 후 5년 이내에 한함

4 후발적 사유에 의한 경정청구

(1) 청구자 적격

과세표준신고서를 법정신고기한까지 제출한 자 또는 국세·지방세의 과세표준 및 세액의 결정을 받은 자는 후발적 사유에 의한 경정청구를 할 수 있다.

(2) 후발적 사유

후발적 사유란 다음 중 어느 하나에 해당하는 사유가 발생하였을 때를 말한다.

제1편 국세와 지방세의 기본내용

1) 소송에 대한 판결에 의하여 다른 것으로 확정
최초의 신고·결정 또는 경정에서 과세표준 및 세액의 계산근거가 된 거래 또는 행위 등이 그에 관한 소송에 대한 판결에 의하여 다른 것으로 확정되었을 때
→ 판결과 같은 효력을 가지는 화해나 그 밖의 행위를 포함

2) 소득의 귀속을 제3자에게로 변경 결정
소득이나 그 밖의 과세물건의 귀속을 제3자에게로 변경시키는 결정 또는 경정이 있을 때

3) 상호합의가 최초의 신고내용과 다르게 이루어짐
조세조약에 따른 상호합의가 최초의 신고·결정 또는 경정의 내용과 다르게 이루어졌을 때

4) 위와 유사한 사유
위의 1)~3)과 유사한 사유로서 그 사유가 해당 국세 또는 지방세의 법정신고기한이 지난 후 발생하였을 때

(3) 청구기한
그 사유가 발생한 것을 안 날부터 3개월 이내에 결정 또는 경정을 청구할 수 있다.
→ 지방세의 경우 90일

5 경정청구에 의한 결정 또는 경정

(1) 2개월 이내에 결정 또는 경정
결정 또는 경정의 청구를 받은 세무서장은 그 청구를 받은 날부터 2개월 이내에 과세표준 및 세액을 결정 또는 경정하거나 결정 또는 경정하여야 할 이유가 없다는 뜻을 그 청구를 한 자에게 통지하여야 한다.

(2) 2개월 이내에 통지받지 못한 경우
청구를 한 자가 2개월 이내에 아무런 통지를 받지 못한 경우에는 통지를 받기 전이라도 그 2개월이 되는 날의 다음 날부터 이의신청, 심사청구, 심판청구 또는 「감사원법」에 따른 심사청구를 할 수 있다.

WIDE 기한 후 신고

① 세법에서 정한 신고기한 이내에 신고하지 못한 자는 기한이 지난 후에도 신고할 수 있다. 이를 기한 후 신고라 한다.
② 기한 후 신고자도 수정신고 또는 경정청구를 할 수 있다.
③ 법정신고기한이 지난 후 1개월 이내에 기한 후 신고를 한 경우에는 무신고에 따른 신고불성실가산세의 50%를 감면한다. 1개월 초과 3개월 이내에 기한 후 신고를 한 경우 30%를, 3개월 초과 6개월 이내의 경우 20%를 감면한다.

제2장 국세와 지방세의 기본법 중 주요내용

제5절 국세와 지방세의 불복 ★

Q: 억울한 세금고지서를 받았을 경우 어떤 절차를 거쳐야 하나요?
A: 억울함을 호소하는 제도가 불복입니다. 불복의 내용과 절차를 살펴보겠습니다.

01 국세불복 ★

33회 출제

→ 억울한 세금고지서를 받았을 때 억울함을 호소하는 제도이다.

1 개요

(1) 심사청구 또는 심판청구

위법·부당한 처분을 받거나 필요한 처분을 받지 못하여 권리나 이익을 침해당한 자는 「국세기본법」에 의한 심사청구 또는 심판청구를 제기할 수 있다. 이러한 불복절차는 원칙적으로 국세청장에 대한 심사청구 또는 조세심판원장에 대한 심판청구에 의하며, 동일한 처분에 대하여는 심사청구와 심판청구를 중복하여 제기할 수 없다. 그리고 심사청구 또는 심판청구에 앞서서 세무서장 또는 지방국세청장에게 이의신청은 할 수 있다.

→ 이의 신청은 생략할 수 있다.

WIDE 심사청구

「감사원법」에 의한 감사원에 심사청구를 한 후 행정소송을 제기할 수 있다.

(2) 행정소송

국세에 관한 처분에 대한 행정소송은 심사청구 또는 심판청구에 대한 결정의 통지를 받은 날부터 90일 이내에 제기하여야 한다.

→ 받지 못한 경우에는 그 결정기간이 경과한 날

2 불복의 대상

위법 또는 부당한 처분을 받거나 필요한 처분을 받지 못함으로써 권리 또는 이익의 침해를 받은 자는 그 처분의 취소 또는 변경이나 필요한 처분을 청구할 수 있다(국기법 제55조 제1항).

3 불복청구인

불복청구를 할 수 있는 자는 "위법 또는 부당한 처분을 받거나 필요한 처분을 받지 못하여 권리 또는 이익의 침해를 받는 자"이다.

4 불복청구기한

처분이 있는 것을 안 날부터 90일 이내에 청구하여야 한다.

→ 처분의 통지를 받은 때에는 그 받은 날을 말한다.

5 불복 방법의 통지

이의신청, 심사청구 또는 심판청구의 재결청은 그 신청 또는 청구에 대한 결정기간이 지나도 결정을 하지 못하였을 때에는 이의신청인은 심사청구 또는 심판청구를, 심사청구인 또는 심판청구인은 행정소송 제기를 결정의 통지를 받기 전이라도 그 결정기간이 지난 날부터 할 수 있다는 내용을 지체없이 그 신청인 또는 청구인에게 통지하여야 한다. 이 경우 통지는 서면으로 하거나 전화나 휴대전화를 이용한 문자전송, 팩시밀리나 전자우편 등의 방법으로 할 수 있다.

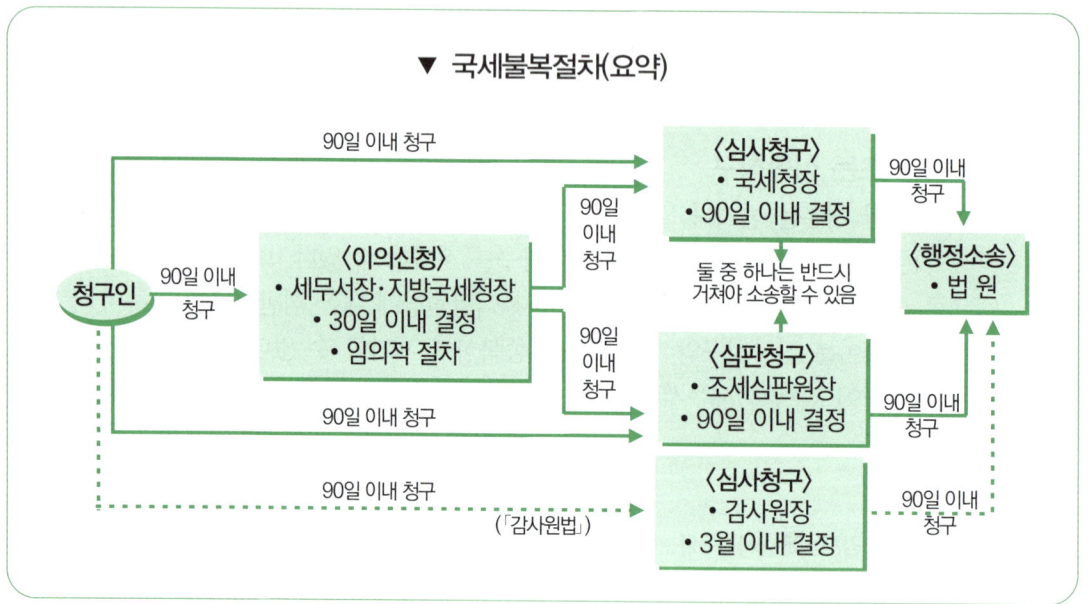

Key Point 국세불복제도

구 분	이의신청	심사청구	심판청구
1) 성 격	임의적 절차	필수적 절차	필수적 절차
2) 결정기관	국세심사위원회의 심의를 거쳐 세무서장(또는 지방국세청장)이 결정	국세심사위원회의 심의를 거쳐 국세청장이 결정	① 원칙 　조세심판관회의에서 결정 ② 예외 　㉠ 조세심판관합동회의에서 결정 　㉡ 주심국세심판관이 결정
3) 청구기간	해당 처분이 있은 것을 안 날부터 90일 이내	해당 처분이 있은 것을 안 날 또는 이의신청 결정통지를 받은 날부터 90일 이내	해당 처분이 있은 것을 안 날 또는 이의신청에 대한 결정통지를 받은 날부터 90일 이내
4) 결정기간	이의신청을 받은 날부터 30일 이내	심사청구를 받은 날부터 90일 이내	심판청구를 받은 날부터 90일 이내
5) 보정기간	20일 이내의 기간	20일 이내의 기간	상당한 기간

02 지방세불복   30회 출제

1 개 요

국세는 행정소송을 하기 전에 반드시 심사청구 또는 심판청구(→ 통고처분은 제외)를 거쳐야 하지만 지방세는 심판청구를 거친 후 행정소송을 제기할 수 있는 점이 다를 뿐, 기타 지방세 불복내용은 국세와 유사하므로 주요내용만 간략히 살펴보고 요약으로 대체하고자 한다(2021.1.1 시행).

PROFESSOR COMMENT
① 지방세는 심판청구를 거쳐야 행정소송을 제기할 수 있다.
② 이의신청을 거치지 않고 심판청구를 할 수 있다.

2 불복청구가 처분의 집행에 미치는 효력

이의신청 등은 그 처분의 집행에 효력이 미치지 아니한다. 다만, 압류한 재산에 대하여는 이의신청 등의 결정처분이 있는 날부터 30일까지 공매처분을 보류할 수 있다.

3 천재·지변 등으로 인한 불구청구기한

이의신청인 등이 기한연장사유로 인하여 이의신청 등의 기간 내에 이의신청 등을 할 수 없을 때에는 그 사유가 소멸한 날부터 14일 이내에 이의신청 등을 청구할 수 있다.

4 우편제출의 청구기간 적법 여부

청구기한 내에 우편으로 제출한 신청서 또는 청구서가 신청기간 또는 청구기간이 지나서 도달한 경우에는 신청기간 또는 청구기간 만료일에 적법한 신청 또는 청구가 있는 것으로 한다.
→ 우편날짜 도장이 찍힌 날을 기준으로 한다.

제1편 국세와 지방세의 기본내용

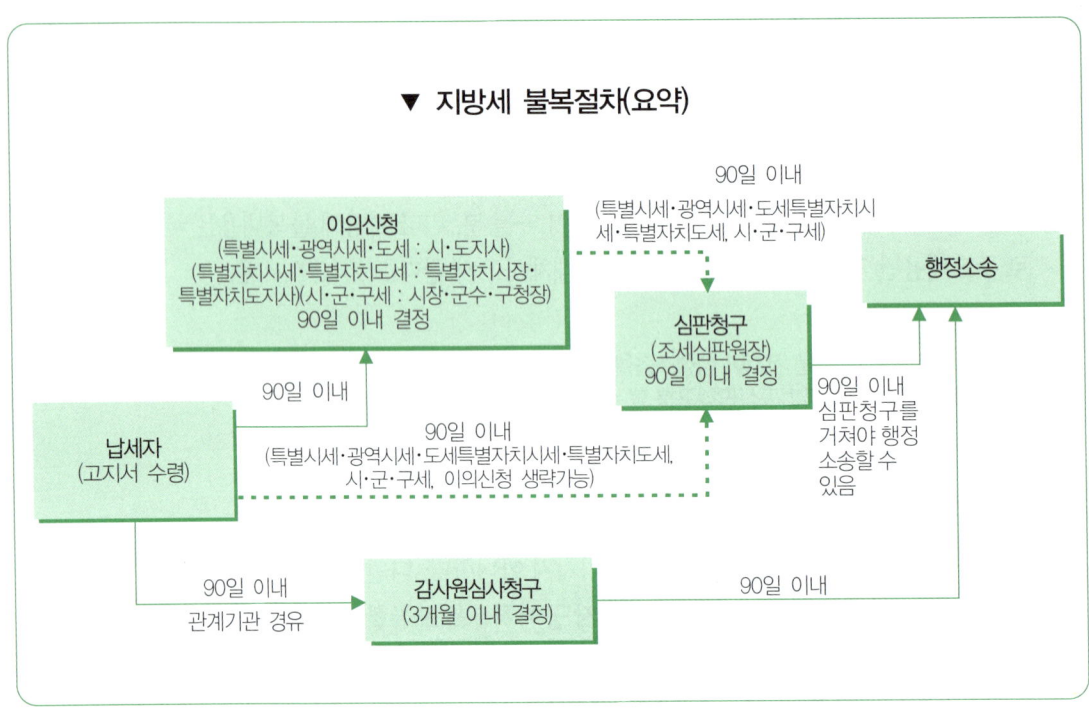

▼ 지방세 불복절차(요약)

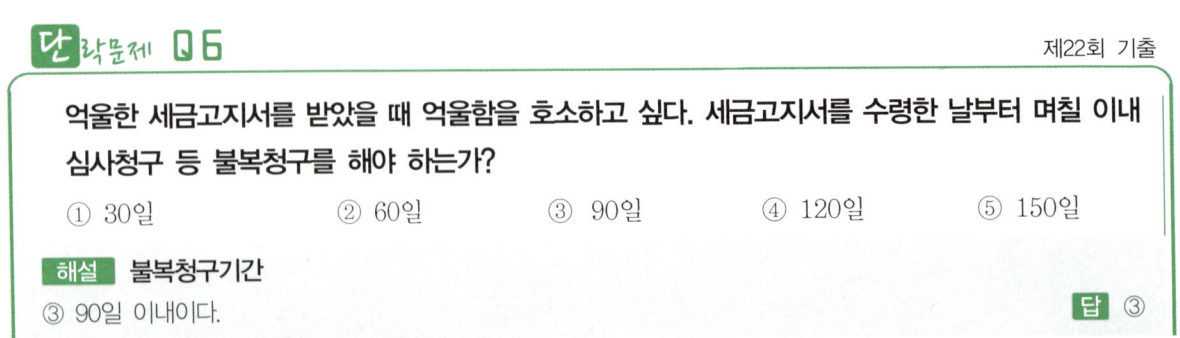

단락문제 Q6 제22회 기출

억울한 세금고지서를 받았을 때 억울함을 호소하고 싶다. 세금고지서를 수령한 날부터 며칠 이내 심사청구 등 불복청구를 해야 하는가?

① 30일 ② 60일 ③ 90일 ④ 120일 ⑤ 150일

해설 불복청구기간
③ 90일 이내이다.

답 ③

핵심 키워드 잡기

• 경록 교재에 모든 답이 있습니다.

01 국세와 지방세
(1) 국 세 : 국가의 재정수입을 주요목적으로 하는 조세이다.
(2) 지방세 : 지방자치단체의 재정수입을 주요목적으로 하는 조세이다.

02 보통세와 목적세
(1) 보통세 : 조세 중 국가 또는 지방자치단체의 일반(보통)경비에 충당되는 것을 말한다.
　1) 국　세 : 소득세, 법인세, 상속세, 증여세, 종합부동산세 등
　2) 지방세 : 취득세, 등록에 대한 등록면허세, 재산세 등
(2) 목적세 : 조세수입의 용도가 특정한 목적을 위하여 충당되는 것을 말한다.
　1) 국　세 : 교육세, 농어촌특별세
　2) 지방세 : 지역자원시설세, 지방교육세

03 직접세와 간접세
(1) 직접세 : 입법상 조세부담의 전가를 예상하지 않은 조세를 말한다.
　예) 소득세(종합소득세, 양도소득세), 법인세, 상속세 및 증여세, 종합부동산세 등
(2) 간접세 : 입법상 조세부담의 전가를 예상한 조세를 말한다.
　예) 부가가치세, 주세, 개별소비세, 인지세, 증권거래세, 지방소비세 등

04 인세와 물세
(1) 인 세 : 소득이나 재산이 귀속되는 사람을 중심으로 인적 사정을 고려한 조세를 말한다.
　예) 양도소득세, 종합부동산세, 상속세
(2) 물 세 : 인적 사정을 고려하지 않고 재산이나 수익자체만을 고려한 조세를 말한다.
　예) 재산세, 부가가치세

05 종가세와 종량세
(1) 종가세 : 과세표준을 과세물건의 가액으로 하는 조세를 말한다.
　예) 취득세, 등록에 대한 등록면허세, 재산세, 인지세, 소득세, 법인세, 상속세 및 증여세, 부가가치세, 주세, 개별소비세, 지방소득세 등
(2) 종량세 : 과세물건의 수량이나 면적 또는 건수를 과세표준으로 하는 조세를 말한다.
　예) 등록에 대한 등록면허세(일부), 지역자원시설세(일부), 인지세(일부), 주세(일부), 균등분 주민세(전체), 개별소비세(일부)

제1편 국세와 지방세의 기본내용

06 독립세와 부가세

(1) **독립세** : 국가 또는 지방자치단체가 독립된 세원에 대하여 부과하는 조세를 말한다.
　　예 재산세, 양도소득세, 종합부동산세, 취득세, 등록에 대한 등록면허세 등

(2) **부가세** : 다른 세목(본세)을 기준으로 부가하여 과세하는 조세를 말한다.
　　예 교육세, 지방교육세, 농어촌특별세 등

07 세율의 종류

비례세율(단순비례세율, 차등비례세율), 누진세율(단순누진세율, 초과누진세율), 역진세율

08 부동산 취득·보유·양도 단계별 세금의 종류

(1) **부동산 취득시 주요세금의 종류** : 취득세, 농어촌특별세, 지방교육세, 상속세, 증여세
(2) **부동산 보유시 주요세금의 종류** : 재산세, 종합부동산세, 지방교육세, 농어촌특별세
(3) **부동산 양도시 주요세금의 종류** : 양도소득세, 법인세, 지방소득세
(4) **부동산 취득·양도시 부가되는 부가세의 종류** : 농어촌특별세, 지방교육세

09 조세의 일반규정

(1) **과세요건** : 납세의무 성립에 필요한 법률상의 요건으로서 일반적으로 납세의무자, 과세대상, 과세표준, 세율을 말한다.
(2) **서류의 송달** : 과세관청이 납세자에게 알리는 절차를 말한다.
(3) **서류의 송달방법** : 교부송달, 우편송달, 전자송달, 공시송달

10 납세의무성립·확정·소멸

(1) **납세의무성립시기**
　　1) 취득세 : 취득세 과세물건을 취득하는 때
　　2) 등록에 대한 등록면허세 : 재산권 그 밖의 권리를 등기하거나 등록하는 때
　　3) 재산세, 종합부동산세 : 과세기준일(6월 1일)
　　4) 양도소득세 : 과세기간이 끝나는 때(12월 31일)
　　5) 법인세 : 과세기간이 끝나는 때(사업연도 종료일)
　　6) 상속세 : 상속이 개시되는 때
　　7) 증여세 : 증여에 의하여 재산을 취득하는 때
　　8) 부가가치세, 지방소비세 : 과세기간이 끝나는 때(6월 30일, 12월 31일)
(2) **납세의무확정제도** : 신고납세제도, 부과과세제도, 자동확정제도
(3) **납세의무소멸사유** : 납부, 충당, 부과의 취소, 제척기간의 만료, 소멸시효의 완성

11 국세와 지방세의 우선권
납세자의 일반재산에 대하여 국세와 지방세의 채권과 다른 공과금, 기타의 채권이 경합되는 경우에 국세와 지방세의 채권이 우선하여 징수되는 것을 말한다.

12 국세우선권의 제한
먼저 집행한 지방세 등의 강제징수비의 우선, 공익비용의 우선, 담보물권의 우선, 임차인의 소액보증금의 우선, 임금채권의 우선, 가등기에 의하여 담보된 채권의 우선

13 조세불복절차
(1) **국세불복절차** : 원칙적으로 국세청장에 대한 심사청구 또는 조세심판원장에 대한 심판청구에 의하며, 동일한 처분에 대하여는 심사청구와 심판청구를 중복하여 제기할 수 없다. 그리고 심사청구 또는 심판청구에 앞서서 세무서장 또는 지방국세청장에게 이의신청을 할 수 있다.

(2) **지방세불복절차** : 지방세는 심판청구를 거친 후 행정소송을 제기할 수 있다. 기타 지방세 불복내용은 국세와 유사하다.

CHAPTER 02
국세와 지방세의 기본서 중 주요내용

단원  잡기

• 경록 교재에 모든 답이 있습니다.

01 조세(세금)의 주요 목적은 재정수입충족이다. _____

01. O

02 (전통적 학설에 의하면) 조세를 과세주체에 따라 _____ 와 _____ 로 구분한다.

02. 국세, 지방세

03 조세 중 일반(보통)경비에 충당되는 것을 목적세라 한다. _____

03. X
보통세

04 조세부담의 전가(轉嫁)를 예상한 조세를 _____ 라 한다.

04. 간접세

05 인적사정을 고려하지 않고 재산이나 물건, 소비 자체만을 고려한 조세를 인세(人稅)라 한다. _____

05. X
물세

06 과세표준을 가액으로 하는 조세를 _____, 과세표준을 과세물건의 수량 또는 건수 등으로 하는 조세를 _____ 라 한다.

06. 종가세, 종량세

07 다른 세목(본세 또는 독립세)을 기준으로 부가하여 과세하는 조세를 부가세(附加稅)라 한다. _____

07. O

08 재산세는 양도소득세와 같이 국세에 해당한다. _____

08. X
재산세는 지방세이다.

09 지방세 중 목적세는 _____, _____ 이다.

09. 지역자원시설세, 지방교육세

10 국세 중 보통세는 양도소득세, 법인세, 상속세, 교육세 등이 있다.

10. X
교육세는 목적세이다.

11 인세와 물세로 구분할 경우 양도소득세는 _____ 이고, 취득세는 _____ 이다.

11. 인세, 물세

12 개인 양해식은 상가와 부속(딸린)토지를 20억원에 취득하였다. 취득단계의 주요 세목으로 독립세와 부가세로 구분하여 살펴보면 취득세, _____, _____ 가 해당한다고 볼 수 있다.

12. 농어촌특별세, 지방교육세

제2장 국세와 지방세의 기본법 중 주요내용

13 개인 양해식은 대지를 양도하였다. 양도단계의 주요 세목으로 _____, _____가 해당된다.

13. 양도소득세, 지방소득세

14 부동산매매업자가 부동산매매업에 해당하는 부동산을 양도하면 양도소득세가 해당된다. _____

14. X
종합소득세

15 개업공인중개사인 법인이 사업용 건물을 보유하고 있다. 주요 세목으로 _____, _____, _____가 해당된다.

15. 재산세, 지역자원시설세, 지방교육세

16 납세의무는 성립과 확정 그리고 _____로 구분할 수 있다.

16. 소멸

17 납세의무의 _____은 납부, 충당, 부과의 취소, _____, _____이 있다.

17. 소멸, 제척기간만료, 소멸시효완성

18 취득세, 양도소득세의 부과제척기간은 원칙적으로 _____년이다.

18. 5년

19 중가산금은 취득세나 재산세 등 모든 세목에 해당될 수 있으며, 지방세는 30만원 이상인 경우에만 해당된다. _____

19. O

20 임차인의 소액임차보증금(주택임대차와 상가건물 임대차) 중 우선변제대상 보증금은 국세와 지방세에 우선한다. _____

20. O

21 국세의 법정기일 전(前)에 설정된 전세권·질권·저당권에 의하여 담보된 채권과 가등기에 의하여 담보된 채권은 국세와 지방세에 우선한다. 그러나 그 재산에 대하여 부과된 국세와 지방세는 위의 담보된 채권보다 항상 우선한다. 그 재산에 대하여 부과된 세목 중 주요세목만 살펴보면 국세는 _____, _____, _____, 지방세는 _____, _____, _____이다.

21. 상속세, 증여세, 종합부동산세
재산세, 지역자원시설세(소방분), 지방교육세(재산세 분)

22 억울한 세금고지서를 받았을 때, 억울함을 호소하고 싶다. 세금고지서를 수령한 날부터 며칠 이내에 이의신청 등 불복청구를 하여야 하는가?

22. 90일

kyungrok.com

PART 02 지방세

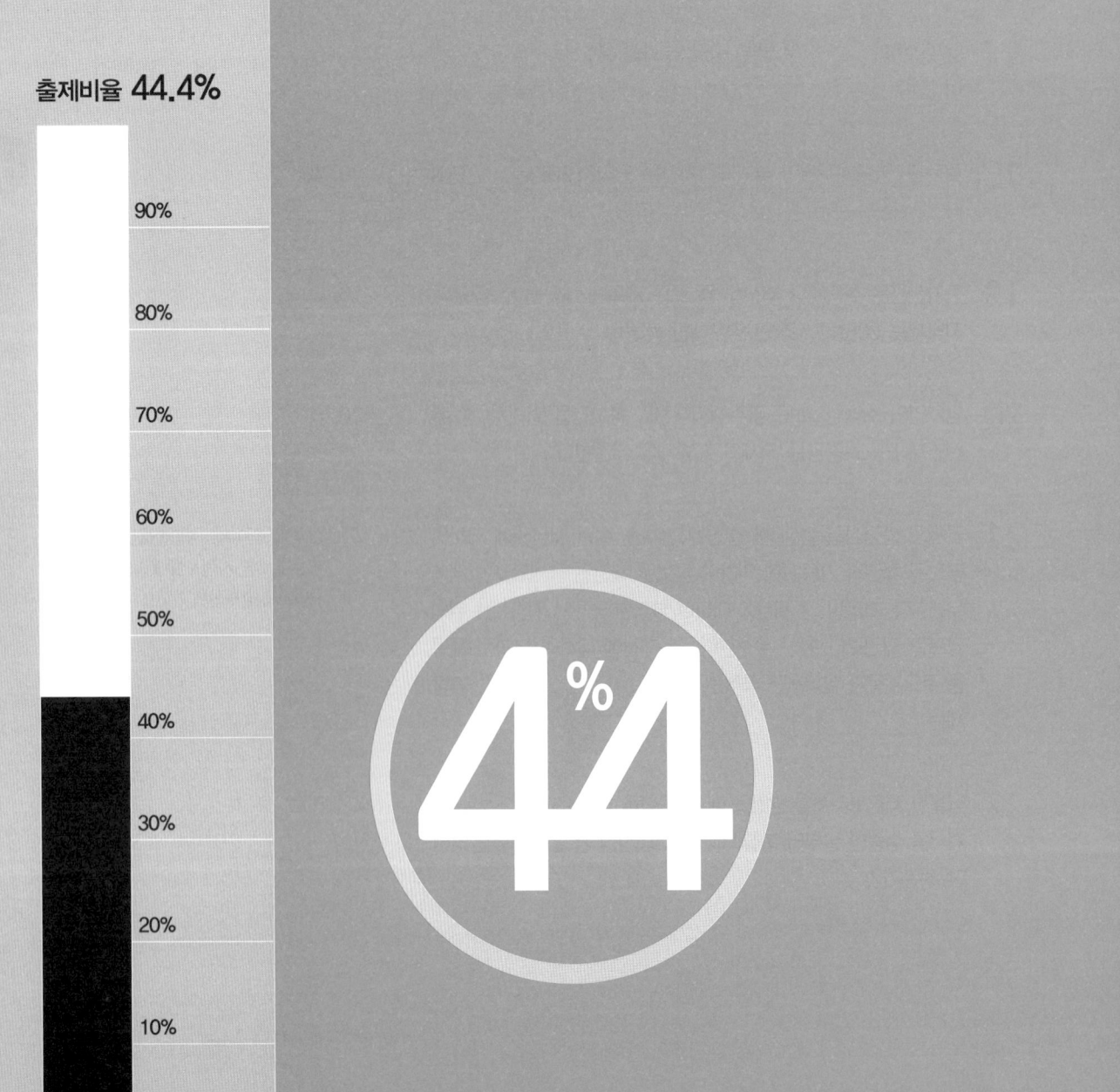

	구 분	26회	27회	28회	29회	30회	31회	32회	33회	34회	35회	계	비율 (%)
지방세	제1장 지방세 총설	1	0	0	0	0	0	0	0	0	0	1	0.6
	제2장 취득세	3	3	3	3	3	1	2	2	3	3	26	16.3
	제3장 등록에 대한 등록면허세	1	1	2	2	1	3	1	1	2	0	14	8.8
	제4장 재산세	3	3	3	3	4	3	3	2	2	3	29	18.1
	제5장 목적세	0	0	0	0	0	1	0	0	0	0	1	0.6
	제6장 지방특례제한법	0	0	0	0	0	0	0	0	0	0	0	0.0
	소 계	8	7	8	8	8	8	6	5	7	6	71	44.4

CHAPTER 01 지방세 총설

학습포인트
- 지방세의 일반적인 내용을 설명한 분야이다.
- 따라서 전반적인 체계를 이해하는데 비중을 두고 정리하기 바란다.

CHAPTER 학습 & 출제되는 키워드

- ☑ 지방세 총설
- ☑ 목적세
- ☑ 구세
- ☑ 지방세 세율
- ☑ 제한세율
- ☑ 조례에 따른 과세면제
- ☑ 천재 등으로 인한 감면
- ☑ 신고납부
- ☑ 지방세의 체계
- ☑ 특별시세·광역시세
- ☑ 시·군세
- ☑ 일정세율
- ☑ 임의세율
- ☑ 조례에 따른 불균일과세
- ☑ 지방세의 징수방법
- ☑ 특별징수
- ☑ 보통세
- ☑ 도세
- ☑ 조례와 규칙
- ☑ 표준세율
- ☑ 비과세
- ☑ 조례에 따른 일부과세
- ☑ 보통징수
- ☑ 국세의 원천징수

CHAPTER 학습 & 출제되는 질문

- ☑ 지방세 중 목적세인 것을 모두 고른다면?
- ☑ 표준세율이 적용되는 세목으로 올바른 것은?
- ☑ 다음 세목 중 신고납부세목이 아닌 것은?

제1장 지방세 총설

Q: 이 장은 지방세의 일반적인 내용을 다룬 것입니까?
A: 네 그렇습니다. 암기하기보다는 전체적인 구조를 이해하는 데 중점을 두기 바랍니다.

01 지방세의 성격

지방세의 일반적인 내용을 설명한 것이다. 따라서 지방세의 법원, 지방세의 세율구조 및 비과세에 대한 개념을 개괄적으로 이해하면 충분하다.

1 의 의

전통적인 이론에 의하면 지방세는 특별시·광역시·특별자치시·특별자치도·도·시·군 등 지방자치단체가 그 운영에 필요한 재정수입을 확보하기 위하여 그 지방자치단체 내의 주민에게 부과하는 조세이다. 여기서 지방자치단체란 특별시·광역시·특별자치시·도·특별자치도·시·군·구(지방자치단체인 구를 의미)를 말한다.

2 지방세의 특성

(1) 보편성의 원칙
모든 지방 정부가 재정권이 독립되어 있으므로 그 세원이 가급적 각 지방정부에 골고루 분포되어 있는 세목을 지방세로 하여야 한다는 원칙이다.

(2) 안정성의 원칙
지방세가 경기에 좌우되지 않고 매년 안정적으로 조달할 수 있는 세수여야 한다는 원칙이다.

(3) 지역성의 원칙
세원이 가급적 어느 하나의 지역에 정착되어 있어야 한다는 원칙이다.

(4) 부담분임의 원칙
지방정부는 그가 제공하는 행정서비스에 소요되는 경비를 가능한 한 많은 구성원들이 분담하여야 한다는 원칙이다.

(5) 응익과세의 원칙
일반적으로 조세원칙은 납세자의 부담능력에 따라서 공평하게 과세한다는 응능의 원칙이 기본이다. 그러나 지방세는 그 특성상 납세자의 이익에 따라 부과징수되는 응익의 원칙을 더 많이 적용할 필요가 있음을 강조하는 원칙이다.

(6) 간소성의 원칙

주민 누구나 알기 쉬워야 하며 동시에 조세행정이 간편해야 한다는 원칙이다.

(7) 재산과세의 원칙

일반적으로 지방세는 소득과세보다는 재산과세 중심이라 할 수 있다.

3 지방세의 체계 26회 출제

지방세는 특정한 목적을 가지고 부과하느냐에 따라 ㉠ 보통세와 ㉡ 목적세로 구분되며, 이는 다시 과세주체에 따라 ㉠ 특별시세·광역시세 ㉡ 구세 ㉢ 도세 ㉣ 시·군세(광역시의 군세를 포함) ㉤ 특별자치시세·특별자치도세로 구분된다.

(1) 특별시세·광역시세 13회 출제

보통세	목적세
취득세, 레저세, 주민세, 자동차세, 담배소비세, 지방소득세, 지방소비세, 특별시분 재산세	지역자원시설세, 지방교육세

• 광역시의 군 지역에서는 도세를 광역시세로 한다.

(2) 도 세

보통세	목적세
취득세, 등록면허세, 레저세, 지방소비세	지역자원시설세, 지방교육세

(3) 구 세

등록면허세, 재산세, 특별시의 구의 해당분 재산세, 주민세 재산분 및 종업원분

(4) 시·군세(광역시의 군세 포함)

담배소비세, 주민세, 지방소득세, 재산세, 자동차세

(5) 특별자치시세·특별자치도세

취득세, 등록면허세, 레저세, 담배소비세, 지방소비세, 주민세, 지방소득세, 재산세, 자동차세, 지역자원시설세, 지방교육세

02 조례·규칙과 지방세의 세율 및 과세면제

1 조례와 규칙

지방자치단체는 지방세의 세목·과세객체·과세표준·세율·기타 부과징수에 관하여 필요한 사항을 정함에 있어서는 조례로서 하여야 하며, 지방자치단체의 장은 이와 같은 조례의 시행에 따르는 절차 기타 그 시행에 관하여 필요한 사항을 규칙으로 정할 수 있다. 이와 같이 지방세에는 국세와는 달리 조례와 규칙이라는 법원(法源)이 존재한다.

2 지방세 세율

「지방세법」상 세율은 지방자치단체의 조례로서 적용세율을 변동시킬 수 있는지 여부에 따라 다음과 같이 구분할 수 있다.

구 분	의 의
일정세율	세율적용에 융통성이 없고 「지방세법」에 의하여 일정액 또는 일정률로 고정된 세율 예 담배소비세, 등록면허세(부동산등기 이외), 지역자원시설세(원자력발전, 화력발전), 레저세
표준세율	지방세를 부과할 경우에 통상 적용하여야 할 세율로서, 재정상의 사유 또는 그밖의 특별한 사유가 있는 경우에는 이에 따르지 아니할 수 있는 세율 예 취득세, 등록면허세(부동산등기에 한함), 재산세, 주민세, 지방소득세, 지역자원시설세(원자력발전, 화력발전 이외), 자동차세, 지방교육세
제한세율	지방세를 부과하는 경우에 초과하여 과세할 수 없는 최고세율 예 개인균등분 주민세, 재산세의 도시지역분
임의세율	세율을 정하지 않고 각 지방자치단체가 임의적으로 결정하여 적용할 수 있는 세율(현행 「지방세법」상 임의세율을 채택하는 세목은 없음)

제한세율은 위의 '표준세율'을 채택한 경우 지나치게 높은 세율을 적용하지 아니하도록 그 상한선을 정한다는 의미에서 표준세율과 병행하여 채택하는 것이 일반적이다.

3 과세와 과세면제·불균일과세·일부과세 및 감면

(1) 비과세

국세와 마찬가지로 지방세에 대하여도 「지방세법」및 「지방특례제한법」에 각 세목별로 다양한 비과세와 감면에 대한 규정을 두고 있다. 이와 같이 「지방세법」과 「지방세특례제한법」에 규정한 비과세와 감면규정은 특정한 지방자치단체에게만 적용하는 것이 아니고 모든 지방자치단체에 일괄적으로 적용되는 규정이다.

(2) 조례에 따른 과세면제·불균일과세·일부과세

비과세가 모든 지방자치단체에 일괄적으로 적용되는 규정임에 비하여 과세면제·불균일과세·일부과세는 각 지방자치단체의 의사에 따라 별도로 적용할 수 있는 규정이다. 지방자치단체가 과세면제·불균일과세 또는 일부과세를 하고자 할 때에는 해당 지방자치단체의 조례로서 정하여야 한다.

1) 과세면제

지방자치단체는 공익상 기타의 사유로 인하여 과세가 부적당하다고 인정할 때에는 과세하지 아니할 수 있는 바, 이와 같이 지방자치단체의 의사에 따라 과세하지 아니하는 것을 과세면제라 한다.

2) 불균일과세

지방자치단체는 공익상 기타의 사유로 인하여 필요한 때에는 불균일과세를 할 수 있으며, 지방자치단체의 일부에 대하여 특히 이익이 있다고 인정되는 사건에 대하여서도 불균일과세할 수 있다. 이와 같이 일정한 사유가 있을 때 일반적인 세율과 다르게 높은 세율 또는 낮은 세율로 과세할 수 있다는 것을 불균일과세라고 한다.

3) 일부과세

① 지방자치단체는 그의 일부에 대하여 특히 이익이 있다고 인정되는 사건에 대하여는 그의 일부에 대하여만 과세할 수 있다.

② **일부과세와 불균일과세의 차이**
일부과세는 지방자치단체 내의 일부 주민에 대하여만 적용되는 반면, 불균일과세는 지방자치단체 내의 모든 주민에 대하여도 적용할 수 있다는 점에서 양자 간의 차이가 있다.

(3) 천재 등으로 인한 감면

지방자치단체의 장은 천재·지변·화재·전화 기타 재해가 있는 경우에 납세가 곤란하다고 인정되는 납세의무자에 대하여는 해당 지방자치단체 의회의 의결을 얻어 지방세를 감면할 수 있다.

03 지방세의 징수방법 ★   13회 출제

지방세의 징수방법은 그 징수절차에 따라 다음과 같이 구분한다.

1 보통징수

보통징수란 세무공무원이 납세고지서를 해당 납세자에게 발급하여 지방세를 징수하는 것을 말한다.

예) 재산세, 면허에 대한 등록면허세, 지방교육세(재산세 분) 등

제1장 지방세 총설

2 신고납부

(1) 의 의

신고납부란 납세의무자가 그 납부할 지방세의 과세표준과 세액을 신고하고 신고한 세금을 납부하는 것을 말한다.

㉠ 취득세, 등록에 대한 등록면허세, 지방소득세, 지방교육세(취득세, 등록면허세 분) 등

(2) 예 외

다만, 신고납부방법을 채택한 지방세라 하더라도 납세자가 신고납부하지 아니하거나 미달하게 신고납부한 경우에는 그 금액을 납부고지서에 의한 보통징수방법에 의하여 징수한다.

3 특별징수

특별징수란 지방세를 징수할 때 편의상 징수할 여건이 좋은 자로 하여금 징수하게 하고 그 징수한 세금을 납부하게 하는 것을 말하는 것으로, 국세의 원천징수와 유사한 개념이다.

㉠ ① 지역자원시설세(컨테이너) ② 지방소득세 등

단락문제 Q1
제13회 기출

지방세 납부제도에 대한 설명 중 맞지 않는 것은?

① 신고납부방법이란 납세의무자가 그 납부할 지방세의 과세표준액과 세액을 신고하고 신고한 세금을 납부하는 것을 말하며 취득세가 이에 해당된다.
② 특별징수란 지방세를 징수할 때 편의상 징수할 여건이 좋은 자로 하여금 징수시키고 그 징수한 세금을 납부하게 하는 것을 말한다.
③ 보통징수방법이란 세무공무원이 납세고지서를 해당 납세의무자에게 교부하여 지방세를 징수하는 것을 말하며 재산세가 이에 해당된다.
④ 가산금이란 지방세를 납부기한까지 납부하지 아니한 때에 「지방세법」에 의하여 고지세액에 가산하여 징수하는 금액과 납기경과 후 일정기한까지 납부하지 아니한 때에 그 금액에 다시 가산하는 금액을 말한다.
⑤ 가산세란 「지방세법」에 규정하는 의무의 성실한 이행을 확보하기 위하여 의무를 이행하지 아니한 경우에 「지방세법」에 의하여 산출한 세액에 가산하여 징수하는 금액을 말하며 가산금을 포함한다.

해설 가산세
가산세에는 가산금을 포함하지 아니한다. 즉, 가산세와 가산금은 별개이다.   답 ⑤

CHAPTER 02 취득세

학습포인트

- 취득세 분야는 중개사 시험에서 항상 출제되었다. 출제유형과 난이도는 한마디로 기본개념을 정확히 이해했느냐를 테스트하는 문제였다. 따라서 취득세 전반에 걸쳐서 기본개념을 정확히 이해하면 어떠한 유형의 문제가 출제된다 하더라도 대처할 수 있다.
- 구체적인 공부방법은 취득세의 체계를 전반적으로 이해한 다음, 중요하고 기본적인 내용인 취득시기, 과세대상, 과세표준, 세율부분에 집중투자하기 바란다. 구체적인 사례를 자기 자신이 가정하여 설정한 다음 취득세 규정이 어떻게 적용되는지 확인하면서 공부하기 바란다.

CHAPTER 학습 & 출제되는 키워드

- ☑ 취득세
- ☑ 건축물
- ☑ 과점주주
- ☑ 수입하는 자
- ☑ 취득의 시기
- ☑ 건축물
- ☑ 사실상 취득가격
- ☑ 표준세율·중과세율
- ☑ 실질과세
- ☑ 건축 개수
- ☑ 납세대상
- ☑ 배우자등과의 사이의 취득
- ☑ 과세대상
- ☑ 과세표준
- ☑ 과점주 주의 과세표준
- ☑ 고급주택
- ☑ 취득의 범위
- ☑ 증축·개축
- ☑ 사실상 취득자
- ☑ 납세지
- ☑ 토지
- ☑ 시가표준액
- ☑ 세율
- ☑ 비과세

CHAPTER 학습 & 출제되는 질문

- ☑ 취득세의 납세의무를 설명한 것이다. 틀린 내용은?
- ☑ 취득세의 부과에 있어서 취득시기의 설명으로 옳은 것은?
- ☑ 취득세 과세표준에 관한 내용이다. 가장 옳은 것은?
- ☑ 취득세의 중과대상과 그 세율이 맞지 않는 것은?
- ☑ 취득세의 표준세율을 설명한 것이다. 올바른 것은?

> **Q**: 취득세편을 보니 마치 본론에 들어온 것 같습니다. 일상생활에서 일어나는 일과 연관되어 있으므로 조금은 쉽겠네요.
> **A**: 취득세는 우리가 삶을 영위하면서 부동산이나 차량 등을 취득할 때 취득한 자가 부담하는 세금입니다. 따라서 부동산 등 취득과 보유 그리고 양도단계에서 첫 번째로 접하는 세금이므로 모든 세금의 시발점이라 할 수 있어 매우 중요합니다.

 우리는 일상생활에서 부동산이나 자동차를 취득합니다. 이때 어떤 세금을 납부하여야 할까요? 취득할 때는 취득세를 신고하고 납부하지요. 지금부터 취득세에 대해서 공부해 보겠습니다.

제1절 의의   30·32·34회 출제

1 취득의 개념

매매, 교환, 상속, 증여, 기부, 법인에 대한 현물출자, 건축, 개수, 공유수면의 매립, 간척에 의한 토지의 조성 등과 그 밖에 이와 유사한 취득으로서 원시취득, 승계취득 또는 유상·무상의 모든 취득을 말한다.

2 취득세의 개념

취득세는 부동산·차량 등의 취득세 과세물건을 취득한 사실에 대하여 그 취득자에게 과세하는 지방세이다.

3 취득세의 성격

취득세는 특별시·광역시·도세, 특별자치시·특별자치도세에 해당하며, 부동산 등의 취득사실에 담세력❶을 인정하여 과세하는 조세이므로 유통세에 속한다. 또한 과세물건의 취득사실행위에 대하여 취득자에게 과세한다는 점에서 행위세(行爲稅)적 성격을 갖는다.

> **용어사전**
> ❶ **담세력(擔稅力)**
> 국민이 세금을 부담할 수 있는 경제적 능력

제2편 지방세

> **Key Point** 취득세의 특징
>
> 1) 지방세
> 2) 특별시·광역시·도세, 특별자치시·특별자치도세
> 3) 행위세(취득행위), 유통과세
> 4) 응능과세, 물세
> 5) 사실주의 과세(현황부과의 원칙) : 등기·등록을 요건으로 하지 않는다.
> 6) 유·무상을 불문하고 모든 취득에 대해서 과세
> 7) 간주취득에 대해서도 과세
> 8) 종가세(가액), 보통세, 직접세, 독립세
> 9) 차등비례세율 : 정률세
> 10) 신고·납부(가산세): 신고불성실가산세, 납부지연가산세
> 11) 면세점(취득가액이 50만원 이하일 때 징수하지 않는다)
> 12) 탄력세율(±50%)

취득세

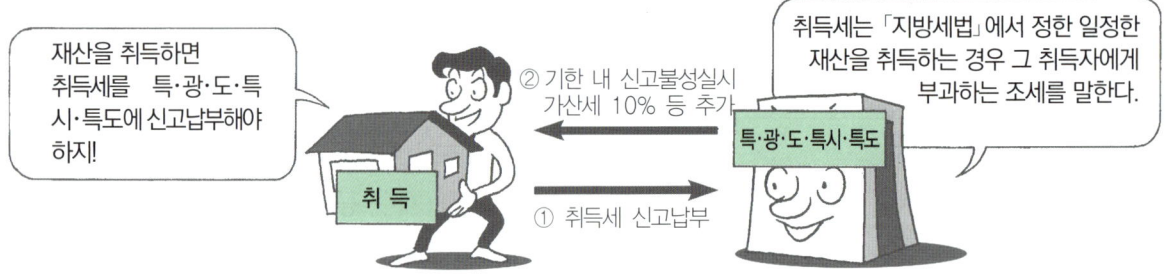

01 실질과세

1 의의

실질과세란 사실상 취득하면 취득한 것으로 보아 취득세를 부과한다는 것으로 실질내용에 따라 과세한다는 원칙이다.

2 사실과세(事實課稅)의 원칙

관계법령의 규정에 의한 등기·등록 등을 이행하지 아니한 경우라도 사실상 취득한 때에는 취득한 것으로 본다(지세법 제7조 제2항).

3 현황부과(現況賦課)의 원칙 ★ 13회 출제

부동산·차량·기계장비 또는 항공기에 있어서는 공부상의 등재 또는 등록사항에 불구하고 해당 물건을 취득하였을 때의 사실상 현황에 따라 부과한다. 다만 취득하였을 때의 사실상 현황이 분명하지 아니한 경우에는 공부상의 등재현황에 따라 부과한다(지세령 제13조).

단락문제 Q1
제14회 기출

취득세의 본질에 대한 다음 설명 중 옳지 않은 것은?

① 취득세는 과세대상 물건의 소유권이 이동되는 과정에서 담세력(擔稅力)을 포착한 응능과세(應能課稅)이다.
② 소유권의 취득사실에 대하여는 과세하게 되므로 유통세(流通稅)로 분류된다.
③ 소유권의 취득행위에 과세하는 행위세이다.
④ 취득세는 취득하는 자가 실질적인 재산의 증가를 얻게 됨을 전제로 과세하는 것이다.
⑤ 취득세는 취득하는 재산이 내장(內藏)하고 있는 수익력에 착안하여 과세한다.

해설 취득세의 본질

취득세는 부동산·차량·기계장비·입목 등의 재산권이 이동하는 유통과정에서 나타나는 담세력을 포착하여 과세하는 직접세인 동시에 유통세이고, 특별시세·광역시세·특별자치시세·특별자치도세 및 도세(道稅)인 동시에 재산권을 취득한 자에게 과세하는 행위세이다. 재산이 내장하고 있는 수익력에 착안하여 과세하는 세목의 사례로 재산세가 있다.

답 ⑤

유상승계취득과 무상승계취득

1) **쌍방이 대가를 치르는 취득**
   예) 매매, 교환, 현물출자, 연부취득

2) **일방만 대가를 치르는 취득**
   예) 상속, 기부, 증여

취득세에서 말하는 취득은 원시취득, 승계취득(유상·무상 불문) 등 일체의 취득을 말한다.

취득의 개념 (원시취득 / 승계취득 / 취득의 의제)

원시취득이란 권리를 타인으로부터 승계받지 않고 독자적으로 취득하는 것을 말한다.

원시취득에는 무주물선점·유실물습득·취득시효·제조·제작 등에 의한 취득이 있다.

원시취득	무주물선점
	유실물습득
	취득시효
	제조
	제작

승계취득은 유상과 무상으로 나뉘며, 유상승계취득은 쌍방이 대가를 치르는 취득이고, 무상승계취득은 일방만 대가를 치르는 취득이다.

유 상 → 쌍방대가
무 상 → 일방대가

제2편 지방세

02 취득의 범위

Q: 취득의 범위는 취득의 원인을 알아내는 것으로 보입니다. 좀 더 구체적으로 설명해 주십시오.
A: 취득을 사실상 취득과 의제 취득으로 크게 구분합니다. 좀 더 구체적으로 살펴보겠습니다.

 **PROFESSOR COMMENT**

유상승계취득과 취득의 의제부분을 집중정리하기 바란다. 취득의 의제란 이미 존재하고 있는 재산의 가액이 증가한 경우 또는 일정한 요건에 해당되는 경우에 대하여만 취득세를 부과한다.

취득세에 있어서의 취득의 범위는 사실상 취득과 취득의 의제로 구분하는데 그 유형별 내용은 다음과 같다.

▼ 사실상 취득

1) 원시취득❶
   - 토 지 ················ 공유수면매립, 간척
   - 건축물 ················ 신축, 재축
   - 선 박 ················ 건조
   - 차량, 기계장비, 항공기 ··· 제조, 조립
   - 광업권, 어업권 ················ 출원
   - 「민법」상 시효취득

2) 승계취득❷
   - 유 상 : 매매, 교환, 현물출자
   - 무 상 : 상속, 증여, 기부

용어사전
❶ 원시취득
어떤 권리를 다른 사람의 권리에 의존하지 않고 독립하여 취득하는 일

❷ 승계취득
다른 사람이 가진 권리를 취득 하는 일

▼ 취득의 의제

- 토 지 ················ 지목변경 + 가액증가
- 건축물 ················ 건축(증축, 개축, 이전) 및 개수(改修) + 가액증가
- 차량, 기계장비, 선박 ················ 종류변경 + 가액증가
- 과점주주의 주식취득(50% 초과)

1 건축물

토지에 정착하는 공작물 중 지붕과 기둥 또는 벽이 있는 것과 이에 부수되는 시설물, 지하 또는 고가의 공작물에 설치하는 사무소·공연장·점포·차고·창고 기타 「건축법 시행령」이 정하는 것과 토지에 정착하거나 지하 또는 다른 구조물에 설치하는 레저시설, 저장시설 등 이와 유사한 시설을 말한다.

→ 이에 딸린 시설을 포함

2 건 축

건축물을 신축·증축·개축·재축 또는 이전하는 것을 말한다. 여기서 사실상 취득에 해당하는 것은 신축·재축만이고, 증축·개축·이전의 경우에는 취득의 의제로서 그 가액증가분에 대하여만 취득세가 부과된다.

→ 가액이 증가하지 아니한 부분도 과세한다.
→ 표준세율 − 중과기준세율이 적용된다.

3 개 수

개수란 「건축법」 제2조 제1항 제9호에 따른 대수선과 건축물에 딸린 시설물 중 대통령령으로 정하는 시설물을 한 종류 이상 설치하거나 수선하는 것 또는 건축물 중 레저시설 등 제4호에 따른 시설을 수선하는 것을 말한다.

> 승강기, 건물의 냉난방·방화 등의 자동관리를 위하여 설치하는 인텔리전트빌딩시스템시설 등

> 레저시설, 저장시설, 급·배수시설 등

4 증 축(增築)

건축물의 건축면적·연면적·층수 또는 높이를 늘리는 것을 말한다.

5 개 축(改築)

기존 건축물의 전부 또는 일부(내력벽, 기둥, 보, 지붕틀 중 3 이상이 포함되는 경우)를 철거하고 그 대지 안에 종전과 동일 규모의 범위 안에서 건축물을 다시 축조하는 것을 말한다.

> 내력벽은 쌓기공사의 일부로 벽체·바닥·지붕 등의 수직하중·수평하중을 받아 기초에 전달하는 벽체이다.

취득의 의제

취득의 의제란 '취득으로 의제(= 간주)하는 것'을 말하며, 크게 4가지 경우로 구분된다.

① 토지의 사실상 지목이 변경되어 가액이 증가한 경우 취득으로 의제한다.

② 건축물의 건축(신축 및 재축을 제외) 또는 개수(改修)로 인하여 증가한 가액이 있는 경우 취득으로 의제한다.

③ 차량, 기계장비, 선박 등의 선질 또는 종류변경으로 가액이 증가한 경우 취득으로 의제한다.

④ 비상장법인의 과점주주가 주식을 취득한 경우 취득으로 의제한다.

6 차량·기계장비·항공기 및 주문에 의하여 건조하는 선박

원시취득의 경우에는 취득으로 보지 아니하고 승계취득의 경우만 취득으로 보아 과세한다. 즉, 자동차공장에서 자동차를 제조·조립하여 완성하였을 경우에는 원시취득에 해당되어 취득세를 신고·납부하지 않아도 된다. 위의 완성된 자동차를 소비자가 취득했을 경우에는 승계취득에 해당되어 취득세를 신고·납부하여야 한다.

7 과점주주(寡占株主)

비상장법인의 주주 또는 사원 1인과 그와 친족·기타 특수관계에 있는 자들로서 그들의 소유주식금액 또는 출자액의 합계액이 해당 법인의 발행주식총액 또는 출자총액의 50% 초과인 자를 말한다. 이 경우 주식을 취득하였지만 취득세 과세대상물건을 지분율만큼 취득한 것으로 보아 취득세를 신고·납부하여야 한다(납세의무자와 과세표준에서 자세히 설명).

8 선박·차량 등의 종류변경

선박 또는 차량과 기계장비의 종류변경이라 함은 선박에 있어서는 선질·용도·기관과 최대적재량(승차 정원), 차량과 기계장비에 있어서는 원동기·승차정원·최대적재량 또는 차체가 각각 변경된 것을 말한다.

제2장 취득세

제2절 납세의무자(지세법 제7조) ★★

12·13·15·18·19·24·32회 출제

> **Q**: 세금을 납부할 의무가 있으려면 4가지 과세요건이 성립하여야 한다고 설명하셨습니다. 과세요건 중 납세의무자에 대하여 설명해주십시오.
>
> **A**: 올바로 기억하고 있네요. 취득세의 납세의무자에 대해서 알아보겠습니다.

세금을 납부할 의무가 있는 자가 누구인가?
취득세는 당연히 부동산 등의 과세대상물건을 취득한 자가 납세의무자입니다.

Key Point 납세의무자

1) 과세대상 물건을 취득한 개인과 법인
2) 미등기한 경우에도 사실상 취득하면 납세의무 성립

취득세의 납세의무자

① 사실상 취득자 (원칙적 납세의무자)
② 가액을 증가시킨 자
③ 승계취득자
④ 과점주주가 된 자
⑤ 수입하는 자
⑥ 주체구조부 취득자
⑦ 상속인
⑧ 시설대여회사
⑨ 주택조합 조합원

취득세의 납세의무자는 취득세의 과세대상이 되는 자산을 취득한 자(개인, 법인, 법인격 없는 사단·재단, 기타 단체 모두 포함됨)이다.

고급오락장을 설치한 경우에는 주체구조부 취득자 이외의 자가 (고급오락장을) 가설한 경우에도

주체구조부 취득자 이외의 자란 주로 임차인을 말한다.

주체구조부의 취득자가 함께 취득한 것으로 간주한다.

주체구조부 취득자란 건물주인(=임대인)을 말하지.

즉, 고급오락장을 임차인이 시설한 경우의 취득세 납세의무자는 (임차인이 아니라) 임대인이 된다.

고급오락장의 취득세 납세의무자는 임대인(건물주인)이다.

제2편 지방세

취득세는 부동산 등 취득세 과세대상을 취득한 경우 해당 취득물건 소재지의 특별시·광역시·특별자치시·특별자치도 및 도(골프회원권·승마회원권·콘도미니엄회원권·종합체육시설이용권 및 요트회원권은 골프장·승마장·콘도미니엄·종합체육시설 및 요트보관소의 소재지 지방자치단체)에서 그 취득한 자에게 부과한다(지세법 제7조).

1 사실상 취득자

(1) 「민법」 등 관계법령에 따른 등기·등록 등을 하지 아니한 경우라도 사실상 취득하면 각각 취득한 것으로 보고 해당 취득물건의 소유자 또는 양수인을 각각 취득한 자로 한다(지세법 제7조 제2항).

(2) 운수업체명의로 등록된 차량과 기계장비 대여업체 명의로 등록(영업용으로 등록한 경우에 한정)된 기계장비라도 해당 차량과 기계장비의 구매계약서, 세금계산서, 차주대장 등에 비추어 차량과 기계장비의 취득대금을 지급한 자가 따로 있음이 입증되는 경우 그 차량이나 기계장비는 취득대금을 지급한 자가 취득한 것으로 본다.

2 가액을 증가시킨 자 20회 출제

(1) 건축물의 건축(신축 및 재축을 제외) 또는 개수로 인하여 가액(價額)이 증가한 경우 그 취득자가 납세의무를 진다.
→ 증가한 가액이 아니고 전체금액에 대하여 납세의무가 있다.

(2) 선박·차량과 기계장비의 종류를 변경하거나 또는 토지의 지목을 사실상 변경함으로써 그 가액이 증가한 경우에는 취득으로 보아 그 소유자가 납세의무를 진다.

3 승계취득자 ★

차량·기계장비·항공기 및 주문을 받아 건조하는 선박은 승계취득(承繼取得)인 경우에만 납세의무가 있다.

단락핵심 승계취득자

차량·기계정비·항공기 및 주문을 받아 건조하는 선박은 승계취득에 한하여 납세의무가 있다.

제2장 취득세

단락문제 02

제18회 기출 개작

「지방세법」상 취득세에 관한 설명 중 틀린 것은?
① 부동산인 상가건축물을 유상승계취득한 경우 취득세의 표준세율은 4%이며, 취득가액이 50만원 이하인 경우에는 취득세를 부과하지 아니한다.
② 차량·기계장비·항공기 및 주문에 의하여 건조하는 선박은 원시취득에 한하여 납세의무가 있다.
③ 유상거래를 원인으로 취득하는 주택 중 표준세율이 적용되는 주택에 대한 취득세는 1%~3%가 적용된다.
④ 상속으로 인하여 취득세 과세물건을 취득한 자는 상속개시일이 속하는 달의 말일부터 6개월(납세자가 외국에 주소를 둔 경우에는 9개월) 이내에 취득세를 신고·납부하여야 한다.
⑤ 취득세를 신고기한까지 신고하지 아니한 자는 해당 취득세를 보통징수의 방법으로 부과고지 받기 전에는 기한 후 신고를 할 수 있다.

해설 취득세
② 원시취득의 경우에는 취득세 납세의무가 없다. 즉, 승계취득의 경우에만 납세의무가 있다.

답 ②

4 과점주주가 된 자 ★

법인설립시에 발행하는 주식 또는 지분을 취득함으로써 과점주주가 된 경우 또는 과점주주에 대한 취득세 납세의무성립일 현재 이 법 또는 기타 법령에 의하여 취득세가 비과세·감면되는 부분은 제외

(1) 주식 또는 지분을 50% 초과 취득한 자

비상장 법인의 주식 또는 지분을 취득함으로써 과점주주가 되었을 때에는 그 과점주주는 해당 법인의 부동산등(신탁회사에 등기·등록된 것 포함) 취득세 과세대상을 취득한 것으로 본다.

(2) 연대납세의무

납세의무를 지는 과점주주에 대하여는 연대납세의무를 진다.
→ 「지방세기본법」 제44조

5 수입하는 자

외국인 소유의 취득세 과세대상물건(차량, 기계장비, 항공기 및 선박에 한함)을 직접 사용하거나 국내의 대여시설 이용자에게 대여하기 위하여 임차하여 수입(輸入)하는 경우에는 수입하는 자가 이를 취득한 것으로 본다.

6 주체구조부 취득자 26회 출제

건축물 중 조작 설비, 그 밖의 부대설비에 속하는 부분으로서 그 주체구조부(主體構造部)와 하나가 되어 건축물로서의 효용가치를 이루고 있는 것에 대하여는 주체구조부 취득자 외의 자가 가설한 경우에도 주체구조부의 취득자가 함께 취득한 것으로 본다.

7 상속인
→ 피상속인이 상속인에게 한 유증 및 포괄유증과 신탁재산의 상속을 포함

상속으로 인하여 취득하는 경우에는 상속인(相續人) 각자가 상속받는 취득물건(지분을 취득하는 경우에는 그 지분에 해당하는 과세물건을 말함)을 취득한 것으로 본다. 이 경우 각 상속인은 연대납세의무를 진다.

8 시설대여업자

「여신전문금융업법」에 의한 시설대여업자가 건설기계나 차량을 시설 대여하는 경우에는 대여시설이용자의 명의로 등록하는 경우라도 시설대여업자가 취득한 것으로 본다.

9 조합원
→ 「주택법」 제11조에 따른 주택조합과 「도시 및 주거환경정비법」 제35조 제3항 및 「빈집 및 소규모 주택정비에 관한 특례법」 제23조에 따른 재건축조합 및 소규모 재건축조합을 말한다.

주택조합이 해당 조합원용으로 취득하는 조합주택용 부동산(공동주택과 부대·복리시설 및 그 부속토지를 말함)은 그 조합원이 취득한 것으로 본다. 다만, **조합원에게 귀속되지 아니하는 부동산**은 제외한다.
→ "비조합원용 부동산"이라 함

10 미등기건물의 소유자

'甲'소유의 미등기건물에 대하여 '乙'이 채권확보를 위하여 법원의 판결에 의한 소유권보존등기를 '甲'의 명의로 등기할 경우의 취득세 납세의무는 채무자인 '甲'에게 있다.

11 배우자 또는 직계존비속 사이의 취득 (증여받은 것으로 보는 경우) 27회 출제

> **Key Point** 배우자 또는 직계존비속 사이의 취득
> - 배우자 또는 직계존비속 사이 취득 : 증여취득
> - 아래 (1)~(4) : 유상취득

배우자 또는 직계존비속의 부동산등을 취득하는 경우에는 증여받은 것으로 본다. 다만, 다음에 해당하는 경우에는 유상으로 취득한 것으로 본다.

→ 경매를 포함한다.
(1) 공매를 통하여 부동산을 취득하는 경우
(2) 파산선고로 인하여 처분되는 부동산 등을 취득한 경우
(3) 권리의 이전이나 행사에 등기 또는 등록이 필요한 부동산 등을 서로 교환하는 경우
(4) 해당 부동산 등의 취득을 위하여 그 대가를 지급한 사실을 증명한 경우
    1) 그 대가를 지급하기 위한 취득자의 소득이 증명되는 경우
    2) 소유재산을 처분 또는 담보한 금액으로 해당 부동산을 취득한 경우

제2장 취득세

3) 이미 상속세 또는 증여세를 과세(비과세 또는 감면 받은 경우를 포함) 받았거나 신고한 경우로서 그 상속 또는 수증 재산의 가액으로 그 대가를 지급한 경우
4) 1)부터 3)까지에 준하는 것으로서 취득자의 재산으로 그 대가를 지급한 사실이 입증되는 경우

12 부담부증여의 경우 25회 출제

Key Point 부담부증여
- 일반적인 부담부증여 시 수증자가 인수하는 채무액의 경우 : 유상취득
- 배우자·직계존비속 사이 부담부증여 : 전체가 증여 취득. 단, 위 11의 (1)~(4)의 경우에만 유상취득

부담부증여(負擔附贈與)에 있어서 증여자의 채무를 수증자(受贈者)가 인수하는 경우에는 그 채무액에 해당하는 부분은 그 자산이 유상으로 사실상 이전되는 것으로 본다. 따라서 부담부증여부분은 유상취득에 해당하고, 부담부증여 이외의 부분은 증여취득에 해당한다. 그러나 배우자 또는 직계존비속 사이는 부담부증여를 포함한 전체가 증여에 해당하므로 부담부증여 부분과 그 이외의 부분 모두가 증여취득에 해당한다. 따라서 위 11의 유상취득으로 보는 경우에만 증여취득에서 제외하여 유상취득으로 본다.

13 상속인 사이의 지분변동으로 인한 취득

(1) 당초 상속분을 초과하여 취득하는 경우 : 증여취득에 해당

상속 개시 후 상속재산에 대하여 등기·등록·명의개서 등(이하 '등기등'이라 한다)에 의하여 각 상속인의 상속분이 확정되어 등기·등록된 후, 그 상속재산에 대하여 공동상속인이 협의하여 분할한 결과 특정 상속인이 당초 상속분을 초과하여 취득하게 되는 경우에는 그 분할에 의하여 상속분이 감소한 상속인으로부터 증여받은 것으로 본다.

(2) 정당한 사유가 있는 경우 : 증여에서 제외

정당한 사유가 있는 다음의 경우에는 증여로 보지 아니한다. 즉, 상속취득에 해당한다.
1) 법정 신고·납부기한 이내에 재분할에 의하여 당초 상속분을 초과하여 취득한 경우
2) 상속회복청구의 소에 의한 법원의 확정판결에 의하여 상속인 및 상속재산에 변동이 있는 경우
3) 「민법」제404조에 따른 채권자대위권의 행사에 의하여 공동상속인들의 법정상속분대로 등기·등록이 된 상속재산을 상속인 사이의 협의분할에 의하여 재분할하는 경우

제2편 지방세

> **예제** 공부상 지목인 임야와 이 지상에 건축된 무허가 단독주택을 1억원에 취득하였으나 미등기한 경우 취득세 납세의무는?
>
> **풀이** 무허가 단독주택과 그 부속토지를 취득하여 미등기한 경우
> ① 미등기, 무허가 ⇒ 사실상 취득하면 납세의무 성립
> ② 공부상 임야 ⇒ 사실상 대지를 취득한 것으로 봄
> 따라서 단독주택과 부속토지 취득 ⇒ 납세의무 있음

단락핵심 납세의무자

(1) 과세대상물건에 대한 등기·등록을 이행하지 아니한 경우라도 사실상으로 취득한 때에는 취득한 것으로 보아 소유자 또는 양수인이 납세의무자가 된다.
(2) 과점주주가 아닌 주주 등이 최초로 과점주주가 된 경우에는 최초로 과점주주가 된 날 현재 과점주주가 소유하고 있는 법인의 주식 등을 모두 취득한 것으로 보아 취득세의 납세의무를 진다.

14 정원 및 부속시설물의 부지로 사실상 변경하여 그 가액이 증가한 경우

「공간정보의 구축 및 관리 등에 관한 법률」 제67조에 따른 대(垈) 중 「국토의 계획 및 이용에 관한 법률」 등 관계법령에 따른 택지공사가 준공된 토지를 건축물과 그 건축물에 접속된 정원 및 부속시설물의 부지로 사실상 변경함으로써 그 가액이 증가하는 경우에는 건축물의 소유자가 취득한 것으로 보고, 건축물의 부속토지로 사용되지 않고 정원의 조성 및 조형물 설치 또는 도로포장공사 등을 통해 토지의 지목을 사실상 변경함으로써 가액이 증가하는 경우에는 토지의 소유자가 취득한 것으로 본다.

15 신탁재산의 위탁자 지위의 이전이 있는 경우

「신탁법」 제10조에 따라 신탁재산의 위탁자 지위의 이전이 있는 경우에는 새로운 위탁자가 해당 신탁재산을 취득한 것으로 본다. 다만, 위탁자 지위의 이전에도 불구하고 신탁재산에 대한 실질적인 소유권 변동이 있다고 보기 어려운 경우로서 **대통령령으로 정하는 경우**에는 그러하지 아니하다.

> 부동산 집합투자기구의 집합투자업자가 위탁자의 지위를 다른 집합투자업자에게 이전하는 경우

제2장 취득세

단락문제 Q3
제19회 기출 개작

「지방세법」상 취득세 납세의무에 관한 설명으로 틀린 것은?

① 부동산의 취득에 있어서는 관계법령에 의한 등기를 이행하지 아니한 경우라도 사실상 취득한 때에는 이를 취득한 것으로 본다.
② 비상장법인의 경우 법인설립시에 발행하는 주식을 취득함으로써 과점주주가 된 때에는 해당 법인의 부동산 등을 취득한 것으로 본다.
③ 외국인 소유의 선박을 직접 사용할 목적으로 임차하여 수입하는 경우는 수입하는 자가 이를 취득한 것으로 본다.
④ 토지의 지목을 사실상 변경함으로써 그 가액이 증가한 경우는 이를 취득으로 본다.
⑤ 「주택법」에 의한 주택조합이 조합원용으로 취득하는 조합주택용 부동산은 그 조합원이 취득한 것으로 본다.

해설 납세의무자
② 법인설립시에 발행하는 주식 또는 지분을 취득함으로써 과점주주가 된 경우에는 과점주주에 대한 취득세가 과세되지 아니한다.

답 ②

제2편 지방세

제3절 납세지 (지세법 제8조)

Q: 납세지란 용어는 생소합니다. 세금을 신고납부할 때 어느 기관에 해야 하는가?를 다루는 내용인 것 같습니다. 올바로 이해하고 있나요. 납세지란 무엇인가요?
A: 네. 첫 번째 시간에 한번 언급한 적이 있어요. 취득세의 납세지에 대하여 자세히 살펴보겠습니다.

주소지가 서울특별시 종로구에 있는 자가 제주특별자치도에 있는 부동산을 취득한 경우 취득세를 어디에 신고납부하여야 할까요? 서울특별시 아니면 제주특별자치도 둘 중 어디 일까요? 즉 납세지에 대한 내용을 살펴보고자 합니다.

1 의의

취득일 현재 취득한 재산의 소재지를 납세지로 한다(지세법 제8조).

2 취득물건의 종류와 납세지

- **(1) 부동산**   부동산 소재지
- **(2) 선박**   「선박법」 또는 「수상안전레저법」에 따른 등록지
- **(3) 차량**   「자동차관리법」에 따른 등록지
- **(4) 기계장비**   「건설기계관리법」에 따른 등록지
- **(5) 항공기**   항공기의 정치장 소재지
- **(6) 입목**   입목 소재지
- **(7) 광업권**   광구 소재지
- **(8) 어업권·양식업권**   어장 소재지
- **(9) 회원권**   골프장·승마장·콘도미니엄·종합체육시설·요트보관소의 소재지

위의 납세지가 분명하지 아니한 경우에는 해당 취득물건의 소재지를 그 납세지로 한다.

3 같은 취득물건이 둘 이상의 지방자치단체에 걸쳐 있는 경우

같은 취득물건이 둘 이상의 특별자치시·특별자치도·시·군·구에 걸쳐 있는 경우 각 특별자치시·특별자치도·시·군·구에 납부할 취득세를 산출할 때 그 과세표준은 취득 당시의 가액을 취득물건의 소재지별 시가표준액 비율로 나누어 계산한다.

제2장 취득세

제4절 취득의 시기 (지세령 제20조)★

11·12·34회 출제

Q: 취득시기는 납세의무 성립시기와 동일하게 이해됩니다. 취득시기란 언제 취득한 것으로 볼 것이냐, 언제까지 신고납부를 해야 하느냐, 가산세의 해당 여부 등에 중요한 영향을 미칠 것으로 생각됩니다. 자세히 설명해 주십시오.

A: 네. 올바로 이해하고 있습니다. 취득시기에 대하여 자세히 살펴보겠습니다.

 우리는 부동산을 매매로 취득할 경우 일반적으로 계약금, 중도금, 잔금을 나누어 지급합니다. 또한 매매계약서를 작성하고, 영수증을 주고 받고, 등기를 합니다. 이 경우 언제를 취득한 것으로 볼 것인가? 여기서는 이와 같은 취득시기의 문제를 다룹니다.

Key Point 취득시기

1) 유상승계취득 : 사실상의 잔금지급일(=사잔지)
2) 무상승계취득 : 계약일
3) 건축물의 건축 : 사용승인서를 내주는 날(=사승내)

PROFESSOR COMMENT
 취득의 시기는 수험생 자신이 구체적인 사례를 설정하여 이론을 적용하기 바란다.

취득세는 취득일부터 60일 내에 신고납부를 하여야 하고, 취득세 부과와 징수에 대한 제척기간과 소멸시효에 영향을 미치기 때문에 납세의무성립시기인 취득시기는 중요한 의미를 갖는다.
　　　　　　　　↳ 상속은 상속개시일(실종은 실종선고일)이 속하는 달의 말일부터 6월

↳ 매매의 경우 언제 취득한 것으로 볼 것인가?

01 유상승계취득 (지세령 제20조)★★

13회 출제

1 다음 각 호에서 정하는 날에 취득한 것으로 본다.

(1) 사실상의 잔금지급일 　↳ 신고인이 제출한 자료에 의함

(2) **사실상의 잔금지급일을 확인할 수 없는 경우**

　1) 그 계약상의 잔금지급일(계약상의 잔금지급일이 명시되지 않는 경우에는 계약일로부터 60일이 경과한 날을 말한다).

kyungrok.com

2) 다만, 해당 취득물건을 등기·등록하지 아니하고 다음의 어느 하나에 해당하는 서류에 의하여 계약이 해제된 사실이 입증되는 경우에는 취득한 것으로 보지 아니한다.
① 화해조서·인낙조서(해당 조서에서 취득일이 속하는 달의 말일부터 3개월 이내에 계약이 해제된 사실이 입증되는 경우만 해당)
② 공정증서(공증인이 인증한 사서증서를 포함하되, 취득일부터 60일 이내에 공증받은 것만 해당)
③ 행정안전부령으로 정하는 계약해제신고서(취득일부터 60일 이내에 제출된 것만 해당)
④ 부동산 거래신고 관련 법령에 따른 부동산거래계약 해제등 신고서(취득일부터 60일 이내에 등록관청에 제출한 경우만 해당)

2 취득일 전에 등기 또는 등록한 경우

계약상의 잔금지급일과 사실상의 잔금지급일보다 그 이전에 등기 또는 등록한 경우에는 등기일(등기접수일) 또는 등록일로 한다. 즉 둘 중 빠른 날을 취득일로 한다.

유상승계취득(Ⅰ)

1) **쌍방이 대가를 치르는 취득**
   예) 매매·교환·현물출자·연부취득
2) **취득시기**
   유상승계취득의 취득시기는 4가지 경우로 나뉜다.

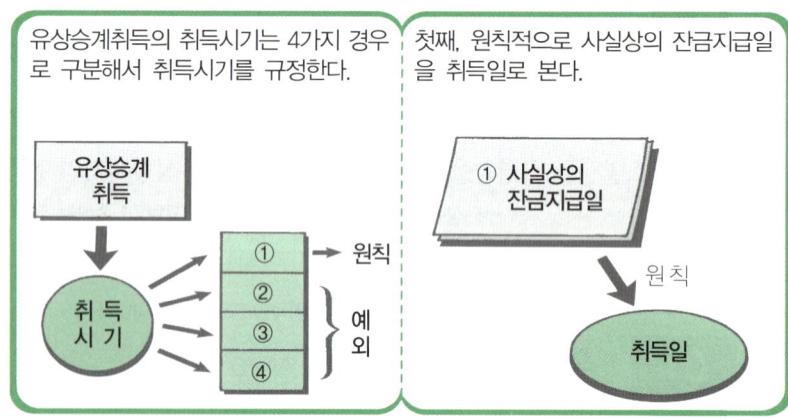

제2장 취득세

단락문제 Q4
제14·19회 기출 유사

개인이 아파트를 다음과 같이 취득하였을 때, 각각의 경우 취득시기가 바르게 연결된 것은?

구 분	㉠ 개인으로부터 취득	㉡ 법인으로부터 분양
계약상의 잔금지급일	20△△년 9월 30일	20△△년 9월 30일
사실상의 잔금지급일	20△△년 11월 20일	20△△년 11월 20일
입주일	20△△년 11월 26일	20△△년 11월 26일
등기접수일	20△△년 12월 18일	20△△년 12월 18일

① ㉠ 20△△년 09월 30일, ㉡ 20△△년 09월 30일
② ㉠ 20△△년 11월 26일, ㉡ 20△△년 11월 15일
③ ㉠ 20△△년 11월 20일, ㉡ 20△△년 11월 20일
④ ㉠ 20△△년 11월 26일, ㉡ 20△△년 11월 26일
⑤ ㉠ 20△△년 09월 30일, ㉡ 20△△년 11월 26일

해설 취득시기
1) 개인이 개인으로부터 취득 : 사실상의 잔금지급일
2) 개인이 법인으로부터 취득 : 사실상의 잔금지급일

답 ③

유상승계취득(Ⅱ)

사실상의 잔금지급일로 취득시기를 결정하는 경우이다.

넷째, 취득일(사실상·계약상 잔금지급일) 전 등기·등록을 한 때에는 등기일(등기접수일) 또는 등록일을 취득일로 본다.

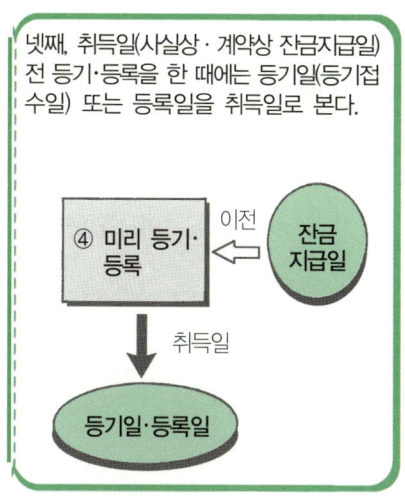

제2편 지방세

02 무상승계취득
→ 상속, 증여, 기부에 의한 취득의 경우 언제 취득한 것으로 볼 것인가?

28회 출제

1 원 칙

→ 상속 또는 유증으로 인한 취득의 경우에는 상속개시일 또는 유증개시일

무상승계취득은 원칙적으로 **계약일**을 취득일로 한다. 다만, 해당 취득물건을 등기·등록하지 아니하고 다음의 어느 하나에 해당하는 서류에 의하여 계약이 해제된 사실이 입증되는 경우에는 취득한 것으로 보지 아니한다.

(1) 화해조서·인낙조서(해당 조서에서 취득일부터 60일 이내에 계약이 해제된 사실이 입증되는 경우만 해당)

(2) 공정증서(공증인이 인증한 사서증서를 포함하되, 취득일부터 60일 이내에 공증받은 것만 해당)

(3) 행정안전부령으로 정하는 계약해제신고서(취득일부터 60일 이내에 제출된 것만 해당)

2 예 외

계약일 전에 등기 또는 등록을 한 경우에는 그 **등기일 또는 등록일**이 취득일이다.

→ 즉, 둘 중 빠른 날이 취득일이다.

03 연부취득

1 원 칙

취득가액의 총액이 50만원을 초과하는 것의 연부취득은 사실상의 연부금지급일을 취득일로 보아 그 **연부금액**을 과세표준으로 하여 신고납부하여야 한다.

→ 매회 사실상 지급되는 금액을 말하며, 취득금액에 포함되는 계약보증금을 포함

2 예 외

사실상 연부금지급일 전에 등기 또는 등록을 한 경우에는 그 등기일 또는 등록일에 취득한 것으로 본다. 다만, 수입 또는 건조에 의하여 연부❶로 취득하는 선박에 대하여는 그러하지 아니한다.

용어사전

❶ 연부
연부란 매매계약서상 연부계약형식을 갖추고 일시에 완납할 수 없는 대금을 2년 이상에 걸쳐 일정액씩 분할하여 지급하는 것을 말한다.

04 건축물의 건축

1 허가받은 건축물

(1) 원 칙

건축물을 건축 또는 개수하여 취득하는 경우에는 사용승인서를 내주는 날과 사실상 사용일 중 빠른 날을 취득일로 본다.

(2) 사용승인서를 내주는 날의 의미

1) **사실상 사용이 가능한 날** 사용승인서 또는 임시사용승인서를 받을 수 없는 건축물의 경우에는 사실상 사용이 가능한 날을 사용승인서를 내주는 날로 한다.

2) **임시사용 승인일** 사용승인서를 내주기 전에 임시사용 승인을 받은 경우에는 임시사용승인일을 말한다.

2 무허가 건축물

무허가 건축물은 사용승인서를 내주는 날, 임시사용승인일 등이 있을 수 없으므로 사실상 사용일을 취득일로 한다.

3 도시개발사업 등으로 건축한 주택

(1) 도시개발사업이나 정비사업(재개발사업만 해당)으로 건축한 주택을 「도시개발법」 제40조의 규정에 의한 환지처분❶ 또는 「도시 및 주거환경정비법」 제86조의 규정에 의한 소유권이전에 의하여 취득하는 경우에는 환지처분공고일의 다음 날 또는 소유권이전고시일의 다음 날과 사실상 사용일 중 빠른 날을 취득일로 본다.

(2) 즉, 환지처분공고일 또는 소유권이전고시일 이전에 사실상 사용하는 경우에는 그 사실상 사용일을 취득일로 본다.

> **용어사전**
> ❶ **환지처분**
> 환지처분은 시행자가 환지계획에 따라 공사를 완료한 후의 토지에 대하여 종전토지에 갈음하는 환지의 위치 및 면적을 지정하고 그 과부족분에 대하여는 금전으로 그 차액을 청산하는 처분이다.

제2편 지방세

4 주택조합 등의 비조합원용 부동산 취득시기 28회 출제

(1) <u>주택조합</u>이 주택건설사업을 하면서 조합원에게 귀속되지 않은 토지를 취득하는 경우 <u>사용검사를 받은 날</u>에 그 토지를 취득한 것으로 본다.
   - 「주택법」 제11조에 따른 주택조합
   - 「주택법」 제49조에 따른 사용검사

(2) <u>재건축조합</u>이 재건축사업을 하거나 <u>소규모 재건축조합</u>이 소규모 재건축사업을 하면서 조합원에게 귀속되지 않은 토지를 취득하는 경우에는 <u>소유권이전 고시일</u>의 다음 날에 그 토지를 취득한 것으로 본다.
   - 「도시 및 주거환경정비법」 제35조 제3항에 따른 조합
   - 「빈집 및 소규모 주택정비에 관한 특례법」 제23조 제2항에 따른 조합
   - 「도시 및 주거환경정비법」 제86조 제2항 또는 「빈집 및 소규모 주택정비에 관한 특례법」 제40조 제2항에 따른 소유권이전 고시일

05 차량·기계장비·항공기·주문을 받아 건조하는 선박

제조·조립·건조 등이 완성되어 실수요자가 인도받거나 계약상의 잔금 지급일 중 빠른 날을 최초로 승계취득일로 본다.

06 선박·차량 또는 기계장비의 종류변경

사실상 변경한 날과 공부상 변경한 날 중 빠른 날을 취득일로 본다.

07 토지의 지목변경

1 원칙

토지의 지목변경은 사실상 변경된 날과 공부상 변경된 날 중 빠른 날을 취득일로 본다.

2 예외

토지의 지목변경일 이전에 사용하는 부분에 대해서는 그 사실상 사용일을 취득일로 본다.

제2장 취득세

08 수입의 경우

1 원칙
해당 물건을 우리나라에 반입하는 날을 승계취득일로 본다.
→ 보세구역을 경유하는 것은 수입신고필증교부일

2 예외
(1) 차량·기계장비·항공기 및 선박의 실수요자가 따로 있는 경우에는 실수요자가 인도받는 날 또는 계약상의 잔금지급일 중 먼저 도래하는 날을 승계취득일로 본다.
(2) 수입물건을 취득자의 편의에 의하여 우리나라에 반입하지 아니하거나 보세구역을 경유하지 않고 외국에서 직접 사용하는 경우에는 그 수입물건의 등기 또는 등록일을 취득일로 본다.

09 매립·간척 등의 경우

1 원칙 30회 출제
관계법령의 규정에 의하여 매립·간척 등으로 토지를 원시취득하는 경우에는 공사준공인가일을 취득일로 본다.

2 예외
공사준공인가일 전에 사용승낙·허가를 받거나 사실상 사용하는 경우에는 사용승낙일·허가일 또는 사실상 사용일 중 빠른 날을 취득일로 본다.

10 기타 특수한 경우

1 어음교부
어음 결제일로 한다.

2 주식
명의개서일로 한다.

3 현물출자
신주식 교부일로 한다. 다만, 교부일 전에 등기·등록한 때에는 등기·등록일이다.

4 대물변제
상계처리일로 한다. 다만, 상계처리일 이전에 등기를 한 경우에는 등기일이다.

5 과점주주

비상장법인의 주식 등을 50% 초과하여 취득한 때이다.

6 재산분할로 인한 취득

「민법」제839조의2 및 제843조에 따른 재산분할로 인한 취득의 경우에는 취득물건의 등기일 또는 등록일을 취득일로 본다(지세령 제20조 제12항).

단락핵심 취득의 시기

(1) 건축물을 유상승계취득함에 있어 그 계약상의 잔금지급일이 명시되지 아니한 경우에는 그 계약일부터 60일이 경과한 날이 취득시기이다.
(2) 건축물을 무상승계취득하는 경우 그 취득시기는 원칙적으로 계약일이다. 다만, 계약일이 불분명하거나, 계약일보다 그 이전에 등기를 했다면 등기일, 즉 등기접수일이 취득시기이다. 무상승계취득 중 상속으로 인한 취득시기는 상속개시일이다.
(3) 개인 간의 매매계약에 의한 부동산의 취득시기는 그 사실상의 잔금지급일 또는 잔금지급 전에 등기를 이행한 경우에는 등기일 중 빠른 날이다.

Key Point 취득시기

구 분		취득의 시기	
		원 칙	예 외
일반적인 거래	1) 매매·교환 등	사실상의 잔금지급일	계약상의 잔금지급일이 불분명한 경우에 계약일부터 60일이 경과한 날
	2) 먼저 등기·등록	–	등기·등록일(접수일)
특수한 거래	1) 연부취득	사실상의 연부금지급일	등기·등록일(접수일)
	2) 증 여	계약일	등기·등록일(접수일)
	3) 상속(유증 포함)	상속개시일, 유증개시일	–
	4) 건축물의 신축	① 사용승인서를 내주는 날과 사실상 사용일 중 빠른 날 ② 환지처분의 공고일의 다음날 또는 소유권이전고시일의 다음날	① 임시사용승인일 ② 사실상의 사용일
	5) 매립·간척등으로 인한 토지의 원시취득	공사준공인가일	① 사용승낙일·허가일 ② 사실상의 사용일
	6) 과점주주의 주식거래	비상장법인의 주식 등을 50% 초과 취득하는 때	–

제2장 취득세

예제
1. 甲은 상가건물을 1억원에 매매취득
   1) 계약상의 잔금지급일 20△△. 2. 5.   2) 소유권이전 등기접수일 20△△. 1. 28.

   풀이 ■ 甲의 취득시기(유상승계취득의 시기)
   ① 원 칙 : 계약상의 잔금지급일 20△△. 2. 5.이나 ② 예 외 : 등기일이 더 빠르다.
   따라서 취득시기는 등기접수일인 20△△. 1. 28.이다.

2. 乙은 상가건물을 증여받음
   1) 계약서상 증여(계약)일 20△△. 3. 15.
   2) 소유권이전 증여등기접수일 20△△. 3. 18.
   3) 계약해제(공정증서 입증) 20△△. 3. 25.(60일 이내 계약해제)

   풀이 ■ 乙의 취득시기(무상승계취득의 시기)
   ① 원 칙 : 계약일 20△△. 3. 15.
   ② 예 외 : 취득 후 60일 이내에 계약해제 ⇒ 취득이 아님
   그러나 등기 이행한 후 해제하였으므로 취득에 해당된다. 따라서 취득시기는 계약일인 20△△. 3. 15.이다.

3. 丙은 건물을 허가받아 신축
   1) 사용승인서를 내주는 날 20△△. 3. 8.
   2) 임시사용승인일 20△△. 2. 20.

   풀이 ■ 丙의 취득시기
   임시사용승인일인 2. 20.이 취득시기이다.

단락문제 Q5   제3회 기출

취득세의 부과에 관한 취득시기의 설명으로서 옳지 않은 것은?
① 유상승계취득의 경우에는 그 사실상의 잔금지급일이 취득시기이다.
② 무상승계취득의 경우에는 그 등기일이 취득시기이다.
③ 유상승계취득의 경우 계약상의 잔금지급일이 명시되지 아니한 경우에는 계약일부터 60일이 경과한 날이 취득시기이다.
④ 건축허가를 받아 건축하는 건축물에 있어서는 사용승인서를 내주는 날이 취득시기이다.
⑤ 연부취득(年賦取得)의 경우에는 그 사실상의 연부금 지급일이 취득시기이다.

해설 취득세 부과의 취득시기
별도의 특약이 없으면 증여 및 기부 약정일(계약일)을 취득시기로 하고, 서면에 의하지 않는 증여, 기부인 때에는 그 등기·등록일을 취득시기로 본다.   **답** ②

제2편 지방세

제5절 과세대상 ★
추가15·17회 출제

> Q: 어떤 물건을 취득해야 취득세 과세대상이 되나요? 모든 물건이 과세대상에 해당되지 않나요?
> A: 과세대상자산으로 열거된 경우에만 신고납부의무가 있습니다. 과세대상자산을 자세히 살펴보겠습니다.

 주택이나 자동차를 취득하면 취득세를 납부하여야 합니다. 그러면 TV를 취득하면 취득세를 납부하여야 하는가?
납부하지 않아도 됩니다. 왜냐하면 과세대상자산으로 열거되지 않았기 때문입니다.

Key Point 과세대상자산

부동산, 차량, 기계장비, 선박, 항공기, 입목, 광업권, 어업권, 양식업권, 회원권(골프, 콘도, 승마, 요트, 종합체육시설이용)

PROFESSOR COMMENT
과세대상자산은 암기를 해야 하는 부분이다.
"금강산(= 부동산)을 개발하기 위하여 운송수단(육지 : 차량, 기계장비, 바다 : 선박, 하늘 : 항공기)을 이용하여 북한에 가서 금강송(= 立木) 아래에서 광어회(= 광업권, 어업권, 양식업권, 회원권)를 먹으면서 담판한 결과 금강산개발계획을 성사시키다"

취득세는 「지방세법」에서 열거된 과세물건을 과세대상으로 하고 있다. 따라서 열거되지 아니한 물건은 취득세의 과세대상범위에 해당하지 아니한다.
이하에서는 취득세의 과세대상범위를 구체적으로 살펴보고자 한다.

1 부동산

(1) 토 지
「공간정보의 구축 및 관리 등에 관한 법률」의 규정에 의한 토지와 그 밖에 사용되고 있는 사실상의 토지를 말하며, 용도는 사실상 지목으로 판단한다.
→ 지적공부에 등록되기 전이라도 사실상 토지로 사용되는 경우 포함

(2) 건축물
1) 주택·점포·사무실·공장·창고·수상건물 등 지붕과 벽 또는 기둥이 있는 것과 시설물을 말한다.

2) 건축물의 범위에 속하는 시설물
① 레저시설
→ 골프연습장으로 신고된 20타석 이상의 골프연습장만 해당함
수영장, 스케이트장, 골프연습장, 전망대, 옥외스탠드, 유원지의 옥외오락시설
← 유원지의 옥외오락시설과 유사한 오락시설로서 옥내 또는 옥상에 설치하여 사용하는 것을 포함

② **저장시설**

　수조, 저유조, 저장창고, 저장조 등의 옥외저장시설
　→ 다른 시설과 유기적인 관련을 가지고 일시적으로 저장기능을 하는 시설을 포함

③ **도크시설 및 접안시설**

　도크, 조선대

④ **도관시설**(연결시설을 포함)

　송유관, 가스관, 열수송관

⑤ **급·배수시설**

　송수관(연결시설을 포함), 급수·배수시설, 복개설비

⑥ **에너지 공급시설**

　주유시설, 가스충전시설, 송전철탑
　→ 전압 20만볼트 미만을 송전하는 것과 주민들의 요구로 「전기사업법」 제72조의 규정에 의하여 이전·설치하는 것을 제외

⑦ **기타 시설**

　잔교, 기계식 또는 철골조립식 주차장, 차량 또는 기계장비 등을 자동으로 세차 또는 세척하는 시설, 방송중계탑, 무선통신기지국용 철탑
　→ 「전파법」 제25조 제1항 단서의 규정에 의하여 준공검사가 배제되는 것을 제외

2 선 박

기선·범선·부선(艀船) 및 그 밖에 명칭에 관계없이 모든 배를 말한다.

3 광업권

「광업법」의 규정에 의한 광업권을 말한다. 다만, 출원에 의한 광업권의 원시취득은 과세면제한다.

4 어업권

「수산업법」 또는 「내수면어업법」의 규정에 의한 어업권을 말한다. 다만, 출원에 의한 어업권의 원시취득은 과세면제한다.

5 양식업권

「양식산업발전법」의 규정에 의한 양식업권을 말한다.

6 차 량

원동기를 장치한 모든 차량과 피견인차 및 궤도로 승객 또는 화물을 운반하는 모든 기구를 말한다.

7 기계장비

「건설기계관리법」에서 규정한 건설기계와 건설공사용 부두나, 공항의 화물하역용, 광업용 기타 그 용도에 사용하는 기계장비 등을 말한다.

제2편 지방세

8 항공기

사람이 탑승 조종(操縱)하여 항공에 사용하는 비행기, 비행선, 활공기, 회전익항공기 및 그 밖에 이와 유사한 비행기구로서 대통령령이 정하는 것을 말한다.

9 입 목

(1) 지상의 과수, 임목(林木)과 죽목을 말한다.

(2) 벌채된 입목을 취득한 때는 입목취득으로 보지 아니한다.

10 골프 회원권

「체육시설의 설치·이용에 관한 법률」의 규정에 의한 회원제 골프장의 회원으로서 골프장을 이용할 수 있는 권리를 말한다.

11 승마회원권

「체육시설의 설치·이용에 관한 법률」의 규정에 의한 회원제 승마장의 회원으로서 승마장을 이용할 수 있는 권리를 말한다.

12 콘도미니엄 회원권

「관광진흥법」의 규정에 의한 콘도미니엄과 이와 유사한 휴양시설로서 명칭여하를 불문하고 휴양·피서·위락·관광 등의 용도로 사용되는 것으로서 회원제로 운영하는 시설을 이용할 수 있는 권리를 말한다.

13 종합체육시설 이용회원권

「체육시설의 설치·이용에 관한 법률」에 따른 회원제 종합체육시설업에 있어서 그 시설을 이용할 수 있는 회원의 권리를 말한다.

14 요트회원권

「체육시설의 설치·이용에 관한 법률」에 따른 회원제 요트장의 회원으로서 요트장을 이용할 수 있는 권리를 말한다.

> **예제** ■ 과세대상
> 상가가 있는 건축물과 부속토지를 10억원에, 영업권을 5천만원에 평가하여 총 10억5천만원에 취득한 경우 취득세 과세대상 해당 여부는?
>
> **풀이** 건축물과 부속토지는 부동산이므로 과세대상자산임. 영업권은 과세대상자산이 아님. 즉 부동산은 취득세 과세대상자산으로 열거되어 있고, 영업권은 열거되어 있지 않다.

제2장 취득세

단락핵심 취득세의 과세대상

취득세의 과세대상은 교환에 의한 농지의 취득, 건축물의 증축으로 인한 가액의 증가, 증여에 의한 콘도미니엄 회원권의 취득, 토지의 지목변경으로 인한 가액의 증가이다.

단락문제 06 제17회 기출 개작

「지방세법」상 취득세 과세객체가 되는 취득의 목적물이 아닌 것은?

① 콘도미니엄 회원권
② 등기된 부동산 임차권
③ 골프회원권
④ 지목(地目)이 잡종지인 토지
⑤ 승마회원권

해설 취득세 과세대상자산

취득세 과세대상자산을 묻는 문제이다. 등기된 부동산 임차권은 취득세과세대상자산이 아니다. 양도소득세 과세대상자산이다. 객관식 시험문제에서는 과세대상, 과세물건, 과세객체를 동일한 내용으로 보아도 된다.

답 ②

제6절 과세표준 (지세법 제10조) ★★★   11·16회 출제

> Q: 과세표준이 무엇인가요. 세금을 부과하는 기준금액인가요. 자세히 설명해주십시오.
> A: 네, 일상생활에서 과표라고 하지요. 세금을 매기는 기준금액인 과세표준에 대하여 자세히 알아보겠습니다.

PROFESSOR COMMENT
① 최근에는 사례위주로 출제되고 있으므로 철저한 이해를 필요로 한다.
② 취득세 과세표준이란 세금을 부과하는 기준금액을 얼마로 할 것인가에 관한 문제이다.

01 과세표준 : 원칙 – 취득당시가액   추가15·35회 출제

1 과세표준의 기준(지세법 제10조)

취득세 과세표준은 취득 당시의 가액으로 한다. 다만, 연부로 취득하는 경우 취득세의 과세표준은 <u>연부금액</u>으로 한다.
→ 매회 사실상 지급되는 금액을 말하며 취득금액에 포함되는 계약보증금을 포함한다.

2 무상취득의 경우 과세표준(지세법 제10조의2 제1항)

(1) 부동산등을 무상취득하는 경우 제10조에 따른 취득당시가액은 취득시기 현재 불특정 다수인 사이에 자유롭게 거래가 이루어지는 경우 통상적으로 성립된다고 인정되는 가액(매매사례가액, 감정가액, 공매가액 등 대통령령으로 정하는 바에 따라 시가로 인정되는 가액을 말하며, 이하 "시가인정액"이라 함)으로 한다.

(2) 위의 경우에도 불구하고 다음 각 호의 경우에는 해당 호에서 정하는 가액을 취득당시 가액으로 한다.
→ 취득물건에 대한 시가표준액이 1억원 이하인 부동산 등을 말한다.(지세령 14조의2)
  1) **상속에 따른 무상취득의 경우** : 지방세법 제4조에 따른 시가표준액, 즉 토지와 주택의 경우 개별공시지가, 개별주택가액, 공동주택가액을 말한다.
  2) **대통령령으로 정하는 가액 이하의 부동산 등을 무상취득**(상속은 제외한다)**하는 경우** : 시가인정액과 제4조에 따른 시가표준액 중에서 납세자가 정하는 가액

3) 위의 1), 2)에 해당하지 아니하는 경우 : 시가인정액으로 하되, 시가인정액을 산정하기 어려운 경우에는 제4조에 따른 시가표준액

(3) 납세자가 제20조 제1항에 따른 신고를 할 때 과세표준으로 제1항에 따른 감정가액을 신고하려는 경우에는 대통령령으로 정하는 바에 따라 둘 이상의 감정기관(대통령령으로 정하는 가액 이하의 부동산 등의 경우에는 하나의 감정기관으로 한다)에 감정을 의뢰하고 그 결과를 첨부하여야 한다(지세법 제10조의2 제3항). ▶ 시가표준액이 10억원 이하인 부동산 등

(4) 위 **(3)**에 따른 신고를 받은 지방자치단체의 장은 감정기관이 평가한 감정가액이 다른 감정기관이 평가한 감정가액의 80/100에 미달하는 등 대통령령으로 정하는 사유에 해당하는 경우에는 1년의 범위에서 기간을 정하여 해당 감정기관을 시가불인정 감정기관으로 지정할 수 있다(지세법 제10조의2 제4항).

(5) 부담부 증여의 경우 채무부담액에 대해서는 유상승계취득에서의 과세표준을 적용하고, 취득물건의 시가인정액에서 채무부담액을 뺀 잔액에 대해서는 무상취득에서의 과세표준을 적용한다(지세법 제10조의2 제6항). ▶ 시가인정액을 한도로 함

3 유상취득승계의 경우 과세표준 (지세법 제10조의3 제1항)
▶ 매매 또는 교환 등 취득에 대한 대가를 지급하는 거래를 말함

부동산등을 유상거래로 승계취득하는 경우 취득당시가액은 취득시기 이전에 해당 물건을 취득하기 위하여 거래상대방이나 제3자에게 지급하였거나 지급하여야 할 일체의 비용으로서 대통령령으로 정하는 사실상의 취득가격으로 한다.
▶ 지세령 제18조 제1항

4 부당행위계산 부인 (지세법 제10조의3 제2항)

(1) 지방자치단체의 장은 특수관계인 간의 거래로 그 취득에 대한 조세부담을 부당하게 감소시키는 행위 또는 계산을 한 것으로 인정되는 경우(이하 이 장에서 "부당행위계산"이라 한다)에는 위 **3**에도 불구하고 시가인정액을 취득당시가액으로 결정할 수 있다.

(2) 부당행위계산의 유형 (지세법 제10조의3 제3항, 지세령 제18조의2)
부당행위계산은 특수관계인으로부터 시가인정액보다 낮은 가격으로 부동산을 취득한 경우로서 시가인정액과 사실상 취득가격의 차액이 3억원 이상이거나 시가인정액의 100분의 5에 상당하는 금액 이상인 경우로 한다.

5 원시취득의 경우 과세표준 (지세법 제10조의4 제1항)

(1) 부동산등을 원시취득하는 경우 취득 당시의 가액은 사실상 취득가액으로 한다.

(2) 위 **(1)**에도 불구하고 법인이 아닌 자가 건축물을 건축하여 취득하는 경우로서 사실상 취득가격을 확인할 수 없는 경우의 취득당시가액은 제4조에 따른 시가표준액으로 한다.

제2편 지방세

02 부동산의 경우 시가표준액

1 토지와 주택에 대한 시가표준액(時價標準額) 32회 출제

Key Point 공시가격

1) 토지 ⇒ 개별공시지가
2) 단독주택 ⇒ 개별주택가격
3) 공동주택 ⇒ 공동주택가격

(1) 토지에 대한 시가표준액

「부동산 가격공시에 관한 법률」에 따라 공시된 가액으로 한다. 따라서 특별자치시장·특별자치도지사·시장·군수·구청장이 공시한 가액, 즉 개별공시지가가 시가표준액이다.

(2) 주택에 대한 시가표준액

특별자치시장·특별자치도지사·시장·군수·구청장이 공시한 가액으로 한다. 따라서 단독주택의 경우에는 개별주택가격, 공동주택의 경우에는 공동주택가격을 말한다.

1) 개별공시지가 또는 개별주택가격이 공시되지 아니한 경우에는 특별자치시장·특별자치도지사·시장·군수 또는 구청장이 동법에 의하여 국토교통부장관이 제공한 토지가격비준표 또는 주택가격비준표를 사용하여 산정한 가액으로 한다.

2) 공동주택가격이 공시되지 아니한 경우에는 지역별·단지별·면적별·층별 특성 및 거래가격 등을 고려하여 행정안전부장관이 정하는 기준에 따라 특별자치시장·특별자치도지사·시장·군수 또는 구청장이 산정한 가액으로 한다.

(3) 개별공시지가 또는 개별주택가격은 취득일 현재의 개별공시지가 또는 개별주택가격으로 하고, 취득일 현재 해당 연도에 적용할 개별공시지가 또는 개별주택가격이 결정·고시되지 아니한 때에는 직전연도에 적용되던 개별공시지가 또는 개별주택가격으로 한다.

2 토지 또는 주택 이외의 건축물 등의 시가표준액

Key Point 토지 또는 주택 이외의 건축물과 선박 등 시가표준액

1) 매년 1월 1일 현재 지방자치단체장이 결정한 가액
2) 예외 : ① 납세의무성립일 현재의 가액, ② 시가표준액 변경 가능

제2장 취득세

토지 또는 주택 이외의 건축물과 선박 등 기타 과세대상자산(→건축물 및 기타 물건)에 대한 시가표준액은 거래가격, 수입가격, 신축·건조·제조가격 등을 고려하여 정한 기준가격에 종류·구조·용도·경과연수 등 과세대상별 특성을 고려하여 다음에서 정하는 기준에 따라 지방자치단체장이 결정한 가액으로 한다. 다만, 시가의 변동 또는 그 밖의 사유로 이미 결정한 시가표준액을 그대로 적용하는 것이 불합리하다고 인정되는 경우에는 도지사·특별자치시장 또는 특별자치도지사는 행정안전부장관의 승인을 받아 해당 시가표준액을 변경하여 결정할 수 있다.

(1) 건축물 [10회 출제]

「소득세법」 제99조 제1항 제1호 나목의 규정에 의하여 산정·고시하는 건물신축가격기준액에 다음을 적용한다.

1) 건물의 구조별·용도별·위치별 지수
2) 건물의 경과연수별 잔존가치율
3) 건물의 규모·형태·특수한 부대설비 등의 유무 및 기타 여건에 따른 가감산율

(2) 선 박

선박의 종류·용도 및 건조가격을 고려하여 톤수 간에 차등을 둔 단계별 기준가액에 해당 톤수를 순차적으로 적용하여 산출한 가액의 합계액에 다음을 적용한다.

1) 선박의 경과연수별 잔존가치율
2) 급냉시설 등의 유무에 따른 가감산율

(3) 차 량

차량의 종류별·승차정원별·최대적재량별·제조연도별 제조가격(수입하는 경우에는 수입가격을 말한다) 및 거래가격 등을 고려하여 정한 기준가격에 차량의 경과연수별 잔존가치율을 적용한다.

(4) 기계장비

기계장비의 종류별·톤수별·형식별·제조연도별 제조가격(수입하는 경우에는 수입가격을 말한다) 및 거래가격 등을 고려하여 정한 기준가격에 기계장비의 경과연수별 잔존가치율을 적용한다.

(5) 입 목

입목의 종류별·수령별 거래가격 등을 고려하여 정한 기준가격에 입목의 목재 부피·그루 수 등을 적용한다.

(6) 항공기

항공기의 종류별·형식별·제작회사별·정원별·최대이륙중량별·제조연도별 제조가격 및 거래가격(수입하는 경우는 수입가격)을 고려하여 정한 기준가격에 항공기의 경과연수별 잔존가치율을 적용한다.

(7) 광업권

광구의 광물매장량, 광물의 톤당 순수입가격, 광업권 설정비, 광산시설비 및 인근 광구의 거래가격 등을 고려하여 정한 기준가격에서 해당 광산의 기계 및 시설취득비, 기계설비 이전비 등을 뺀다.

(8) 어업권

인근 같은 종류의 어장 거래가격과 어구설치비 등을 고려하여 정한 기준가격에 어업의 종류, 어장의 위치, 어구 또는 장치, 어업의 방법, 채취물 또는 양식물 및 면허의 유효기간 등을 고려한다.

(9) 골프회원권·승마회원권·콘도미니엄회원권·종합체육시설이용회원권 및 요트회원권

분양 및 거래가격을 고려하여 정한 기준가격에서 「소득세법」에 의한 기준시가 등을 고려한다.

(10) 토지에 정착하거나 지하 또는 다른 구조물에 설치하는 시설

종류별 신축가격 등을 고려하여 정한 기준가격에 시설물의 용도·구조 및 규모 등을 고려하여 가액을 산출한 후, 산출된 가액에 다시 시설의 경과연수별 잔존가치율을 적용한다.

(11) 건축물에 딸린 시설물

종류별 제조가격(수입하는 경우는 수입가격)·거래가격 및 설치가격 등을 고려하여 정한 기준가격에 시설물의 용도·형태·성능 및 시설물의 규모 등을 고려하여 가액을 산출한 후, 산출된 가액에 다시 시설물의 경과연수별 잔존가치율을 적용한다.

▼ 건축물 등의 시가표준액 결정방법 등

1) 건축물에 딸린 시설물(이하 "시설물"이라 함)의 시가표준액을 적용함에 있어서 해당 시설물이 주거와 주거 외의 용도에 함께 쓰이고 있는 건축물의 시설물인 경우에는 그 건축물의 연면적 중 주거와 주거 외의 용도부분의 점유비율에 따라 시가표준액을 나누어 적용한다.
2) 토지 또는 주택 외의 과세대상에 대한 시가표준액은 매년 1월 1일 현재 특별자치시장·특별자치도지사·시장·군수 또는 구청장(자치구의 구청장을 말함)이 행정안전부장관이 정하는 기준에 따라 산정하여 특별자치시장 및 특별자치도지사는 직접 결정하고, 시장·군수·구청장(특별자치시장 및 특별자치도지사는 제외)은 특별시장·광역시장 또는 도지사의 승인을 받아 결정한다. 다만, 시가의 변동 또는 그 밖의 사유로 이미 결정한 시가표준액을 그대로 적용하는 것이 불합리하다고 인정되는 경우에는 도지사·특별자치시장 또는 특별자치도지사는 행정안전부장관의 승인을 받아 해당 시가표준액을 변경결정할 수 있다.
3) 도지사·특별자치시장 또는 특별자치도지사는 시가표준액을 승인하거나 변경결정한 시가표준액을 관할 지방법원장에게 통보하여야 한다.
4) 결정된 시가표준액은 시장·군수·구청장이 고시하고, 변경결정된 시가표준액은 도지사·특별자치시장·특별자치도지사가 각각 이를 고시하여 일반인이 열람할 수 있도록 하여야 한다.
5) 도지사·특별자치시장 또는 특별자치도지사는 건물 등 시가표준액의 승인 또는 시가표준액의 변경결정을 함에 있어서 필요하다고 인정되는 경우에는 관할 지방국세청장과 협의할 수 있다.
6) 행정안전부장관은 위에서 결정된 시가표준액 중 조정이 필요하다고 인정되는 시가표준액에 대하여는 국세청장과 협의하여 조정기준을 정한 후 이를 해당 도지사·특별자치시장 또는 특별자치도지사에게 통보할 수 있다.
7) 행정안전부장관은 시가표준액에 관한 기준을 정하거나 승인을 할 때에는 미리 관계전문가의 의견을 들어야 한다.
8) 행정안전부장관은 시가표준액의 적정한 기준을 산정하기 위하여 조사·연구가 필요하다고 인정하는 경우에는 대통령령으로 정하는 관련 전문기관에 의뢰하여 이를 수행하게 할 수 있다.

3 지방세심의위원회

(1) 시가표준액결정에 관한 심의

시가표준액의 결정에 관한 사항을 심의하기 위하여 지방세심의위원회를 지방자치단체에 둔다.

(2) 위원회 구성

1) 특별시·광역시·특별자치시·도 또는 특별자치도에 두는 지방세심의위원회는 위원장 1명과 부위원장 1명을 포함하여 25명 이내의 위원으로 성별을 고려하여 구성한다.
2) 시·군·구에 두는 지방세심의위원회는 위원장 1명과 부위원장 1명을 포함하여 19명 이내의 위원으로 성별을 고려하여 구성한다.

제2편 지방세

제7절 사실상의 취득가격

Q: 사실상의 취득가격이란 무조건 실제 취득한 가격을 과세표준으로 한다는 것인가요?
A: 네, 사실상의 취득가액이 명백하니까 실제대로 한다는 것입니다. 사실상의 취득가액으로 하는 경우를 살펴보겠습니다.

Key Point 취득가격의 범위

1) 포함: 건설자금이자(개인은 제외), 할부이자 및 연체료(개인은 제외), 농지보전부담금, 취득대가용역비·수수료, 취득자 조건부담액과 채무인수액, 채권 매각 차손, 공인중개사에게 지급한 중개보수(개인은 제외)
2) 제외: 판매비용, 전기등 이용하는 자 분담비용, 이주비, 지장물보상금, 부가가치세

1. 취득가격의 범위   14·21·27·29회 출제

(1) 취득가격의 의의

취득세의 과세표준이 되는 취득가격은 과세대상물건의 취득의 시기를 기준으로 그 이전에 해당 물건을 취득하기 위하여 거래 상대방 또는 제3자에게 지급하였거나 지급하여야 할 직접비용과 다음 어느 하나에 해당하는 간접비용의 합계액을 말한다.

다만, 취득대금을 일시금 등으로 지급하여 일정액을 할인 받은 경우에는 그 할인된 금액으로 한다.

1) 건설자금에 충당한 차입금의 이자 또는 이와 유사한 금융비용
2) 할부 또는 연부 계약에 따른 이자상당액 및 연체료(다만, 법인이 아닌 자가 취득하는 경우는 취득가격에서 제외)
3) 농지보전부담금, 대체산림자원조성비 등 관계법령에 따라 의무적으로 부담하는 비용
4) 취득에 필요한 용역을 제공받은 대가로 지급하는 용역비·수수료
5) 취득대금 외에 당사자의 약정에 따른 취득자 조건부담액과 채무인수액
6) 부동산을 취득하는 경우 「주택도시기금법」에 따라 매입한 국민주택채권을 해당 부동산의 취득 이전에 양도함으로써 발생하는 매각 차손. 이 경우 행정안전부령으로 정한 금융회사 등 외의 자에게 양도한 경우에는 동일한 날에 금융회사등에 양도하였을 경우 발생하는 매각 차손을 한도로 한다.
7) 「공인중개사법」에 따른 공인중개사에게 지급한 중개보수. 다만, 법인이 아닌 자가 취득할 경우에는 취득가격 또는 연부금액에서 제외한다.
8) 1)부터 7)까지의 비용에 준하는 비용

(2) 취득가격에 포함되지 않는 비용

1) 취득하는 물건의 판매를 위한 광고선전비 등의 판매비용과 그와 관련한 부대비용
2) 법률에 따라 전기·가스·열 등을 이용하는 자가 분담하는 비용
3) 이주비, 지장물보상금 등 취득물건과는 별개의 권리에 관한 보상성격으로 지급되는 비용
4) 부가가치세
5) 1)부터 4)까지의 비용에 준하는 비용

(3) 법인이 아닌 자가 건축물을 건축하거나 대수선하여 취득하는 경우로서 취득가격 중 $\frac{90}{100}$을 넘는 가격이 법인장부에 따라 입증되는 경우에는 다음의 금액을 합한 금액을 취득가격으로 한다.

즉, 과세표준으로 한다.

1) 법인장부로 증명된 금액(지세법 제10조 제5항 제3호에 따른 금액)
2) 법인장부로 증명되지 아니하는 금액 중 계산서 또는 세금계산서로 증명된 금액
3) 국민주택채권 매각차손(금융회사 등에 양도하였을 경우 발생하는 매각차손을 한도로 함)

(4) 토지·건축물을 한꺼번에 취득한 경우

1) **시가표준이 있는 경우**

    토지와 건축물 등을 한꺼번에 취득하여 토지 또는 건축물 등의 취득가격이 구분되지 아니하는 경우에는 한꺼번에 취득한 가격을 토지와 건축물 등의 시가표준액 비율로 나눈 금액을 각각의 취득가액으로 한다.

2) **시가표준액이 없는 경우**

    시가표준액이 없는 과세물건이 포함되어 있는 경우에는 토지와 건축물 등의 감정가액 등을 고려하여 시장·군수·구청장이 결정한 비율로 나눈 금액을 각각의 취득가액으로 한다.

(5) 법인의 장부의 기장·비치 및 가산세

법인은 취득가액을 증명할 수 있는 장부 및 관련 증명서류를 기장하고 비치하여야 한다. 이를 위반할 경우에는 산출세액 또는 부족세액의 $\frac{10}{100}$에 상당하는 금액을 징수하여야 할 세액에 가산한다.

제2편 지방세

단락문제 07
제5회 기출

취득세의 과세표준(課稅標準)으로서 사실상의 취득가격에 의하여 과세하는 것을 열거하였다. 옳지 않은 것은?

① 국가·지방자치단체와 지방자치단체조합으로부터의 취득
② 외국으로부터 수입에 의한 취득
③ 법인장부에 의하여 취득가격이 입증되는 취득
④ 증여, 기부 등에 의한 취득
⑤ 공매방법에 의한 취득

해설 사실상의 취득가격에 의한 과세
④의 경우에는 시가인정액 또는 시가표준액으로 한다.

답 ④

2 시가표준액 및 사실상 취득가액 또는 연부금액이 확인된 금액보다 적은 경우

시가표준액 및 사실상 취득가액 또는 연부금액이 「부동산거래신고 등에 관한 법률」 제6조에 따른 조사결과 또는 제103조의 59에 따라 세무서장으로부터 통보받은 자료에 의하여 확인된 금액보다 적은 경우에는 그 확인된 금액을 과세표준으로 한다. 즉, 둘 중 큰 금액으로 한다.

01 건축물의 증·개축, 개수

1 원 칙

건축물을 건축(신축 및 재축을 제외) 또는 개수한 경우에 그로 인하여 증가한 가액을 과세표준으로 한다.
→ 신축과 재축은 증가한 가액으로 하지 않고 전체 금액으로 한다.

2 예 외

신고 또는 신고가액의 표시가 없거나 시가표준액에 미달하는 때에는 시가표준액으로 한다.

3 시가표준액

(1) 취득세 납세의무자나 그 취득물건에 관하여 그와 거래관계가 있었던 자가 관련 장부나 그 밖의 증명서류를 갖추고 있는 경우에는 이에 따라 계산한 가액

(2) 시장·군수·구청장이 산정한 가액보다 부족한 경우에는 시장·군수·구청장이 산정한 가액

02 선박·차량 및 기계장비의 종류변경

종류변경으로 증가한 가액을 과세표준으로 한다. 신고 또는 신고가액의 표시가 없거나 시가표준액에 미달하는 때에는 시가표준액으로 한다.

03 지목변경

1 원 칙

지목변경으로 증가한 가액을 과세표준으로 한다. 즉, 토지의 지목이 사실상 변경된 때를 기준으로 하여 지목변경 전의 시가표준액과 지목변경 후의 시가표준액의 차액으로 한다.

→ 지목변경공사착공일 현재 결정·공시되어 있는 시가표준액, 즉 개별공시지가를 말한다.

→ 지목변경 후의 개별공시지가가 공시되지 아니한 때에는 시·군·구청장이 산정한 가액을 말한다.

2 예 외

법인의 장부·판결문 등에 의하여 지목변경에 소요된 비용이 입증되는 경우에는 그 비용으로 한다.

제2편 지방세

04 과점주주의 과세표준 ★

18·20·29회 출제

Key Point 과점주주의 과세표준

1) 비상장법인만 해당
2) 주식을 50% 초과 취득하여 과점주주가 된 자의 취득비율
3) 법인설립시에는 제외

과점주주가 취득한 것으로 보는 해당 법인의 부동산 등에 대한 과세표준은 다음과 같이 계산한 금액을 신고하여야 한다.
→ 법인이 「신탁법」에 따라 신탁한 재산으로써 수탁자 명의로 등기·등록이 되어있는 부동산을 포함한다.

$$부동산\ 등의\ 총가액 \times \frac{과점주주가\ 취득한\ 주식\ 또는\ 출자의\ 수}{주식\ 또는\ 출자총수}$$

다만, 신고가 없거나 신고가액이 시가표준액에 미달한 때에는 해당 법인의 결산서 기타 장부 등에 의한 취득세 과세대상 자산총액을 기초로 하여 위와 같이 계산한다.

(1) 최초로 과점주주가 된 경우

법인의 과점주주가 아닌 주주 또는 유한책임사원이 주식이나 지분을 취득하거나 증자 등으로 최초로 과점주주가 된 경우에는 최초로 과점주주가 된 날 현재 해당 과점주주가 소유하고 있는 법인의 주식 등을 모두 취득한 것으로 보아 취득세를 부과한다.

예) 20% 소유 → 40% 취득하여 총 60% 소유한 경우 : 60% 전체에 대하여 부과한다.

(2) 과점주주가 주식 등을 취득하여 주식 등의 비율이 증가된 경우

증가분을 취득으로 보아 취득세를 부과한다. 다만, 증가된 날을 기준으로 기존 해당 과점주주가 가지고 있던 주식 등의 최고비율보다 증가되지 아니한 경우에는 취득세를 부과하지 않는다.

예) 60% 소유 → 10% 취득하여 70% 소유한 경우 : 10%에 대하여 부과한다.

(4년 전)	(2년 전)	(1년 전)	(현재)
80%소유	10% 양도하여 70% 소유	10% 양도하여 60% 소유	15% 취득하여 75% 소유

→ 기존 최고비율이 80%이므로 15% 취득하여 60%에서 75%로 증가한 경우라도 취득세를 부과하지 않는다.

(3) 과점주주가 양도 또는 증자 등으로 과점주주에 해당하지 아니하게 되었다가 주식 등을 취득하여 다시 과점주주가 된 경우

그 이전에 과점주주가 된 당시의 주식 등의 비율보다 증가된 경우에만 그 증가분을 취득으로 보아 앞 (2)의 예에 따라 취득세를 부과한다.

(4) 법인의 설립당시에 과점주주가 된 자가 타인의 주식 5%를 양수하여 지분이 증가한 경우

증가한 비율 5%만 과세한다(법인 설립당시에 과점주주가 된 자는 제외하기 때문).

(5) 과점주주 집단이 소유한 총주식의 비율에 변동이 없는 경우

과점주주 집단 내부에서 주식이 이전되었으나 과점주주 집단이 소유한 총주식의 비율에 변동이 없는 경우에는 간주취득세가 과세되지 않는다.

예제

1. 甲은 개인 乙로 부터 상가건물을 12억원에 취득했다.
   시가 10억원, 시가표준액 6억원, 신고가액 5억원일 경우 과세표준은?

   풀이 시가표준액 6억원에 미달하므로 시가표준액 6억원을 과세표준으로 한다.

2. 甲은 상가건물을 (공매)취득했다.
   시가 10억원, 시가표준액 6억원, 공매에 의한 낙찰가액 4억원일 경우 과세표준은?

   풀이 공매방법에 의한 취득은 시가표준액(6억원)보다 낮더라도 낙찰가액인 4억원이 사실상의 취득가액이므로 과세표준이 된다. 이러한 경우에는 앞의 국, 수, 판(법), 매, 검 5가지의 경우이다.

단락핵심 과세표준

(1) 과점주주의 취득세납세의무
(2) 「지방세법」상 취득세의 과세표준은 취득 당시의 가액으로 한다. 다만, 연부로 취득하는 경우 연부금액으로 한다.

단락문제 08
제16회 기출 개작

「지방세법」상 취득세의 과세표준에 대한 설명 중 옳은 것은?

① 토지의 시가표준액은 해당 토지의 개별공시지가에 국세청장이 정하는 적용비율을 곱하여 산정한 가액이다.
② 모든 주택의 시가표준액은 건축원가를 참작하여 「지방세법」에 의하여 지방자치단체의 장이 결정한 가액이다.
③ 해당 신고가액이 시가표준액에 미달한 때에도 신고가액을 과세표준으로 한다.
④ 취득세의 과세표준은 취득 당시의 가액으로 한다. 다만, 연부로 취득하는 경우 연부금액으로 한다.
⑤ 지방자치단체부터 부동산을 취득하는 경우 시가표준액이 과세표준이 된다.

해설 취득세의 과세표준
① 토지의 시가표준액은 개별공시지가이다.
② 단독주택의 경우 개별주택가격, 공동주택의 경우 공동주택가격이 시가표준액이다.
③ 신고가액이 시가표준액에 미달하면 시가표준액으로 한다.
⑤ 지방자치단체부터 취득한 경우에는 사실상의 취득가액으로 한다.

답 ④

제2편 지방세

단락문제 Q9   제18회 기출

아래의 자료를 기초로 제조업을 영위하고 있는 비상장 A법인의 주주인 甲이 과점주주가 됨으로써 과세되는 취득세(비과세 또는 감면은 고려하지 않음)의 과세표준은 얼마인가?

- A법인의 증자 전 자산가액 및 주식발행 현황
  - 증자 전 자산가액(「지방세법」상 취득세 과세표준임)
    - 건물 : 4억원
    - 토지 : 5억원
    - 차량 : 1억원
  - 주식발행 현황
    - 2005. 3. 10. 설립 시 발행주식총수 : 50,000주
    - 2007. 10. 5. 증자 후 발행주식총수 : 100,000주
- 甲의 A법인 주식취득 현황
  - 2005. 3. 10. A법인 설립 시 20,000주 취득
  - 2007. 10. 5. 증자로 40,000주 추가 취득

① 2억원   ② 4억원   ③ 5억 1천만원   ④ 6억원   ⑤ 10억원

해설 과점주주의 취득세납세의무

과점주주(주식 50% 초과)의 취득세납세의무에 대한 내용이다. 취득세과세대상 중에서 지분비율만큼 취득한 것으로 간주한다. 즉 10억원 × 60% = 6억원이 과세표준이다.   **답** ④

제8절 세율 ★★★

10 · 11회 출제

> **Q**: 세율은 숫자로 되어 있어 외우는 것으로만 생각됩니다. 취득세의 과세요건 중 하나인 세율은 매우 중요하다고 들었습니다.
> **A**: 세율이란 세금을 부담하게 하는 비율을 말합니다. 특히 취득세의 세율은 취득원인에 따라 다양하게 적용되는데 아래에서 자세히 살펴보겠습니다.

지금까지 우리는 취득세 과세대상물건을 취득한 자가 얼마의 금액으로 세금을 신고납부하여야 하는지를 알아보았습니다. 여기서는 세금을 몇 %로 부담시킬 것인가?
즉, 세율을 알아보겠습니다.
취득세의 세율은 표준세율과 중과세세율 그리고 특례세율로 구분·적용합니다.

Key Point 세율

1) 표준세율 적용대상 : 취득내용에 따라 다양한 세율			$\frac{40}{1,000}$(4%) 외
2) 중과세 대상	유형 I	① 골프장(신·증설), 고급주택, 고급오락장, 고급선박	표준세율 + 8%
	유형 II	② 과밀억제권역 법인의 본점 또는 주사무소의 사업용 부동산(신축·증축)	표준세율 + 4%
		③ 과밀억제권역 공장의 신설·증설 사업용 과세물건(산단, 공업·유치지역 제외)	
	유형 III	④ 대도시 법인의 설립·설치·전입에 따른 대도시 부동산취득(산업단지 제외)	표준세율 × 3배 − 4%
		⑤ 대도시 공장의 신·증설에 따른 부동산취득(산단, 공업·유치지역 제외)	

- 유형 II와 유형 III이 동시에 적용되는 경우 : 둘 중 높은 세율을 적용하지 않고 표준세율 × 3배 적용 **10 · 21회 출제**
- 유형 I과 유형 III이 동시에 적용되는 경우 : 표준세율 × 3배 + 4% 적용
- 과밀억제권역 : 「수도권정비계획법」 제6조의 규정에 따른 과밀억제권역을 말함
- 유상취득주택 : 거래가액 6억원 이하 1%, 6억원 초과 9억원 이하 1.01~2.99%, 9억원 초과 3%

01 표준세율

16 · 23 · 35회 출제

PROFESSOR COMMENT
세법분야에서 세율부분은 이해와 동시에 암기를 해야 하는 부분이다. 그 중에서도 부동산취득의 표준세율은 반드시 암기하여야 한다.

부동산취득에 대한 취득세율은 표준세율과 중과세 세율 및 특례세율로 나눈다. 먼저 부동산취득에 대한 표준세율을 살펴보고자 한다.

제2편 지방세

표준세율이 적용될 경우 조례에 의하여 표준세율의 50% 범위에서 가감할 수 있다. 예를 들어 상가건축물을 1억원에 매매 취득한 경우 **최고한도 6%**와 **최저한도 2%**까지 적용할 수 있다.

4% + 4%×50% ←   → 4% − 4%×50%

1 부동산취득의 표준세율 (지세법 제11조 제1항) 24·26·27·30회 출제

Key Point 표준세율

상속	농지	2.3%
	농지 이외 부동산	2.8%
상속 이외 무상취득 (예 증여)	비영리사업자	2.8%
	비영리사업자 이외의 자	3.5%
원시취득(예 건물신축)		2.8%
매매 등	농지	3%
	농지 이외 부동산	4%

(1) **상속으로 인한 취득** → 수탁자가 위탁자의 상속인에게 신탁재산을 이전하는 경우를 포함

    1) 농지 : $\frac{23}{1,000}(=2.3\%)$ → 논, 밭, 과수원, 목장용지

    2) 농지 외의 부동산 : $\frac{28}{1,000}(=2.8\%)$

(2) **증여, 유증, 그 밖의 무상취득**

    1) 비영리사업자 : $\frac{28}{1,000}(=2.8\%)$

    2) **비영리사업자 외의 자** : $\frac{35}{1,000}(=3.5\%)$ → 개인이 상가를 증여받은 경우

(3) **원시취득** : $\frac{28}{1,000}(=2.8\%)$

(4) 공유물·합유물 및 총유물의 분할로 인한 취득 : $\frac{23}{1,000}(=2.3\%)$

    → 등기사항증명서상 본인지분을 초과하는 부분의 경우에는 제외

(5) **부동산 공유권 해소를 위한 지분이전으로 인한 취득** : $\frac{23}{1,000}(=2.3\%)$

    → 「부동산 실권리자 명의 등기에 관한 법률」 제2조 제1호 나목

(6) **그 밖의 원인으로 인한 취득**(예 매매로 인한 취득)

    → (1) 내지 (5) 이외의 원인으로 취득한 것을 말함

    1) 농지 : $\frac{30}{1,000}(=3\%)$

    2) 농지 이외의 부동산 : $\frac{40}{1,000}(=4\%)$

제2장 취득세

Key Point 유상거래를 원인으로 취득한 주택

6억원 이하 : 1%, 6억원 초과 9억원 이하 : 1.01~2.99%, 9억원 초과 : 3%
이 경우 지분으로 취득한 주택의 취득 당시의 가액은 다음의 계산식에 따라 산출한 전체주택의 취득 당시의 가액으로 한다. (전체 주택의 취득 당시의 가액) = (취득 지분의 취득 당시의 가액) × $\dfrac{(전체\ 주택의\ 시가표준액)}{(취득\ 지분의\ 시가표준액)}$

(7) 위의 (1), (2) 및 (6)의 부동산이 공유물일 때에는 그 취득지분의 가액을 과세표준으로 하여 각각의 세율을 적용한다.

→ 증가된 부분으로 하지 않고 전체로 한다는 의미이다.

(8) 건축(신축과 재축은 제외) 또는 개수로 인하여 건축물 면적이 증가할 때에는 그 증가된 부분에 대하여 원시취득으로 보아 $\dfrac{28}{1,000}$(=2.8%)의 세율을 적용한다.

취득세 세율

① • 농지상속취득 : 2.3%
  • 주택증여취득 : 3.5%
② 표준세율 + 8% 중과세(골프장, 고급주택, 고급오락장, 고급선박)

※ 주택유상취득
  • 6억원 이하 : 1%
  • 9억원 이하 : 1.01~2.99%
  • 9억원 초과 : 3%

※ 6억원 초과 9억원 이하의 세율 적용

$Y = \dfrac{2}{3} \cdot X - 3$

• Y : 세율(단위 : %)
  소숫점 이하 셋째자리에서 반올림
• $X = \dfrac{취득\ 당시\ 가액}{1억원}$
  또는
• Y = (주택의 취득 당시 가액 × $\dfrac{2}{3억원}$ − 3) × $\dfrac{1}{100}$
• Y : 세율, 소숫점 이하 다섯째자리에서 반올림

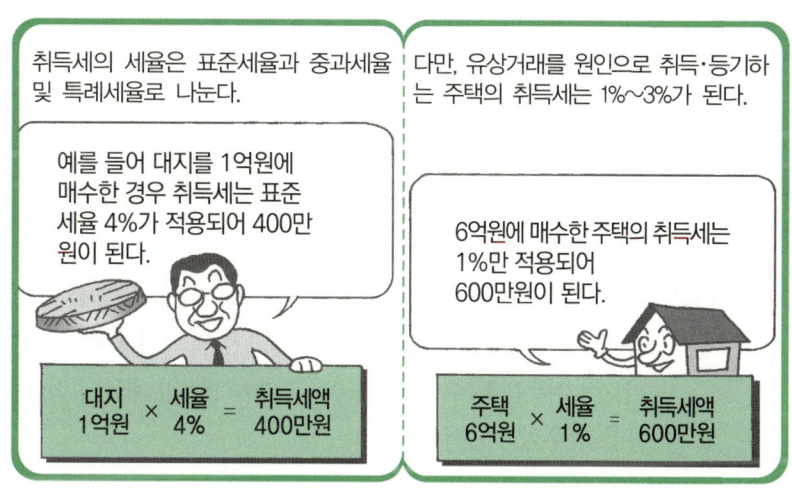

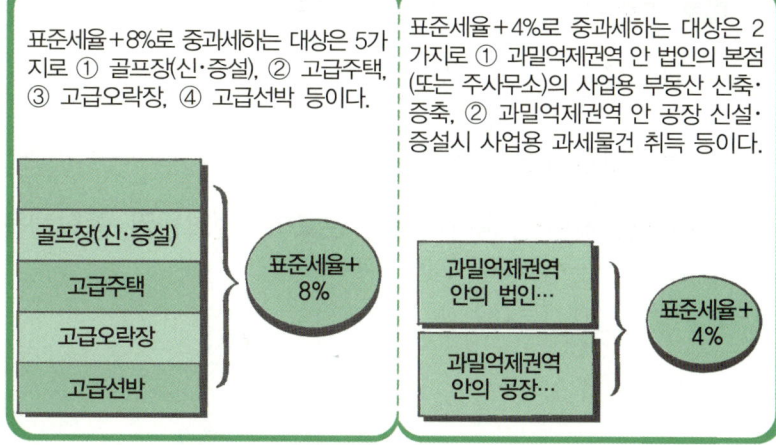

제2편 지방세

(9) 농지

1) 취득 당시 공부상 지목이 논, 밭, 과수원인 토지로서 실제 농작물의 경작이나 다년생식물재배지로 이용되는 토지를 말한다. 이 경우 농지경영에 직접 필요한 농막·두엄간·양수장·못·늪·농도(農道)·수로 등이 차지하는 토지 부분을 포함한다.
2) 취득 당시 공부상 지목이 목장용지인 토지로서 실제 축산용으로 사용되는 축사와 그 부대시설로 사용되는 토지, 초지 및 사료밭을 포함한다.

(10) 비영리사업자

1) 종교 및 제사를 목적으로 하는 단체
2) 「초·중등교육법」 및 「고등교육법」에 따른 학교, 외국교육기관을 경영하는 자 및 「평생교육법」에 의한 교육시설을 운영하는 평생교육단체 *(「경제자유구역 및 제주국제자유도시의 외국교육기관 설립·운영에 관한 특별법」 또는 「기업도시개발 특별법」에 따른 외국교육기관을 말함)*
3) 「사회복지사업법」에 따라 설립된 사회복지법인
4) 양로원·보육원·모자원·한센병자 치료보호시설 등 사회복지사업을 목적으로 하는 단체 및 한국한센복지협회
5) 「정당법」에 의하여 설립된 정당

(11) 주택의 정의

「주택법」 제2조 제1호에 따른 주택으로서 「건축법」 제38조에 따른 건축물대장·등기부·사용승인서·임시사용승인서 또는 「부동산등기법」에 따른 주택으로 기재되고, 건축물의 용도가 주거용으로 사용하는 건축물과 그 부속토지를 말한다.

(12)
주택의 부속토지를 취득하는 경우 주택을 신축 또는 증축한 이후 해당 주거용 건축물의 소유자(배우자 및 직계존비속을 포함)가 해당 주택의 부속토지를 취득하는 경우에는 유상거래를 원인으로 취득하는 주택(1%, 1.01~2.99%, 3%)의 세율을 적용하지 아니한다. 즉, 표준세율을 적용할 경우 4%가 적용된다.

2 부동산 이외 취득의 표준세율(지세법 제12조)

(1) 입목 : $\frac{20}{1{,}000}(=2\%)$

(2) 광업권 또는 어업권 : $\frac{20}{1{,}000}(=2\%)$

(3) **골프회원권**, 승마회원권, 콘도미니엄회원권, 종합체육시설이용회원권, 요트회원권
  └→ 골프장(신·증설)은 중과세한다.

: $\frac{20}{1{,}000}(=2\%)$

제2장 취득세

단락핵심 취득세의 표준세율

(1) 취득세의 표준세율은 취득내용에 따라 다양하며, 취득가액이 50만원 이하인 경우에는 취득세를 부과하지 아니한다.
(2) 유상거래를 원인으로 취득하는 주택 중 표준세율이 적용되는 주택에 대한 취득세는 1%~3%가 적용된다.

단락문제 Q10
제23회 기출

「지방세법」상 부동산 취득의 표준세율로 틀린 것은?

① 원시취득 : 1천분의 28
② 상속으로 인한 농지의 취득 : 1천분의 23
③ 상속으로 인한 농지 외의 토지 취득 : 1천분의 28
④ 매매로 인한 농지와 주택 외의 토지 취득 : 1천분의 30
⑤ 합유물 및 총유물의 분할로 인한 취득 : 1천분의 23

해설 취득세율
④ 매매로 인한 농지와 주택 이외의 토지의 취득에 적용되는 세율은 40/1,000 이다.   답 ④

02 중과세율
11·12회 출제

일정조건에 해당하는 부동산 등을 취득하는 경우에는 취득세를 무겁게 부과한다.

1 골프장(신·증설), 고급주택, 고급오락장, 고급선박
→ 골프회원권은 중과세하지 아니한다.

→ 표준세율 + 8%

① 표준세율에 중과기준세율의 $\frac{400}{100}$ 을 합한 **세율의 중과세**

골프장(신·증설), 고급주택, 고급오락장, 고급선박에 해당하는 부동산 등을 취득하는 경우(고급주택 등을 구분하여 그 일부를 취득하는 경우를 포함)의 취득세는 표준세율과 중과기준세율의 100분의 400을 합한 세율을 적용하여 계산한 금액을 그 세액으로 한다. 즉, 표준세율+8%이다.

$\frac{20}{1,000}$ ←

→ 2명 이상이 구분하여 취득하거나 1명 또는 여러 명이 시차를 두고 구분하여 취득하는 경우 포함

제2편 지방세

> Q: 과세표준이 1억원인 고급주택을 매매취득한 경우의 취득세율은?
> A: 표준세율 + 중과기준세율(2%) × 4배 = 표준세율 + 8%이다. 즉 1% + 8% = 9%가 적용된다.

② 부속토지의 경계가 명확하지 아니한 경우

고급오락장에 부속된 토지의 경계가 명확하지 아니한 때에는 그 건축물 바닥면적의 10배에 해당하는 토지를 그 부속토지로 본다.

(1) 골프장

> Q: 제주도소재 골프장을 100억원에 매매로 취득한 경우
> A: 중과세하지 아니한다. 신·증설의 경우만 중과세

「체육시설의 설치·이용에 관한 법률」의 규정에 의한 회원제 골프장용 부동산 중 구분등록의 대상이 되는 토지와 건축물 및 그 토지상의 입목을 말하며 체육시설업의 등록을 하는 (시설을 증설하여 변경등록하는 경우를 포함) 경우뿐 아니라 등록을 하지 아니하더라도 사실상 골프장으로 사용하는 경우에도 중과세율을 적용한다.

(2) 고급주택 → 양도소득세의 고가주택과는 다르다.

> Q: 수도권 이외의 지역에 고급주택을 매매로 취득한 경우
> A: 전국 모든 지역을 중과세, 신축이든 매매취득이든 모두 중과세

1) 의의

중과세율이 적용되는 고급주택이라 함은 아래의 그림(고급주택의 범위) 중 하나에 해당하는 것을 말한다. 다만, 주거용 건축물을 취득한 날부터 60일[상속으로 인한 경우에는 상속개시일이 속하는 달의 말일부터, 실종으로 인한 경우에는 실종선고일이 속하는 달의 말일부터 각각 6개월(납세자가 외국에 주소를 둔 경우에는 각각 9개월)] 이내에 주거용이 아닌 용도로 사용하거나 고급주택이 아닌 용도로 사용하기 위하여 용도변경공사를 착공하는 경우는 고급주택에 해당되지 않는다.

> Q: 문장으로만 이해하려고 하니까 고급주택의 개념이 잘 정리되지 않아요.
> A: 그렇지요. 그래서 아래 그림으로 한번 정리해 보시지요.

제2장 취득세

고급주택의 범위

■ 단독주택 : ①, ②, ③, ④ 중 하나에 해당하면 고급주택이다.

①  ⊕  ⊕
주택연면적 331m² 초과 (주차장면적제외) | 주거용 건축물과 부수토지 | 취득 당시 시가표준액인 개별주택가격 9억원 초과

②  ⊕  ⊕
대지면적 662m² 초과 | 주거용 건축물과 부수토지 | 취득 당시 시가표준액인 개별주택가격 9억원 초과

③ ⊕  ⊕
엘리베이터 설치 (200kg이하 제외) | 주거용 건축물과 부수토지 | 취득 당시 시가표준액인 개별주택가격 9억원 초과

④ 에스컬레이터 풀장(67m² 이상) ─ 중 하나 이상의 시설설치 ⊕
주거용 건축물과 부수토지

■ 공동주택(다가구주택 포함) : ①, ② 중 하나에 해당하면 고급주택이다.

① 단층형 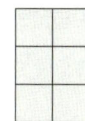 연면적 (공용면적 제외) 245m² 초과 ⊕ 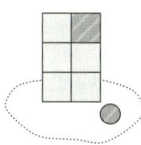 ⊕ 취득 당시 시가표준액인 공동주택 가격 9억원 초과
공동주택의 건축물과 부수토지

② 복층형 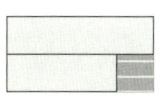 연면적 (공용면적 제외) 274m²초과 ⊕ ⊕ 취득 당시 시가표준액인 공동주택 가격 9억원 초과
(한 개의 층이 245m²초과하면 고급주택임) 공동주택의 건축물과 부수토지

2) 고급주택의 해당 요건 → 1), 2), 3), 4), 5) 중 하나에 해당하면 고급주택이다.

제2편 지방세

Key Point 고급주택의 판정기준

1) 건축물연면적 기준
   1구의 건축물의 연면적(주차장면적을 제외)이 331㎡를 초과하는 주거용 건물과 그 부속토지
2) 대지면적 기준
   1구의 건축물의 대지면적이 662㎡를 초과하는 주거용 건축물과 그 부속토지
3) 엘리베이터 기준
   1구의 건축물에 엘리베이터(적재하중 200kg 이하의 소형 엘리베이터를 제외)가 설치된 주거용 건축물과 그 부속토지(공동주택과 그 부속토지는 제외)
4) 에스컬레이터 등 기준
   1구의 건축물에 에스컬레이터 또는 67㎡ 이상의 수영장 중 1개 이상의 시설이 설치된 주거용 건축물과 그 부속토지(공동주택과 그 부속토지는 제외)
5) 공동주택의 경우 → 여러 가구가 한 건물에 거주할 수 있도록 건축된 다가구용 주택을 포함하되, 이 경우 1가구가 독립하여 거주할 수 있도록 구획된 부분을 각각 1구의 건축물로 봄
   1구의 공동주택의 건축물연면적(공용면적을 제외함)이 245㎡(복층형의 경우는 274㎡로 하되 한 층의 면적이 245㎡를 초과하는 것을 제외함)를 초과하는 공동주택과 그 부속토지
 * 단, 1), 2), 3), 5)의 경우 취득 당시 주택시가표준액 9억원 초과하는 경우만 해당한다.
   → 공시가격인 개별주택가격, 공동주택가격을 말한다.

예제

1. 개인 甲은 대지면적 650㎡, 건축물 연면적 400㎡ 단독주택(시가표준액 1억원)을 7억원에 취득했다. 고급주택 여부와 적용세율은?(취득 당시 개별주택가격 9억원 초과함)

    풀이
    1) 125쪽 단독주택의 ①에 해당되므로 고급주택임
    2) 세율은 1.67%(매매취득) + 1,000분의 20×4배 = 1.67% + 8% = 9.67%이다.

2. 개인 乙은 전용면적 250㎡의 복층형 아파트를 10억원에 취득하였다. 고급주택 여부 및 적용세율은?

    풀이
    1) 복층형은 전용면적 274㎡를 초과하여야 하므로 250㎡인 복층형 아파트는 고급주택이 아님
    2) 중과세대상이 아니므로 세율은 **표준세율 3%(매매취득)**이다.
       → 감면세율이 적용될 경우 경감비율을 고려한다.

(3) 고급오락장

> **Q** : 고급오락장을 승계취득한 경우와 신축한 경우
> **A** : 모든 취득에 대하여 중과세

1) 의의
도박장·유흥주점영업장·특수목욕장 기타 이와 유사한 용도에 사용되는 건축물 중 다음의 종류 중 하나에 해당하는 용도에 사용되는 건축물과 그 부속토지를 말한다.

2) 건축물의 일부에 시설된 고급오락장의 부속토지
이 경우 고급오락장이 건축물의 일부에 시설된 경우에는 해당 건축물에 부속된 토지 중 그 건축물의 연면적에 대한 고급오락장용 건축물의 연면적 비율에 해당하는 토지를 고급오락장의 부속토지로 본다.

3) 종류
① 당사자 상호 간에 재물을 걸고 우연한 결과에 따라 재물의 득실을 결정하는 카지노장(「관광진흥법」에 따라 허가된 외국인전용 카지노장을 제외)
② 사행행위 또는 도박행위에 제공될 수 있도록 자동도박기(파찐코·슬롯머신·아케이트이퀴프먼트 등)를 설치한 장소
③ 머리와 얼굴에 대한 미용시설 외에 욕실 등을 부설한 장소로서 그 설비를 이용하기 위하여 소정의 요금을 지급하도록 시설된 미용실
④ 「식품위생법」 제37조에 따른 허가대상인 유흥주점영업으로서 다음의 하나에 해당하는 영업장소 중 「관광진흥법」 제6조에 따라 지정된 관광유흥음식점을 제외한 영업장소를 말한다. 관광식당업은 관광호텔안에 있는 것으로서 「관광진흥법」 제6조에 따라 지방자치단체의 장으로부터 지정받은 것만 해당함

PROFESSOR COMMENT
위의 경우 「식품위생법」에 따른 유흥주점영업허가를 받은 날부터 30일 이내에 「관광진흥법」 제6조에 따라 관광유흥음식점으로 지정받은 때에는 유흥주점영업의 허가를 받은 날에 관광유흥음식점으로 지정받은 것으로 본다.

　㉠ 손님이 춤을 출 수 있도록 객석과 구분된 무도장을 설치한 무도유흥주점(카바레·나이트클럽·디스코클럽 등) 영업장소(영업장 면적이 100㎡를 초과하는 것에 한함) → 공용면적 포함
　㉡ 유흥접객원(남녀를 불문하며, 임시로 고용된 사람을 포함)을 두는 경우로 별도로 반영구적으로 구획된 객실면적이 영업장 전용면적의 100분의 50 이상이거나 객실의 수가 5개 이상인 영업장소(룸살롱, 요정 등). 다만, 영업장의 면적이 100㎡를 초과하는 것에 한한다. → 공용면적 포함

제2편 지방세

4) 고급오락장에서 제외

고급오락장용 건축물을 취득한 날부터 60일[상속으로 인한 경우에는 상속개시일이 속하는 달의 말일부터, 실종으로 인한 경우에는 실종선고일이 속하는 달의 말일부터 각각 6개월(납세자가 외국에 주소를 둔 경우에는 각각 9개월)] 이내에 고급오락장이 아닌 용도로 사용하거나 고급오락장이 아닌 용도로 사용하기 위하여 용도변경공사를 착공하는 경우는 제외한다.

(4) 고급선박

비업무용 자가용 선박으로서 시가표준액이 3억원을 초과하는 선박을 말한다. 다만, 실험·실습 등의 용도에 사용할 목적으로 취득하는 것을 제외한다.

단락문제 Q11 제12회 기출 개작

다음은 취득세 중과세대상을 열거한 것이다. 다음 중 세율이 가장 낮은 것은?
① 고급주택(매매취득 가정)
② 골프장(신·증설)
③ 고급주택
④ 고급오락장
⑤ 「수도권정비계획법」에 의한 과밀억제권역에서 신설한 공장(유형Ⅱ와 유형Ⅲ이 중복됨)

[해설] 취득세 중과대상
① 10억원 매매취득가정 3% + 8% = 11%, 원시취득가정 2.8% + 8% = 10.8%
② 원시취득가정 2.8% + 8% = 10.8%
③ 10억원 매매취득가정 3% + 8% = 11%
④ 10억원 매매취득가정 4% + 8% = 12%
⑤ 원시취득가정 2.8% × 3배 = 8.4%(유형Ⅱ, Ⅲ 중복됨)

답 ⑤

---

2 법인의 본점 또는 주사무소의 사업용 부동산(신·증축)(지세법 제13조 제1항)

Q: 서울특별시 안에서 법인의 본점사업용 빌딩을 100억원에 매매취득한 경우
A: 중과세하지 아니한다. 본점용 빌딩을 신축 또는 증축한 경우에만 중과세, 매매취득에 대한 표준세율 4%가 적용된다.
A: 만약 원시취득(신축)에 해당한다면 중과세한다. 즉 표준세율+4%=2.8%+4%=6.8%이다.

「수도권정비계획법」 제6조에 따른 과밀억제권역에서 법인의 본점 또는 주사무소의 사업용으로 신축하거나 증축하는 건축물과 그 부속토지(「신탁법」에 따른 수탁자가 취득한 신탁재산 중 위탁자가 신탁기간 중 또는 신탁종료후 위탁자의 본점이나 주사무소의 사업용으로 사용하기 위하여 신축하거나 증축하는 건축물과 그 부속토지를 포함)를 취득하는 경우는 표준세율에 1,000분의 20의 100분의 200을 합한 세율을 적용한다.

→ 표준세율+4%
→ 중과기준세율이라 함

제2장 취득세

▼ 법인의 본점 또는 주사무소의 사업용 부동산

법인의 본점 또는 주사무소의 사무소로 사용하는 부동산과 그 부대시설용 부동산을 말한다. 그러나 기숙사·합숙소, 사택·연수시설·체육시설 등 복지후생시설과 향토예비군 병기고 및 탄약고를 제외한다.

3 공장의 사업용 과세물건(신·증설)(지세법 제13조 제1항)

Q: 수도권 중 과밀억제권역에서 공장을 신축한 경우
A: 중과세한다. 지역제한이 있고 공장의 신·증축에 대해서만 중과세

「수도권정비계획법」 제6조의 규정에 의한 과밀억제권역❶에서 공장을 신설 또는 증설하기 위하여 사업용 과세물건을 취득하는 경우의 취득세율은 표준세율에 1,000분의 20의 100분의 200을 합한 세율을 적용한다.
→ 표준세율 + 4%

→ 「산업집적활성화 및 공장설립에 관한 법률」의 적용을 받는 산업단지·유치지역 및 「국토의 계획 및 이용에 관한 법률」의 적용을 받는 공업지역을 제외한다.

용어사전

❶ 과밀억제권역
인구 및 산업이 과도하게 집중되었거나 집중될 우려가 있어 그 이전 또는 정비가 필요한 지역으로 서울, 고양, 과천 등 16개 시가 포함되어 있으며 권역지정 면적은 2,022㎢이다.

(1) 공장의 범위

Key Point 공장 범위
1) 수도권 중 과밀억제권역 안(산업단지·유치지역·공업지역 제외)
2) 연면적 500㎡ 이상   3) 도시형 공장 제외

1) 「지방세법」 [별표 3]에 규정된 업종에 해당하는 공장(「산업집적활성화 및 공장설립에 관한 법률」의 규정에 의한 도시형 공장을 제외)으로서 생산설비를 갖춘 건축물의 연면적이 500㎡ 이상인 것을 말한다.
→ 옥외에 기계장치 또는 저장시설이 있는 경우에는 그 시설물의 수평투영면적을 포함

2) 건축물의 연면적에는 해당 공장의 제조시설을 지원하기 위하여 공장경계구역 안에 설치되는 부대시설의 연면적을 포함한다.
→ 식당·휴게실·목욕실·세탁장·의료실·옥외 체육시설 및 기숙사 등 종업원의 후생복지 증진에 공여되는 시설과 대피소·무기고·탄약고 및 교육시설을 제외함

(2) 중과세의 적용기준

1) 중과세할 사업용 과세물건

Key Point 중과세대상 사업용 과세물건
1) 건축물   2) 토지   3) 차량   4) 기계장비

① 대도시 안에서 공장을 신설하거나 증설하는 경우에는 신설하거나 증설하는 공장용 건축물과 그 부속토지를 중과세한다.
② 대도시 안에서 공장을 신설하거나 증설한 날부터 5년 이내에 취득하는 공장용 차량 및 기계장비를 중과세한다.
→ 건축물연면적의 100분의 20 이상을 증설하거나 건축물 연면적의 330m²를 초과하여 증설하는 경우에 한함

2) 다음에 해당하는 경우에는 중과세대상에서 제외한다.

Key Point 중과세대상에서 제외되는 경우

1) 포괄승계취득
2) 해당 과밀억제권 내의 이전
3) 업종 변경
4) 1년 이내 동일규모 재축
5) 과밀억제권역 편입
6) 취득 5년 경과 후 신·증설
7) 노후 등으로 대체취득

① 기존공장의 기계설비 및 동력장치를 포함한 모든 생산설비를 포괄적으로 승계취득하는 경우
② 해당 과밀억제권역 내에 있는 기존공장을 폐쇄하고 해당 과밀억제권역 내의 다른 장소로 이전한 후 해당 사업을 계속 영위하는 경우. 다만, 타인소유의 공장을 임차하여 경영하던 자가 그 공장을 신설한 날부터 2년 이내에 이전하는 경우 및 서울특별시 외의 지역에서 서울특별시 안으로 이전하는 경우에는 그러하지 아니하다.
→ 중과세한다.
③ 기존공장의 업종을 변경하는 경우
→ 승계취득한 공장을 포함
→ 건축공사에 착공한 경우 포함
④ 기존공장을 철거한 후 1년 이내에 동일규모로 재축하는 경우
⑤ 행정구역 변경 등으로 인하여 새로 과밀억제권역으로 편입되는 지역에 있어서는 편입되기 전에 이미 공장설립의 신고 또는 승인이 있거나 건축허가를 받은 경우
⑥ 부동산을 취득한 날부터 5년 이상이 경과한 후 공장을 신설하거나 증설하는 경우
⑦ 차량 또는 기계장비를 노후 등의 사유로 대체취득하는 경우. 다만, 기존의 차량 또는 기계장비를 매각하거나 폐기처분하는 날을 기준으로 그 전·후 30일 이내에 취득하는 경우에 한한다.

3) 공장증설에 해당하는 경우
① 공장용에 공하는 건축물의 연면적 또는 그 공장의 부속토지의 면적을 확장하는 경우
② 해당 과밀억제권 내에서 공장을 이전하는 경우에는 종전의 규모를 초과하여 시설하는 경우
③ 레미콘 제조공장 등 차량 또는 기계장비 등을 주로 사용하는 특수업종에 있어서는 기존차량 및 기계장비의 20% 이상을 증가하는 경우

제2장 취득세

단락핵심 중과세율 등

(1) 취득세의 중과대상과 그 세율
   1) 고급오락장, 고급주택 : 표준세율 + 8%
   2) 골프장(신설 또는 증설) : 표준세율 + 8%
   3) 과밀억제권역 내 공장 신설 : 표준세율 + 4%
   4) 과밀억제권역 내 공장 증설 : 표준세율 + 4%
   5) 과밀억제권역 내 법인의 본점용 신축 또는 증축 부동산 : 표준세율 + 4%
(2) 같은 과세물건에 대하여 둘 이상의 세율이 해당되는 경우에는 그 중 높은 세율을 적용한다.
(3) 토지와 건축물을 취득한 후 5년 이내에 해당 토지와 건축물이 고급주택이 된 경우에는 표준세율 + 8%의 세율을 적용하여 취득세를 추징한다.

단락문제 Q12

제16회 기출 개작

「지방세법」상 세율에 대한 설명 중 틀린 것은?

① 회원제골프장용 부동산 중 구분등록의 대상이 되는 토지와 건축물에 대한 취득세 세율과 서울특별시 내의 법인 본점 또는 주사무소(신·증축에 한함)의 사업용 부동산에 대한 취득세 세율은 동일하다.

② 지방자치단체의 장은 조례를 정하는 바에 따라 취득세 세율(중과세 세율 제외)을 표준세율의 100분의 50의 범위 안에서 가감할 수 있다.

③ 상속으로 인한 토지(농지가 아님)를 취득하는 경우 취득세 세율은 부동산가액의 1,000분의 28이다.

④ 매매에 의한 토지(농지가 아님)를 취득하는 경우 취득세 세율은 부동산가액의 1,000분의 40이다.

⑤ 같은 취득물건에 대하여 둘 이상의 세율이 해당되는 경우 취득세 세율은 그 중 높은 세율을 적용한다.

해설 세율
서울특별시 내의 법인 본점 또는 주사무소(신·증축)의 사업용 부동산에 대한 취득세의 세율은 표준세율 + 4%로 중과세한다.
① 회원제골프장용 부동산 중 구분등록의 대상이 되는 토지와 건축물은 신설 또는 증설의 경우에만 표준세율 + 8%로 중과세하고 승계취득의 경우에는 중과세하지 않고 표준세율이 적용된다.

답 ①

제2편 지방세

→ 표준세율 × $\frac{300}{100}$ − $\frac{20}{1,000}$ × $\frac{200}{100}$

4 대도시 내 법인의 설립 및 공장의 신·증설에 따른 부동산취득 (지세법 제13조 제2항 제1·2호) 11·12·15회 출제

→ 「신탁법」에 따른 수탁자가 취득한 경우를 포함

→ $\frac{20}{1,000}$

(1) 다음에 해당하는 부동산을 취득하는 경우 취득세는 표준세율의 100분의 300에서 중과기준세율의 100분의 200을 뺀 세율을 적용한다. 즉 표준세율 × 3배 − 4%가 적용된다. 다만, 대통령령이 정하는 업종에 직접 사용할 목적으로 부동산을 취득하거나, 법인이 사원에게 분양 또는 임대할 목적으로 취득하는 주거용 부동산의 취득에 대하여는 중과세하지 아니한다.

→ 취득일부터 1년 이내에 정당한 사유없이 해당 용도에 직접 사용하지 아니하는 경우 또는 2년 이상 해당 용도에 직접 사용하지 아니하고 매각하는 경우는 제외한다. 즉 중과세한다.

1) 대도시 내 법인의 설립·설치·전입에 따른 대도시의 부동산취득

> **Key Point** 대도시 내 법인 설립 등에 따른 부동산취득(산업단지 제외)
> 1) 대도시 내 법인 설립·설치에 따른 대도시의 부동산취득
> 2) 대도시 내 법인 전입에 따른 부동산취득

→ 휴면법인을 인수하는 경우 포함

① 대도시에서 법인을 설립하거나 지점 또는 분사무소를 설치하는 경우에 따라 대도시의 부동산을 취득하는 경우

② 대도시 외의 법인이 대도시 내로의 법인의 본점·주사무소·지점 또는 분사무소를 전입함에 따라 대도시의 부동산을 취득하는 경우

→ 휴면법인을 인수하는 경우를 포함

③ 대도시 내에서의 법인의 설립과 지점 또는 분사무소의 설치 및 대도시 내로의 법인의 본점·주사무소·지점 또는 분사무소의 전입에 따른 부동산취득과 그 설립·설치·전입 이후의 부동산취득을 포함한다.

▼ 부동산등기

> 1) 설립·설치·전입 부동산취득
> 해당 법인 또는 사무소 또는 사업장이 그 설립·설치·전입(수도권의 경우 서울특별시 외의 지역에서 서울특별시 내로의 전입은 대도시로의 전입으로 봄) 이전에 법인의 본점·주사무소·지점 또는 분사무소의 용도로 직접 사용하기 위하여 취득하는 부동산취득(채권을 보전하거나 행사할 목적으로 하는 부동산취득은 제외함)을 말한다.
>
> 2) 그 설립·설치·전입 이후의 부동산취득
> 법인 또는 사무소 등이 설립·설치·전입 이후 5년 이내에 취득하는 업무용·비업무용 또는 사업용·비사업용을 불문한 모든 부동산취득을 말한다(공장의 신설·증설, 공장의 승계취득, 해당 대도시 내에서의 공장의 이전 및 공장의 업종변경에 따르는 부동산취득을 포함).
>
> 3) 지점 등
> 「법인세법」·「부가가치세법」 또는 「소득세법」의 규정에 의하여 등록된 사업장(비과세 또는 과세면제 대상사업장을 포함)으로서 인적·물적 설비를 갖추고 계속하여 사무 또는 사업이 행하여지는 장소를 말하며 다음 장소는 제외한다.
> ① 영업행위가 없는 단순한 제조·가공장소
> ② 물품의 보관만을 하는 보관창고
> ③ 물품의 적재와 반출만을 하는 하치장

제2장 취득세

> **WIDE** 대도시, 휴면법인

① 대도시 내에서의 법인의 설립 등에 따른 대도시의 부동산취득에서 대도시란 「수도권정비계획법」 규정에 의한 과밀억제권역을 말한다. 다만, 「산업집적활성화 및 공장설립에 관한 법률」의 적용을 받는 산업단지를 제외한다.
② 휴면법인의 인수로 보는 범위는 휴면법인의 과점주주가 된 때 과점주주가 인수한 주식 등의 비율로 한다.
③ 휴면법인이란 다음에 해당하는 법인을 말한다.
  ㉠ 해산법인, 해산간주법인, 폐업법인
  ㉡ 법인 인수일 이전 1년 이내에 계속등기를 한 해산법인 또는 해산간주법인
  ㉢ 법인 인수일 이전 1년 이내에 다시 사업자등록을 한 폐업법인
  ㉣ 법인 인수일 이전 2년 이상 사업실적이 없고, 인수일 전후 1년 이내에 인수법인 임원의 50% 이상을 교체한 법인

14회 출제

2) 대도시 내에서의 공장의 신설 또는 증설에 따른 부동산취득(지세법 제13조 제2항 제2호)

대도시에서 공장을 신설하거나 증설함에 따라 부동산을 취득하는 경우 중과세한다. 즉 표준세율 × 3배 − 4%의 중과세율이 적용된다.

PROFESSOR COMMENT
이 경우의 대도시는 「수도권정비계획법」에 의한 과밀억제권역을 말하며, 산업단지와 유치지역 및 공업지역을 제외한다.

(2) 중과세대상(重課稅對象)에서 제외되는 경우

다음의 경우에는 중과세하지 아니한다.

1) 대통령령이 정하는 업종(지세령 제26조 제1항)

① 「사회기반시설에 대한 민간투자법」에 의한 사회기반시설사업(부대사업을 포함)
② 「해외건설촉진법」의 규정에 의한 신고된 해외건설업 및 「주택법」에 의하여 등록된 주택건설사업 → 주택건설용으로 취득한 후 3년 이내에 주택건설에 착공하는 부동산만 해당함
   → 해외건설에 직접 사용하는 사무실용 부동산만 해당
③ 「한국은행법」 및 「한국수출입은행법」에 의한 은행업
④ 「전기통신사업법」에 따른 전기통신사업
⑤ 「산업발전법」에 의하여 산업통상자원부장관이 고시하는 첨단기술산업과 「산업집적활성화 및 공장설립에 관한 법률 시행령」 [별표1] 제2호 마목에 따른 첨단업종
⑥ 「유통산업발전법」에 의한 유통산업, 「농수산물유통 및 가격안정에 관한 법률」에 의한 농수산물도매시장·농수산물공판장·농수산물종합유통센터·유통자회사 및 「축산법」에 의한 가축시장
⑦ 여객·화물자동차운송사업과 물류터미널사업 및 창고업
⑧ 정부출자법인 또는 정부출연법인(국가 또는 지방자치단체가 납입자본금 또는 기본재산의 20% 이상을 직접 출자 또는 출연한 법인)이 경영하는 사업

⑨ 「의료법」에 의한 의료업
⑩ 개인이 경영하던 제조업. 다만, 법인 전환하는 기업에 한함
⑪ 「산업집적활성화 및 공장설립에 관한 법률 시행령」에 따른 자원재활용업종
⑫ 소프트웨어사업 및 소프트웨어공제조합이 소프트웨어산업을 위하여 수행하는 사업
⑬ 「공연법」에 의한 공연장 등 문화예술시설운영사업
⑭ 방송사업·중계유선방송사업·음악유선방송사업·전광판방송사업 및 전송망사업
⑮ 「과학관의 설립·운영 및 육성에 관한 법률」에 의한 과학관시설운영사업
⑯ 「산업집적활성화 및 공장설립에 관한 법률」 규정에 의한 도시형 공장을 경영하는 사업
⑰ 중소기업창업투자회사가 중소기업창업 지원을 위하여 수행하는 사업(1개월 이내 등록)
⑱ 한국광해관리공단이 석탄산업합리화를 위하여 수행하는 사업
⑲ 한국소비자원이 소비자 보호를 위하여 수행하는 사업
⑳ 공제조합이 건설업을 위하여 수행하는 사업
㉑ 엔지니어링공제조합이 그 설립목적을 위하여 수행하는 사업
㉒ 주택도시보증공사가 주택건설업을 위하여 수행하는 사업
㉓ 「여신전문금융업법」에 의한 할부금융업
㉔ 통계청장이 고시하는 한국표준산업분류에 의한 실내경기장·운동장 및 야구장 운영업
㉕ 「산업발전법」에 의한 등록된 기업구조조정전문회사가 그 설립목적을 위하여 수행하는 사업(다만, 법인설립 후 1개월 이내에 동법에 의하여 등록하는 경우에 한함)
㉖ 청소년단체, 학술연구단체, 장학단체, 과학기술진흥단체, 문화예술단체, 체육진흥단체가 그 설립목적을 위하여 수행하는 사업 등
㉗ 「중소기업진흥에 관한 법률」에 따라 설립된 회사가 경영하는 사업
㉘ 「도시 및 주거환경정비법」 또는 「빈집 및 소규모 주택정비에 관한 특례법」에 따라 설립된 조합이 시행하는 정비사업 또는 소규모 주택정비사업
㉙ 「방문판매 등에 관한 법률」에 따라 설립된 공제조합이 경영하는 보상금지급책임의 보험사업 등 공제사업
㉚ 「한국주택금융공사법」에 따라 설립된 한국주택금융공사가 경영하는 사업
㉛ 「민간임대주택에 관한 특별법」에 따라 등록을 한 임대사업자 또는 「공공주택 특별법」에 따라 지정된 공공주택사업자가 경영하는 주택임대사업
㉜ 「전기공사공제조합법」에 따라 설립된 전기공사공제조합이 전기공사업을 위하여 수행하는 사업
㉝ 「소방산업의 진흥에 관한 법률」에 따른 소방산업공제조합이 소방산업을 위하여 수행하는 사업

㉞「중소기업혁신추진법」제15조 및 같은 법 시행령 133조에 따라 기술혁신형 중소기업으로 선정된 기업이 경영하는 사업. 다만, 법인의 본점, 주사무소·지점·분사무소를 대도시 밖에서 대도시로 전입하는 경우는 제외한다.

2) 중과세하는 경우

① 위 1)의 업종을 경영하는 자가 해당 업종에 사용하기 위하여 취득한 재산을 그 취득일부터 정당한 사유없이 1년(위 1)의 ②에 따른 주택건설사업의 경우는 3년이 경과할 때까지 해당 업종에 직접 사용하지 아니하거나, 다른 업종에 사용 또는 겸용하는 경우
② 2년 이상 해당 업종에 직접 사용하지 아니하고 매각하거나 다른 업종에 사용 또는 겸용하는 경우
③ 부동산취득일부터 1년 이내에 다른 업종이나 다른 용도에 사용·겸용하는 경우
④ 그 해당 부분에 대해서는 중과세한다. → 표준세율 × $\frac{300}{100}$ - $\frac{20}{1,000}$ × $\frac{200}{100}$

3) 사원에게 분양 또는 임대할 목적으로 취득하는 주거용 부동산의 취득

1구의 건물의 연면적(전용면적을 말함)이 60㎡ 이하인 공동주택 및 그 부속토지를 취득하는 경우에는 중과세하지 아니하고 표준세율을 적용한다.

4) 최저기준을 충족하기 위한 자본 또는 출자액의 증가액

관계법령의 개정으로 인하여 면허 또는 등록의 최저기준을 충족하기 위한 자본 또는 출자액을 증가하는 경우에는 최저기준을 충족하기 위한 증가액에 한하여 이를 중과세대상으로 보지 아니한다.

5) 법인의 분할로 인한 법인의 설립

분할등기일 현재 5년 이상 계속하여 사업을 영위한 대도시 내의 내국법인이 법인의 분할로 인하여 법인을 설립하는 경우에는 중과세대상으로 보지 아니한다.

「법인세법 시행령」의 요건을 갖춘 경우만 해당함

6) 법인의 합병

① 대도시에서 설립 후 5년이 경과한 법인이 다른 기존법인과 합병하는 경우에는 중과세대상으로 보지 아니한다. → 기존법인이라 함
② 기존법인이 대도시에서 설립 후 5년이 경과하지 아니한 법인과 합병하여 기존법인 외의 법인이 합병 후 존속하는 법인이 되거나, 새로운 법인을 신설하는 경우에는 합병 당시 기존법인에 대한 자산비율에 해당하는 부분을 중과세 대상으로 보지 아니한다.
③ 이 경우 자산비율은 자산을 평가하는 때에는 평가액을 기준으로 계산한 비율로 하고, 자산을 평가하지 아니할 때에는 합병 당시의 장부가액을 기준으로 계산한 비율로 한다.

제2편 지방세

단락핵심 중과세대상 등

(1) 부동산에 관한 취득세의 표준세율 중 가장 높은 세율이 적용되는 경우는 매매를 원인으로 한 "대"의 소유권이 전등기이다.
(2) 별장, 고급주택 등은 취득세 중과세대상이나 등록면허세 중과세대상이 아니다.
(3) 과밀억제권역 외의 비영리법인이 과밀억제권 내로의 주사무소 전입에 따른 부동산취득은 중과세대상이다.

단락문제 Q13

제13회 기출 개작

부동산의 취득과 등기에 관련된 취득세와 등록면허세의 세율에 대한 설명이다. 틀린 것은?

① 상속으로 인한 주택소유권의 취득시 취득세의 표준세율은 일률적으로 과세표준의 1,000분의 28이다.
② 소유권 보존시 취득세의 세율은 과세표준의 1,000분의 28이다.
③ 상속 이외의 무상으로 인한 부동산의 취득시 취득세의 세율은 부동산가액의 1,000분의 35이다.
④ 경매신청·가압류·가처분시 등록면허세의 세율은 부동산가액의 1,000분의 2이다.
⑤ 가등기시 등록면허세의 세율은 부동산가액의 1,000분의 2이다.

해설 부동산등기와 관련된 등록면허세의 세율
④ 경매신청 등 : 채권가액의 2/1,000

답 ④

5 세율적용의 특례

→ 표준세율 × 3배 − 4%

(1) 동시에 적용되는 과세물건에 대한 취득세율의 특례

1) 위 ②, ③ (유형Ⅱ)과 ④ (유형Ⅲ)가 동시에 적용되는 과세물건에 대한 취득세율은 둘 중 높은 세율을 적용하지 아니하고, 부동산취득의 **표준세율의 100분의 300**으로 한다(지세법 제13조 제6항, 동법 제16조 제6항).

표준세율 + 4% ←
→ 표준세율 × 3배

2) 표준세율 + 8% 중과세 대상(유형Ⅰ)과 표준세율 × 3배 − 4% 중과세 대상(유형Ⅲ)이 동시에 적용되는 과세물건에 대한 취득세세율은 높은 세율을 적용하지 아니하고, 표준세율 × 3배 + 4%를 적용한다.

(2) 조례에 따른 세율조정

지방자치단체의 장은 조례로 정하는 바에 따라 취득세의 세율을 표준세율의 100분의 50의 범위에서 가감할 수 있다(지세법 제14조).

(3) 표준세율에서 중과기준세율을 뺀 세율(지세법 제15조 제1항)이 적용되는 형식적인 취득

→ 표준세율 - 2%

★ 22·26·28회 출제

다음의 하나에 해당하는 취득에 대한 취득세는 표준세율에서 중과기준세율을 뺀 세율로 산출한 금액을 그 세액으로 한다. → 2%

다만, 위의 **4**에 해당하는 경우에는 (표준세율 - 2%) × $\frac{300}{100}$을 적용한다.

→ 대도시내 법인의 설립 및 공장의 신·증설에 따른 부동산 취득: 표준세율×3배-4%

1) 환매등기를 병행하는 부동산의 매매로서 환매기간 내에 매도자가 환매한 경우의 그 매도자와 매수자의 취득

2) 상속으로 인한 취득 중 다음의 하나에 해당하는 취득 ★

① 1가구 1주택의 취득
→ 동거인은 제외
  ㉠ 세대별 주민등록표에 기재되어 있는 세대주와 그 가족으로 구성된 1가구가 국내에 1개의 주택(고급주택을 제외)을 소유하는 경우를 말한다.
  ㉡ 취득자의 배우자와 미혼인 30세 미만의 직계비속(취득자가 미혼인 30세 미만일 경우 그 직계존속)은 같은 세대별 주민등록표에 기재되어 있지 아니하더라도 같은 가구에 속한 것으로 본다.
  ㉢ 1주택을 공동으로 상속받는 경우에는 지분이 가장 큰 상속인을 그 주택의 소유자로 본다. 이 경우 지분이 가장 큰 상속인이 2인 이상인 경우에는 그 2인 이상의 자 중 다음의 순서에 따라 해당 주택의 소유자를 판정한다.

> 그 주택에 거주하는 사람 → 나이가 가장 많은 사람

  ㉣ 1주택을 여러 사람이 공동으로 소유하는 경우에도 공동소유자 각각 1주택을 소유하는 것으로 보고, 주택의 부속토지만을 소유하는 경우에도 주택을 소유하는 것으로 본다 (지세령 제29조 제2항).

② 취득세의 감면대상이 되는 농지의 취득
  ㉠ 자경농민이 재촌하면서 직접 경작할 목적으로 취득하는 농지(논, 밭, 과수원, 목장용지)
  ㉡ 농지조성목적으로 취득하는 임야

3) 법인의 합병 또는 공유권의 분할로 인한 취득

법인의 합병 또는 공유권의 분할로 인한 취득. 다만, 법인의 합병으로 인하여 취득한 과세물건이 합병 후에 중과세대상 재산이 된 경우와 과밀억제권역 내의 공장 신·증설에 해당하거나 과밀억제권역 내 본점 또는 주사무소의 사업용 부동산(본점 또는 주사무소용 건축물을 신축 또는 증축하는 경우와 그 부속토지에 한함)이 된 경우에는 그러하지 아니한다.

→ 중과세한다.

제2편 지방세

4) 건축물의 이전으로 인한 취득

다만, 이전한 건축물의 가액이 종전의 건축물의 가액을 초과하는 경우에 그 초과하는 가액에 대하여는 그러하지 아니한다.

5) 이혼한 부부 사이의 재산분할로 인한 취득

부부 사이에 「민법」 제834조, 제839조의2 및 제840조에 따른 재산분할청구권 행사시의 분할 또는 협의에 의한 분할로 인하여 취득 → 협의상 이혼한 자의 일방은 다른 일방에 대하여 재산분할을 청구할 수 있다.

6) 공유물·합유물의 분할 또는 공유권 해소를 위한 지분이전 취득

공유물·합유물의 분할 또는 부동산의 공유권 해소를 위한 지분이전으로 인한 취득, 다만 등기사항증명서상 본인지분을 초과하는 부분의 경우에는 제외한다. → 「부동산 실권리자명의 등기에 관한 법률」 제2조 제1호 나목

7) 그 밖의 형식적인 취득 등 대통령령으로 정하는 취득

(4) 중과기준세율 적용 (지세법 제15조 제2항) ★ 24회 출제 → 1,000분의 20

다음의 하나에 해당하는 취득에 대한 취득세는 중과기준세율을 적용하여 계산한 금액을 그 세액으로 한다. 다만 **1**의 별장 등에 해당하는 경우에는 중과기준세율의 100분의 500을 적용하고, **2**의 법인의 본점 또는 주사무소의 사업용 부동산(신·증축)과 **3**의 공장의 사업용 과세물건(신·증설)에 해당하는 경우에는 중과기준세율의 100분의 300을 적용한다.
→ 2%×5배
→ 2%×3배

1) 개수로 인한 취득

① 개수로 인한 취득은 중과기준세율(= 2%)을 적용한다.
② 다만, 건축물의 개수로 인하여 건축물의 면적이 증가할 때에는 그 증가된 부분에 대하여 원시취득으로 보아 1,000분의 28의 표준세율을 적용하는 부분은 제외한다.

2) 선박·차량과 기계장비 및 토지의 가액 증가

선박·차량과 기계장비의 종류를 변경하거나 토지의 지목을 사실상 변경함으로써 그 가액이 증가한 경우

3) 과점주주의 취득

4) 기타의 취득 (지세령 제30조)

① **건축물의 범위에 속하는 시설물**

㉠ 레저시설
→ 골프연습장으로 신고된 20타석 이상의 골프연습장의 필수시설인 운동시설 및 안전시설과 철탑에 한한다.
수영장, 스케이트장, 골프연습장, 전망대, 옥외스탠드, 유원지의 옥외오락시설
→ 유원지의 옥외오락시설과 유사한 오락시설로서 옥내 또는 옥상에 설치하여 사용하는 것을 포함

㉡ 저장시설
수조, 저유조, 싸이로, 저장조 등의 옥외저장시설
→ 다른 시설과 유기적인 관련을 가지고 일시적으로 저장기능을 하는 시설을 포함

ⓒ 도크시설 및 접안시설
　　도크, 조선대
ⓔ 도관시설(연결시설을 포함)
　　송유관, 가스관, 열수송관
ⓜ 급·배수시설
　　송수관(연결시설을 포함), 급수·배수시설, 복개설비
ⓗ 에너지 공급시설
　　주유시설, 가스충전시설, 송전철탑 → 전압 20만볼트 미만을 송전하는 것과 주민들의 요구로 「전기사업법」 제72조의 규정에 의하여 이전·설치하는 것을 제외
ⓢ 기타 시설
　　잔교, 기계식 또는 철골조립식 주차장, 방송중계탑, 무선통신기지국용 철탑 ← 「전파법」 제25조 제1항 단서의 규정에 의하여 준공검사가 배제되는 것을 제외

② 무덤과 이에 접속된 부속시설물의 부지로 사용되는 토지로서 지적공부상 지목이 묘지인 토지의 취득

③ 임시흥행장, 공사현장사무소 등 임시건축물의 취득
　　존속기간이 1년을 초과하는 경우에 해당

(5) 취득한 이후 중과세대상이 된 경우 ★★

 일반주택을 취득한 후 3년만에 별장으로 사용한다면 표준세율을 적용해야 될까요? 아니면 중과세율을 적용해야 할까요? 여기서는 이러한 내용을 살펴보고자 합니다.

1) 부동산취득 후 5년 이내 중과세대상이 된 경우(지세법 제16조 제1항)

> **Key Point** 세율 적용
> - 총과세표준 × (표준세율 + 8%) − 기존에 납부한 취득세
> - 총과세표준 × (표준세율 + 4%) − 기존에 납부한 취득세

토지와 건축물을 취득한 후 5년 이내에 해당 토지나 건축물이 별장·골프장·고급주택 또는 고급오락장이 되거나 대도시 내에서 공장의 신·증설용 부동산, 법인의 본점 또는 주사무소의 사업용 부동산(본점 또는 주사무소용 건축물을 신축 또는 증축하는 경우와 그 부속토지에 한함)이 된 때에는 중과세율을 적용하여 취득세를 신고하고 납부하여야 한다.

　→ 표준세율 + 2% × 4배, 즉 표준세율 + 8%이다.
　→ 표준세율 + 2% × 2배, 즉 표준세율 + 4%이다.

제2편 지방세

> **Q**: 토지와 건축물을 매매로 취득한 후 5년 이내 고급오락장이 된 경우 취득세율은?
> **A**: 매매취득당시 표준세율 : $\frac{40}{1,000}$ = 4%
> **A**: 5년 이내 고급오락장이 된 경우 : 4% + 8% = 12%
> **A**: 추가 신고·납부에 적용될 세율 : 12% − 4% = 8%

2) 중과세대상을 증·개축한 경우 등 (지세법 제16조 제2항)

별장·골프장·고급주택·고급오락장용 건축물을 증축·개축 또는 개수한 경우와 일반 건축물을 증축·개축 또는 개수하여 고급주택 또는 고급오락장이 된 경우에 그 증가되는 건축물의 가액에 대하여 적용할 취득세의 세율은 표준세율 + 8%를 적용한다.

▶ 원시취득의 표준세율

> **Q**: 고급주택을 증축한 경우 취득세율은?
> **A**: 증축(원시취득가정)으로 증가한 가액에 표준세율 (2.8%) + 8% = 10.8%

3) 공장의 소유자와 신·증설한 자가 다른 경우 (지세법 제16조 제3항)

① 원칙

과밀억제권역 내에 공장신설 또는 증설의 경우에 사업용 과세물건의 소유자와 공장을 신설 또는 증설한 자가 다른 때에는 그 사업용 과세물건의 소유자가 공장을 신설 또는 증설한 것으로 보아 표준세율+4%의 세율을 적용한다.

② 예외

다만, 취득일부터 공장 신설 또는 증설을 시작한 날까지의 기간이 5년이 지난 사업용 과세물건은 제외한다.

4) 취득한 부동산이 취득한 날부터 5년 이내에 **4**의 대도시 법인의 설립·설치·전입에 따른 대도시의 부동산취득과 공장의 신·증설에 따른 부동산취득에 해당되는 경우에는 표준세율 ×3배 − 4%의 세율을 적용하여 취득세를 추징한다.

5) 같은 취득물건에 대하여 둘 이상의 세율이 해당되는 경우에는 그 중 높은 세율을 적용한다.

6) 위 1)의 표초율 + 4%(유형Ⅱ)와 4)의 표준세율 × 3배 − 4%(유형Ⅲ)의 세율이 동시에 적용되는 경우에는 부동산취득의 **표준세율의 100분의 300**으로 한다 (지세법 제16조 제6항).

▶ 표준세율 × 3배

7) 지방세법 제16조 제6항에 의한 동시 적용의 경우 취득한 부동산이 다음의 어느 하나에 해당하는 경우에는 5)에도 불구하고 다음의 세율을 적용하여 취득세를 추징한다.

① 제1항 제1호 또는 제2호와 제4항이 동시에 적용되는 경우 : 제13조 제6항의 세율이 적용된다. 즉, 표준세율 × 3배이다.

② 제1항 제3호와 제13조의2 제1항 또는 제1항 제2항이 동시에 적용되는 경우 : 제13조의2 제3항의 세율이 적용된다. 즉, 제13조의2 ①항 및 ②항의 세율 + 8%이다.

단락문제 Q14
제22회 기출

「지방세법」상 취득세 표준세율에서 중과기준세율을 뺀 세율로 산출한 금액을 취득세액으로 하는 경우가 **아닌** 것은?(단, 취득물건은 취득세 중과세상이 아님)

① 상속으로 인한 취득 중 법령으로 정하는 1가구 1주택 및 그 부속토지의 취득
② 공유권 해소를 위한 지분이전 취득(등기부등본상 본인지분을 초과하지 아니함)
③ 공유물의 분할로 인한 취득(등기부등본상 본인지분을 초과하지 아니함)
④ 「민법」에 따른 이혼한 부부의 재산분할로 인한 취득
⑤ 개수로 인한 취득(개수로 인하여 건축물 면적이 증가하지 아니함)

해설 표준세율에서 중과기준 세율을 뺀 세율적용
⑤ 개수로 인한 취득은 중과기준세율을 적용한다.

답 ⑤

6 주택 취득 중과세 (지세법 제13조의2)

Key Point 주택유상취득세율

구 분	1주택	2주택	3주택	법인·4주택~
조정대상지역	1~3%	8%	12%	12%
비조정대상지역	1~3%	1~3%	8%	12%

• 법인은 12% 적용됨
• 4주택 이상에 해당하는 경우 12%
• 2020.8.12 이후 취득분부터 적용하되, 2020.7.10 이전 계약분은 종전 규정 적용함

(1) 유상거래를 원인으로 주택을 취득하는 경우

주택(제11조 제1항 제8호에 따른 주택을 말한다. 이 경우 주택의 공유지분이나 부속토지만을 소유하거나 취득하는 경우에도 주택을 소유하거나 취득한 것으로 본다. 이하 이 조 및 제13조의3에서 같다)을 유상거래를 원인으로 취득하는 경우로서 다음의 어느 하나에 해당하는 경우에는 제11조 제1항 제8호에도 불구하고 다음에 따른 세율을 적용한다.

1) 법인이 취득하는 경우

법인(「국세기본법」 제13조에 따른 법인으로 보는 단체, 「부동산등기법」 제49조 제1항 제3호에 따른 법인 아닌 사단·재단 등 개인이 아닌 자를 포함한다. 이하 이 조 및 제151조에서 같다)이 주택을 취득하는 경우: 제11조 제1항 제7호 나목의 세율을 표준세율로 하여 해당 세율에 중과기준세율의 100분의 400을 합한 세율, 즉 표준세율 + (2% × $\frac{400}{100}$) = 표준세율 + 8% = 12%를 적용한다.

2) 1세대 2주택에 해당하는 주택(조정대상지역) 또는 1세대 3주택에 해당하는 주택(비조정대상지역)을 취득하는 경우

1세대 2주택(대통령령으로 정하는 일시적 2주택은 제외한다)에 해당하는 주택으로서 「주택법」 제63조의2 제1항 제1호에 따른 조정대상지역(이하 이 장에서 "조정대상지역"이라 한다)에 있는 주택을 취득하는 경우 또는 1세대 3주택에 해당하는 주택으로서 조정대상지역 외의 지역에 있는 주택을 취득하는 경우 제11조 제1항 제7호 나목의 세율을 표준세율로 하여 해당 세율에 중과기준세율의 100분의 200을 합한 세율, 즉 표준세율 + 중과세율 × $\frac{200}{100}$ = 4% + 4% = 8%가 적용된다.

3) 1세대 3주택 이상에 해당하는 주택(조정대상지역) 또는 1세대 4주택에 해당하는 주택을 취득하는 경우

1세대 3주택 이상에 해당하는 주택으로서 조정대상지역에 있는 주택을 취득하는 경우 또는 1세대 4주택 이상에 해당하는 주택으로서 조정대상지역 외의 지역에 있는 주택을 취득하는 경우 제11조 제1항 제7호 나목의 세율을 표준세율로 하여 해당 세율에 중과기준세율의 100분의 400을 합한 세율, 즉 표준세율 + 2% × 4배 = 12%가 적용된다.

① **조정대상지역에 있는 주택 무상취득하는 경우**

조정대상지역에 있는 주택으로서 대통령령으로 정하는 일정 가액 이상의 주택을 제11조 제1항 제2호에 따른 무상취득(이하 이 조에서 "무상취득"이라 한다)을 원인으로 취득하는 경우에는 제11조 제1항 제2호에도 불구하고 같은 항 제7호 나목의 세율을 표준세율로 하여 해당 세율에 중과기준세율의 100분의 400을 합한 세율을 적용한다. 즉 표준세율 + 2% × 4배 = 4% + 8% = 12%를 적용된다. 다만, 1세대 1주택자가 소유한 주택을 배우자 또는 직계존비속이 무상취득하는 등 대통령령으로 정하는 경우는 제외한다.

② **제1항 또는 제2항과 제13조 제5항이 동시에 적용되는 경우**

제1항 또는 제2항과 제13조 제5항이 동시에 적용되는 과세물건에 대한 취득세율은 제16조 제5항에도 불구하고 제1항 각 호의 세율 및 제2항의 세율에 중과기준세율의 100분의 400을 합한 세율을 적용한다. 즉 제1항 세율 및 제2항의 세율 + 2% × 4배를 적용한다.

③ **조정대상지역 지정고시일 이전에 매매계약을 체결한 경우**

제1항부터 제3항까지를 적용할 때 조정대상지역 지정고시일 이전에 주택에 대한 매매계약(공동주택 분양계약을 포함한다)을 체결한 경우(다만, 계약금을 지급한 사실 등이 증빙서류에 의하여 확인되는 경우에 한정한다)에는 조정대상지역으로 지정되기 전에 주택을 취득한 것으로 본다.

④ 주택의 범위 포함 여부

제1항부터 제4항까지 및 제13조의3을 적용할 때 주택의 범위 포함 여부, 세대의 기준, 주택수의 산정방법 등 필요한 세부사항은 대통령령으로 정한다.

(2) 주택수의 판단범위(지세법 제13조의3)

제13조의2를 적용할 때 다음의 어느 하나에 해당하는 경우에는 다음에서 정하는 바에 따라 세대별 소유 주택수에 가산한다.

1) 「신탁법」에 따라 신탁된 주택은 위탁자의 주택수에 가산한다.

2) 「도시 및 주거환경정비법」 제74조에 따른 관리처분계획의 인가 및 「빈집 및 소규모 주택정비에 관한 특례법」 제29조에 따른 사업시행계획인가로 인하여 취득한 입주자로 선정된 지위[「도시 및 주거환경정비법」에 따른 재건축사업 또는 재개발사업, 「빈집 및 소규모 주택정비에 관한 특례법」에 따른 소규모 재건축사업을 시행하는 정비사업조합의 조합원으로서 취득한 것(그 조합원으로부터 취득한 것을 포함한다)으로 한정하며, 이에 딸린 토지를 포함한다. 이하 이 조에서 "조합원입주권"이라 한다]는 해당 주거용 건축물이 멸실된 경우라도 해당 조합원입주권 소유자의 주택수에 가산한다.

3) 「부동산거래신고 등에 관한 법률」 제3조 제1항 제2호에 따른 "부동산에 대한 공급계약"을 통하여 주택을 공급받는 자로 선정된 지위(해당 지위를 매매 또는 증여 등의 방법으로 취득한 것을 포함한다. 이하 이 조에서 "주택분양권"이라 한다)는 해당 주택분양권을 소유한 자의 주택수에 가산한다.

4) 제105조에 따라 주택으로 과세하는 오피스텔은 해당 오피스텔을 소유한 자의 주택수에 가산한다.

(3) 주택수 산정방법

1) 1세대의 주택수는 주택취득일 현재 취득하는 주택을 포함하여 1세대가 국내에 소유하는 주택, 조합원입주권, 주택분양권 및 주택으로 과세하는 오피스텔의 수를 말한다. 이 경우 조합원입주권 또는 주택분양권에 의하여 취득하는 주택의 경우에는 조합원입주권 또는 주택분양권의 취득일(분양사업자로부터 주택분양권을 취득하는 경우에는 분양계약일)을 기준으로 해당주택 취득시의 세대별 주택수를 산정한다.

2) 순차취득

동시에 2개 이상 취득하는 경우에는 납세의무자가 정하는바에 따라 순차적으로 취득한 것으로 본다.

3) 공동소유

공동으로 소유하는 경우에는 1개의 주택, 1조합원입주권, 1주택분양권, 1오피스텔을 소유한 것으로 본다.

4) 상속으로 여러 사람이 공동으로 1개의 주택, 조합원입주권, 주택분양권, 주택으로 과세하는 오피스텔을 소유하는 경우 지분이 가장 큰 상속인을 그 주택, 조합원입주권, 주택분양권, 주택으로 과세하는 오피스텔의 소유자로 본다.

(4) 1세대의 기준

1) 1세대란
   ① 주택을 취득하는 사람과 세대별 주민등록표 또는 등록외국인 기록표에 함께 기재되어 있는 가족(동거인제외)으로 구성된 세대를 말하며, 주택을 취득하는 사람의 배우자(사실 혼은 제외하며, 법률상 이혼을 했으나 생계를 같이 하는 등 사실상 이혼한 것으로 보기 어려운 관계에 있는 사람을 포함한다.)
   ② 취득일 현재 미혼인 30세 미만의 자녀 또는 부모(주택을 취득하는 사람이 미혼이고 30세 미만인 경우를 한정한다)는 주택을 취득하는 사람과 같은 세대별 주민등록표 또는 등록 외국인기록표 등에 기재되어 있지 않더라도 1세대에 속한 것으로 본다.

2) 다음은 별도의 세대로 본다.
   ① **독립된 생계를 유지할 수 있는 경우, 다만 미성연자는 제외한다.**
   ② **취득일 현재 65세 이상의 부모를 동거봉양 하기 위하여 30세 이상의 자녀등과 합가한 경우**

(5) 주택유상거래 취득 중과세 제외

1) 시가표준액(지분이나 부속토지만을 취득한 경우에는 전체주택의 시가표준액)이 1억 이하인 주택
2) 공공매입임대주택으로 공급하기 위하여 취득하는 주택
3) 노인복지주택으로 운영하기 위하여 취득하는 주택
4) 국가등록문화재 주택
5) 공공지원민간임대주택으로 공급하기 위하여 취득하는 주택
6) 가정어린이집으로 운영하기 위하여 취득하는 주택
7) 조합등이 저당권의 실행 또는 채권변제로 취득하는 주택
8) 농어촌주택
9) 사원임대용으로 직접사용할 목적 취득주택

제2장 취득세

Key Point 주택에 대한 취득세의 세율 적용(주요 부분 정리)

1) 유상거래 주택취득 표준세율(취득 당시 가액 기준)
   6억원 이하:1%, 6억원 초과 9억원 이하:1.01~3%, 9억원 초과:3%

   6억원 초과 9억원 이하의 세율적용 $Y = \dfrac{2}{3} \cdot X - 3$

   - Y : 세율(단위 : %), 소숫점 이하 셋째자리에서 반올림
   - $X = \dfrac{\text{취득 당시 가액}}{1\text{억원}}$

2) 취득 당시 가액 산정
   ① 일괄취득
      ㉠ 주택, 건축물과 그 부속토지를 한꺼번에 취득
      ㉡ 주택의 가액 = 전체 취득가격 × $\dfrac{\text{주택의 건축물 시가표준액}}{\text{건축물 전체 시가표준액}}$
   ② 지분취득
      ㉠ 전체 취득가액으로 환산하여 세율 적용
      ㉡ 환산가액 = 취득지분의 취득당시가액 × $\dfrac{\text{전체 주택의 시가표준액}}{\text{취득지분의 시가표준액}}$

3) 중과세율(Ⅰ)
   ① 고급주택 취득(유형Ⅰ) : 표준세율 + 8%(=중과기준세율 × 4배)
   ② 고급주택(유형Ⅰ)과 대도시 내 법인의 설립 등 부동산 취득(유형Ⅲ)이 동시에 적용되는 경우 표준세율 + 12%(=중과기준세율 × 6배)

4) 중과세율(Ⅱ)
   ① 대도시 내 법인의 부동산 취득(일반적인 경우)(유형Ⅲ) ➜ 표준세율 × 3 - 4%
   ② 유상거래 원인으로 취득한 주택과 대도시 내 부동산 취득이 동시에 적용되는 경우 : 표준세율(1, 2, 3%) + 4%

5) 세율적용의 특례
   ① "표준세율 - 2%"의 형식적 취득
      ㉠ 일반적인 경우
         ⓐ 일반세율 : 표준세율 - 2%
         ⓑ 중과세율 : (표준세율 - 2%) × 3배
      ㉡ 유상거래 취득 주택
         ⓐ 일반세율 : 표준세율 × 50%
         ⓑ 중과세율 : 표준세율 × 50% × 3배(=140쪽 **4**의 중과세대상의 경우)
   ② "중과기준세율 적용"의 간주 취득
      ㉠ 일반적인 경우 : 표준세율 적용대상 : 2%
      ㉡ 골프장, 고급주택, 고급오락장, 고급선박의 간주 취득 : 10%

제2편 지방세

제9절 비과세 (지세법 제9조) 16·23·35회 출제

> Q : 비과세는 세금을 부과하지 않는다는 의미인가요?
> A : 네, 취득세가 해당되지 않습니다. 이러한 비과세는 어떤 내용이 있을까요.

지방자치단체가 업무에 사용하기 위하여 취득하는 부동산은 취득세가 해당될까요?
취득세를 납부하지 않아도 됩니다. 왜냐하면 비과세에 해당하니까요.
이하에서는 이와 같은 비과세에 대해서 살펴보고자 합니다.

PROFESSOR COMMENT
국가 또는 지방자치단체가 과세권을 포기하여 법률에 의하여 과세에서 제외된 것을 말하며 원칙적으로 신고의무가 없다.

01 국가 등에 대한 비과세

PROFESSOR COMMENT
국세청이나 서울특별시에서 업무용으로 부동산을 취득하는 경우 취득세를 신고납부하지 않아도 된다는 뜻이다.

(1) 국가·지방자치단체·지방자치단체조합과 외국정부 및 주한 국제기구의 취득에 대하여는 취득세를 부과하지 아니한다. 다만, 대한민국 정부기관의 취득에 대하여 과세하는 외국정부의 취득에 대하여는 취득세를 부과한다.
   → 다른 법률에서 국가 또는 지방자치단체로 의제되는 법인은 제외한다.
   → 이하 "국가 등"이라 한다.
   → 「사회기반시설에 대한 민간투자법」 제4조 제3호의 규정에 의한 방식으로 귀속되는 경우를 포함함. 이하 "귀속 등"이라 한다.

(2) 국가·지방자치단체 또는 지방자치단체조합에 귀속 또는 기부채납을 조건으로 취득하는 부동산 및 사회기반시설에 대하여는 취득세를 부과하지 아니한다.

(3) 다음의 경우에는 취득세를 부과한다.
   1) 국가 등에 귀속 등의 조건을 이행하지 아니하고 타인에게 매각·증여하거나 귀속 등을 이행하지 아니하는 것으로 조건이 변경된 경우
   2) 국가 등에 귀속 등의 반대급부로 국가 등이 소유하고 있는 부동산 및 사회기반시설을 무상으로 양여받거나 기부채납 대상물의 무상사용권을 제공받는 경우

제2장 취득세

02 임시용 건축물에 대한 비과세

임시흥행장, 공사현장사무소 등 존속기간이 1년을 초과하지 아니하는 임시용 건축물 취득에 대해서 비과세한다. 다만, 존속기간이 1년을 초과하는 경우에는 과세한다.

→ 「신탁법」에 의한 신탁으로서 신탁등기가 병행되는 것만 해당

03 신탁으로 인한 신탁재산의 취득에 대한 비과세 29회 출제

다만, 신탁재산의 취득 중 주택조합 등과 조합원 간의 부동산 취득 및 주택조합 등의 비조합원용 부동산 취득은 제외한다. 즉, 과세한다.

(1) 위탁자부터 수탁자에게 신탁재산을 이전하는 경우의 취득에 대해서 비과세한다.
(2) 신탁의 종료 또는 해지로 인하여 수탁자부터 위탁자에게 신탁재산을 이전하는 경우의 취득에 대해서 비과세한다.
(3) 수탁자가 변경되어 신수탁자에게 신탁재산을 이전하는 경우의 취득에 대해서 비과세한다.

04 환매권의 행사로 인한 취득에 대한 비과세

동원 대상지역 내의 토지의 수용·사용에 관한 환매권의 행사로 매수하는 부동산의 취득에 대해서 비과세한다.

> **용어사전**
> ❶ 환매권
> 매도인이 매매계약과 동시에 환매할 권리를 보류한 때에 그 영수한 대금 및 매수인이 부담한 매매비용을 반환하고 그 목적물을 환매할 수 있는 권리를 의미한다.

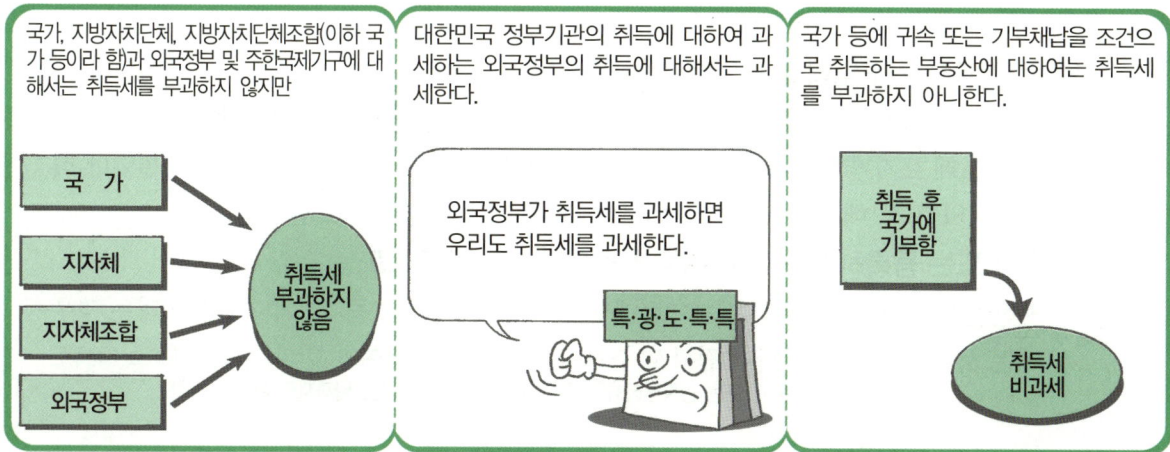

제2편 지방세

05 공동주택의 개수로 인한 취득에 대한 비과세 [30회 출제]

→ 대수선은 제외

공동주택의 개수로 인한 취득 당시 주택의 가액인 시가표준액이 9억원 이하의 주택과 관련된 개수로 인한 취득은 취득세를 부과하지 아니한다.

제10절 부과징수 [22·33회 출제]

Q: 취득세는 취득일부터 며칠 이내에 신고하고 납부하여야 하나요?
A: 신고와 납부 등에 대해서 알아보겠습니다.

PROFESSOR COMMENT
이 부분은 등록면허세와 비교정리하기 바란다.

01 신고 및 납부★ [13·추가15·17·25회 출제]

1 신고 및 납부(지세법 제20조)

(1) 일반적인 취득세 신고·납부

→ 상속의 경우는 상속개시일(실종의 경우 실종선고일)이 속하는 달의 말일부터 6개월(납세자가 외국에 주소를 둔 경우에는 9개월)

취득세 과세물건을 취득한 자는 그 **취득한 날부터 60일** 이내에 과세표준에 세율을 적용하여 산출한 세액을 납세지를 관할하는 특별자치시장·특별자치도지사·시장·군수·구청장에게 신고하고 납부하여야 한다.

(2) 토지거래허가구역에 있는 토지취득의 경우

「부동산 거래신고 등에 관한 법률」에 따른 토지거래계약에 관한 허가구역에 있는 토지를 취득할 때 토지거래계약허가를 받기 전에 거래대금을 완납한 경우에는 그 허가일이나 허가구역의 지정 해제일 또는 축소일부터 60일 이내에 신고하고 납부한다.

(3) 등기 또는 등록하려는 경우 취득세 신고·납부 [26회 출제]

← 등재를 포함

재산권과 그 밖의 권리의 취득·이전에 관한 사항을 공부에 등기하거나 등록하려는 경우에는 **등기 또는 등록을 하기 전까지** 취득세를 신고·납부하여야 한다(지세법 제20조 제4항).

← 등기 또는 등록신청서를 등기·등록관서에 접수하는 날까지로 함

(4) 증여

증여일이 속하는 달의 말일부터 3개월 이내 신고납부하여야 한다.

※ 부담부증여(=유상취득)에 해당되는 경우에도 증여일이 속하는 달의 말일부터 3개월 이내 신고납부해야 한다.

단락핵심 신고와 납부

「지방세법」상 취득세 신고납부는 부동산을 매매계약에 의하여 취득한 자는 취득일부터 60일 이내에 산출한 세액을 신고하고 납부하여야 한다.

단락문제 Q15
제1회 기출

다음 중 취득세 자진신고납부기간(自進申告納付期間)은?
① 취득 후 10일   ② 취득 후 20일   ③ 취득 후 30일   ④ 취득 후 60일   ⑤ 취득 후 1년

해설 취득세 자진신고납부기간

과세물건의 취득일부터 60일(상속 : 6월) 이내에 신고납부하여야 한다. 만약 이 기간 내에 신고납부를 하지 않으면 가산세를 부담하게 된다.   **답** ④

신고 및 납부

① 취득세는 '신고·납부'가 원칙이나 예외적으로 '보통징수'를 한다.

② 보통징수는 자진 신고를 하지 않거나 과소신고한 경우에 해당하며, 이때는 가산세를 징수한다.

취득세는 원칙적으로 신고하고 납부하여야 한다.

취득한 날부터 60일 이내에 자진신고하고 납부하여야 한다.

상속은 6개월 이내에 신고하고 납부하여야 한다.

상속은 상속개시일(실종의 경우 실종선고일)이 속하는 달의 말일부터 6개월 이내에 신고납부하여야 한다.

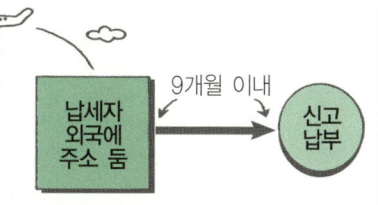

상속으로 인한 취득세 납자자가 외국에 주소를 둔 경우에는 9개월 이내에 신고하고 납부하여야 한다.

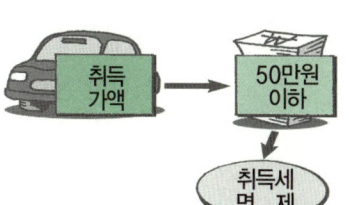

취득세에는 면세점이 있는데 취득가액이 50만원 이하인 때에는 취득세를 부과하지 아니한다.

제2편 지방세

2 면세점(免稅點) 31회 출제

토지나 건축물을 취득한 자가 취득한 날부터 1년 이내에 그에 인접한 토지 또는 건축물을 취득한 경우에는 각각 전후의 취득에 관한 토지 또는 건축물의 취득을 1건(件)의 토지의 취득 또는 1구(構)의 건축물의 취득으로 보아 취득가액이 50만원 이하인 경우에 취득세를 부과하지 않는다.

> **예제** 甲은 상가건물과 부속토지를 상속받았다. 취득세 비과세 대상인가? 과세대상이면 신고·납부기한은?
> **풀이** 상가건물과 부속토지를 상속받은 경우 ⇒ 과세대상이므로 상속개시일이 속하는 달의 말일부터 6개월 이내에 신고·납부

02 중과세대상 재산의 신고 및 납부 (지세법 제20조 제2항)

취득세 과세물건을 취득한 후에 그 과세물건이 중과세율의 적용대상이 되었을 때에는 다음에 정하는 날부터 60일 이내에 중과세(重課稅) 세율을 적용한 세액에서 이미 신고하고 **납부(申告納付)**한 세액을 공제한 금액을 세액으로 신고하고 납부하여야 한다. ← **가산세는 제외**

(1) 증축·개축으로 별장 또는 고급주택이 된 경우
증축 또는 개축의 사용승인서발급일

(2) 기타 사유로 별장 또는 고급주택이 된 경우
그 사유가 발생한 날

(3) 골프장
1) 「체육시설의 설치·이용에 관한 법률」에 의하여 체육시설업으로 등록(변경등록을 포함)한 날
2) 다만, 등록을 하기 전에 사실상 골프장으로 사용하는 경우 그 부분에 대해서는 사실상 사용한 날

(4) 고급오락장
1) 건축물의 사용승인서발급일 이후에 고급오락장이 된 경우에는 대상업종의 영업허가·인가 등을 받은 날
2) 다만, 영업허가·인가 등을 받지 아니하고 고급오락장이 된 경우에는 고급오락장 영업을 사실상 시작한 날

(5) 고급선박
선박의 종류를 변경하여 고급선박이 된 경우 사실상 선박의 종류를 변경한 날

(6) 대도시 내 공장의 신설 또는 증설을 위하여 사업용 과세물건을 취득하거나 공장을 신설 또는 증설에 따라 부동산을 취득한 경우에는 생산설비를 설치한 날. 다만, 그 이전에 영업허가·인가 등을 받은 경우에는 영업허가·인가 등을 받은 날

(7) 과밀억제권역 안에서 본점·주사무소의 사업용 부동산을 취득한 경우는 사무소로 최초로 사용한 날

(8) 대도시에서 법인을 설립, 지점 또는 분사무소를 설치, 법인의 본점·주사무소·지점 또는 분사무소를 대도시로 전입하는 경우
해당 사무소 또는 사업장을 사실상 설치한 날

(9) 대도시 법인등 중과세 대상에서 제외되는 업종에 사용하기 위하여 취득한 부동산이 중과세 적용대상이 되는 경우
1) 부동산을 취득한 후 1년(주택건설사업은 3년) 내에 해당 업종에 사용하지 아니하는 경우
   : 그 기간이 지난 날
2) 부동산을 취득한 후 다른 업종에 겸용하는 경우 : 겸용을 시작한 날

03 취득세 부과대상 또는 추징대상의 신고 및 납부

법령에 따라 취득세를 비과세, 과세면제 또는 경감받은 후에 해당 과세물건이 취득세 부과대상 또는 추징대상이 되었을 때에는 그 사유발생일부터 60일 이내에 과세표준에 세율을 적용하여 산출한 세액을 신고하고 납부하여야 한다(지세법 제20조 제3항).

04 가산세

취득세를 신고납부한 자와 신고납부를 하지 아니한 자를 동일하게 취급할까요?
물론 신고납부하지 아니한 자에 대하여는 불이익을 주어야 되겠지요.
여기서는 이와 같이 불이익을 주는 내용을 살펴봅니다.

제2편 지방세

1 가산세(加算稅)

Key Point 가산세

1) 신고불성실가산세 : 납부하여야 할 세액의 $\frac{10}{100}, \frac{20}{100}, \frac{40}{100}$

2) 납부지연가산세(㉠+㉡) : ㉠ 미납부세액 × 가산율$\left(\frac{22}{100,000}\right)$ × 납부지연일수(=납부기한의 다음날~납부일)
　㉡ 납부고지후 미납부세액×3%

(1) 신고불성실가산세

취득세 납세의무자가 법정기한 내에 신고를 하지 아니하거나, 신고세액이 산출세액에 미달한 때에는 법정산출세액 또는 그 부족세액에 가산세를 가산한 금액을 세액으로 하여 보통징수의 방법에 의하여 징수한다.

1) 일반 과소신고가산세 : $\frac{10}{100}$

2) 부정 과소신고가산세 : $\frac{40}{100}$

부정행위로 인한 과소신고분 과세표준이 과세표준에서 차지하는 비율을 납부하여야 할 세액에 곱하여 계산한 금액의 $\frac{40}{100}$에 상당하는 금액을 가산세로 한다.

3) 무신고가산세 : $\frac{20}{100}$

지방세 과세표준 신고를 하지 아니한 경우에는 납부하여야 할 세액의 $\frac{20}{100}$에 상당하는 금액을 가산세로 한다.

4) 부정 무신고가산세 : $\frac{40}{100}$

부정행위로 인한 무신고의 경우에는 $\frac{40}{100}$에 상당하는 금액을 가산세로 한다.

(2) 납부지연가산세

1) 의의　취득세 납세의무자가 법정기한 내 납부를 하지 아니하거나 미달하게 납부한 때에는 그 미납부세액 또는 부족세액에 금융기관이자율을 참작하여 대통령령이 정하는 율(10,000분의 2.2, 이하 "가산율"이라 함)과 납부지연일자를 곱하여 산출한 금액을 세액으로 하여 보통징수의 방법에 의하여 징수한다.

제2장 취득세

2) **납부지연일수의 계산** 납부지연일수는 납부기한의 다음 날부터 자진납부일 또는 고지일까지의 기간에 해당하는 일수이다.

3) (=㉠+㉡)

   ㉠ 미납부세액×가산율($\frac{22}{10,000}$)×납부지연일수 단, 납세고지서별·세목별 세액이 30만원 미만인 경우 적용하지 않는다.

   ㉡ 납부고지 후 미납부세액×3%

> **Q**: 취득세액 1,000,000원을 신고·납부하지 않았을 경우 가산세는 얼마인가?(일반무신고 가정)
> **A**: 신고불성실가산세 : 1,000,000 × 20% = 200,000원
> 납부지연가산세 : 1,000,000 × 10일(납부지연일수 가정) × $\frac{2.2}{10,000}$ = 2,200원
> 1,000,000×3% = 30,000원 그러므로 2,200원 + 30,000원 = 32,200원

 **가산세**

1) 신고불성실가산세
   10%, 20%, 40%
2) 납부지연가산세
   미달(또는 부족)세액
   × $\frac{2.2}{10,000}$ × 납부 지연일수

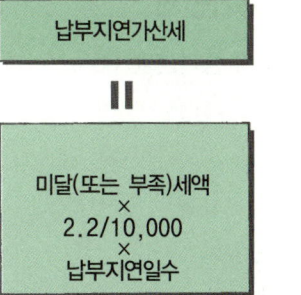

2 중가산세(重加算稅) : 80% 21·25회 출제

(1) 원칙

취득세 납세의무자가 취득세 과세물건을 사실상 취득한 후 신고를 하지 아니하고 매각하는 경우에는 그로 인하여 납부하여야 할 세액에 80% 가산한 금액을 세액으로 하여 보통징수의 방법으로 징수한다.

→ 이 경우 신고 및 납부지연가산세는 적용하지 아니한다. 즉, 80% 중가산세만 적용한다.

(2) 중가산세에서 제외하는 과세물건 22회 출제

다음의 경우에는 80%의 가산세가 적용되지 않는다.

1) 취득신고를 한 후 매각하는 과세물건
2) 취득세 과세물건 중 등기 또는 등록이 필요하지 아니하는 과세물건(골프회원권·승마회원권·콘도미니엄 회원권·종합체육시설 이용회원권 및 요트회원권은 제외. 즉 10%, 20%, 40% 가산세에서 제외하므로 80% 중가산세를 적용)
3) 지목변경, 차량·기계장비 또는 선박의 종류변경, 주식 등의 취득 등 취득으로 보는 과세물건

예제 甲은 상가를 1억원에 취득한 후 60일 이내 취득세를 신고·납부하지 아니하였다. 과세관청에서 고지서를 발부할 경우 고지서상의 취득세 총세액은 얼마인가?(일반적인 무신고 가정)(미납일수 100일, 표준세율적용 가정함)

풀이
① 당초 취득세액 : 1억원 × 4% = 4,000,000원
② 신고불성실가산세 : 4,000,000원 × 20% = 800,000원
③ 납부지연가산세 : 4,000,000원 × 100일 × $\frac{2.2}{10,000}$ = 88,000원

∴ 취득세 총세액 : 4,888,000원

단락핵심 중과세

별장, 고급주택, 고급오락장, 고급선박, 골프장(신·증설)을 취득할 때에는 취득세를 표준세율 + 8%로 중과세한다. 그러나 고급자동차와 골프회원권은 중과세하지 않는다.

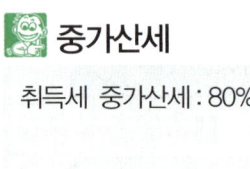

중가산세
취득세 중가산세 : 80%

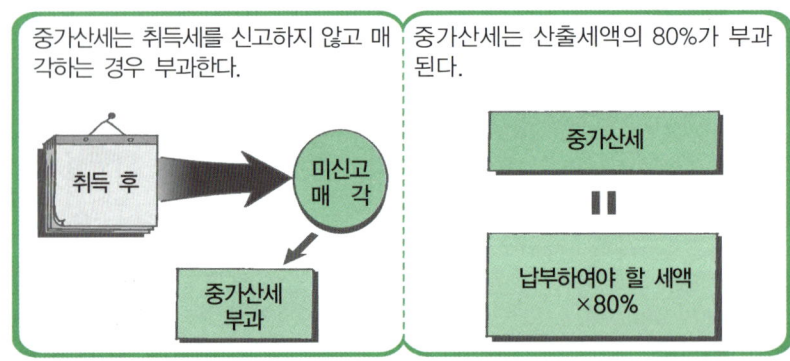

제2장 취득세

단락문제 Q16
제1회 기출

취득세의 부과 및 징수에 관하여 다음 중 틀린 것은?

① 취득세 과세대상물건을 취득한 자는 60일 이내에 이를 신고납부하여야 한다.
② 취득세 납세의무자가 사실상 취득한 후 신고를 하지 아니하고 매각(賣却)한 경우에는 산출세액의 100분의 60을 가산하여 징수한다.
③ 납세의무자가 신고를 하지 아니한 때에는 납부하여야 할 세액의 100분의 20을 가산하여 취득세를 부과징수한다.
④ 납부세액이 과세표준산출방식에 의한 납부하여야 할 세액에 미달하게 납부한 때에는 그 부족세액에 대통령령이 정하는 일정한 가산율 10,000분의 2.2와 납부지연일자를 곱하여 계산한 금액을 가산한 금액을 부과징수한다.
⑤ 신고납부시에는 과세표준액, 산출세액 및 납부액을 기재하여 특별자치시장·특별자치도지사·시장·군수 및 구청장에게 납부하여야 한다.

해설 중가산세(80%)의 적용
② 사실상 취득한 후 취득세를 신고하지 아니하고 매각한 경우에는 납부하여야 할 세액의 80%를 중가산세로 적용한다.

답 ②

05 기한 후 신고제도

1 의의

(1) 취득세 과세물건을 취득한 자는 법정신고기한까지 (→취득일부터 60일) 과세표준신고서를 제출하지 아니한 자는 지방자치단체의 장이 「지방세법」에 따라 그 지방세의 과세표준과 세액을 결정하여 통지하기 전까지는 납기후의 과세표준신고서를 제출할 수 있다.
   (→"기한 후 신고서"라 함)
(2) 기한 후 신고서를 제출한 자로서 납부하여야 할 세액이 있는 자는 기한 후 신고서의 제출과 동시에 그 세액을 납부하여야 한다.

제2편 지방세

2 신고불성실가산세의 경감

위와 같이 법정신고기한이 지난 후 1개월 이내에 기한 후 신고를 한 경우에는 신고불성실가산세의 $\frac{50}{100}$을 경감한다. 또한 법정신고기한이 지난 후 1(3)개월을 초과 3(6)개월 이내에 기한 후 신고를 한 경우에는 신고불성실가산세의 $\frac{30}{100}\left(\frac{20}{100}\right)$을 경감한다.

↳ 즉, 신고불성실가산세는 $\frac{10}{100}$ 등이 된다.

단락핵심 신고·납부 등

(1) 국내에 주소를 둔 개인이 매매로 인하여 부동산을 취득한 경우 취득한 날부터 60일 이내에 산출한 세액을 신고하고 납부하여야 한다.
(2) 취득세를 신고기한까지 신고하지 아니한 자는 지방자치단체의 장이 과세표준과 세액을 결정하여 통지하기 전까지는 기한 후 신고를 할 수 있다.
(3) 취득가액이 50만원 이하인 때에는 취득세는 부과하지 아니한다.
(4) 상속으로 인하여 취득세 과세물건을 취득한 자는 상속개시일이 속하는 달의 말일부터 6개월(납세자가 외국에 주소를 둔 경우에는 9개월) 이내에 취득세를 신고·납부하여야 한다.

단락문제 Q17
제17회 기출

「지방세법」상 취득세 신고납부에 대한 설명 중 틀린 것은?

① 증여에 의하여 부동산을 취득한 경우는 증여계약서 작성일부터 3월 이내에 산출한 세액을 신고하고 납부하여야 한다.
② 국내에 주소를 둔 자가 상속에 의하여 부동산을 취득한 경우는 상속개시일이 속하는 달의 말일부터 6개월 이내에 산출한 세액을 신고하고 납부하여야 한다.
③ 부동산을 매매계약에 의하여 취득한 자는 취득일부터 60일 이내에 산출한 세액을 신고하고 납부하여야 한다.
④ 도에 소재하는 부동산에 대한 취득세는 부동산소재지 관할 시·군 금고에 납부하여야 한다.
⑤ 취득세 신고기한 내에 신고하지 아니한 경우 가산세 면제사유에 해당하지 않는 한 신고불성실가산세를 부과한다.

해설 취득세 신고납부
① 증여에 의한 것도 취득일부터 60일 이내이다.

답 ①

취득세

CHAPTER 02

핵심 키워드 잡기

• 경록 교재에 모든 답이 있습니다.

01 납세의무자
(1) **사실상 취득자**: 등기·등록 등을 이행하지 아니한 경우라도 사실상으로 취득한 때에는 각각 취득한 것으로 보고 해당 취득물건의 소유자 또는 양수인을 각각 취득한 자로 한다.
(2) **가액을 증가시킨 자**
   1) 건축물의 건축(신축 및 재축을 제외) 또는 개수로 인하여 가액(價額)이 증가한 경우 그 취득자
   2) 선박·차량과 기계장비의 종류의 변경 또는 토지의 지목을 사실상 변경함으로써 그 가액이 증가한 경우 그 소유자
(3) **과점주주가 된 자**: 비상장 법인의 주식 또는 지분을 취득함으로써 과점주주가 된 때에는 그 과점주주는 해당 법인의 부동산 등 취득세 과세대상을 취득한 것으로 본다.

02 취득시기
(1) **유상승계취득시기**: 사실상의 잔금지급일. 다만, 해당 취득물건을 등기·등록하지 아니하고 취득 후 60일 이내에 계약이 해제된 사실이 화해조서·인낙조서·공정증서 등에 의하여 입증되는 경우에는 취득한 것으로 보지 아니한다.
(2) **무상승계취득시기**: 계약일(상속으로 인한 취득은 상속개시일). 다만, 권리의 이전이나 그 행사에 등기·등록을 요하는 재산의 경우에는 등기·등록을 하지 아니하고 60일 이내에 계약이 해제된 사실이 화해조서·인낙조서·공정증서 등에 의하여 입증되는 경우에는 취득한 것으로 보지 아니한다.
(3) **연부취득시기**: 사실상의 연부금지급일을 취득일로 보아 그 연부금액을 과세표준으로 하여 신고납부하여야 한다.
(4) **허가받은 건축물의 취득시기**: 사용승인서를 내주는 날과 사실상 사용일 중 빠른 날
(5) **무허가 건축물의 취득시기**: 사실상 사용일로 한다.
(6) **토지의 지목변경의 취득시기**: 사실상 변경한 날과 공부상 변경된 날 중 빠른 날

03 과세대상
부동산, 차량, 기계장비, 선박, 항공기, 입목, 광업권, 어업권, 회원권(골프·콘도·승마·종합체육시설·요트)

04 과세표준
(1) 취득당시의 가액으로 한다. 취득당시의 가액이란 취득자가 사실상 취득한 가액에 의한다.
(2) 시가표준액
   1) 토지 = 개별공시지가, 단독주택 = 개별주택가격, 공동주택 = 공동주택가격
   2) 토지 또는 주택 이외의 시가표준액: 매년 1월 1일 현재의 가액

제2편 지방세

05 세율

(1) **표준세율 적용대상** : 취득원인 등 취득내용에 따라 각각 다른 세율 적용
   예) 매매로 인한 주택취득 : 1%~3%, 상속으로 인한 주택취득 : 2.8% 등

(2) **표준세율+8% 중과세대상** : 골프장(신·증설), 고급주택, 고급오락장, 고급선박

(3) **표준세율+4% 중과세대상**
   1) 과밀억제권역 안 법인의 본점 또는 주사무소의 사업용 부동산(신축·증축)
   2) 과밀억제권역 안 공장의 신설·증설 사업용 과세물건

(4) **고급주택의 범위**

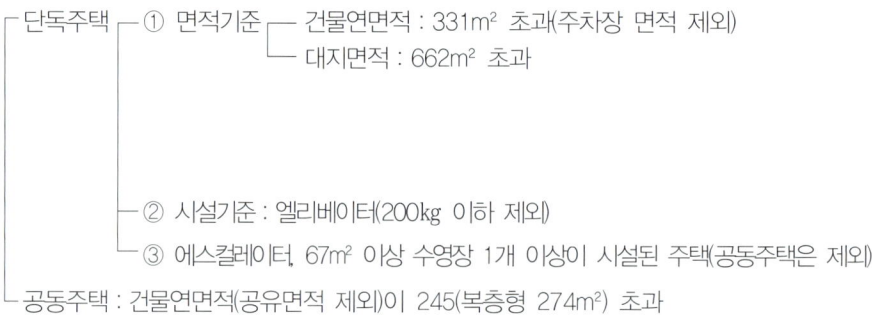

   * ③을 제외한 나머지는 취득당시 공시가격인 주택시가표준액이 9억원 초과하여야 한다.

(5) **법인의 본점·주사무소의 사업용 부동산에 대한 중과세**
   과밀억제권역 안에서 법인의 본점 또는 주사무소의 사업용 부동산을 취득(신축 또는 증축에 한함)하는 경우는 표준세율 +4%로 한다.

(6) **과밀억제권역 안 공장의 신·증설 사업용 과세물건에 대한 중과세**(산단, 공업·유치지역 제외)
   표준세율+4%로 한다.

(7) **대도시 법인의 설립·설치·전입에 따른 대도시 부동산취득**(산업단지 제외)
   표준세율 × 3배 − 4%로 한다.

(8) **대도시 공장의 신·증설에 따른 부동산취득**(산단, 공업·유치지역 제외)
   표준세율 × 3배 − 4%로 한다.

06 비과세

(1) 국가 등에 대한 비과세
(2) 임시용 건축물에 대한 비과세
(3) 신탁으로 인한 신탁재산의 취득에 대한 비과세
(4) 환매권행사로 인한 취득에 대한 비과세
(5) 공동주택의 개수에 대한 비과세

07 신고·납부

취득세 과세물건을 취득한 자는 그 취득한 날부터 60일 이내에 과세표준에 세율을 적용하여 산출한 세액을 납세지를 관할하는 특별자치시장·특별자치도지사·시장·군수·구청장에게 신고하고 시·군 금고에 납부하여야 한다.

08 가산세

(1) 신고불성실가산세

    1) 일반과소신고가산세 : $\dfrac{10}{100}$

    2) 일반무신고가산세 : $\dfrac{20}{100}$

    3) 부정과소·무신고가산세 : $\dfrac{40}{100}$

(2) 납부지연가산세 : ①+②

    ① 미납부세액×납부지연일수×가산율(= $\dfrac{2.2}{10,000}$)

    ② 납부고지 후 미납부세액×3%

(3) 중가산세 : 80%(위의 (1)과 (2)를 적용하지 아니한다)

취득세

CHAPTER 02

단원 오답 잡기

• 경록 교재에 모든 답이 있습니다.

01 미등기 건물을 취득하여 미등기상태로 양도한 경우에는 취득으로 보지 아니한다. _____

01. X
등기 여부 관계없이 취득

02 부동산을 취득한 때는 사용현황이 공부상 용도와 사실상 용도가 다른 때에는 사실상 사용현황에 따라 취득세를 신고납부해야 한다.

02. O

03 부동산을 취득한 자가 개인과 법인인 경우 개인과 법인 모두 취득세 납세의무가 있다. _____

03. O

04 취득세에 있어서 부동산은 토지와 건축물이다. _____

04. O

05 수상(水上)건축물은 취득세 과세대상이 아니다. _____

05. X
수상건축물도 과세대상이다.

06 지하 또는 고가의 공작물에 설치하는 고정된 공연장은 취득세 과세대상이다. _____

06. O

07 취득세 과세객체는 취득세 과세대상물건을 사실상 취득한 경우이다.

07. O

08 등기된 지상권은 취득세 과세대상이 아니다. _____

08. O

09 취득세 납세의무자의 주소지가 서울특별시이고, 부동산 소재지가 제주특별자치도이면 납세지는 주소지인 서울특별시이다. _____

09. X
제주특별자치도(부동산소재지)

10 과점주주는 비상장법인의 주식을 _____% 초과 취득한 때 취득한 것으로 본다.

10. 50

11 과점주주는 해당 법인의 _____을 취득한 것으로 본다.

11. 취득세 과세대상(물건)

제2장 취득세

12 상가와 부속토지를 취득한 종중재단은 취득세 납세의무자이다.

12. O

13 취득세 납세의무성립일은 취득시기와 동일하다.

13. O

14 유상과 무상승계취득의 경우 취득등기를 하지 아니한 상태에서 취득 후 _____일 이내에 계약이 해제된 사실이 입증되면 취득한 것으로 보지 아니한다.

14. 60

15 부동산을 10억원에 취득한 후 취득일부터 50일만에 계약해제된 사실이 공정증서에 의하여 확인될 때에는 취득한 것으로 보지 아니한다.

15. O

16 부동산을 증여받았을 경우의 취득시기는 원칙적으로 _____이다.

16. (증여)계약일

17 허가받은 건축물의 취득시기는 _____이다.

17. 사용승인서를 내주는 날과 사실상의 사용일 중 빠른 날

18 유상승계취득의 경우 취득세 과세표준 결정방법은 신고가액 또는 시가표준액으로 할 수 있다.

18. O

19 취득세 과세표준을 신고한 경우 시가표준액으로 결정할 수 없다.

19. X
신고가액, 시가표준액, 사실상 취득가액으로 할 수 있다.

20 시가표준액이 1억원인 토지를 8천만원에 경매로 낙찰받았다. 취득세 과세표준은 1억원이다.

20. X
8천만원이다.

21 토지에 대한 취득세 과세표준을 시가표준액으로 할 경우 취득일 현재의 개별공시지가가 시가표준액이다.

21. O

22 건축물에 대한 취득세 과세표준을 시가표준액으로 할 경우 원칙적으로 매년 1월 1일 현재의 가액을 고시하여야 한다.

22. O

제2편 지방세

23 토지의 지목변경에 대한 과세표준은 증가한 가액으로 하되, 시가표준액에 미달하는 때에는 시가표준액으로 한다. _____

23. O

24 법인인 주식회사 양식은 1억원을 주고 사무실용 건축물과 부속토지를 취득한 사실이 법인장부에 의하여 입증되었다. 시가표준액이 1억 2천인 경우 매매로 취득한 대지의 취득세 과세표준은 _____이다.

24. 1억원

25 매매로 취득한 대지의 취득세 표준세율은 _____%이다. _____% 탄력세율 적용이 가능하다.

25. 4%, ±50

26 골프장, 고급주택, 고급오락장을 100억원에 유상승계취득한 경우의 취득세 세율은 1,000분의 120, 12%이다. _____

26. X
골프장 유상승계취득의 경우 4%이다. 고급주택은 9%, 9.01~10.99% 및 11%이고, 고급오락장은 12%이다. 골프장은 신·증설의 경우 중과세한다.

27 개인 甲의 별장은 중과세대상이지만 법인의 별장은 중과세대상이 아니다. _____

27. X
개인, 법인 불문하고 중과세대상

28 별장에 부속된 토지의 경계가 명확할 경우 별장건축물의 바닥면적의 10배 이내에 해당하는 토지를 그 부속토지로 본다. _____

28. X
경계가 명확하지 아니할 때 10배 이내

29 단독주택의 연면적이 331m²이고, 그 건축물의 시가표준액이 2억원인 주거용 건축물과 그 부속토지(주택공시가격인 시가표준액이 취득당시 9억원 초과함)는 고급주택이 아니다. _____

29. O
331m² 를 초과하여야 한다.

30 주거용 단독주택의 연면적이 200m²이고 그 시가표준액이 2천만원이며, 대지면적이 500m²인 곳에 에스컬레이터가 설치되었으면 고급주택이다. _____

30. O
에스컬레이터와 67m² 이상의 풀장은 시설기준만 충족해도 고급주택임

31 주거용 단층아파트 분양면적 300m²(공용면적 50m² 포함)이고 취득당시 주택공시가격인 그 시가표준액이 10억원인 경우 고급주택이다. _____

31. O

제2장 취득세

32 수도권 중 과밀억제권역 내에서 개인 또는 법인이 본점 또는 주사무소의 사업용 부동산을 신축 또는 증축한 경우의 세율은 표준세율+4%, 즉 2.8%(원시취득)+4%=6.8%이다.

32. X
법인만 중과세대상

33 일반주택과 그 부속토지를 취득한 후 4년 6개월만에 고급주택으로 신축한 경우의 세율은 표준세율+8%이다.

33. ○
원시취득(2.8%) + 8% = 10.8%

34 수도권 중 과밀억제권역 안에서 공장을 100억원에 매매취득하였을 경우 취득세 세율은 _____ 이다.

34. 4%
중과세 대상이 아니다. 신·증설에 해당되어야 중과세 대상이다.

35 지방자치단체가 취득하는 토지와 건축물 그리고 자동차에 대하여는 비과세한다.

35. ○
과세대상물건 모두 비과세

36 국가에 귀속 또는 기부채납(민간투자방식 포함)을 조건으로 취득하는 토지 및 건축물에 대하여는 취득세를 부과하지 아니한다.

36. ○
부동산과 사회기반시설만 비과세

37 농지를 상속으로 취득한 경우 취득세의 표준세율은 2%이다.

37. X
1,000분의 23 = 2.3%이다.

38 개인 甲이 상가를 증여받은 경우 취득세의 표준세율은 3.5%이다.

38. ○
1,000분의 35 = 3.5%이다.

39 천재 등으로 인한 대체취득의 경우 과세면제되는 물건은 토지, 건축물, 선박, 자동차, 기계장비이다.

39. X
부동산 중 토지는 제외

40 토지수용 등으로 인한 대체취득의 경우 새로 취득한 부동산가액의 합계액이 종전의 부동산가액을 초과하는 경우에 그 초과액은 과세면제하지 아니한다. 이때 부동산가액의 초과액 계산은 언제나 대체취득한 사실상 취득가액에서 보상금액을 차감한 금액으로 한다.

40. X
시가표준액으로 계산하는 경우도 있다.

제2편 지방세

41 취득당시 거래가액이 9억원인 주택을 유상취득한 경우 취득세의 표준세율은 4%이다. _____

41. X
2.99%, 9억원 초과는 3%이다.

42 고급주택을 신축(원시취득 가정)한 경우 취득세의 중과세율은 12%이다. _____

42. X
표준세율+8% = 2.8%+8% = 10.8%이다.

43 대도시에서 법인의 지점설치에 따른 부동산취득은 표준세율+4%의 취득세 세율이 적용된다. _____

43. X
표준세율×3배−4%이다.

44 대도시에서 공장의 신설에 따른 부동산취득의 취득세 세율은 표준세율 +8%가 적용된다. 단, 해당 부동산은 사업용 과세물건에 해당한다. _____

44. X
표준세율×3배가 적용된다.
∴ 표준세율×3배−4%와 표준세율+4%가 중복적용된다.

45 취득세 과세물건을 취득한 자는 취득한 날부터 1월 이내에 신고납부하여야 한다. _____

45. X
60일 이내

46 취득세를 신고하지 아니할 경우에는 미납세액에 2%의 가산세가 해당된다(일반적인 무신고가정). _____

46. X
신고불성실가산세 20%

47 취득가액이 50만원 미만인 경우에 한하여 취득세를 부과하지 아니한다. _____

47. X
50만원 이하

48 골프회원권을 취득한 후 신고납부를 하지 아니하고 매각한 경우 _____의 가산세가 적용된다.

48. 80%

CHAPTER 03 등록에 대한 등록면허세

학습포인트

- 등록면허세는 등록과 면허로 구분한다. 우리 시험과 관련된 분야는 등록에 대한 등록면허세이다.
- 취득세 분야보다 등록에 대한 등록면허세 분야는 출제빈도가 낮다.
- 부동산 취득을 원인으로 등기 등을 한 경우에는 취득세를 부과한다.
- 따라서 부동산등기에 관한 분야 중에서 과세표준, 세율, 비과세 등에 대하여 집중적으로 투자하고 기타 부분은 전체적인 체계를 이해하면서 기본개념을 정립하기 바란다.

CHAPTER 학습 & 출제되는 키워드

- ☑ 등기 또는 등록
- ☑ 납세지
- ☑ 신고가액
- ☑ 세율
- ☑ 부동산의 보존등기세율
- ☑ 비과세
- ☑ 신고·납부
- ☑ 일반무신고가산세
- ☑ 납세의무자
- ☑ 과세표준
- ☑ 시가표준액
- ☑ 부동산등기
- ☑ 건수에 의한 세액
- ☑ 국가 등에 대한 비과세
- ☑ 신고불성실가산세
- ☑ 부당과소·무신고가산세
- ☑ 등기·등록명의인
- ☑ 종가세·종량세
- ☑ 사실상 취득가액
- ☑ 표준세율·탄력세율
- ☑ 중과세대상 세율비과세
- ☑ 형식적인 취득에 대한 비과세
- ☑ 일반과소신고가산세
- ☑ 납부불성실가산세

CHAPTER 학습 & 출제되는 질문

- ☑ 등록에 대한 등록면허세 납세의무자에 대한 설명 중 틀린 것은?
- ☑ 과세표준에 대한 설명이다. 올바른 것은?
- ☑ 부동산에 관한 등록면허세의 세율 중 가장 높은 세율이 적용되는 경우는?

> ❓ : 전세권을 설정하려고 합니다. 그런데 전세권을 설정하는데도 세금을 납부한다는데 무슨 세금이에요?
> 🅐 : 그렇습니다. 공적인 장부에 표시행위를 하는 것에 대해서도 세금을 신고하고 납부해야 합니다. 바로 등록에 대한 등록면허세입니다.

01 의의

여러분이 만약 부동산에 대한 지역권을 취득했을 경우, 등기부등본에 지역권을 설정하는 표시행위를 하여야 합니다. 이 경우 등록에 대한 등록면허세가 부과됩니다.
이와 같은 등록에 대한 등록면허세를 살펴봅니다.

1 등록의 개념 29회 출제

→ 취득세가 과세된다.

등록이란 재산권과 그 밖의 권리의 설정·변경 또는 소멸에 관한 사항을 공부에 등기하거나 등록하는 것을 말한다. 다만, 취득세편의 **취득을 원인으로 이루어지는 등기 또는 등록**은 제외하되, 광업권 및 어업권의 취득에 따른 등록과 취득세 부과제척기간이 경과한 후 해당 물건에 대한 등기 또는 등록, 외국인 소유의 취득에 과세대상 물건(차량, 기계장비, 항공기 및 선박만 해당)의 연부취득에 따른 등기 또는 등록 및 취득세의 면세점에 해당하는 물건의 등기 또는 등록은 포함한다.

2 등록에 대한 등록면허세의 개념

재산권 등 권리의 설정·변경 또는 소멸에 관한 사항을 공부에 등기하거나 등록할 때에 부과하는 조세이다.

3 등록에 대한 등록면허세의 성격

재산권 등 권리의 설정·변경 또는 소멸에 수반하는 담세력을 간접적으로 포착하여 과세하는 일종의 수수료적인 성격을 지니고 있다.

제3장 등록에 대한 등록면허세

02 납세의무자 (지세법 제24조) ★

Q : 등록에 대한 등록면허세는 누가 세금을 냅니까. 즉 납세의무자에 대해서 설명해주십시오.
A : 등기 또는 등록을 하는 자가 납세의무자입니다. 등록면허세의 납세의무자에 대하여 알아보겠습니다.

PROFESSOR COMMENT
납세의무자는 기출문제를 먼저 정리하기 바란다.

(1) 등기·등록명의인 13·추기15회 출제

재산권과 그 밖의 권리의 설정·변경 또는 소멸에 관한 사항을 공부에 등기 또는 등록(등재를 포함)하는 경우에 그 등기 또는 등록을 하는 자는 등록에 대한 등록면허세 납세의무가 있다.

등록에 대한 등록면허세

(2) 형식주의 과세

등기·등록행위는 내부의 실질적인 권리의 유·무 또는 정당성·합법성 여부는 따지지 않고 외형적으로 정당한 절차에 의거하여 등록·등재를 한 형식적 요건만 갖추면 등록에 대한 등록면허세가 해당된다.

> **Q**: 실질적인 권리자 甲은 사정상 乙의 명의로 부동산을 등기하고자 한다. 등록에 대한 등록면허세의 납세의무자는?
> **A**: "乙"의 명의로 등기하므로 등록에 대한 등록면허세의 납세의무자는 "乙"이다.

(3) 은행으로부터 융자를 받고 자기 소유 주택에 저당권을 설정한 경우 등록에 대한 등록면허세 납세의무자는 저당권자인 은행이 된다.

24회 출제

(4) 甲소유의 미등기건물에 대하여 乙이 채권확보를 위하여 법원의 판결에 의한 소유권보존등기를 甲의 명의로 등기할 경우의 **등록에 대한 등록면허세** 납세의무는 채무자인 甲에게 있다.
→ 2011년 1월 1일부터는 취득세 적용

(5) 법원의 가압류 결정에 의한 가압류등기의 촉탁에 의하여 그 전제로 소유권보존등기가 선행된 경우 **등록에 대한 등록면허세** 미납부에 대한 가산세 납세의무자는 소유권보존등기자이다.
→ 2011년 1월 1일부터는 취득세 적용

(6) 국세·지방세 강제징수로 그 소유권을 국가 또는 지방자치단체 명의로 이전하는 경우에 이미 그 물건에 전세권, 가등기, 압류등기 등으로 되어 있는 것을 말소하는 대위적 등기와 성명의 복구나 소유권의 보존 등 일체의 채권자 대위적 등기에 대하여는 그 소유자가 등록에 대한 등록면허세를 납부하여야 한다. **14회 출제**

> **예제**
> 1. 은행으로부터 甲은 1억원을 대출받았고, 甲소유의 주택이 은행에 의해 저당권이 설정됐다. 등록에 대한 등록면허세 납세의무자는?
>
>   **풀이** 저당권자인 은행이 납세의무 있음
>
> 2. 10억원의 체납자인 甲이 상가를 신축하였으나 보존등기를 미이행했다. 구청이 압류촉탁등기와 동시에 甲의 명의로 소유권보존등기를 이행한 경우 취득세와 등록에 대한 등록면허세 납세의무자는?
>
>   **풀이** ① 압류촉탁등기의 등록에 대한 등록면허세 : 지방자치단체이므로 비과세
>   ② 보존등기에 대한 취득세 : 甲이 납세의무자

단락핵심 납세의무자

(1) 부동산등기에 따른 등록면허세는 부동산 소재지를 관할하는 특별자치시·도·특별자치도 및 구에서 부과한다.
(2) 등록에 대한 등록면허세의 납세의무자는 외관상의 권리자를 말한다.

제3장 등록에 대한 등록면허세

단락문제 01
제1회 기출

甲이 은행에서 1,000만원 융자를 받고 乙의 부동산에 저당권을 설정할 경우 등록에 대한 등록면허세 납세의무자는?

① 甲
② 乙
③ 은행
④ 甲과 乙
⑤ 과세행정기관 마음대로 결정할 수 있다.

해설 등록에 대한 등록면허세 납세의무자

등록에 대한 등록면허세의 납세의무자는 재산권, 기타 권리의 설정, 변경, 소멸에 관한 사항을 공부에 등기·등록하는 경우에 그 등기·등록을 받는 자가 된다. 따라서 납세의무는 과세객체가 발생하도록 신청한 외형상의 권리자에 있게 되며 그 내부의 실질적인 권리자의 존재 여부는 가리지 않는다.

답 ③

03 납세지 (지세법 제25조)

Q: 등록에 대한 등록면허세는 어느 기관에 신고하고 납부합니까?
A: 아, 납세지에 대해서 궁금하군요.

주소지가 서울특별시 종로구에 있는 자가 제주특별자치도에 있는 부동산에 대하여 지상권을 설정할 경우 등록에 대한 등록면허세를 어디에 신고납부하여야 할까요?
즉, 납세지에 대한 내용을 살펴보고자 합니다.

1 의의

등기 또는 등록일 현재 등기 또는 등록할 재산의 소재지나 등기 또는 등록권자의 주소지, 해당 사무소 또는 영업소 등의 소재지를 납세지로 한다.

2 등기·등록의 종류와 납세지 26·29회 출제

(1) **부동산등기** 부동산 소재지

(2) **선박 등기 또는 등록** 선적항 소재지

(3) **자동차등록** 「자동차관리법」에 따른 등록지. 다만, 등록지가 사용본거지와 다른 경우에는 사용본거지를 납세지로 한다.

(4) **건설기계의 등록** 「건설기계관리법」에 따른 등록지

(5) **항공기등록** 항공기의 정치장 소재지

(6) **법인등기** 등기에 관련되는 본점·지점 또는 주사무소·분사무소 등의 소재지

(7) **상호등기** 영업소 소재지

(8) **광업권 및 조광권 등록** 광구 소재지

(9) **어업권·양식업권 등록** 어장 소재지

(10) **저작·출판·저작인접권, 컴퓨터프로그램저작권 및 데이터베이스제작자의 권리 등록**
  저작·출판·저작인접권, 컴퓨터프로그램저작권 및 데이터베이스제작자의 권리자 주소지

(11) **특허권·실용신안권·디자인권 등록** 등록권자 주소지

(12) **상표·서비스표 등록** 주사무소 소재지

(13) **영업의 허가등록** 영업소 소재지

가액에 의한 등록에 대한 등록면허세

- 과세표준
① 원칙 : 등록 당시 신고가액
② 예외 : 시가표준액
③ 특례 : 취득당시가액

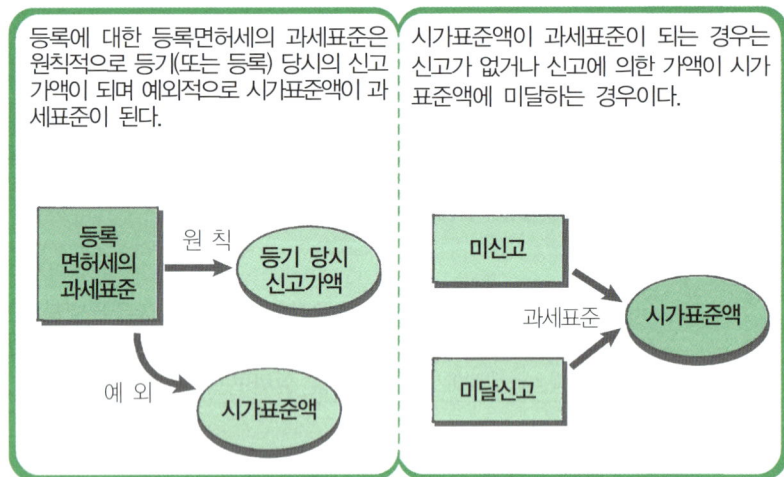

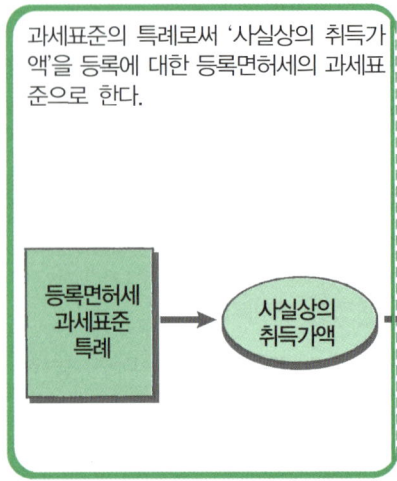

(14) 지식재산권담보권 등록   지식재산권자 주소지

(15) 기타 등록   등록관청 소재지

3 해당 재산이 2개 이상 시·도에 걸쳐 있는 경우 31회 출제

같은 등록에 관계되는 재산이 둘 이상의 지방자치단체에 걸쳐 있어 등록에 대한 등록면허세를 지방자치단체별로 부과할 수 없을 때에는 등록관청 소재지를 납세지로 한다.

4 같은 저당 등 같은 담보설정의 경우

같은 채권의 담보를 위하여 설정하는 둘 이상의 저당권을 등록하는 경우에는 이를 하나의 등록으로 보아 그 등록에 관계되는 재산을 처음 등록하는 등록관청 소재지를 납세지로 한다.

5 납세지가 불분명한 경우

납세지가 분명하지 아니한 경우에는 등록관청 소재지를 납세지로 한다.

> **단락핵심 납세지**
> 부동산등기의 경우에는 부동산소재지가 등록에 대한 등록면허세의 납세지이다.

단락문제 02   제7회 기출 개작

다음 중 등록에 대한 등록면허세의 납세지로서 틀린 것은?

① 부동산등기는 부동산 소재지
② 상호등기는 영업소 소재지
③ 어업권등록은 어장 소재지
④ 특허권, 실용신안권, 디자인권의 등록은 등록권자 주소지
⑤ 항공기등록은 등록권자 소재지

해설 등록에 대한 등록면허세의 납세지
⑤ 항공기등록은 항공기 정치장의 소재지가 납세지이다.   답 ⑤

제2편 지방세

04 과세표준 (지세법 제27조) ★★ 추가15·17·18·19·21회 출제

Q: 등록에 대한 등록면허세는 얼마를 기준으로 하여 세금을 신고하고 납부하여야 합니까?
A: 과세표준에 대한 내용이네요. 등록면허세는 종가세와 종량세가 해당됩니다. 취득세는 종량세가 없었지요. 등록면허세의 과세표준에 대해서 자세히 살펴보겠습니다.

 시가 1억원, 시가표준액 9천만원인 부동산에 대하여 5천만원에 상당하는 전세권을 설정할 경우 얼마를 기준으로 등록에 대한 등록면허세를 납부하여야 할까요?
즉, 과세표준을 얼마로 할 것인지 여부 등을 살펴보고자 합니다.

Key Point 종가세와 종량세
가액을 기준으로 하는 종가세와 건수 등을 기준으로 하는 종량세가 있다.

1 부동산·선박·항공기·자동차 및 건설기계

(1) 가액(價額)에 의한 과세표준(소유권, 지상권, 지역권, 가등기)
부동산 등 등록에 대한 등록면허세의 과세표준은 등록 당시의 가액으로 한다.

Key Point 가액에 의한 과세표준
1) 원 칙 : 등록 당시 신고가액
2) 예 외 : 등록 당시 시가표준액
3) 특 례 : 취득 당시의 가액

1) **원 칙 : 신고가액**
조례가 정하는 바에 의하여 등록자의 신고에 의한다.
2) **예 외 : 시가표준액**
신고가 없거나 신고가액이 시가표준액에 미달하는 경우에는 그 등기·등록 당시의 시가표준액에 의한다. ← 시가표준액은 취득세에서 살펴본 내용과 동일하다.
3) **특례 : 취득당시가액**
① 광업권·어업권·양식업권의 취득
③ 지방세법 제17조에 해당하는 물건의 등기 또는 등록.
다만, 등기·등록 당시에 자산재평가 또는 감가상각 등의 사유로 그 가액이 달라진 경우에는 변경된 가액을 과세표준으로 한다.
→ 등기일 또는 등록일 현재의 법인장부 또는 결산서 등으로 증명되는 가액을 말함
4) **취득당시의 가액과 등록당시의 가액 중 높은 가액**
지방세기본법 제38조에 따른 취득세부과제척기간이 경과한 물건의 등기 또는 등록

(2) 과세표준이 구분되지 아니한 경우

주택의 토지와 건축물을 한꺼번에 평가하여 토지나 건축물에 대한 과세표준이 구분되지 아니한 경우 한꺼번에 평가한 개별주택가격을 토지나 건축물의 가액비율로 나눈 금액을 각각 토지와 건축물의 과세표준으로 한다.

> **단락핵심** 과세표준
>
> 가등기는 부동산가액 또는 채권금액을 과세표준으로 한다.

(3) 채권금액에 의한 과세표준 (저당권, 가압류, 가처분, 경매신청, 가등기)

채권금액으로 과세액을 정하는 경우에 일정한 채권금액이 없을 때에는 채권의 목적이 된 것의 가액 또는 처분의 제한의 목적이 된 금액을 그 채권금액으로 보아 과세표준으로 한다.

1) 담보부 사채의 등기·등록

신탁계약에 의한 물상 담보부 사채로서 그 총액을 여러 차례에 나누어 발행하는 것의 저당권 설정의 등기 또는 등록에 대하여는 등록에 대한 등록면허세를 부과하지 않는다. 이 경우 해당 사채에 관한 등기는 저당권 설정의 등기로 보아 그 회의 발행금액을 채권금액으로 보고 등록에 대한 등록면허세를 부과한다.

2) 같은 채권 등기에 대한 목적물이 다른 때의 징수방법 (지세법 제29조)

같은 채권을 위한 저당권의 목적물이 그 종류가 달라 둘 이상의 등기 또는 등록을 하게 되는 경우에 등기 또는 등록관서가 이에 관한 등기 또는 등록신청을 받았을 때에는 채권금액 전액에서 이미 납부한 등록에 대한 등록면허세 산출의 기준이 된 금액을 뺀 잔액을 그 채권금액으로 보고 등록에 대한 등록면허세를 부과한다.

3) 같은 채권 등기에 대한 담보물 추가 시의 징수방법 (지세령 제47조)

같은 채권을 위하여 담보물을 추가하는 등기 또는 등록에 대하여는 <u>건당</u> 등록에 대한 등록면허세를 각각 납부하여야 한다. 부동산등기의 경우 건당 6,000원이다.

> **용어사전**
>
> ❶ 종량세
> 과세물건의 수량 또는 건수를 과세표준으로 하는 조세를 말한다.
>
> ❷ 종가세
> 과세표준을 과세물의 가액으로 하는 조세를 말하며, 세율은 100분비·1,000분비 또는 10,000분비로 표시한다. 재산세·상속세 등은 금액으로 표시되는 종가세이다.

(4) 건수(件數)에 의한 과세표준 (종량세❶)

말소등기·지목변경등기, 표시변경등기 등은 건당을 과세표준으로 한다.

제2편 지방세

Key Point 과세표준 비교 20회 출제

구 분	취득세	등록에 대한 등록면허세
과세표준	1) 취득 당시의 가액 2) 시가표준액 3) 사실상의 취득가액 * 종가세❷	1) 등기·등록 당시의 신고가액 2) 시가표준액 3) 취득당시가액 다만, 자산재평가, 감가상각 등으로 그 가액이 차이가 있는 경우 변경된 금액 * 말소등기 등 : 건당(종량세) * 종가세와 종량세가 있음

단락문제 Q3
제18회 기출

「지방세법」상 등록에 대한 등록면허세 과세표준을 부동산가액에 의하는 것은?
① 가등기 ② 가압류 ③ 가처분
④ 경매신청 ⑤ 저당권의 설정

해설 등록에 대한 등록면허세 과세표준
가등기는 부동산가액 또는 채권금액을 과세표준으로 하고, 나머지는 채권금액을 과세표준으로 한다. **답** ①

2 공장재단 및 광업재단등기의 과세표준

(1) 저당권 : 채권금액(종가세)
→ 설정등기의 경우 채권금액의 1,000분의 1

(2) 기타 등기 : 건수(종량세)
→ 건당 9,000원

단락문제 Q4
제19회 기출

「지방세법」상 등록에 대한 등록면허세의 과세표준에 관한 설명으로 틀린 것은?
① 부동산에 관한 등록에 대한 등록면허세의 과세표준은 등기 당시의 가액으로 한다.
② 신고가액이 시가표준액에 미달하는 경우에는 원칙적으로 시가표준액을 과세표준으로 한다.
③ 공매방법에 의한 토지의 가액을 과세표준으로 한 경우에는 토지의 시가표준액을 과세표준으로 한다.
④ 채권금액에 의하여 과세액을 정하는 경우 일정한 채권금액이 없을 때에는 채권의 목적이 된 것 또는 처분의 제한의 목적이 된 금액을 그 채권금액으로 본다.
⑤ 감가상각의 사유로 변경된 가액을 과세표준으로 할 경우에는 등기·등록일 현재의 법인장부 또는 결산서에 의하여 입증되는 가액을 과세표준으로 한다.

해설 과세표준
③ 공매방법에 의한 토지의 가액을 과세표준으로 한 경우에는 토지의 시가표준액이 아닌 사실상의 취득가액을 과세 표준으로 한다. **답** ③

제3장 등록에 대한 등록면허세

05 세율 (지세법 제28조) ★★★   추가15·17·20회 출제

Q : 전세권을 설정할 경우 세금부담이 얼마정도 되나요.
A : 전세권을 포함한 부동산등기에 대한 세율을 알아보겠습니다.

부동산등기를 한 자에 대하여 몇 %로 부담을 시킬 것인가?
즉, 부동산등기의 세율에 관한 내용을 살펴보고자 합니다.

 PROFESSOR COMMENT
세율부분은 모두 암기하여야 한다. 만약 시간이 없다면 부동산등기에 관한 세율은 반드시 암기하여야 한다.

1 부동산등기   10·12·13·28·32회 출제

(1) 표준세율   28·31회 출제

권리별	등기원인	물건별	과세표준	세 율
1) 소유권	보존	토지·건물	부동산가액	8/1,000(0.8%)
	이전(유상)	토지·건물	부동산가액	20/1,000(2%)
	이전(상속이외무상)	토지·건물	부동산가액	15/1,000(1.5%)
	이전(상속)	토지·건물	부동산가액	8/1,000(0.8%)
2) 지상권	설정 및 이전	토지	부동산가액	2/1,000(0.2%)
3) 지역권	설정 및 이전	토지	요역지가액	2/1,000(0.2%)
4) 전세권	설정 및 이전	토지 및 건물	전세금액	2/1,000(0.2%)
5) 임차권	설정 및 이전	토지 및 건물	월임대차금액	2/1,000(0.2%)
6) 저당권	설정 및 이전	토지 및 건물	채권금액	2/1,000(0.2%)
7) 경매신청	지상권·전세권을 목적으로 등기하는 경우를 포함한다.		채권금액	2/1,000(0.2%)
8) 가압류			채권금액	2/1,000(0.2%)
9) 가처분			채권금액	2/1,000(0.2%)
10) 가등기			부동산가액 또는 채권금액	2/1,000(0.2%)
11) 위 이외의 등기			건당	6,000원

※ 소유권 1): 2010년 12월 31일 이전에 취득하여 등기를 하지 않는 경우에 적용되는 세율이다.

* 가압류·가처분·가등기의 경우 부동산에 관한 권리를 목적으로 등기하는 경우를 포함한다.

제2편 지방세

> **Key Point** 부동산등기의 등록에 대한 등록면허세 관련 주요사항

1) 부동산이 공유물인 때에는 그 취득지분의 가액을 부동산가액으로 한다.
2) 세액이 6,000원 미만인 때에는 6,000원으로 한다.
3) 건축물 면적이 증가되는 때에는 그 증가된 부분에 대하여 소유권 보존의 등기로 보고 등록에 대한 등록면허세를 부과한다.

(2) 탄력세율 13·22회 출제

지방자치단체의 장은 조례로 정하는 바에 따라 표준세율의 50% 범위에서 가감할 수 있다.

단락핵심 세율 등

(1) 경매신청·가압류·가처분시 등록에 대한 등록면허세의 세율은 채권금액의 1,000분의 2 이다.
(2) 가등기시 등록에 대한 등록면허세의 세율은 부동산가액 또는 채권금액의 1,000분의 2 이다.
(3) 등록에 대한 등록면허세는 면세점이 없고 소액징수면제가 적용되지 아니한다.

2 대도시 내 법인의 등기 : 3배의 중과세(지세법 제28조 제2항) 11·12·15회 출제

→ 부동산등기와 법인등기에 대한 세율을 말함

(1) 다음에 해당하는 등기를 할 때에는 해당 세율의 100분의 300으로 한다. 다만, 대통령령이 정하는 업종에 대하여는 그러하지 아니한다. → 중과세하지 아니한다.

1) 대도시에서 법인의 설립(설립 후 또는 휴면법인을 인수한 후 5년 내 자본 또는 출자액을 증가하는 경우 포함)하거나 지점 또는 분사무소를 설치함에 따른 등기
   → 상사회사, 그 밖의 영리법인의 경우 세액이 11만2천5백원 미만인 때에는 11만2천5백원으로 한다.
2) 대도시 밖에 있는 법인의 본점 또는 주사무소를 대도시로 전입(전입 후 5년 이내에 자본 또는 출자액을 증가하는 경우 포함)에 따른 등기. 이 경우 전입은 법인의 설립으로 보아 세율을 적용한다.

> **Key Point** 대도시 내 법인등기

대도시 내 법인 설립·설치·전입에 따른 등기

> **WIDE** 대도시

대도시 내에서의 법인의 설립등기의 경우 대도시란 「수도권정비계획법」 규정에 의한 과밀억제권역을 말한다. 다만, 「산업집적활성화 및 공장설립에 관한 법률」의 적용을 받는 산업단지를 제외한다.

(2) 중과세대상(重課稅對象)에서 제외되는 경우 14회 출제

다음의 경우에는 중과세하지 아니한다.

1) 대통령령이 정하는 업종(지세령 제26조 제1항)
① 「사회기반시설에 대한 민간투자법」에 의한 사회기반시설사업(부대사업을 포함)
② 「해외건설촉진법」의 규정에 의한 신고된 해외건설업 및 「주택법」에 의하여 등록된 주택건설사업
③ 「한국은행법」 및 「한국수출입은행법」에 의한 은행업
④ 「전기통신사업법」에 따른 전기통신사업
⑤ 「산업발전법」에 의하여 산업통상자원부장관이 고시하는 첨단기술산업과 「산업집적활성화 및 공장설립에 관한 법률 시행령」에 의한 첨단업종
⑥ 「유통산업발전법」에 의한 유통산업, 「농수산물유통 및 가격안정에 관한 법률」에 의한 농수산물도매시장·농수산물공판장·농수산물종합유통센터·유통자회사 및 「축산법」에 의한 가축시장
⑦ 여객·화물자동차운송사업과 물류터미널사업 및 창고업
⑧ 정부출자법인 또는 정부출연법인(국가 또는 지방자치단체가 납입자본금 또는 기본재산의 20% 이상을 직접 출자 또는 출연한 법인)이 경영하는 사업
⑨ 「의료법」 제3조의 규정에 의한 의료업
⑩ 개인이 경영하던 제조업. 다만, 법인 전환하는 기업에 한함
⑪ 「산업집적활성화 및 공장설립에 관한 법률 시행령」 규정에 의한 자원재활용업종
⑫ 소프트웨어사업 및 소프트웨어공제조합이 소프트웨어산업을 위하여 수행하는 사업
⑬ 「공연법」에 의한 공연장 등 문화예술시설운영사업
⑭ 방송사업·중계유선방송사업·음악유선방송사업·전광판방송사업 및 전송망사업
⑮ 「과학관의 설립·운영 및 육성에 관한 법률」에 의한 과학관시설운영사업
⑯ 「산업집적활성화 및 공장설립에 관한 법률」 규정에 의한 도시형 공장을 경영하는 사업
⑰ 중소기업창업투자회사가 중소기업창업 지원을 위하여 수행하는 사업(1개월 이내 등록)
⑱ 한국광해관리공단이 석탄산업합리화를 위하여 수행하는 사업
⑲ 한국소비자원이 소비자 보호를 위하여 수행하는 사업
⑳ 공제조합이 건설업을 위하여 수행하는 사업
㉑ 엔지니어링공제조합이 그 설립목적을 위하여 수행하는 사업
㉒ 주택도시보증공사가 주택건설업을 위하여 수행하는 사업
㉓ 「여신전문금융업법」에 의한 할부금융업
㉔ 통계청장이 고시하는 한국표준산업분류에 의한 실내경기장·운동장 및 야구장 운영업

㉕ 「산업발전법」에 의한 등록된 기업구조조정전문회사가 그 설립목적을 위하여 수행하는 사업(다만, 법인설립 후 1개월 이내에 동법에 의하여 등록하는 경우에 한함)
㉖ 청소년단체, 학술연구단체, 장학단체, 과학기술진흥단체, 문화예술단체, 체육진흥단체가 그 설립목적을 위하여 수행하는 사업 등
㉗ 「중소기업진흥에 관한 법률」에 따라 설립된 회사가 경영하는 사업
㉘ 「도시 및 주거환경정비법」 또는 「빈집 및 소규모 주택정비에 관한 특례법」에 따라 설립된 조합이 시행하는 정비사업 또는 소규모 주택정비사업
㉙ 「방문판매 등에 관한 법률」 제38조에 따라 설립된 공제조합이 경영하는 보상금지급책임의 보험사업 등 공제사업
㉚ 「한국주택금융공사법」에 따라 설립된 한국주택금융공사가 경영하는 사업
㉛ 「민간임대주택에 관한 특별법」 제5조에 따라 등록을 한 임대사업자 또는 「공공주택 특별법」 제4조에 따라 지정된 공공주택사업자가 경영하는 주택임대사업
㉜ 「전기공사공제조합법」에 따라 설립된 전기공사공제조합이 전기공사업을 위하여 수행하는 사업
㉝ 「소방산업의 진흥에 관한 법률」 제23조에 따른 소방산업공제조합이 소방산업을 위하여 수행하는 사업
㉞ 「중소기업혁신법」에 따라 기술혁신형 중소기업으로 선정된 기업이 경영하는 사업. 다만, 법인의 본점, 주사무소·지점·분사무소를 대도시 밖에서 대도시로 전입하는 경우는 제외한다.

2) 최저기준을 충족하기 위한 자본 또는 출자액의 증가액

관계법령의 개정으로 인하여 면허 또는 등록의 최저기준을 충족하기 위한 자본 또는 출자액을 증가하는 경우에는 최저기준을 충족하기 위한 증가액에 한하여 이를 중과세대상으로 보지 아니한다.

3) 법인의 분할로 인한 법인의 설립

분할등기일 현재 5년 이상 계속하여 사업을 경영한 대도시 내의 내국법인이 법인의 **분할**로 인하여 법인을 설립하는 경우에는 중과세대상으로 보지 아니한다. *일정요건을 갖춘 경우에만 해당됨*

단락핵심 중과세대상 등

(1) 취득세 중과세대상과 등록에 대한 등록면허세 중과세대상이 동일한 것은 아니다.
(2) 과밀억제권역 외의 비영리법인이 과밀억제권 내로의 주사무소 전입에 따른 등기는 중과세대상이다.

단락문제 05

제13회 기출 개작

부동산등기와 관련된 등록에 대한 등록면허세와 취득세의 세율에 대한 설명이다. 맞는 것은?

① 상속으로 인한 주택소유권의 취득시 취득세의 세율은 일률적으로 부동산가액의 1,000분의 23이다.
② 말소등기는 건당 6,000원이다.
③ 전세권에 대한 설정등기에 대한 등록에 대한 등록면허세의 세율은 부동산가액의 1,000분의 10이다.
④ 경매신청·가압류·가처분시 등록에 대한 등록면허세의 세율은 부동산가액의 1,000분의 2이다.
⑤ 가등기시 등록에 대한 등록면허세의 세율은 건당 6,000원이다.

해설 부동산등기와 관련된 등록에 대한 등록면허세의 세율
① 주택의 상속에 대한 취득세 : 부동산가액의 28/1,000   ③ 전세권 : 전세금액의 2/1,000
④ 경매신청 등 : 채권금액의 2/1,000   ⑤ 가등기 : 부동산가액 또는 채권금액의 2/1,000

답 ②

06 비과세 (지세법 제26조) ★★

추가 15·18·34회 출제

Q: 등록에 대한 등록면허세도 비과세가 있나요?
A: 네, 모든 세금은 비과세가 있다고 생각해도 됩니다.

서울특별시장이 서울특별시청의 청사로 사용하기 위하여 임차권을 설정할 경우 등록에 대한 등록면허세를 납부하여야 할까요?
물론 등록에 대한 등록면허세를 납부하지 않습니다. 왜냐하면 비과세에 해당되기 때문입니다. 이와 같은 비과세에 대하여 살펴보고자 합니다.

 PROFESSOR COMMENT
비과세는 취득세와 비교정리하기 바란다.

1 국가 등에 대한 비과세(非課稅)

(1) 국가·지방자치단체·지방자치단체조합·외국정부 및 주한국제기구가 자기를 위하여 받는 등기·등록에 대하여는 등록에 대한 등록면허세를 부과하지 아니한다. 다만, 대한민국 정부기관의 등기·등록에 대하여 과세하는 외국정부의 등기·등록의 경우에는 부과한다.

(2) 무덤과 이에 접속된 부속시설물의 부지로 사용되는 토지로서 지적공부상의 지목이 묘지인 토지에 관한 등기

제2편 지방세

2 형식적인 소유권의 취득등기에 대한 비과세

(1) 회사의 정리 또는 특별청산에 관하여 법원의 촉탁으로 인한 등기 또는 등록

(2) 다음의 변경 등
   1) 행정구역의 변경
   2) 주민등록번호의 변경
   3) 지적소관청의 지번변경
   4) 계량단위의 변경
   5) 등기 또는 등록 담당공무원의 착오 및 이와 유사한 사유로 인한 등기 또는 등록으로서 주소·성명·주민등록번호·지번·계량단위 등의 단순한 표시변경, 회복 또는 경정 등기 또는 등록

단락핵심 「지방세법」상 등록에 대한 등록면허세가 비과세되는 경우

지방자치단체가 자기를 위하여 하는 부동산의 등기

단락문제 Q6 제18회 기출 개작

「지방세법」상 등록에 대한 등록면허세가 비과세되는 경우에 해당하지 <u>않는</u> 것은?

① 「사립학교법」에 의한 학교법인이 법령이 정하는 수익사업에 사용하기 위하여 취득하는 부동산의 등기
② 회사의 정리 또는 특별청산에 관하여 법원의 촉탁으로 인한 등기 또는 등록
③ 지방자치단체가 자기를 위하여 하는 부동산의 등기
④ 행정구역의 변경으로 인한 등기 또는 등록으로서 주소 등의 단순표시변경
⑤ 무덤과 이에 접속된 부속시설물의 부지로 사용되는 토지로서 지적공부상의 지목이 묘지인 토지에 관한 등기

해설 등록에 대한 등록면허세 비과세에서 제외
수익사업에 사용하기 위하여 취득하는 부동산의 등기는 등록에 대한 등록면허세를 과세한다.

답 ①

제3장 등록에 대한 등록면허세

Key Point 지방세의 주요 비과세 비교 `20회 출제`

내 용		취득세	등록에 대한 등록면허세	재산세	비 고
1) 국가 등에 대한 비과세	① 국가·지방자치단체·외국정부 등의 취득·보유	비과세	비과세	비과세	대한민국 정부기관에 과세하는 외국정부는 과세
	② 국가 등에 귀속 또는 기부채납 부동산 취득·보유	비과세	–	과세	부동산(토지·건축물)과 사회기반시설만 비과세
2) 용도구분에 의한 비과세	① 비영리사업자가 그 사업에 사용하기 위한 부동산 취득·보유	면제	–	면제	과세하는 경우 ① 중과세대상자산 ② 수익사업 ③ 유예기간 1년(비영리사업자 3년)
	② 마을회 등 주민공동체 소유부동산 및 선박의 취득·보유	면제	–	면제	
	③ 임시용 건축물(존속기간 1년 이내)	비과세	과세	비과세	
3) 대체취득·보유	① 천재 등으로 인한 대체취득·보유 • 건축물, 선박, 차량, 기계장비	면제	면제	과세	건축물 : 면적 초과시 과세
	② 토지수용 등으로 인한 대체 취득·보유 • 부동산, 선박, 광업권, 어업권	면제	면제	과세	과세하는 경우 ① 중과세대상자산 ② 부재부동산 ③ 종전가액을 초과
	③ 도시개발사업 등에 의한 비과세 • 환지처분·체비지·보류지	면제	면제	과세	청산금 부담 : 과세
4) 형식적인 취득·보유	① 환매권의 행사로 인한 취득·보유(동원대상지역 내)	비과세	과세	과세	–
	② 상속으로 인한 취득·보유 ㉠ 1가구 1주택(고급주택 제외) ㉡ 자경농민의 농지	과세	–	과세	
	③ 이혼한 부부 사이의 재산분할	과세	과세	과세	

07 신고·납부 ★

Q: 등록에 대한 등록면허세는 신고·납부방법인가요 아니면 부과징수 방법인가요?

A: 신고·납부방법이 원칙입니다. 신고·납부에 대해서 살펴보겠습니다.

PROFESSOR COMMENT
취득세와 비교하여 정리하기 바란다. 특히 등록에 대한 등록면허세는 등기·등록하기 전에 신고·납부하여야 하는 점에 유의하여야 한다.

제2편 지방세

> **Key Point** 신고·납부
> 1) 등기·등록하기 전(접수하는 날)까지
> 2) 등기·등록하기 전까지 납부한 때에는 신고하고 납부한 것으로 봄

1 등록에 대한 등록면허세의 신고·납부(지세법 제30조) 11·추가15회 출제

(1) 원 칙   등록 전까지 신고·납부

등록을 하고자 하는 자는 산출한 세액을 등록을 하기 전(신청서를 등기소 또는 등록관청에 접수하는 날)까지 납세지를 관할하는 지방자치단체의 장에게 신고하고 납부하여야 한다.

등록에 대한 등록면허세의 신고·납부

① 등록에 대한 등록면허세의 부과징수는 원칙적으로 신고·납부에 의한다.
② 신고·납부해야 하는 지방세에는 취득세, 등록에 대한 등록면허세 등이 있다.

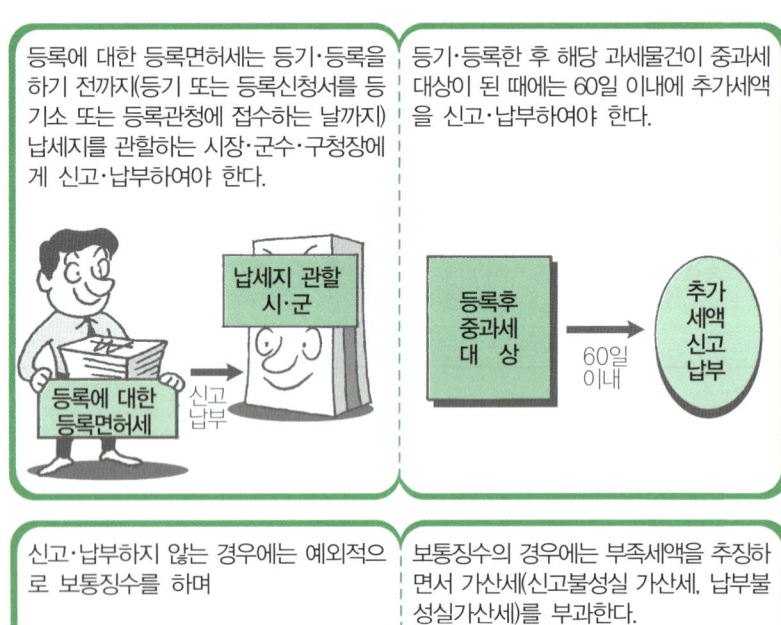

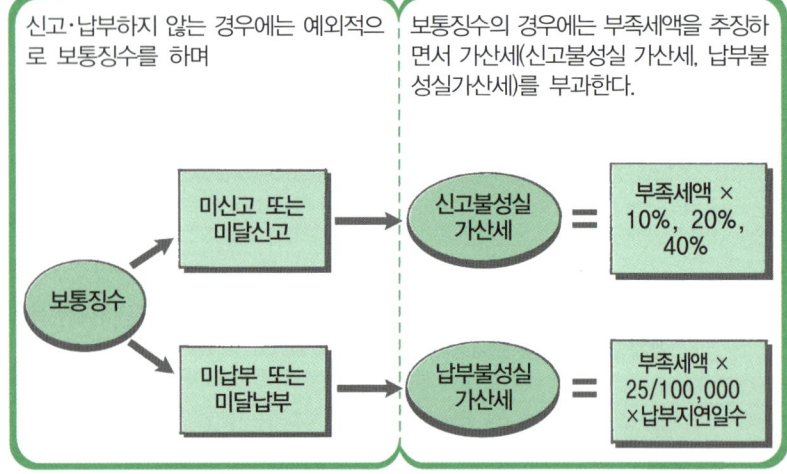

(2) 예 외   사유발생일부터 60일 이내에 신고·납부

1) 표준세율적용대상이 중과세적용대상이 된 경우

등록에 대한 등록면허세 과세물건을 등기 또는 등록한 후에 해당 과세물건이 중과세율의 적용이 된 때에는 다음에 정하는 날부터 60일 이내에 중과세율을 적용하여 산출한 세액에서 이미 납부한 세액(가산세 제외)을 공제한 금액을 세액으로 신고하고 납부하여야 한다.

다음의 하나에 해당하는 경우에는 해당 사무소 또는 사업장이 사실상 설치된 날
① 대도시에서 법인을 신설하는 경우
② 대도시에서 법인의 지점 또는 분사무소를 설치하는 경우
③ 대도시 밖에 있는 법인의 본점 또는 주사무소를 대도시로 전입하는 경우

2) 비과세대상이 부과대상이 된 경우

「지방세법」 또는 다른 법령에 의하여 등록에 대한 등록면허세를 비과세·과세면제 또는 경감받은 후에 해당 과세물건이 등록에 대한 등록면허세 부과대상 또는 추징대상이 된 때에는 위 **(1)**의 규정에 불구하고 그 사유발생일부터 60일 이내에 해당 과세표준에 해당 세율을 적용하여 산출한 세액을 신고하고 납부하여야 한다. 다만, 경감받은 경우에는 이미 납부한 세액(가산세를 제외함)을 공제한다.

(3) 등기하기 전까지 납부한 경우 신고한 것으로 간주   23·27·30회 출제

위의 **(1)** 내지 **(2)**의 규정에 의한 신고를 하지 아니한 경우라도 등록에 대한 등록면허세 산출세액을 등기 또는 등록하기 전까지(위 1), 2)의 경우에는 해당 항의 규정에 의한 신고기한까지) 납부한 때에는 신고하고 납부한 것으로 본다. 이 경우 신고불성실가산세를 적용하지 아니한다.

> 사유발생일부터 60일 이내

단락핵심 신고·납부

부동산등기에 대한 등록에 대한 등록면허세를 비과세 받은 후 해당 부동산이 등록에 대한 등록면허세 추징대상이 된 경우에는 그 사유발생일부터 60일 이내에 등록에 대한 등록면허세를 신고·납부하여야 한다

---

2 영수증서의 교부

(1) 지방자치단체의 금고 또는 지방세수납대행기관은 등록면허세를 납부받으면 납세자 보관용 영수증, 등록면허세 영수필 통지서(등기·등록관서의 시·군·구 통보용) 및 등록면허세 영수필 확인서 각 1부를 납세자에게 내주고, 지체 없이 등록면허세 영수필 통지서(시·군·구 보관용) 1부를 해당 시·군·구의 세입징수관에게 송부하여야 한다.

제2편 지방세

(2) 「전자정부법」 제36조 제1항에 따라 행정기관 간에 등록면허세 납부사실을 전자적으로 확인할 수 있는 경우에는 납세자에게 납세자 보관용 영수증을 교부하는 것으로 갈음할 수 있다.

3 납부영수증서의 처리

(1) 등기권리자가 등기·등록을 하고자 할 때에는 영수필통지서 1통과 영수필확인서 1통을 등기·등록에 관한 서류에 첨부하여야 한다. 다만, 「전자정부법」에 따라 행정기관 간에 등록면허세 납부사실을 전자적으로 확인할 수 있는 경우에는 그러하지 아니하다.

(2) 등기·등록관서는 등기·등록을 마친 때에는 영수필확인서 금액란에 반드시 소인하여야 하며, 첨부된 영수필통지서를 등기·등록에 관한 서류와 대조하여 기재 내용을 확인하고, 접수인을 날인하여 접수번호를 붙인 다음 납세지를 관할하는 시·군·구의 세입징수관에게 7일 이내에 송부하여야 한다.

4 부족세액의 추징 및 가산세

Key Point 가산세

1) 신고불성실가산세 : $\frac{10}{100}, \frac{20}{100}, \frac{40}{100}$
2) 납부지연가산세 : ㉠ + ㉡
   ㉠ 부족세액 × 가산율$\left(\frac{22}{100,000}\right)$ × 납부지연일수
   ㉡ 미납부세액 × 3%

등록에 대한 등록면허세 납세의무자가 과세표준의 신고를 하지 않거나, 납부세액이 산출세액에 미달한 때에는 납부되지 아니한 세액 또는 부족세액에 아래의 가산세를 가산한 금액을 세액으로 하여 보통징수방법에 의하여 징수한다.

(1) 신고불성실가산세

① 일반과소신고가산세 : $\frac{10}{100}$

② 일반무신고가산세 : $\frac{20}{100}$

③ 부정과소·무신고가산세 : $\frac{40}{100}$

PROFESSOR COMMENT
등록에 대한 등록면허세를 신고하지 아니한 경우에도 등록에 대한 등록면허세 산출세액을 등기 또는 등록을 하기 전(중과세 대상, 부과대상 또는 추징대상이 된 때에는 그 신고기한)까지 납부한 때는 신고를 하고 납부한 것으로 보기 때문에 신고불성실가산세를 적용하지 아니한다.

(2) 납부지연가산세 = (㉠+㉡)

㉠ 등록에 대한 등록면허세 납세의무자가 법정신고기한까지 납부하지 아니하였거나 산출세액에 미달하게 납부한 때에는 그 납부하지 아니하였거나 부족세액에 대통령령으로 정한 가산율과 납부지연일자를 곱하여 산출한 납부지연가산세가 적용된다.

㉡ 납세고지 후 미납부세액×3%

 PROFESSOR COMMENT
취득세와는 달리 등록에 대한 등록면허세의 경우 중가산세 100분의 80은 없다.

5 등기자료의 통지   31회 출제

(1) 등기·등록관서의 장은 등록에 대한 등록면허세가 납부되지 아니하였거나 납부 부족액을 발견하였을 때에는 다음 달 10일까지 납세지를 관할하는 시장·군수·구청장에게 이를 통보하여야 한다.

(2) 등기·등록 관서의 장이 등기·등록을 필한 경우에는 등록에 대한 등록면허세의 납세지를 관할하는 시장·군수·구청장에게 그 등기·등록의 신청서 부본에 접수 연월일 및 접수번호를 기재하여 등기·등록일부터 7일 이내에 통보하여야 한다. 다만, 등기·등록업무를 전산처리하는 경우에는 전산처리된 등기·등록자료를 행정안전부령이 정하는 바에 의하여 통지하여야 한다.

단락핵심 등록에 대한 등록면허세 납부와 등기

> 대법원판례는 등기가 사후에 원인무효로 말소되었다 하더라도 이미 납부한 등록에 대한 등록면허세에는 영향이 없다. 즉, 환급 또는 환부하지 아니한다.

제2편 지방세

단락문제 07
제11회 기출

다음은 부동산등기의 등록에 대한 등록면허세 신고 및 납부에 관한 설명이다. 옳은 것은?

① 부동산등기에 대한 등록에 대한 등록면허세를 신고 및 납부하는 때의 납세지는 해당 부동산 소유자의 주소지이다.
② 부동산등기에 대한 등록에 대한 등록면허세의 신고 및 납부기간은 해당 부동산의 취득일부터 60일 이내이다.
③ 부동산등기에 대한 등록에 대한 등록면허세를 비과세 받은 후 해당 부동산이 등록에 대한 등록면허세 추징대상이 된 경우에는 그 사유발생일부터 60일 이내에 등록에 대한 등록면허세를 신고 및 납부하여야 한다.
④ 부동산등기에 대한 등록에 대한 등록면허세의 신고·납부기간은 해당 부동산의 취득일부터 30일 이내이다.
⑤ 부동산등기에 대한 등록에 대한 등록면허세는 해당 부동산소재지를 관할하는 등기소에 신고 및 납부하여야 한다.

해설 등록에 대한 등록면허세 신고 및 납부
① 의 경우 부동산 소재지이다.
②, ④ 등기 또는 등록을 하기 전(접수하는 날)까지 신고 및 납부하여야 한다.
⑤ 등록에 대한 등록면허세는 지방자치단체인 특별자치시·특별자치도·도(특별시·광역시의 구)에 신고 및 납부하여야 한다.

답 ③

등록에 대한 등록면허세

CHAPTER 03

핵심 키워드 잡기

• 경록 교재에 모든 답이 있습니다.

01 납세의무자
재산권과 그 밖의 권리의 설정·변경 또는 소멸에 관한 사항을 공부에 등기 또는 등록(등재를 포함)하는 경우에 그 등기 또는 등록을 하는 자는 등록에 대한 등록면허세 납세의무가 있다.

02 납세지
등기 또는 등록일 현재 등기 또는 등록할 재산의 소재지나 등기 또는 등록권자의 주소지, 해당 사무소 또는 영업소 등의 소재지를 납세지로 한다.

03 과세표준(종가세, 종량세)
(1) 등기·등록 당시 신고가액(원칙)
(2) 등기·등록 당시 시가표준액(예외)
(3) 취득당시가액
(4) 채권금액에 의한 과세표준액
(5) 건수에 의한 과세표준액(종량세)
   말소등기·지목변경등기, 표시변경등기 등은 건당을 과세표준으로 한다.

04 세 율
(1) 부동산소유권 등기에 있어서

   보존등기 세율 ──── 토지·건물: 부동산가액 $\times \dfrac{8}{1,000}$

(2) 건수에 의한 세액: 건당 6,000원
(3) 중과세대상과 세율: 대도시 내 법인의 등기를 하는 때에는 해당 세율의 100분의 300으로 한다.

05 비과세
국가 등에 대한 비과세 등

06 신고·납부
등기 또는 등록을 하고자 하는 자는 산출한 세액을 등기 또는 등록을 하기 전(신청서를 등기소 또는 등록관청에 접수하는 날)까지 납세지를 관할하는 지방자치단체의 장에게 신고하고 납부하여야 한다.

07 가산세
(1) 신고불성실가산세
   • 일반과소신고가산세: 10%
   • 일반무신고가산세: 20%
   • 부당과소·무신고가산세: 40%
(2) 납부지연가산세: 법정신고기한까지 납부하지 아니하였거나 산출세액에 미달하게 납부한 때에는 그 납부하지 아니하였거나 부족세액에 대통령령으로 정한 가산율과 납부지연일자를 곱하여 산출한 납부불성실가산세가 적용된다.

CHAPTER 03 등록에 대한 등록면허세

단원 오답 잡기

• 경록 교재에 모든 답이 있습니다.

01 등록에 대한 등록에 대한 등록면허세는 부동산의 등기 또는 등록(등재 포함)에 대한 세목이다. _____

01. O

02 부동산의 실질권리자인 주식회사 양식은 등기를 대표이사인 개인 양해식명의로 하였다. 등록에 대한 등록면허세 납세의무자는 _____ 이다.

02. 양해식

03 지역권에 대한 설정등기를 하지 아니한 자는 등록에 대한 등록면허세 납세의무가 없다. _____

03. O

04 부동산등기의 납세지는 부동산 소유자의 주소지이다. _____

04. X
부동산소재지 관할 특별자치시·도, 특별자치도, 구

05 부동산소유권등기의 등록에 대한 등록면허세 과세표준은 취득당시의 신고가액이다. _____

05. X
등기당시의 신고가액

06 부동산의 등기에 대한 등록에 대한 등록면허세의 납세의무성립시기는 부동산을 취득한 때이다. _____

06. X
등기하는 때

07 법인장부에 의하여 취득가액이 증명되는 경우 과세표준은 사실상 취득가액으로 한다. _____

07. O

08 주식회사 양식은 5억원의 건축물을 취득하여 멸실등기하였다. 등록에 대한 등록면허세의 과세표준은 5억원이다. _____

08. X
건이 과세표준, 세액은 6천원

09 부동산등기에 대한 등록에 대한 등록면허세 세율은 표준세율을 채택하고 있다. 부동산취득에 대한 취득세도 표준세율을 채택하고 있다.

09. O

10 부동산에 관한 소유권 보존등기를 한 경우의 등록에 대한 등록면허세 표준세율은 _____ 이다.

10. 0.8%

제3장 등록에 대한 등록면허세

11 지상권 설정 및 이전등기의 표준세율은 2%이다. _____

11. X
0.2%

12 부동산에 대한 가등기의 등록에 대한 등록면허세 세율은 부동산가액 또는 채권금액의 1,000분의 2이다. _____

12. O

13 토지가액이 200,000원인 경우 지상권을 설정할 경우 등록에 대한 등록면허세 납부세액은 _____ 이다.

13. 6,000원
최소 6,000원이다.

14 수도권 중 과밀억제권역 안(=대도시)에서 법인의 지점설치에 따른 등기도 3배 중과세한다. _____

14. O

15 법인이 사원에게 분양할 목적으로 취득하는 1구의 건물의 연면적(전용면적)이 60m² 이하인 공동주택 및 그 부속토지에 관한 등기는 등록에 대한 등록면허세를 3배 중과세하지 아니한다. _____

15. O

16 토지등기에 대한 등록면허세 신고납부는 등기하기 전(前)이다. _____

16. O
등기하기 전은 등기접수일이다.

17 등록에 대한 등록면허세의 납부지연가산세는 미납일수 1일당 100,000분의 22이다. _____

17. O

18 부동산등기에 대한 등록면허세를 신고납부기한 내에 신고하지 못하고 납부만 하였다. 이 경우 신고불성실가산세가 부과된다. _____

18. X
신고한 것으로 간주
신고불성실가산세는 적용안됨

19 등록에 대한 등록면허세에 부가되는 세목으로 지방교육세와 농어촌특별세가 부가세로 부과될 수 있다. _____

19. O

CHAPTER 04 재산세

학습포인트

- 납세의무자, 과세대상, 과세표준 및 세율을 정리한다.
- 토지분 재산세의 분리과세, 별도합산 그리고 종합합산대상토지를 구분할 수 있어야 한다.
- 주택에 대한 개념, 과세표준, 세율 등을 정확히 정리한다.
- 종합부동산세와 비교정리한다.

CHAPTER 학습 & 출제되는 키워드

- ☑ 과세대상
- ☑ 주택
- ☑ 납세지
- ☑ 납세의무자
- ☑ 소유자 불명시 사용자
- ☑ 매수계약자
- ☑ 과세표준
- ☑ 종합합산세율
- ☑ 토지
- ☑ 선박
- ☑ 소재지
- ☑ 사실상 소유한 자
- ☑ 주된 상속자
- ☑ 수탁자
- ☑ 토지·건축물·주택
- ☑ 별도합산세율
- ☑ 건축물
- ☑ 항공기
- ☑ 선적항·정치장 소재지
- ☑ 공부상 소유자
- ☑ 종중재산의 공부상 소유자
- ☑ 사업시행자
- ☑ 선박·항공기
- ☑ 분리과세세율

CHAPTER 학습 & 출제되는 질문

- ☑ 다음은 재산세 납세의무자의 설명이다. 올바른 것은?
- ☑ 토지분 재산세의 분리과세대상토지에 해당되지 않는 것은?
- ☑ 주택에 대한 재산세의 설명이다. 가장 올바른 것은?
- ☑ 재산세와 종합부동산세의 비교설명이다. 틀린 내용은?

제4장 재산세

Q : 재산세란 무슨 세금입니까?
A : 부동산을 취득한 후 보유한 경우에 해당하는 세금입니다. 토지, 건축물, 주택, 선박, 항공기를 보유한 경우 재산세가 부과되는데 재산세에 대하여 자세히 살펴보겠습니다.

 부동산에 대한 보유세제로 1차적으로 시·군·구 내의 부동산보유에 대해서 시·군·구에서 재산세를 부과하고 2차적으로 전국의 토지와 주택을 각각 합산하여 종합부동산세를 부과하는 체제이다.

01 의 의

 주택을 취득하면 취득세를 냅니다. 그러면 취득해서 팔지 않고 보유(소유)하게 되면 어떤 세금이 해당될까요? 지금부터 우리가 공부하게 될 재산세가 해당됩니다. 즉, 토지, 건축물, 주택, 선박 및 항공기를 소유하고 있으면 재산세가 해당됩니다.

1 재산세의 일반적인 성격

(1) 재산세의 개념   재산을 소유하면서 사용·수익하는 데 대한 과세이다.

(2) 재산세의 성격   수익세적 성격을 가지고 있으며 시·군·구세, 특별자치시·특별자치도세이다.

(3) 재산세의 근거   재산 소유 사실에 내재하는 세부담능력과 국가 등으로부터 서비스 및 보호를 받는 데 대한 비용의 부담이라는 점에서 과세의 근거를 찾을 수 있다.

(4) 1962년 1월 1일부터 지방세로 이관되었다.

(5) 물세로서의 성격   주택과 건축물에 대한 재산세는 물세이다. 따라서 재산세에 있어서는 동일한 시가의 재산이면 그 소유자가 어떠한 사람이건 과세되는 세액은 동일하다. 즉, 재산세의 과세에 있어서는 세를 부담해야 할 재산소득자의 인적 요건은 고려되지 않고 물적 요건만이 고려되는 물세이다.

(6) 실질과세(實質課稅)의 원칙
  1) 재산세의 과세대상이 공부상 등재상황과 사실상의 현황이 상이한 경우에는 사실상의 현황에 의해 재산세를 부과한다.

오피스텔을 사실상 주거용으로 사용한다면 주택분 재산세가 과세되고, 주거가 아닌 사무실 등으로 사용한다면 일반건축물로 보아 재산세를 과세하여야 한다.

제2편 지방세

2) 재산세의 과세대상은 허가·무허가, 등기·미등기에 관계없이 사실상 과세대상에 해당하면 과세한다.

(7) 신고·납부제도가 없고 보통징수방법에 의하여 부과·징수한다.
→ 재산세는 가산세가 없다.

단락문제 Q1 제3회 기출

재산세에 관한 설명으로 옳지 않은 것은?
① 보유과세(保有課稅)의 방법을 채택한 세목(稅目)이다.
② 공부상(公簿上)의 용도를 기준으로 과세한다.
③ 보통징수방법에 의하여 징수한다.
④ 시·군·구세, 특별자치시·특별자치도세에 해당한다.
⑤ 보통세(普通稅)에 해당한다.

해설 재산세
② 재산세는 공부상의 용도가 아니라 사실상의 용도를 기준으로 과세한다. **답** ②

2 토지분 재산세의 특징

Q : 토지분 재산세의 특징에 대해서 설명해주십시오.
A : 네, 토지분 재산세의 특징에 대해서 중요내용만 살펴보겠습니다.

(1) 토지분 재산세의 도입

토지분 재산세는 토지의 과다한 보유를 억제하고 지가의 상승으로 인한 자본이득을 조세로 환수하기 위하여 토지공개념 제도의 일환으로 도입된 조세이다.

(2) 토지분 재산세의 성격

1) 토지분 재산세는 종전의 종합토지세를 폐지하고 재산세로 흡수한 것으로 지방자치단체인 시·군·구 안의 모든 토지를 과세대상별로 구분하여 소유자별로 합산한 후 그 가액에 초과누진세율을 적용하는 개인별 종합과세제도를 채택하고 있다.

2) 이에 따라 토지의 과다보유를 억제함으로써 토지의 공급을 원활히 하고 지가의 안정을 도모하고 토지소유의 저변 확대를 위한 조세이다.

▼ 토지분 재산세의 특징

1) 토지분 재산세는 해당 시·군·구 안의 토지를 합산하여 재산세를 부과한다.
2) 본래의 취지로 보면 시·군·구 안의 모든 토지를 소유자별로 합산과세하여야 했으나 토지의 이용이 생산적 또는 사치적인데 따라 세율을 별도로 적용함으로써 일률적인 종합합산과세에서 오는 불합리한 점을 보완한 점이다.
3) 해당 시·군·구 안의 토지(주택의 부속토지는 주택과 함께 주택분 재산세로 부과됨)만을 소유자별로 합산(종합합산, 별도합산)하여 재산세를 부과한다. 종합합산과세대상토지와 별도합산과세대상토지는 시·군·구 안의 토지를 개인별·법인별로 합산하여 재산세를 부과한다.
4) 토지분 재산세의 업무처리는 가액의 합산, 세액산출, 세액의 안분 등이 복잡하여 컴퓨터를 활용하지 않고는 운영이 불가능한 점이다.
5) 매년 6월 1일이 과세기준일이기 때문에 과세기준일 이후 납기까지의 사이에 해당 토지를 양도하였다 하더라도 6월 1일 현재 소유하고 있었던 자에게 부과된다는 점이다.

재산세(토지, 건축물, 주택, 선박, 항공기)

재산세는 소유하고 있는 재산에 대하여 시·군·구, 특별자치시·특별자치도에서 매년 과세하는 지방세이다.

재산세 매년 부과

재산(토지·건축물·주택·선박·항공기)

재산세는 **토지·건축물·주택·선박·항**공기에 대하여 부과한다.

머릿글자만 따서 '토건주 선항'이라고 외우지!

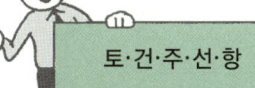

토·건·주·선·항

재산세의 과세대상 물건(**토·건·주·선·항**)이 공부상 등재상황과 사실상의 현황이 다를 경우에는 사실상의 현황에 의하여 재산세를 부과한다.

재산세는 현황부과한다.

현황부과!

재산세는 재산가액 총액을 기준으로 과세하며 부채는 공제하지 않는다.

대출금이 있는 주택의 경우 부채인 대출금은 무시하고 재산세를 과세한다.

부채(대출금) 무시!

제2편 지방세

02 과세주체

제주특별자치도에 거주하는 자가 서울 종로구에 소재하는 상가건물을 보유하고 있을 때 제주특별도지사가 재산세를 부과할까 아니면 종로구청장이 재산세를 부과할까? 상가건물의 소재지인 종로구청장이 재산세를 부과하게 된다. 즉, 물건 소재지가 납세지이고 시장·군수·구청장 또는 특별자치시장·특별자치도지사가 과세주체로서 부과·징수한다.

03 과세대상 ★

추가15·16·19회 출제

Q: 재산세 과세대상은 어떤 것이 있나요?
A: 부동산(토지와 건축물 그리고 주택)과 선박 및 항공기가 과세대상입니다. 그럼 과세대상에 대해서 살펴보겠습니다.

자동차를 보유하고 있을 때 재산세를 부담할까요?
부담하지 않습니다. 왜냐하면 자동차는 재산세 과세대상으로 열거되지 않기 때문입니다.
따라서 재산세가 과세되기 위해서는 재산세 과세대상으로 열거되어야 합니다.

재산세 과세대상은 토지, 건축물, 주택, 선박 및 항공기를 말한다(지세법 제105조).

1 토 지 31회 출제

(1) 「공간정보의 구축 및 관리 등에 관한 법률」에 따라 지적공부의 등록대상이 되는 토지와 그 밖에 사용되고 있는 사실상의 토지를 말한다.
(2) 토지는 분리과세대상토지, 별도합산과세대상토지, 그리고 종합합산과세대상토지로 구분한다.
(3) 「신탁법」에 따른 신탁재산에 속하는 종합합산과세대상토지 및 별도합산과세대상토지의 합산방법은 다음에 따른다.
   1) 신탁재산에 속하는 토지는 수탁자의 고유재산에 속하는 토지와 서로 합산하지 아니한다.
   2) 위탁자별로 구분되는 신탁재산에 속하는 토지의 경우 위탁자별로 각각 합산하여야 한다.

2 건축물

→ 제2조 제1항 제2호
「건축법」에 의한 **건축물**과 토지에 정착하거나 지하 또는 다른 구조물에 설치하는 레저시설, 저장시설 등 및 그 밖에 이와 유사한 시설을 말한다.
↓   ↳ 이에 딸린 시설을 포함한다.
이와 유사한 건축물을 포함

3 주 택 → 부속토지를 포함하여 주택으로 과세한다.

「주택법」 제2조 제1호의 규정에 의한 주택을 말한다. 이 경우 토지와 건축물의 범위에는 주택을 제외한다.
→ 토지와 건축물로 과세하지 않고 주택분 재산세로 과세한다는 의미이다.

4 선 박

기선·범선·부선(艀船) 등 기타 명칭에 관계없이 모든 배를 말한다.

5 항공기

사람이 탑승·조종하여 항공에 사용하는 비행기·비행선·활공기·회전익 항공기 기타 유사한 비행기구로서 대통령령이 정하는 것을 말한다.

단락핵심 과세대상

재산세과세대상(財産稅課稅對象)은 토지, 건축물, 주택, 선박, 항공기이다.

단락문제 Q2
제19회 기출

「지방세법」상 재산세 과세대상에 속하는 것으로 옳게 묶인 것은?

㉠ 항공기	㉡ 선박
㉢ 고급주택	㉣ 카지노업에 사용되는 건축물
㉤ 과수원	㉥ 차량
㉦ 골프회원권	㉧ 기계장비
㉨ 광업권	㉩ 법령에 의해 신고된 20타석 이상의 골프연습장

① ㉠, ㉢, ㉣, ㉤ ② ㉡, ㉣, ㉨, ㉩ ③ ㉠, ㉢, ㉥, ㉩
④ ㉡, ㉥, ㉦, ㉧ ⑤ ㉤, ㉦, ㉧, ㉨

해설 과세대상
재산세 과세대상은 토지, 건축물, 주택, 선박, 항공기이다. 과세대상은 ㉠, ㉡, ㉢, ㉣, ㉤, ㉩이 정답이다. **답** ①

제2편 지방세

▼ 재산세와 종합부동산세의 비교(요약) `30회 출제`

구 분		재산세	종합부동산세
(1) 토지	1) 종합합산 과세대상	물건지 소재지 해당 지방자치단체 안에서만 합산 (종합만 합산)	국내(전국) 종합합산토지의 공시가격을 합한 금액이 5억원을 초과하는 자(개인은 개인별, 법인은 법인별)
	2) 별도합산 과세대상	물건지 소재지 해당 지방자치단체 안에서만 합산 (별도만 합산)	국내(전국) 별도합산토지의 공시가격을 합한 금액이 80억원을 초과하는 자(개인은 개인별, 법인은 법인별)
	3) 분리과세 대상	물건지 소재지 해당 지방자치단체에서 필지별로 과세(합산하지 않음)	종합부동산세 과세하지 않음
(2) 건축물	상가 등	건축물별로 각각 부과 (합산하지 않음)	종합부동산세 과세하지 않음
(3) 주택 (부수 토지 포함)	주택	주택별로 각각 부과 (합산하지 않음)	국내(전국) 주택공시가격을 합한 금액이 9억원을 초과하는 자(개인별, 법인별) *1세대 1주택 단독명의는 12억원 초과하는 자
(4) 선박·항공기		재산세는 부과대상이나 종합부동산세는 부과대상이 아님	

* 1. 주택은 주택의 건축물과 부수토지를 포함하여 주택분 재산세가 부과된다. 또한 종합부동산세도 주택과 부수토지를 포함하여 주택분 종합부동산세 과세여부를 판정한다.
 2. 상가와 부수토지를 소유할 경우 상가에 대해서는 건축물분 재산세가, 부수토지에 대해서는 토지분 재산세가 별도로 부과된다.

04 토지의 과세대상 구분 ★★★   `11·추가15·18·25회 출제`

→ 과세대상은 모든 토지이며, 토지에 대한 지목의 판단은 사실상 현황에 따른다.

Q : 토지에 대한 과세대상을 몇 가지로 구분하나요?
A : 크게 3가지로 구분합니다. 분리, 별도, 종합으로 구분합니다. 그럼 자세히 알아보겠습니다.

제4장 재산세

토지의 보유에 대한 과세체계를 간단히 요약하면 다음과 같다.

첫째, 토지 중 주택의 부속토지는 주택분 재산세로 해당 시·군·구에서 부과된 후, 전국의 모든 주택을 합산하여 종합부동산세가 부과된다(종합부동산세는 개인의 경우 개인별 합산).

둘째, 나머지 토지는 해당 시·군·구에서 분리과세, 별도합산, 종합합산으로 구분하여 토지분 재산세를 부과한 후, 전국의 모든 토지 중 별도합산과 종합합산대상 토지를 각각 합산하여 종합부동산세가 부과된다(개인의 경우 종합부동산세는 개인별 합산).

전국의 모든 토지가 과세대상입니다. 토지를 분리과세대상토지, 별도합산과세대상토지, 종합합산과세대상토지로 구분하여 과세하고 있습니다.
이에 대하여 자세히 살펴보고자 합니다.

토지분 재산세의 과세대상

① 과세대상은 모든 토지이다.
② 모든 토지라 함은 등록토지(토지대장·임야대장에 등록된 토지) 및 미등록 토지를 모두 말함

토지분 재산세의 과세대상은 모든 토지이다.

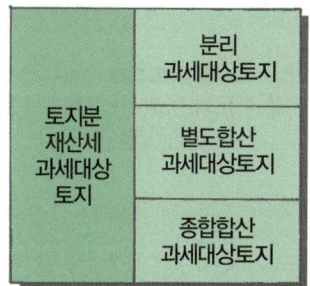
토지분 재산세 과세대상토지는 ① 분리과세대상토지, ② 별도합산과세대상토지, ③ 종합합산과세대상토지의 3가지로 나뉜다.

분리과세대상토지란 농지·목장용지 등의 토지로서 개별적으로 과세하는 토지를 말한다.

다른 토지를 소유했어도 농지는 따로 분리과세한다.

분리과세대상토지는 저율(0.2% 및 0.07%)과 고율(4%)로 나뉜다.

농지는 저율(0.07%) 분리과세한다.

골프장은 고율(4%) 분리과세한다.

kyungrok.com 197

제2편 지방세

토지분 재산세의 과세대상 구분 20·24회 출제

구 분	과세대상토지	세 율
1) 낮은 세율 적용 분리과세대상토지	농지, 목장용지, 일정한 임야, 종중농지, 종중임야	$\frac{0.7}{1,000}$ (0.07%)
	공장용지, 한국토지주택공사가 타인공급용 소유토지, 기타 나머지 분리과세대상토지	$\frac{2}{1,000}$ (0.2%)
2) 높은 세율 적용 분리과세대상토지	골프장·고급오락장용 토지	$\frac{40}{1,000}$ (4%)
3) 별도합산 과세대상토지	일반건축물의 부속토지로서 기준면적 이내 토지 (기준면적 = 바닥면적 × 용도지역별 적용배율)	초과누진세율
4) 종합합산 과세대상토지	분리과세대상토지와 별도합산과세대상토지를 제외한 토지	초과누진세율

* 주택의 부속토지는 주택에 포함되어 일괄로 주택분 재산세가 부과된다.

1 분리과세대상토지 (지세법 제106조 제1항 제3호, 지세령 제102조 제1항) 10·15회 출제

Q: 분리과세대상토지란 합산하지 않고 분리하여 과세한다는 의미인가요?
A: 네. 그렇습니다. 분리하여 과세할 필요가 있는 대상으로 분리과세대상 해당 여부를 정리하여야 합니다.

PROFESSOR COMMENT
토지분 재산세의 핵심은 분리과세대상토지의 해당 여부와 세율적용이다. 따라서 분리과세대상 해당 여부를 정확하게 정리하여야 한다.

농지 등 재산세를 낮은 세율로 부과할 필요가 있는 경우 또는 고급오락장용 부속토지 등 재산세를 높은 세율로 부과할 필요가 있는 경우에 분리과세대상토지로 구분하여 과세하고 있다. 낮은 세율로 부과하는 분리과세대상토지는 공장용지, 농지, 목장용지, 임야 등이 있고, 높은 세율로 부과하는 분리과세대상토지는 골프장용 토지, 고급오락장용 토지 등이 있다. 그리고 별장의 부속토지는 별장과 부속토지를 통합하여 전체로 재산세가 부과된다. 분리과세대상토지는 다음과 같다.

(1) 공장용지, 농지 및 목장용지 14회 출제

1) 공장용지 (1,000분의 2, 0.2%)

낮은 세율이 적용되는 분리과세대상 공장용지는 다음과 같다.

제4장 재산세

Key Point 분리과세대상 공장용지

1) 공장용 건축물의 부속토지로서 공장입지 기준면적 이내의 토지
2) 특별시·광역시(군지역은 제외함)·특별자치시·특별자치도 및 시지역 안에서는 산업단지와 공업지역 안에 한함
3) 읍·면지역의 공장입지 기준면적 이내의 토지

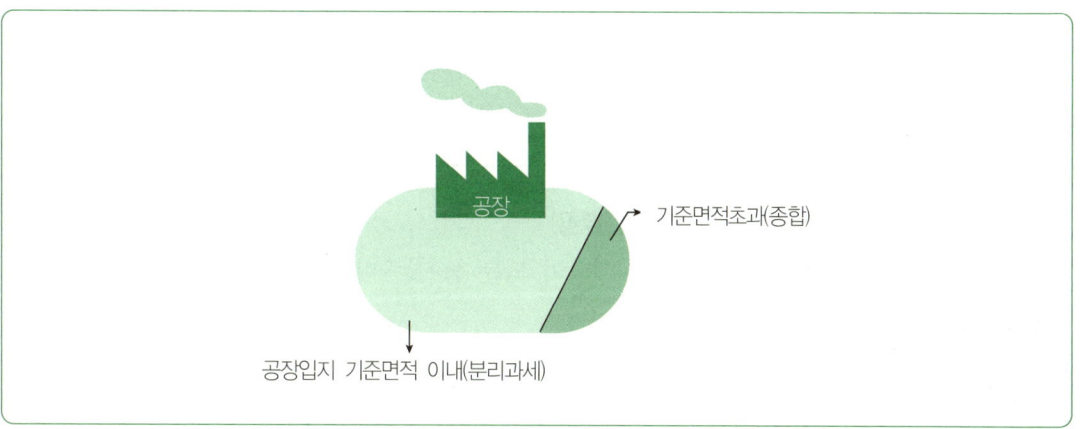

① 읍·면지역에 소재하는 공장용 건축물의 부속토지 또는 특별시·광역시·시 지역에서는 산업단지 및 공업지역에 소재하는 공장용 건축물의 부속토지로서 행정안전부령으로 정하는 공장입지 기준면적 범위 안의 토지는 분리과세대상토지이다.

여기에서 공장용 건축물의 부속토지라 함은 특별시·광역시(군지역을 제외)·시(읍·면 제외) 지역 안에서는 「산업입지 및 개발에 관한 법률」에 의하여 지정된 산업단지 및 「국토의 계획 및 이용에 관한 법률」에 의하여 지정된 공업지역 안에 위치한 공장용 건축물의 부속토지에 한한다.

② 공장용 건축물의 범위에는 건축중인 경우를 포함하되, 과세기준일 현재 정당한 사유없이 6개월 이상 공사가 중단된 경우는 제외한다.
③ 「산업집적활성화 및 공장설립에 관한 법률」 제2조 제1호에 따른 공장의 부속토지로서 개발제한구역의 지정이 있기 이전에 그 부지취득이 완료된 곳으로서 공장입지 기준면적 범위 안의 토지는 분리과세대상토지로 한다.
④ 공장입지 기준면적을 초과하는 토지는 종합합산과세대상토지로 한다.
⑤ 특별시·광역시·시 지역에서 산업단지 및 공업지역 이외의 공장용 토지는 용도지역별 적용배율 면적까지는 별도합산하고 초과하는 면적은 종합합산한다. 즉, 공장용 건축물의 부속토지로 보지 않고 일반건축물의 부속토지로 보겠다는 의미이다.

제2편 지방세

> **Key Point** 공장용지

소유자	해당 지역	해당 면적		과세대상 구분
개인·법인	1) 읍·면지역	① 공장입지 기준면적 이내의 공장용지		분리과세
		② 공장입지 기준면적 초과 공장용지		종합합산
	2) 특별시·광역시·특별자치시·특별자치도·시지역	① 산업단지·공업지역	㉠ 공장입지 기준면적 이내	분리과세
			㉡ 공장입지 기준면적 초과	종합합산
		② 상업지역·주거지역·녹지지역 등	㉠ 건축물 기준면적 이내 (용도지역별 적용배율을 적용)	별도합산
			㉡ 건축물 기준면적 초과	종합합산

2) 농지(1,000분의 0.7, 0.07%) **11회 출제**

낮은 세율이 적용되는 분리과세대상이 되는 농지는 다음과 같다.

> **Key Point** 사실상 농지
>
> ① 개인농지   ②~⑥ 법인 또는 단체 농지

「국토의 계획 및 이용에 관한 법률」 제36조 제1항 제1호에 따른 용도지역이 지정되지 않은 도시지역을 포함한다. 이하 같다.

① 전·답·과수원으로서 과세기준일 현재 실제 영농에 사용되고 있는 개인이 소유하고 있는 농지. 다만, 특별시·광역시(군지역을 제외)·특별자치시·특별자치도·시지역(읍·면지역을 제외)의 도시지역 안의 농지는 개발제한구역과 녹지지역에 있는 것에 한한다. **14회 출제**
② 「농지법」 제2조 제3호에 따른 농업법인이 소유하는 농지로서 과세기준일 현재 실제 영농에 사용되고 있는 농지. 다만, 특별시·광역시(군지역을 제외)·특별자치시·특별자치도·시지역(읍·면지역을 제외)의 도시지역의 농지는 개발제한구역과 녹지지역에 있는 것에 한한다.
③ 한국농어촌공사가 법령에 의하여 농가에 공급하기 위하여 소유하는 농지
④ 관계법령에 따른 사회복지사업자가 복지시설의 소비목적으로 사용할 수 있도록 하기 위하여 소유하는 농지
⑤ 법인이 매립·간척에 의하여 취득한 농지로서 과세기준일 현재 실제 영농에 사용되고 있는 해당 법인 소유 농지. 다만, 특별시·광역시(군지역 제외)·특별자치시·특별자치도·시지역(읍·면지역 제외)의 도시지역의 농지는 개발제한구역과 녹지지역에 있는 것으로 한정한다.
⑥ 종중이 소유하는 농지

> **유의** 농지 중 분리과세대상 요건
>
> ④, ⑥에 해당하는 농지는 1990년 5월 31일 이전부터 소유(1990년 6월 1일 이후에 해당 농지를 상속받아 소유하는 경우와 법인합병으로 인하여 취득하여 소유하는 경우 포함)하는 것에 한한다.

제4장 재산세

> **Key Point** 농지

소유자	해당 지역			과세대상 구분
1) 개인	① 군지역 농지(광역시의 군지역, 도농복합형 시의 읍면지역 포함)			분리과세
	② 특별시·광역시·특별자치시·특별자치도·시지역	도시지역 밖		분리과세
		도시지역 안	㉠ 개발제한구역·녹지지역	분리과세
			㉡ 상업·공업·주거지역 등	종합합산
2) 법인·단체 (위 ②~⑥을 제외한 법인·단체)	③ 모든 지역			종합합산

3) 목장용지(1,000분의 0.7, 0.07%)

> **Key Point** 분리과세대상 목장용지

1) 목장용지로서 기준면적 이내의 토지
2) 도시지역 안에서는 개발제한구역 및 녹지지역에 한함

개인 또는 법인이 축산용으로 사용하는 도시지역 안의 개발제한구역 및 녹지지역과 도시지역 밖의 목장용지로서 과세기준일이 속하는 해의 직전연도를 기준으로 축산용 토지 및 건축물의 <u>기준을 적용하여 계산한 토지면적의 범위</u>에서 소유하는 토지이다.
→ 기준면적 이내

> **Key Point** 목장용지

소유자	해당 지역			해당 면적	구 분
개인·법인	도시지역	1) 밖	모든 지역	㉠ 기준면적 이내	분리과세
				㉡ 기준면적 초과	종합합산
		2) 안	① 개발제한구역·녹지지역	㉠ 기준면적 이내	분리과세
				㉡ 기준면적 초과	종합합산
			② 상업·공업·주거지역 등	모든 면적	종합합산

(2) 산림의 보호·육성을 위하여 필요한 임야 및 종중소유 임야 등(1,000분의 0.7, 0.07%)
낮은 세율이 적용되는 분리과세대상 임야는 다음의 임야를 말한다.

1) 「산림자원의 조성 및 관리에 관한 법률」에 의하여 특수산림사업지구로 지정된 임야와 「산지관리법」에 의한 보전산지에 있는 임야로서 「산림자원의 조성 및 관리에 관한 법률」에 의한 산림경영계획인가를 받아 실행중인 임야. 다만, 도시지역의 임야는 <u>제외</u>하되 도시지역으로 편입된 날부터 2년이 지나지 아니한 임야와 <u>보전녹지지역</u> 안의 임야로서 산림경영계획의 인가를 받아 실행중인 임야는 <u>포함</u>한다.
→ 종합합산과세대상
← 즉 분리과세 대상이다.
→ 「국토의 계획 및 이용에 관한 법률」 제36조 제1항 제1호에 따른 용도지역이 지정되지 않은 도시지역을 포함한다.

2) 「문화재보호법」에 따른 지정문화재 및 보호구역 안의 임야
3) 「자연공원법」에 의하여 지정된 공원자연환경지구의 임야
4) 종중이 소유하고 있는 임야
5) 1989년 12월 31일 이전부터 소유하고 있는 다음의 임야
   ① 「개발제한구역의 지정 및 관리에 관한 특별조치법」의 규정에 의한 개발제한구역의 임야
   ② 「군사기지 및 군사시설보호법」에 의한 군사기지 및 군사시설보호구역 중 제한보호구역의 임야 및 그 제한보호구역에서 해제된 날부터 2년이 지나지 아니한 임야
   ③ 「도로법」에 의하여 지정된 접도구역의 임야
   ④ 「철도안전법」 제45조에 따른 철도보호지구의 임야
   ⑤ 「도시공원 및 녹지 등에 관한 법률」 규정에 의한 도시공원의 임야
   ⑥ 「국토의 계획 및 이용에 관한 법률」에 따른 도시자연공원구역의 임야
   ⑦ 「하천법」에 따라 홍수관리구역으로 고시된 지역의 임야
6) 「수도법」에 따른 상수원보호구역의 임야

유의 임야 중 분리과세대상 요건

4), 6)에 규정하는 임야는 1990년 5월 31일 이전부터 소유(1990년 6월 1일 이후에 해당 농지 또는 임야를 상속받아 소유하는 경우와 법인합병으로 인하여 취득하여 소유하는 경우를 포함)하는 것에 한하고, 3)의 목장용지 중 도시지역 안의 목장용지 및 5)에 규정하는 임야는 1989년 12월 31일 이전부터 소유(1990년 1월 1일 이후에 해당 임야를 상속받아 소유하는 경우와 법인합병으로 인하여 취득하여 소유하는 경우를 포함)하는 것에 한한다.

단락문제 03

제10회 기출

다음은 토지분 재산세에 있어서 낮은 과세를 위한 분리과세대상으로 분류될 수 있는 토지를 나열한 것이다. 옳지 않은 것은?

① 기준면적 이내의 주거용 건축물의 부속토지
② 입지기준면적 이내의 공장용 건축물의 부속토지
③ 개인소유 자경농지
④ 기준면적 내의 목장용지
⑤ 산림의 보호·육성을 위하여 필요한 임야

해설 분리과세대상토지
① 주거용 건축물 부속토지는 주택에 포함되어 전체로 주택분 재산세과세대상이다.
  분리과세대상토지로서 저율분리과세
  1) 공장용지, 전·답·과수원 및 목장용지
  2) 산림의 보호·육성을 위하여 필요한 임야 및 종중 소유 임야로서 대통령령으로 정하는 임야

답 ①

(3) 골프장·고급오락장용으로 사용되는 토지(1,000분의 40, 4%) ★ 10·14회 출제

4%의 높은 세율이 적용되는 분리과세대상토지에는 골프장용 토지와 고급오락장용 부속 토지가 있다.

(4) 기타 분리과세대상 토지(1,000분의 2, 0.2%)

1) 국가 및 지방자치단체지원을 위한 특정목적 사업용 토지(지세법 제106조 제1항 제3호 다목, 지세법 제106조 제1항 제3호 마목)

① 국가나 지방자치단체가 국방상의 목적 외에는 그 사용 및 처분 등을 제한하는 공장 구내의 토지

② 「국토의 계획 및 이용에 관한 법률」, 「도시개발법」, 「도시 및 주거환경정비법」, 「주택법」 등(이하 이 호에서 "개발사업 관계법령"이라 한다)에 따른 개발사업의 시행자가 개발사업의 실시계획승인을 받은 토지로서 개발사업에 제공하는 토지 중 다음 각 목의 어느 하나에 해당하는 토지

㉠ 개발사업 관계법령에 따라 국가나 지방자치단체에 무상귀속되는 공공시설용 토지

㉡ 개발사업의 시행자가 국가나 지방자치단체에 기부채납하기로 한 기반시설(「국토의 계획 및 이용에 관한 법률」 제2조 제6호의 기반시설을 말한다)용 토지

③ 「방위사업법」 제53조에 따라 허가받은 군용화약류시험장용 토지(허가받은 용도 외의 다른 용도로 사용하는 부분은 제외한다)와 그 허가가 취소된 날부터 1년이 지나지 아니한 토지

④ 「한국농어촌공사 및 농지관리기금법」에 따라 설립된 한국농어촌공사가 「혁신도시 조성 및 발전에 관한 특별법」 제43조 제3항에 따라 국토교통부장관이 매입하게 함에 따라 타인에게 매각할 목적으로 일시적으로 취득하여 소유하는 같은 법 제2조 제6호에 따른 종전부동산

⑤ 「한국수자원공사법」에 따라 설립된 한국수자원공사가 「한국수자원공사법」 및 「댐건설 및 주변지역지원 등에 관한 법률」에 따라 국토교통부장관이 수립하거나 승인한 실시계획에 따라 취득한 토지로서 「댐건설 및 주변지역지원 등에 관한 법률」 제2조 제1호에 따른 특정용도 중 발전·수도·공업 및 농업 용수의 공급 또는 홍수조절용으로 직접 사용하고 있는 토지

2) 에너지·자원의 공급 및 방송·통신·교통 등의 기반시설용 토지(지세법 제106조 제1항 제3호 바목)

다음에서 정하는 토지(법 제106조 제1항 제3호 다목에 따른 토지는 제외한다)를 말한다. 이 경우 제5호 및 제7호부터 제9호까지의 토지는 같은 호에 따른 시설 및 설비공사를 진행 중인 토지를 포함한다.

① 과세기준일 현재 계속 염전으로 실제 사용하고 있거나 계속 염전으로 사용하다가 사용을 폐지한 토지. 다만, 염전 사용을 폐지한 후 다른 용도로 사용하는 토지는 제외한다.

② 「광업법」에 따라 광업권이 설정된 광구의 토지로서 산업통상자원부장관으로부터 채굴계획 인가를 받은 토지(채굴 외의 용도로 사용되는 부분이 있는 경우 그 부분은 제외한다)
③ 「방송법」에 따라 설립된 한국방송공사의 소유 토지로서 같은 법 제54조 제1항 제5호에 따른 업무에 사용되는 중계시설의 부속토지
④ 「여객자동차 운수사업법」 및 「물류시설의 개발 및 운영에 관한 법률」에 따라 면허 또는 인가를 받은 자가 계속하여 사용하는 여객자동차터미널 및 물류터미널용 토지
⑤ 「전기사업법」에 따른 전기사업자가 「전원개발촉진법」 제5조 제1항에 따른 전원개발사업 실시계획에 따라 취득한 토지 중 발전시설 또는 송전·변전시설에 직접 사용하고 있는 토지(「전원개발촉진법」 시행 전에 취득한 토지로서 담장·철조망 등으로 구획된 경계구역 안의 발전시설 또는 송전·변전시설에 직접 사용하고 있는 토지를 포함한다)
⑥ 「전기통신사업법」 제5조에 따른 기간통신사업자가 기간통신역무에 제공하는 전기통신설비(「전기통신사업 회계정리 및 보고에 관한 규정」 제8조에 따른 전기통신설비를 말한다)를 설치·보전하기 위하여 직접 사용하는 토지(대통령령 제10492호 한국전기통신공사법시행령 부칙 제5조에 따라 한국전기통신공사가 1983년 12월 31일 이전에 등기 또는 등록을 마친 것만 해당한다)
⑦ 「집단에너지사업법」에 따라 설립된 한국지역난방공사가 열생산설비에 직접 사용하고 있는 토지
⑧ 「한국가스공사법」에 따라 설립된 한국가스공사가 제조한 가스의 공급을 위한 공급설비에 직접 사용하고 있는 토지
⑨ 「한국석유공사법」에 따라 설립된 한국석유공사가 정부의 석유류비축계획에 따라 석유를 비축하기 위한 석유비축시설용 토지와 「석유 및 석유대체연료 사업법」 제17조에 따른 비축의무자의 석유비축시설용 토지, 「송유관 안전관리법」 제2조 제3호에 따른 송유관설치자의 석유저장 및 석유수송을 위한 송유설비에 직접 사용하고 있는 토지 및 「액화석유가스의 안전관리 및 사업법」 제20조에 따른 비축의무자의 액화석유가스 비축시설용 토지
⑩ 「한국철도공사법」에 따라 설립된 한국철도공사가 같은 법 제9조 제1항 제1호부터 제3호까지 및 제6호의 사업(같은 항 제6호의 경우에는 철도역사 개발사업만 해당한다)에 직접 사용하기 위하여 소유하는 철도용지
⑪ 「항만공사법」에 따라 설립된 항만공사가 소유하고 있는 항만시설(「항만법」 제2조 제5호에 따른 항만시설을 말한다)용 토지 중 「항만공사법」 제8조 제1항에 따른 사업에 사용하거나 사용하기 위한 토지. 다만, 「항만법」 제2조 제5호 다목부터 마목까지의 규정에 따른 시설용 토지로서 제107조에 따른 수익사업에 사용되는 부분은 제외한다.

3) 국토의 효율적 이용을 위한 개발사업용 토지(지세법 제106조 제1항 제3호 사목)

① 「공유수면 관리 및 매립에 관한 법률」에 따라 매립하거나 간척한 토지로서 공사준공인가일(공사준공인가일 전에 사용승낙이나 허가를 받은 경우에는 사용승낙일 또는 허가일을 말한다)부터 4년이 지나지 아니한 토지

② 「금융회사부실자산 등의 효율적 처리 및 한국자산관리공사의 설립에 관한 법률」 제6조에 따라 설립된 한국자산관리공사 또는 「농업협동조합의 구조개선에 관한 법률」 제29조에 따라 설립된 농업협동조합자산관리회사가 타인에게 매각할 목적으로 일시적으로 취득하여 소유하고 있는 토지

③ 「농어촌정비법」에 따른 농어촌정비사업 시행자가 같은 법에 따라 다른 사람에게 공급할 목적으로 소유하고 있는 토지

④ 「도시개발법」 제11조에 따른 도시개발사업의 시행자가 그 도시개발사업에 제공하는 토지(주택건설용 토지와 산업단지용 토지로 한정한다)와 종전의 「토지구획정리사업법」(법률 제6252호 토지구획정리사업법폐지법률에 의하여 폐지되기 전의 것을 말한다. 이하 이 호에서 같다)에 따른 토지구획정리사업의 시행자가 그 토지구획정리사업에 제공하는 토지(주택건설용 토지와 산업단지용 토지로 한정한다) 및 「경제자유구역의 지정 및 운영에 관한 특별법」 제8조의3에 따른 경제자유구역 또는 해당 단위개발사업지구에 대한 개발사업시행자가 그 경제자유구역개발사업에 제공하는 토지(주택건설용 토지와 산업단지용 토지로 한정한다). 다만, 다음 각 목의 기간 동안만 해당한다.

　㉠ 도시개발사업 실시계획을 고시한 날부터 「도시개발법」에 따른 도시개발사업으로 조성된 토지가 공급 완료(매수자의 취득일을 말한다)되거나 같은 법 제51조에 따른 공사 완료 공고가 날 때까지

　㉡ 토지구획정리사업의 시행인가를 받은 날 또는 사업계획의 공고일(토지구획정리사업의 시행자가 국가인 경우로 한정한다)부터 종전의 「토지구획정리사업법」에 따른 토지구획정리사업으로 조성된 토지가 공급 완료(매수자의 취득일을 말한다)되거나 같은 법 제61조에 따른 공사 완료 공고가 날 때까지

　㉢ 경제자유구역개발사업 실시계획 승인을 고시한 날부터 「경제자유구역의 지정 및 운영에 관한 특별법」에 따른 경제자유구역개발사업으로 조성된 토지가 공급 완료(매수자의 취득일을 말한다)되거나 같은 법 제14조에 따른 준공검사를 받을 때까지

⑤ 「산업입지 및 개발에 관한 법률」 제16조에 따른 산업단지개발사업의 시행자가 소유하고 있는 토지로서 같은 법에 따른 산업단지개발실시계획의 승인을 받아 산업단지조성공사를 시행하고 있는 토지

⑥ 「산업집적활성화 및 공장설립에 관한 법률」 제45조의9에 따라 설립된 한국산업단지공단이 타인에게 공급할 목적으로 소유하고 있는 토지(임대한 토지를 포함한다)

⑦ 「주택법」에 따라 주택건설사업자 등록을 한 주택건설사업자(같은 법 제11조에 따른 주택조합 및 고용자인 사업주체와 「도시 및 주거환경정비법」 제24조부터 제28조까지 또는 「빈집 및 소규모 주택정비에 관한 특례법」 제17조부터 제19조까지의 규정에 따른 사업시행자를 포함한다)가 주택을 건설하기 위하여 같은 법에 따른 사업계획의 승인을 받은 토지로서 주택건설사업에 제공되고 있는 토지(「주택법」 제2조 제11호에 따른 지역주택조합·직장주택조합이 조합원이 납부한 금전으로 매수하여 소유하고 있는 「신탁법」에 따른 신탁재산의 경우에는 사업계획의 승인을 받기 전의 토지를 포함한다)

⑧ 「중소기업진흥에 관한 법률」에 따라 설립된 중소벤처기업진흥공단이 같은 법에 따라 중소기업자에게 분양하거나 임대할 목적으로 소유하고 있는 토지

⑨ 「지방공기업법」 제49조에 따라 설립된 지방공사가 같은 법 제2조제1항제7호 및 제8호에 따른 사업용 토지로서 타인에게 주택이나 토지를 분양하거나 임대할 목적으로 소유하고 있는 토지(임대한 토지를 포함한다)

⑩ 「한국수자원공사법」에 따라 설립된 한국수자원공사가 소유하고 있는 토지 중 다음 각 목의 어느 하나에 해당하는 토지(임대한 토지는 제외한다)
  ㉠ 「한국수자원공사법」 제9조 제1항 제5호에 따른 개발 토지 중 타인에게 공급할 목적으로 소유하고 있는 토지
  ㉡ 「친수구역 활용에 관한 특별법」 제2조 제2호에 따른 친수구역 내의 토지로서 친수구역조성사업 실시계획에 따라 주택건설에 제공되는 토지 또는 친수구역조성사업 실시계획에 따라 공업지역(「국토의 계획 및 이용에 관한 법률」 제36조 제1항 제1호 다목의 공업지역을 말한다)으로 결정된 토지

⑪ 「한국토지주택공사법」에 따라 설립된 한국토지주택공사가 같은 법에 따라 타인에게 토지나 주택을 분양하거나 임대할 목적으로 소유하고 있는 토지(임대한 토지를 포함한다) 및 「자산유동화에 관한 법률」에 따라 설립된 유동화전문회사가 한국토지주택공사가 소유하던 토지를 자산유동화 목적으로 소유하고 있는 토지

⑫ 「한국토지주택공사법」에 따라 설립된 한국토지주택공사가 소유하고 있는 비축용 토지 중 다음 각 목의 어느 하나에 해당하는 토지
  ㉠ 「공공토지의 비축에 관한 법률」 제14조 및 제15조에 따라 공공개발용으로 비축하는 토지
  ㉡ 「한국토지주택공사법」 제12조 제4항에 따라 국토교통부장관이 우선 매입하게 함에 따라 매입한 토지(「자산유동화에 관한 법률」 제3조에 따른 유동화전문회사등에 양도한 후 재매입한 비축용 토지를 포함한다)
  ㉢ 「혁신도시 조성 및 발전에 관한 특별법」 제43조 제3항에 따라 국토교통부장관이 매입하게 함에 따라 매입한 같은 법 제2조 제6호에 따른 종전부동산

ⓔ 「부동산거래신고 등에 관한 법률」 제15조 및 제16조에 따라 매수한 토지
ⓜ 「공익사업을 위한 토지 등의 취득 및 보상에 관한 법률」 제4조에 따른 공익사업(이하 이 목 및 바목에서 "공익사업"이라 한다)을 위하여 취득하였으나 해당 공익사업의 변경 또는 폐지로 인하여 비축용으로 전환된 토지
ⓑ 비축용 토지로 매입한 후 공익사업에 편입된 토지 및 해당 공익사업의 변경 또는 폐지로 인하여 비축용으로 다시 전환된 토지
ⓢ 국가·지방자치단체 또는 「국가균형발전 특별법」 제2조 제9호에 따른 공공기관으로부터 매입한 토지
ⓞ 2005년 8월 31일 정부가 발표한 부동산제도 개혁방안 중 토지시장 안정정책을 수행하기 위하여 매입한 비축용 토지
ⓩ 1997년 12월 31일 이전에 매입한 토지

4) 그 밖에 지역경제의 발전, 공익성의 정도 등을 고려하여 분리과세하여야 할 타당한 이유가 있는 토지(지세법 제106조 제1항 제3호 아목)

① 제22조에 따른 비영리사업자가 1995년 12월 31일 이전부터 소유하고 있는 토지
② 「농업협동조합법」에 따라 설립된 조합, 농협경제지주회사 및 그 자회사, 「수산업협동조합법」에 따라 설립된 조합, 「산림조합법」에 따라 설립된 조합 및 「엽연초생산협동조합법」에 따라 설립된 조합(조합의 경우 해당 조합의 중앙회를 포함한다)이 과세기준일 현재 구판사업에 직접 사용하는 토지와 「농수산물 유통 및 가격안정에 관한 법률」 제70조에 따른 유통자회사에 농수산물 유통시설로 사용하게 하는 토지 및 「한국농수산식품유통공사법」에 따라 설립된 한국농수산식품유통공사가 농수산물 유통시설로 직접 사용하는 토지
③ 「부동산투자회사법」에 따라 설립된 부동산투자회사가 목적사업에 사용하기 위하여 소유하고 있는 토지
④ 「산업입지 및 개발에 관한 법률」에 따라 지정된 산업단지와 「산업집적활성화 및 공장설립에 관한 법률」에 따른 유치지역 및 「산업기술단지 지원에 관한 특례법」에 따라 조성된 산업기술단지에서 다음 각 목의 어느 하나에 해당하는 용도에 직접 사용되고 있는 토지
  ㉠ 「산업입지 및 개발에 관한 법률」 제2조에 따른 지식산업·문화산업·정보통신산업·자원비축시설용 토지 및 이와 직접 관련된 교육·연구·정보처리·유통시설용 토지
  ㉡ 「산업집적활성화 및 공장설립에 관한 법률 시행령」 제6조 제5항에 따른 폐기물 수집운반·처리 및 원료재생업, 폐수처리업, 창고업, 화물터미널이나 그 밖의 물류시설을 설치·운영하는 사업, 운송업(여객운송업은 제외한다), 산업용기계장비임대업, 전기업, 농공단지에 입주하는 지역특화산업용 토지, 「도시가스사업법」 제2조 제5호에 따른 가스공급시설용 토지 및 「집단에너지사업법」 제2조 제6호에 따른 집단에너지공급시설용 토지

    ⓒ 「산업기술단지 지원에 관한 특례법」에 따른 연구개발시설 및 시험생산시설용 토지
    ⓓ 「산업집적활성화 및 공장설립에 관한 법률」 제30조 제2항에 따른 관리기관이 산업단지의 관리, 입주기업체 지원 및 근로자의 후생복지를 위하여 설치하는 건축물의 부속토지(제107조에 따른 수익사업용으로 사용되는 부분은 제외한다)
⑤ 「산업집적활성화 및 공장설립에 관한 법률」 제28조의2에 따라 지식산업센터의 설립승인을 받은 자의 토지로서 다음 각 목의 어느 하나에 해당하는 토지. 다만, 지식산업센터의 설립승인을 받은 후 최초로 재산세 납세의무가 성립한 날부터 5년 이내로 한정하고, 증축의 경우에는 증축에 상당하는 토지 부분으로 한정한다.
    ⓐ 같은 법 제28조의5 제1항 제1호 및 제2호에 따른 시설용(이하 이 조에서 "지식산업센터 입주시설용"이라 한다)으로 직접 사용하거나 분양 또는 임대하기 위해 지식산업센터를 신축 또는 증축 중인 토지
    ⓑ 지식산업센터를 신축하거나 증축한 토지로서 지식산업센터 입주시설용으로 직접 사용(재산세 과세기준일 현재 60일 이상 휴업 중인 경우는 제외한다)하거나 임대할 목적으로 소유하고 있는 토지(임대한 토지를 포함한다)
⑥ 「산업집적활성화 및 공장설립에 관한 법률」 제28조의4에 따라 지식산업센터를 신축하거나 증축하여 설립한 자로부터 최초로 해당 지식산업센터를 분양받은 입주자(「중소기업기본법」 제2조에 따른 중소기업을 영위하는 자로 한정한다)로서 같은 법 제28조의5제1항제1호 및 제2호에 규정된 사업에 직접 사용(재산세 과세기준일 현재 60일 이상 휴업 중인 경우와 타인에게 임대한 부분은 제외한다)하는 토지(지식산업센터를 분양받은 후 최초로 재산세 납세의무가 성립한 날부터 5년 이내로 한정한다)
⑦ 「연구개발특구의 육성에 관한 특별법」 제34조에 따른 특구관리계획에 따라 원형지로 지정된 토지
⑧ 「인천국제공항공사법」에 따라 설립된 인천국제공항공사가 소유하고 있는 공항시설(「공항시설법」 제2조 제7호에 따른 공항시설을 말한다)용 토지 중 「인천국제공항공사법」 제10조 제1항의 사업에 사용하거나 사용하기 위한 토지. 다만, 「공항시설법 시행령」 제3조제2호에 따른 지원시설용 토지로서 제107조에 따른 수익사업에 사용되는 부분은 제외한다.
⑨ 「자본시장과 금융투자업에 관한 법률」 제229조 제2호에 따른 부동산집합투자기구(집합투자재산의 100분의 80을 초과하여 같은 법 제229조 제2호에서 정한 부동산에 투자하는 같은 법 제9조 제19항 제2호에 따른 전문투자형 사모집합투자기구를 포함한다) 또는 종전의 「간접투자자산 운용업법」에 따라 설정·설립된 부동산간접투자기구가 목적사업에 사용하기 위하여 소유하고 있는 토지 중 법 제106조 제1항 제2호에 해당하는 토지
⑩ 「전시산업발전법 시행령」 제3조 제1호 및 제2호에 따른 토지

단락핵심 분리과세대상토지

(1) 토지분 재산세의 분리과세대상토지는 과수원, 목장용지, 전·답, 종중소유 임야이다.
(2) 공장입지 기준면적 이내의 공장용 건축물의 부속토지는 토지분 재산세에 있어서 낮은 과세를 위한 분리과세 대상이다.
(3) 전·답·과수원으로서 과세기준일 현재 실제 영농에 사용되고 있는 개인이 소유하는 농지는 분리과세대상이다.

단락문제 04
제9회 기출

다음은 토지분 재산세의 분리과세대상토지를 열거한 것이다. 가장 관계가 없는 것은?

① 과수원
② 공장용지
③ 목장용지 중 기준면적 이내 토지
④ 종중소유 임야
⑤ 주거용 건축물의 부속토지로서 일정한 기준면적 안의 토지

해설 주거용 건축물의 부속토지
주택의 부속토지는 건축물과 함께 일괄로 주택분 재산세가 부과된다. **답** ⑤

2 별도합산과세대상토지 (초과누진세율) (지세법 제106조 제1항 제2호, 지세령 제101조 제1항) ★
11회 출제

Q: 별도합산과세대상토지는 일반적으로 어떤 토지가 해당되나요?
A: 토지를 경제활동에 활용하고 있는 경우에 해당됩니다. 즉 토지를 생산적으로 활용하고 있으면 종합합산에서 제외하여 별도로 합산합니다. 자세히 살펴볼까요.

Key Point 일반 건축물의 부속토지로서 기준면적 이내의 토지
• 기준면적 = 바닥면적 × 용도지역별 적용배율

(1) 의 의
사무실용 건축물의 부속토지는 토지분 재산세를 어떻게 부과할까? 법에서 정한 기준면적 이내까지는 별도합산과세대상토지로 구분하여 과세하고 전체면적에서 기준면적을 차감한 나머지 면적, 즉 기준면적을 초과한 면적은 종합합산과세대상토지로 구분하여 토지분 재산세를 과세한다.

(2) 별도합산과세대상토지

1) 건축물의 부속토지 중 기준면적 이내의 토지 → 종합합산과세대상 토지 또는 분리과세 대상토지에 해당하기 때문이다.

건축물 중 다음의 (3)에 해당하는 건축물을 제외한 건축물의 부속토지로서 건축물의 바닥면적(건축물 외의 시설물의 경우에는 그 수평투영면적을 말함)에 용도지역별 적용배율을 곱하여 산정한 면적을 초과하지 아니하는 토지를 말한다. 즉, 바닥면적 × 용도지역별 적용배율 = 별도합산과세대상토지이다. → 기준면적이라 한다.

구 분	용도지역	적용배율
(1) 도시지역	1) 주거전용지역	5배
	2) 상업지역, 준주거지역	3배
	3) 일반주거지역, 공업지역	4배
	4) 녹지지역	7배
	5) 미계획지역	4배
(2) 도시지역 외의 지역		7배

2) 건축물의 범위

건축물의 범위에는 다음의 경우를 포함한다.

① 건축허가를 받았으나「건축법」제18조에 따라 착공이 제한된 건축물

② 건축 중인 건축물[개별사업 관계법령에 따른 개발사업의 시행자가 개발사업의 실시계획의 승인을 받아 그 개발사업에 제공하는 토지(법 제106조 제1항 제3호에 따른 분리과세대상이 되는 토지는 제외)로서 건축물의 부속토지로 사용하기 위하여 토지조성공사에 착수하여 준공검사 또는 사용허가를 받기 전까지의 토지에 건축이 예정된 건축물(관계 행정기관이 허가 등으로 그 건축물의 용도 및 바닥면적을 확인한 건축물을 말함)을 포함]. 다만, 과세기준일 현재 정당한 사유 없이 6개월 이상 공사가 중단된 경우는 제외

③ 가스배관시설 등 행정안전부령으로 정하는 지상정착물

별도합산과세대상토지

(3) 별도합산과세대상토지에서 제외되는 토지

다음의 경우에는 별도합산토지에서 제외한다. 즉, 분리과세대상토지 또는 종합합산과세대상토지에 해당된다.

1) **주거용 건축물**(1구의 건축물이 주거와 주거 외의 용도에 겸용되는 경우에는 「지방세법 시행령」으로 정하는 기준에 의함)**의 부속토지** → 주택분 재산세가 과세되기 때문에 별도합산과세대상토지에서 제외된다.

2) **공장 구내 건축물의 부속토지**

   ① 읍·면지역에 소재한 공장용 건축물 또는 ② 특별시·광역시(군지역 제외)·특별자치시·특별자치도·시지역(읍·면지역을 제외) 안에서는 산업단지 및 공업지역 안에 소재한 공장용 건축물은 ③ 공장입지 기준면적 이내의 토지는 분리과세대상토지이고 기준면적 초과토지는 종합합산과세대상토지이다.

3) **골프장·고급오락장용 토지 안의 건축물의 부속토지** → 분리과세된다.

   골프장·고급오락장용 토지 안의 건축물의 부속토지는 분리과세대상토지이기 때문에 별도합산과세대상토지에 해당되지 아니한다.

4) **일정가액기준 미달토지**(2% 미달토지) → 종합합산과세된다.
   → 공장용 건축물은 제외한다.

   건축물의 시가표준액(과세기준일 현재 신축했다고 가정한 시가표준액)이 해당 부속토지의 시가표준액의 100분의 2에 미달하는 건축물의 부속토지 중 그 건축물의 바닥면적을 제외한 부속토지는 별도합산과세대상토지에서 제외한다. 즉 건축물 바닥면적까지는 별도합산과세, 바닥면적을 제외한 나머지 토지가 종합합산과세대상토지이다.

   > 건축물의 시가표준액 < 토지의 시가표준액 × 2%
   > → 과세기준일 현재 신축했다고 가정한 시가표준액을 말한다.

5) **무허가건축물의 부속토지** [29회 출제]

   「건축법」 등 관계법령에 따라 허가 등을 받아야 할 건축물로서 허가 등을 받지 아니한 건축물 또는 사용승인을 받아야 할 건축물로서 사용승인(임시사용승인 포함)을 받지 아니하고 사용 중인 건축물 부속토지 → 종합합산과세된다.

> **예제** 상업지역(3배)에 위치한 바닥면적 500㎡ 인 사무실용 건물(시가표준액 1억원)과 1,700㎡ 의 부속토지(시가표준액 100억원)를 보유하고 있다. 별도합산과세대상토지에 해당되는가? 적용세율은?
>
> **풀이** ■ 별도합산과세대상토지 해당 여부
> 1) 500㎡ × 3배(상업지역) = 1,500㎡(기준면적)
>   보유토지 1,700㎡ 이므로 ⇒ 1,500㎡ 가 별도합산과세대상토지
>   ⇒ 200㎡ 가 종합합산과세대상토지에 해당된 듯하나,
> 2) 1억(건물시가표준액) ÷ 100억(토지시가표준액)의 비율이 1%이다.
>   따라서 2%에 미달하므로, 별도합산과세대상토지면적은 바닥면적 500㎡ 이고 나머지 토지 1,200 ㎡ 가 종합합산과세대상토지이다.

(4) 기타 별도합산과세대상토지(別途合算課稅對象土地) 26회 출제

다음의 경우에는 업종의 특성 등을 감안하여 별도합산과세대상토지로 한다.

1) 여객자동차·화물자동차운송사업의 면허·등록 또는 자동차대여사업의 등록을 받은 자가 그 면허·등록조건에 따라 사용하는 차고용 토지로서 자동차운송 또는 대여사업의 최저 보유차고 면적기준의 1.5배에 해당하는 면적 이내의 토지
2) 건설기계사업의 등록을 한 자가 그 등록조건에 따라 사용하는 건설기계대여업, 건설기계정비업, 건설기계매매업 또는 건설기계폐기업의 등록기준에 맞는 주기장 또는 옥외 작업장용 토지로서 그 시설의 최저면적기준의 1.5배에 해당하는 면적 이내의 토지
3) 자동차운전학원용 토지로서 동법에서 정하는 시설을 갖춘 구역 안의 토지
4) 야적장 및 컨테이너 장치장용 토지와 보세창고용 토지로서 해당 사업연도 및 직전 2개 사업연도 중 물품 등의 보관·관리에 사용된 최대면적의 1.2배 이내의 토지
5) 자동차관리사업의 등록을 한 자가 그 시설기준에 따라 사용하는 **자동차관리사업용 토지**로서 그 시설의 최저 면적기준의 1.5배에 해당하는 면적 이내의 토지 ← 정비사업장용·해체재활용사업장용·매매사업장용·경매장용 토지만 해당
6) 교통안전공단이 자동차의 성능 및 안전도에 관한 시험·연구의 용도로 사용하는 토지 및 자동차 검사 대행업무의 지정을 받은 자 등이 자동차 또는 건설기계 검사용 및 운행차 배출가스 정밀검사용으로 사용하는 토지
7) 물류단지 안의 토지로서 물류단지시설용 토지 및 공동집배송센터로서 행정안전부장관이 산업통상자원부장관과 협의하여 정하는 토지
8) 특별시·광역시(군지역을 제외)·특별자치시·특별자치도·시지역(읍·면지역을 제외) 안에 위치한 「산업집적활성화 및 공장설립에 관한 법률」의 적용을 받는 레미콘제조업용 토지(「산업입지 및 개발에 관한 법률」에 의하여 지정된 산업단지 및 「국토의 계획 및 이용에 관한 법률」에 의하여 지정된 공업지역 안에 있는 토지를 제외)로서 공장입지 기준면적 이내의 토지
9) 경기 및 스포츠업을 경영하기 위하여 「부가가치세법」에 따라 사업자등록을 한 자의 사업에 이용되고 있는 체육시설용 토지로서 사실상 운동시설에 이용되고 있는 토지. 다만, 회원제 골프장용 토지 내의 운동시설용 토지는 제외한다. → 별도합산과세대상토지가 아니고 분리과세대상이다.
10) 관광사업자가 시설기준을 갖추어 설치한 박물관·미술관·동물원·식물원의 야외전시장용 토지
11) 「주차장법 시행령」 제6조에 따른 부설주차장 설치기준면적 이내의 토지
다만, 골프장·고급오락장 토지 내의 부설주차장은 제외한다. → 별도합산과세대상토지가 아니고 분리과세대상이다.
12) 「장사 등에 관한 법률」에 따른 설치·관리허가를 받은 법인묘지용 토지로서 지적공부상 지목이 묘지인 토지

13) 다음의 하나에 규정된 임야. 다만, 회원제골프장용 토지 내의 임야는 제외한다.
    ① 스키장 및 골프장용 토지 중 원형이 보전되는 임야
    ② 관광단지 내의 토지와 전문휴양업·종합휴양업 및 유원지시설업용 토지 중 환경영향평가의 협의결과에 따라 원형이 보전되는 임야
    ③ 준보전산지 안에 있는 토지 중 산림경영계획의 인가를 받아 실행 중인 임야
       다만, 도시지역 안의 임야는 제외한다.
14) 종자업 등록을 한 종자업자가 소유하는 농지로서 종자연구 및 생산에 직접 이용되고 있는 시험·연구·실습지 또는 종자생산용 토지
15) 「수산업법」 등에 따라 면허·허가를 받거나 신고를 한 자가 소유하는 토지로서 양식어업 또는 수산종자생산업에 직접 이용되고 있는 토지
16) 견인된 차의 보관용 토지로서 법정시설을 갖춘 토지
17) 폐기물 최종처리업 또는 폐기물 종합처리업의 허가를 받은 자가 소유하는 토지 중 폐기물 매립용에 직접 사용되고 있는 토지

단락핵심 별도합산과세대상토지 등

(1) 「건축법」 등 관계법령의 규정에 따라 허가를 받아야 할 건축물로서 허가를 받지 아니한 건축물의 부속토지는 「지방세법」상 재산세 과세대상토지(비과세 또는 면제대상이 아님) 중 과세표준이 증가함에 따라 재산세 부담이 누진적으로 증가할 수 있다.
(2) 토지분 재산세의 종합합산과세대상토지는 군지역의 상가건물의 부수토지 중 기준면적 초과 토지와 군지역의 공장건물의 부수토지로서 공장입지 기준면적을 초과하는 토지이다.
(3) 일반영업용 건축물의 부수토지로서 건축물의 바닥면적에 용도지역별 적용배율을 곱하여 산정한 면적 이내의 토지는 별도합산과세대상이다

(5) 종합합산과세대상토지(綜合合算課稅對象土地) : 초과누진세율

1) 분리과세대상토지와 별도합산과세대상토지를 제외한 나머지 토지는 종합합산과세대상토지에 해당한다.
2) 다음에 해당하는 토지는 종합합산과세대상으로 보지 아니한다.
    ① 이 법 또는 관계법령에 따라 재산세가 비과세되거나 면제되는 토지
    ② 이 법 또는 관계법령에 따라 재산세가 경감되는 토지의 경감비율에 해당하는 토지

단락핵심 종합합산과세대상토지

(1) 공장입지 기준면적을 초과하는 공장용지 등은 종합합산과세대상토지이다.
(2) 일반영업용 건축물의 시가표준액이 해당 부수토지 시가표준액의 100분의 2에 미달하는 경우 건축물의 부수토지 중 건축물바닥면적을 제외한 나머지 토지는 토지분 재산세의 종합합산과세대상이다.

단락문제 05
제15회 추가 기출

재산세 과세대상토지를 분류한 것이다. 틀린 것은?

토지의 종류	과세대상구분
① 종중이 소유하고 있는 임야	분리과세
② 「여객자동차 운수사업법」의 규정에 의하여 면허 또는 인가를 받은 자가 계속하여 사용하는 여객자동차터미널용 토지	분리과세
③ 읍·면지역에 소재하는 공장용 건축물의 부속토지로서 법령소정의 공장입지 기준면적 범위 안의 토지	별도합산
④ 「건축법」 등의 규정에 의하여 허가 등을 받아야 할 건축물로서 허가 등을 받지 아니한 건축물의 부속토지	종합합산
⑤ 건축물(공장용 제외)의 시가표준액이 해당 부속토지의 시가표준액의 100분의 2에 미달하는 건축물의 부속토지 중 건축물의 바닥면적을 제외한 나머지 토지	종합합산

해설 재산세 과세대상토지
③ 공장입지 기준면적 범위 안의 토지는 분리과세대상토지이다.

  ③

단락문제 06
제13회 기출

「지방세법」상 재산세 과세대상토지(비과세 또는 면제대상이 아님) 중 과세표준이 증가함에 따라 재산세 부담이 누진적으로 증가할 수 있는 것은?

① 과세기준일 현재 군지역에서 실제 영농에 사용되고 있는 개인이 소유하는 과수원
② 「건축법」 등 관계 법령의 규정에 따라 허가를 받아야 할 건축물로서 허가를 받지 아니한 건축물의 부속토지
③ 1980.5.1.부터 종중이 소유하고 있는 임야
④ 회원제 골프장용 토지로서 「체육시설의 설치·이용에 관한 법률」의 규정에 의한 등록대상이 되는 토지
⑤ 고급오락장으로 사용되는 건축물의 부속토지

해설 별도합산 또는 종합합산 과세대상
초과누진세율이 적용되는 별도합산이나 종합합산 과세대상을 묻는 문제이다. 따라서 ②만 종합합산이고 나머지는 분리과세대상이다.

답 ②

제4장 재산세

▼ **토지분 재산세 과세대상토지의 구분**(지목의 판단은 사실상 현황에 의함) 12·13회 출제

구 분			분리과세대상	별도합산과세대상	종합합산과세대상
1) 농지 (전·답·과수원)	개인 (재촌·자경)		① 군의 전지역과 시의 도시지역 밖 ② 시의 도시지역 내의 녹지지역·개발제한 구역 내	×	도시지역 내의 주거지역·상업지역·공업지역 내 농지
	법인·단체		① 종중소유 농지·농업법인 농지·복지시설 소비용 농지·농어촌공사의 농가공급용 농지 ② 매립·간척에 의하여 취득한 농지	×	분리과세대상이 아닌 모든 농지
2) 목장용지	도시지역	내	개발제한구역 및 녹지지역	×	주거지역·상업지역·공업지역
		외	① 개인의 기준면적 내 목장용지 ② 법인이 소유한 목장용지 중 기준면적 이내의 목장용지	×	① 개인의 기준면적 초과 목장용지 ② 법인이 소유한 목장용지 중 기준면적초과 목장용지
3) 임 야	도시지역	외	① 보전산지 안에 있는 임야로서 실행 중인 임야 ② 특수산림사업지구로 지정된 임야	×	도시지역 내
		내·외	〈모두 분리과세대상토지〉 ① 문화재보호구역의 임야 ② 공원자연환경지구의 임야 ③ 종중이 소유하고 있는 임야 ④ 개발제한구역의 임야 ⑤ 군사시설보호구역 중 제한보호구역의 임야 ⑥ 상수원보호구역의 임야 ⑦ 철도보호지구의 임야 ⑧ 도시공원의 임야 ⑨ 홍수관리구역의 임야		
4) 공장용지			① 특·광·시의 산업단지·공업지역 내 공장입지 기준면적 이내 ② 읍·면 전지역 중 공장입지 기준면적 이내	특·광·특·특·시의 산업단지·공업지역 이외의 지역 용도지역별 적용배율 면적 이내	① 특·광·특·특·시의 산업단지·공업지역 내 공장입지 기준면적 초과 부분 ② 읍·면지역 내 공장입지 기준면적 초과 부분 ③ 특·광·특·특·시의 주거지역·상업지역 내 용도지역별 적용배율 면적 초과 부분
5) 주택 부속토지			* 주택과 함께 주택분 재산세가 부과된다.		
6) 골프장·고급오락장 토지			① 골프장용 토지 ② 고급오락장용 토지	×	×
7) 일반 건축물 부속토지			×	용도지역별 적용배율 면적 이내(상업용과 공업용 일부)	① 용도지역별 적용배율 초과 부분 ② 가액기준 미달(2%) 토지 ③ 위법건축물의 부속토지
8) 분리과세토지			① 토지주택공사가 타인에게 공급할 목적으로 소유하는 토지 ② 토지주택공사가 타인에게 분양 또는 임대할 목적으로 소유하고 있는 토지 등		

05 납세지 ★

Q: 부동산을 보유하여 재산세를 납부할 경우 주소지를 기준으로 한 시·군·구에 납부하여야 할까요? 아니면 부동산 소재지를 기준으로 하여 납부하여야 할까요?

A: 네. 재산세의 납세지가 궁금하군요. 납세지에 대해서 살펴보겠습니다.

주택을 보유한 자가 재산세를 납부하고자 할 경우 시청·군청·구청에 납부하여야 할까요? 아니면 세무서에 납부하여야 할까요?
시청이나 군청 또는 구청에 납부하여야 합니다. 즉 토지 등의 소재지를 관할하는 시청·군청·구청이 납세지입니다.

재산세는 아래의 납세지를 관할하는 지방자치단체에서 부과한다.

(1) **토 지**   토지의 소재지

(2) **건축물**   건축물의 소재지

(3) **주 택**   주택의 소재지

(4) **선 박**   「선박법」에 따른 선적항의 소재지. 선적항이 없는 경우에는 정계장 소재지(정계장이 일정하지 아니한 경우에는 선박 소유자의 주소지)

(5) **항공기**   「항공안전법」에 따른 등록원부에 기재된 정치장의 소재지(「항공안전법」에 따라 등록을 하지 아니한 경우에는 소유자의 주소지)

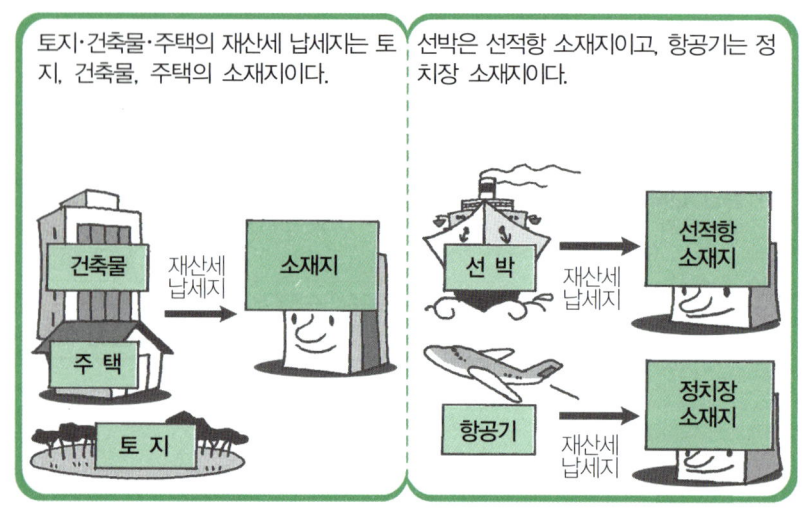

재산세의 납세지
1) 토 지 - 토지 소재지
2) 건축물 - 건축물 소재지
3) 주 택 - 주택 소재지
4) 선 박 - 선적항 소재지
5) 항공기 - 정치장 소재지

제4장 재산세

단락문제 Q7　　　　　　　　　　　　　　제18회 기출개작

「지방세법」상 재산세의 납세지 및 납세의무자에 관한 설명 중 틀린 것은?

① 토지의 납세지는 토지의 소재지이다.
② 건축물의 납세지는 건축물의 소재지이다.
③ 주택의 납세지는 주택 소유자의 주소지이다.
④ 공부상의 소유자가 매매 등의 사유로 소유권에 변동이 있었음에도 이를 신고하지 않아 사실상의 소유자를 알 수 없는 때에는 공부상의 소유자가 납세의무자가 된다.
⑤ 상속이 개시된 재산으로서 상속등기가 이행되지 아니하고 사실상의 소유자를 신고하지 아니한 때에는 법령이 정하는 주된 상속자가 납세의무자가 된다.

[해설] 재산세의 납세지 및 납세의무자
③ 주택의 재산세 납세지는 주소지가 아니고 주택 소재지이다.　　　　　　　　답 ③

06 납세의무자 (지세법 제107조) ★★★　11·12·13·15·16·19·21·24·26·28·35회 출제

Q: 재산세는 누가 납부하나요? 즉 납세의무자가 누구입니까?
A: 재산세의 납세의무자를 문의하시는군요. 시험에 자주 출제되지요, 재산세의 납세의무자에 대해서 알아보겠습니다.

PROFESSOR COMMENT
재산세는 재산의 소유사실에 대하여 매년 부과하는 조세이다.

납세의무자란 주택 등 재산세 과세대상물건을 소유하고 있는 경우 재산세를 납부할 의무가 있는 자를 말한다.

1 과세기준일 현재 사실상 소유자

→ 지분의 표시가 없는 경우에는 지분이 균등한 것으로 본다.

(1) 재산세 과세기준일(6월 1일) 현재 재산을 사실상 소유하고 있는 자는 재산세 납세의무가 있다. 다만, 공유재산인 경우에는 그 지분에 해당하는 부분에 대하여 그 지분권자를 납세의무자로 본다.

(2) 주택의 건축물과 부속토지의 소유자가 다를 경우에는 그 주택에 대한 산출세액을 주택의 건축물과 부속토지의 시가표준액 비율로 안분계산한 부분에 대하여 그 소유자를 납세의무자로 본다.

제2편 지방세

예 ① 6월 1일 이전 잔금지급 : 매수자에게 납세의무 있음
② 6월 1일 이후 잔금지급 : 매도자에게 납세의무 있음
③ 미준공건물의 5월 31일 이전 입주 : 건축주 납세의무 발생
④ 잔금지급 전의 입주분양아파트 : 건축주에게 납세의무 발생. 입주자는 납세의무가 없다.

WIDE 납세의무자

6월 1일 매매 : 매수자에게 납세의무가 있다.

 재산세 납세의무자

① 과세기준일 현재 사실상 소유자
② 공부상 소유자
③ 종중소유재산 미신고시 공부상 소유자
④ 소유자불명시 사용자
⑤ 매수계약자
⑥ 위탁자
⑦ 주된 상속자
⑧ 사업시행자

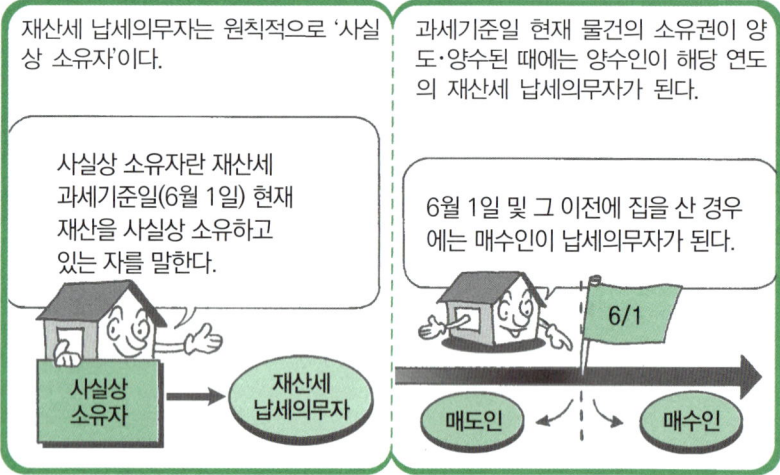

제4장 재산세

📗 단락핵심 납세의무자

(1) 재산세의 납세지 및 납세의무자
  1) 토지의 납세지는 토지의 소재지를 관할하는 시·군·지방자치단체인 구이다.
  2) 건축물의 납세지는 건축물의 소재지를 관할하는 시·군·지방자치단체인 구이다.
  3) 주택의 납세지는 주택 소재지를 관할하는 시·군·지방자치단체인 구이다.
(2) 재산세 과세기준일은 매년 6월 1일이다.
(3) 재산세의 납세의무자는 원칙적으로 매년 6월 1일 현재 사실상 소유한 자이다.

2 공부상 소유자

공부상의 소유자가 매매 등의 사유로 소유권이 변동되었는데도 이를 신고하지 아니하여 사실상의 소유자를 알 수 없을 때에는 공부상 소유자가 재산세를 납부할 의무가 있다.

3 종중소유재산을 신고하지 아니한 경우의 공부상 소유자 14회 출제

공부상에 개인 등의 명의로 등재되어 있는 사실상의 종중재산으로서 종중소유임을 신고하지 아니한 때에는 공부상의 소유자가 재산세를 납부할 의무가 있다.

4 소유자가 불분명한 경우의 사용자

→ 소송중 등의 사유로 불분명

재산세 과세기준일 현재 소유권 귀속이 분명하지 아니하여 사실상 소유자를 확인할 수 없는 경우에는 사실상의 소유자에게 과세를 할 수 없기 때문에 그 사용자가 재산세를 납부할 의무가 있다.

5 연부매수계약자 22회 출제

국가·지방자치단체·지방자치단체조합과 재산세 과세대상 물건을 연부(年賦)로 매매계약을 체결하고 그 재산의 사용권을 무상(無償)으로 부여받은 경우에는 그 매수계약자(買受契約者)가 재산세를 납부할 의무가 있다.

→ 국가 등이 선수금을 받아 조성하는 매매용 토지로서 사실상 조성이 완료된 토지의 사용권을 무상으로 받은 자가 있는 경우에는 그 자를 매수계약자로 본다.

6 위탁자 25회 출제

「신탁법」에 따라 수탁자명의로 등기·등록된 신탁재산의 경우 위탁자별로 구분된 재산에 대하여는 위탁자(委託者)가 재산세를 납부할 의무가 있다. 이 경우 수탁자의 성명 또는 상호(법인의 명칭을 포함) 다음에 괄호를 하고 그 안에 위탁자의 성명 또는 상호를 기재하여 구분한다.

→ 이 경우 위탁자별로 구분된 재산에 대한 납세의무자는 각각 다른 납세의무자로 본다.

7 주(主)된 상속자

상속이 개시된 재산으로서 상속등기가 이행되지 아니하고, 사실상의 소유자를 신고하지 아니한 때에는 **주된 상속자**가 재산세를 납부할 의무가 있다.

→ 상속지분이 가장 높은 자, 나이가 가장 많은 사람 순서로 판정한다.

8 사업시행자

「도시개발법」에 의하여 시행하는 환지방식에 의한 도시개발사업 및 「도시 및 주거환경정비법」에 의한 정비사업(재개발사업만 해당)의 시행에 따른 환지계획에서 일정한 토지를 환지로 정하지 아니하고 체비지 또는 보류지로 정한 경우에는 사업시행자가 재산세를 납부할 의무가 있다.

9 수입하는 자

외국인 소유의 항공기 또는 선박을 임차하여 수입하는 경우

> **예제** 단독주택 1채, 자동차 1대를 보유한 자가 200△년 6월 10일 아파트 1채를 구입하였다. 200△년 재산세의 납세의무가 있는가?
>
> **풀이** ■ 200△년 재산세 납세의무자
> ① 단독주택 : 납세의무 있다.
> ② 자동차 : 납세의무 없다. ⇒ 자동차세 납세의무
> ③ 아파트 : 납세의무 없다(과세기준일 6월 1일 현재 소유자 아님).

단락핵심 납세의무자

(1) 공부상의 소유자가 매매 등의 사유로 소유권에 변동이 있었음에도 이를 신고하지 않아 사실상의 소유자를 알 수 없는 때에는 공부상의 소유자가 납세의무자가 된다.
(2) 소유권의 귀속이 분명하지 아니하여 소유권자를 알 수 없는 경우에는 그 사용자가 재산세를 납부할 의무를 진다.
(3) 상속이 개시된 재산으로서 상속등기가 이행되지 아니하고 사실상의 소유자를 신고하지 아니한 때에는 법령이 정하는 주된 상속자가 납세의무자가 된다.
(4) 재산세 과세기준일 현재 재산의 사실상 소유자는 재산세를 납부할 의무가 있다.
(5) 소유권의 이전으로 인하여 재산세과세대장에 등재된 자의 권리에 변동이 있었음에도 이를 신고하지 아니하여 사실상의 소유자를 알 수 없는 때에는 공부상의 소유자가 재산세를 납부할 의무가 있다.

단락문제 08

제15회 기출, 제19·25회 기출유사

재산세 납세의무자에 대한 설명으로 틀린 것은?

① 권리의 양도·도시계획사업의 시행 또는 기타 사유로 인하여 재산세과세대장에 등재된 자의 권리에 변동이 생겼더라도 원칙적으로 과세기준일 현재 재산세과세대장에 소유자로 등재되어 있는 자가 재산세를 납부할 의무를 진다.

② 소유권의 귀속이 분명하지 아니하여 소유권자를 알 수 없는 경우 그 사용자가 재산세를 납부할 의무를 진다.

③ 국가와 재산세과세대상물건을 연부로 매매계약을 체결하고 그 재산의 사용권을 무상으로 부여받은 경우 그 매수계약자가 재산세를 납부할 의무를 진다.

④ 「신탁법」에 의하여 수탁자명의로 등기·등록된 신탁재산에 대하여는 위탁자가 재산세를 납부할 의무를 진다.

⑤ 상속이 개시된 재산으로서 상속등기가 이행되지 아니하고 사실상의 소유자를 신고하지 아니한 때에는 행정안전부령이 정하는 주된 상속자가 재산세를 납부할 의무를 진다.

해설 재산세 납세의무자
① 매매 등 권리에 변동이 있을 경우에도 사실상 소유자가 재산세를 납부할 의무를 진다.   ①

제2편 지방세

07 과세표준 (지세법 제110조) ★★   추가15·27·32회 출제

Q: 부동산의 경우 재산세를 부과하는 기준가액이 뭐예요. 취득가액이 아니면 시가표준액인가요?
A: 시가표준액을 참고하여 만든 과세표준액이 기준가액입니다.

주택의 시가 5억원, 매매가격 5억2천만원, 과세표준액 4억원인 경우 재산세를 부과하는 기준가액은 얼마일까요?
즉, 재산세의 과세표준은 재산세를 부과하는 기준금액을 얼마로 할 것인가의 문제입니다.

Key Point 재산세 과세표준

1) 토지·건축물 = 시가표준액 × 공정시장 가액비율 50~90%(2025년 60%)
   주택 = 시가표준액 × 공정시장 가액비율 40~80%(2025년 60%)
2) 선박·항공기 = 시가표준액

과세표준은 재산가액으로 하는데 재산가액이란 과세기준일(6월 1일) 현재 다음의 가액으로 한다.

재산세의 과세표준

1) **토지·건축물·주택의 과세표준**
   시가표준액 × 공정시장 가액비율
2) **선박·항공기의 과세표준**
   시가표준액
3) **토지분 재산세 과세표준의 구분**
   ① 종합합산과세표준
   ② 별도합산과세표준
   ③ 분리과세표준

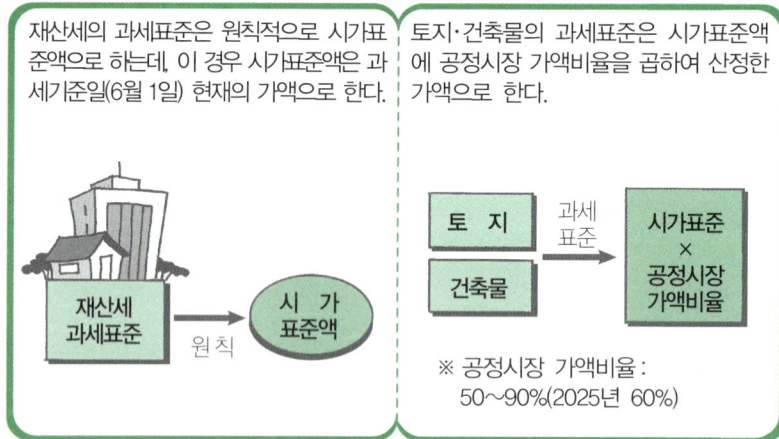

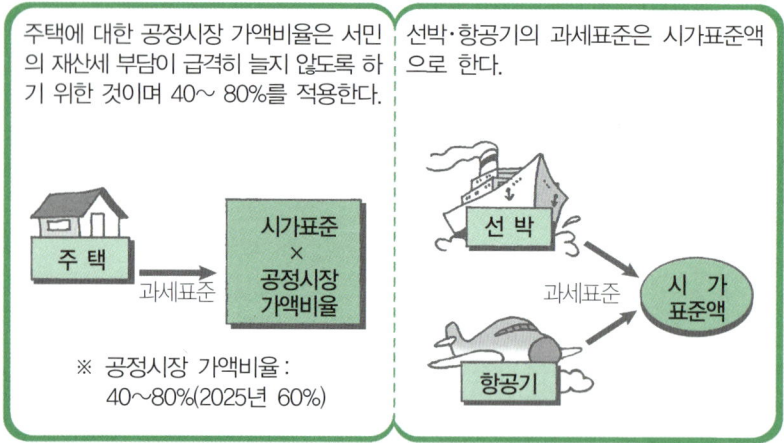

제4장 재산세

1 토지, 건축물, 주택 21·23·26회 출제

토지·건축물·주택에 대한 재산세의 과세표준은 시가표준액에 공정시장 가액비율을 곱하여 산정한 가액으로 한다.

(1) 토지와 건축물에 대한 공정시장 가액비율은 50~90%로 하되, 2025년도는 60%를 적용한다.

(2) 주택에 대한 공정시장 가액비율은 40~80%로 하되, 2025년도는 60%로 한다.

(3) 위의 과세표준액이 지방세법 제110조 ③항에 의하여 계산된 과세표준액(한도액)을 초과하는 경우 한도액을 과세표준액으로 한다.

2 선박, 항공기

선박·항공기에 대한 과세표준은 시가표준액으로 한다.

단락문제 Q9 제3회 기출

건축물에 대한 재산세 과세표준 적용에 관한 다음 설명 중 가장 옳은 것은?

① 취득당시의 가격 적용
② 법인은 장부가격, 개인은 부동산시가표준액 적용
③ 법인·개인 구분없이 모두 부동산시가표준액이다. 다만, 일정기간 동안은 시가표준액에 공정시장 가액비율을 곱하여 산정한 가액 적용
④ 감정원의 감정가격 적용
⑤ 대도시는 기준시가, 기타 지역은 부동산시가표준액 적용

해설 건축물에 대한 재산세 과세표준
토지·건축물·주택에 대한 재산세의 과세표준은 시가표준액에 공정시장가액비율을 곱하여 산정한 가액으로 한다. 다만, 2024년 공정시장 가액비율은 토지와 건축물, 그리고 주택 모두에 대하여 60%를 적용한다. **답 ③**

토지분 재산세의 과세표준

① 시가표준액에 공정시장 가액비율을 곱한 가액이 과세표준액이다.
② 개인, 법인 모두 동일하게 적용한다.

3 토지의 과세표준

토지분 재산세의 과세표준은 종합합산과세표준, 별도합산과세표준 및 분리과세표준으로 구분한다.

Key Point 과세표준

1) 시가표준액에 공정시장 가액비율을 곱하여 산정한 가액이 과세표준이다.
2) 개인, 법인 모두 동일

(1) 종합합산과세표준

과세기준일 현재 납세의무자가 소유하고 있는 해당 지방자치단체 관할구역에 있는 종합합산과세대상이 되는 토지의 가액을 모두 합한 금액을 과세표준으로 한다.

(2) 별도합산과세표준

과세기준일 현재 납세의무자가 소유하고 있는 해당 지방자치단체 관할구역에 있는 별도합산과세대상이 되는 토지의 가액을 모두 합한 금액을 과세표준으로 한다.

(3) 분리과세표준

과세기준일 현재 분리과세대상인 토지의 가액을 과세표준으로 한다.

WIDE 과세표준액 = 시가표준액 × 공정시장 가액비율

① 토지의 가액(시가표준액)은 「부동산 가격공시에 관한 법률」에 의한 개별공시지가(개별공시지가가 없는 토지의 경우에는 특별자치시장·특별자치도지사·시장·군수 또는 구청장이 국토교통부장관이 제공한 토지가격비준표를 사용하여 산정한 지가를 말함)를 말한다.
② 개별공시지가는 과세기준일 현재의 개별공시지가로 하되 과세기준일 현재 해당 연도에 적용할 개별공시지가가 결정고시되지 아니한 때에는 직전연도에 적용하던 개별공시지가로 한다.

단락문제 Q10

다음은 토지분 재산세의 과세표준(課稅標準)에 대한 설명이다. 가장 옳지 않은 것은?

① 종합합산과세표준은 과세기준일 현재 납세의무자가 소유하고 있는 해당 특별자치시·특별자치도·시·군·구의 모든 토지 중 별도합산과세표준과 분리과세표준을 제외한 토지의 가액을 합한 금액으로 한다.
② 별도합산과세표준은 과세기준일 현재 납세의무자가 소유하고 있는 해당 특별자치시·특별자치도·시·군·구의 모든 건축물의 부속토지 중 별도합산과세대상토지의 가액을 합산한 금액으로 한다.
③ 공장용지·전·답·과수원 및 목장용지의 가액은 분리과세표준으로 한다.
④ 골프장·고급오락장으로 사용되는 토지의 가액은 분리과세표준으로 한다.
⑤ 「지방세법」 또는 다른 법령의 규정에 의하여 토지분 재산세가 경감되는 토지의 경감비율에 해당하는 토지가액은 분리과세표준으로 한다.

해설 분리과세표준
대통령령으로 정하는 다음의 토지의 가액으로 한다.
1) 공장용지·전·답·과수원 및 목장용지의 가액
2) 산림의 보호육성을 위하여 필요한 임야 및 종중소유 임야
3) 골프장·고급오락장으로 사용되는 토지
4) 위 1)~3)에 의한 토지와 공익성 및 정책성 필요성 고려 토지의 가액
* 재산세가 비과세·감면·경감되는 토지는 재산세가 과세되지 않기 때문에 분리·별도합산 또는 종합합산의 어느 경우에도 해당되지 아니한다.

답 ⑤

08 세율 (지세법 제111조) `35회 출제`

> **Q**: 재산세의 세율은 토지, 건축물, 주택에 따라 세율이 다르고 토지, 건축물, 주택의 용도에 따라 세율이 다르게 적용된다고 합니다. 그렇다면 세율구조가 매우 복잡하겠네요?
>
> **A**: 네. 매우 복잡한 구조로 되어 있습니다. 세율구조는 크게 표준세율과 중과세율로 나눌 수 있습니다. 자세히 살펴보겠습니다.

PROFESSOR COMMENT
건축물의 경우 용도에 따라 차등세율이 적용되며, 상가나 주택이 2채 이상이어도 합산하지 아니하고 1채마다 재산세가 부과된다. 토지 또한 과세대상별로 차등세율이 적용된다.

세율은 재산세부담을 몇 %로 할 것인가의 문제로 과세표준에 세율을 곱하여 세액을 산출한다. 토지, 건축물, 주택, 선박, 항공기의 과세대상 종류에 따라 세율이 차등적용된다.

1 표준세율 `21·27·30·31·32·34회 출제`

Key Point 재산세의 표준세율

토 지	건축물
분리과세대상, 별도합산과세대상, 종합합산과세대상으로 구분하여 세율적용	주택과 주택 이외의 건축물로 구분하고, 주택 이외의 건축물은 골프장·고급오락장용 건축물, 공장용 건축물, 기타의 건축물로 구분하여 세율적용

재산세의 표준세율은 과세대상에 따라 다음과 같이 차등세율이 적용된다.

(1) 토 지

PROFESSOR COMMENT
분리과세대상토지에 대한 세율을 암기하여야 기본문제를 풀 수 있다.

토지분 재산세의 표준세율은 다음과 같다(표준세율의 100분의 50 범위에서 가감 가능).

1) 종합합산과세대상토지의 세율(초과누진세율)

종합합산과세대상토지에 대한 세율은 과세표준의 크기에 따라 세율이 높아지는 초과누진세율 구조를 가진다.

과세표준	세 율
5천만원 이하	과세표준의 1,000분의 2(0.2%)
5천만원 초과 1억원 이하	10만원 + 5천만원 초과 금액의 1,000분의 3(0.3%)
1억원 초과	25만원 + 1억원 초과 금액의 1,000분의 5(0.5%)

제4장 재산세

2) 별도합산과세대상토지의 세율(초과누진세율)

별도합산과세대상토지에 대한 세율은 초과누진세율구조이다.

과세표준	세 율
2억원 이하	과세표준액의 1,000분의 2(0.2%)
2억원 초과 10억원 이하	40만원＋2억원 초과 금액의 1,000분의 3(0.3%)
10억원 초과	280만원＋10억원 초과 금액의 1,000분의 4(0.4%)

3) 분리과세대상토지의 세율(정률세율)

분리과세대상토지는 용도에 따라 다른 세율이 적용된다. 즉 농지냐, 골프장이냐, 공장용이냐에 따라 차등세율이 적용된다.

① **농지**(전·답·과수원)·**목장용지·임야** : 과세표준의 1,000분의 0.7(0.07%)
② **골프장 및 고급오락장용 토지** : 과세표준의 1,000분의 40(4%)
③ **그 밖의 분리과세대상토지**(공장건축물의 부속토지 등) : 과세표준의 1,000분의 2(0.2%)

재산세 세율(Ⅰ)

1) **토 지**
   과세대상별로 차등적용

2) **건축물**
   - 일반 건축물 : 0.25%
   - 골프장·고급오락장 : 4%
   - 주거지역 등의 공장 : 0.5%

3) **주 택**
   0.1%~0.4%, 초과누진세율

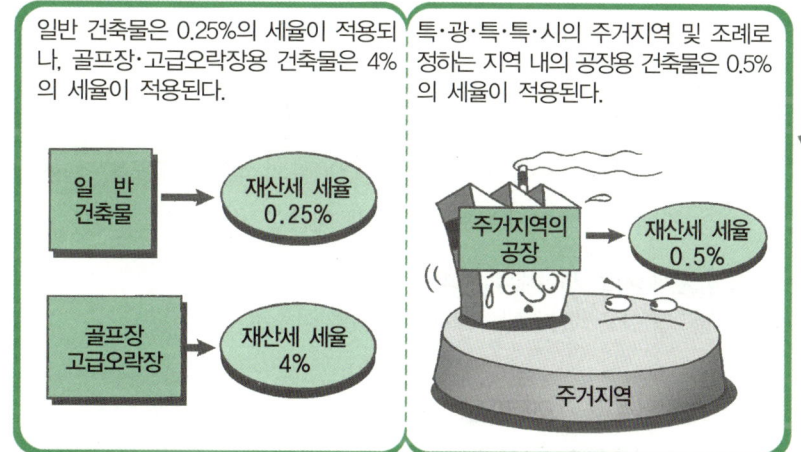

제2편 지방세

예제

1. 별도합산과세표준이 2억 3천만원일 경우 토지분 재산세 고지서상의 세액은?

   풀이
   1) 2억원까지 초과누진세율을 적용하여 계산한 결과(표에 계산되어 있음)의 세액 : 400,000원
   2) 2억원 초과금액인 30,000,000원에 대해서는 $\frac{3}{1,000}$의 세율이 적용된다.

   $$30,000,000 \times \frac{3}{1,000} = 90,000원$$

   3) 400,000원 + 90,000원 = 490,000원

2. 과세표준이 1억원인 분리과세대상 농지를 소유한 경우 토지분 재산세는 얼마인가?

   풀이 $1억원 \times \frac{0.7}{1,000} = 70,000원$

단락핵심 세율

골프장, 고급오락장으로 사용되는 토지에 적용되는 토지분 재산세의 세율은 4%이다.

단락문제 Q11 제3회 기출

다음은 토지분 재산세의 세율에 대한 설명이다. 틀린 것은?
① 종합합산과세대상토지는 초과누진세율(超過累進稅率)을 적용한다.
② 별도합산과세대상토지는 정률세율(定率稅率)을 적용한다.
③ 분리과세대상토지는 정률세율을 적용한다.
④ 골프장 등 사치성 토지는 1,000분의 40의 세율을 적용한다.
⑤ 자경농지는 1,000분의 0.7의 세율을 적용한다.

해설 토지분 재산세의 세율
② 별도합산과세대상토지는 초과누진세율을 적용한다.

답 ②

(2) 건축물 24회 출제 → 차등세율

건축물의 용도에 따라 다른 세율이 적용된다.

1) 골프장·고급오락장용 건축물 —— 과세표준의 $\frac{40}{1,000}$(4%)

   골프장·고급오락장용 건축물은 그 과세표준의 1,000분의 40이 적용된다.
   → 즉, 4%가 적용된다.

2) 시지역 주거지역의 공장용 건축물 —— $\frac{5}{1,000}$(0.5%)

   특별시·광역시(군지역 제외)·특별자치시(읍·면지역 제외)·특별자치도(읍·면지역 제외)·시 지역(읍·면지역 제외) 안에서 「국토의 계획 및 이용에 관한 법률」 기타 관계법령의 규정에 의하여 지정된 주거지역 및 조례로 정하는 지역 안의 대통령령이 정하는 공장용 건축물은 과세표준의 1,000분의 5가 적용된다. 즉 0.5%가 해당된다.
   → 도시형 공장을 포함한 모든 공장에 대하여 적용된다.
   → 상업지역 및 녹지지역을 말한다.

3) 위 1), 2) 이외의 건축물 : $\frac{2.5}{1,000}$(0.25%)

위 1), 2) 이외의 상가·사무실용 건축물 등은 그 과세표준의 1,000분의 2.5가 적용된다.
→ 즉, 0.25%가 적용된다.

(3) 주 택 33회 출제

주택은 초과누진세율이 적용된다.

주택 : 초과누진세율 → 고급주택을 구분하여 별도 중과세하지 않는다. 즉, 초과누진세율을 적용하기 때문에 재산세에서는 고급주택개념이 없다.

과세표준	세 율
① 6,000만원 이하	1,000분의 1(0.1%)
② 6,000만원 초과 1억5천만원 이하	6만원 + 6,000만원 초과금액의 1,000분의 1.5(0.15%)
③ 1억5천만원 초과 3억원 이하	19만5천원 + 1억5천만원 초과금액의 1,000분의 2.5(0.25%)
④ 3억원 초과	57만원 + 3억원 초과금액의 1,000분의 4(0.4%)

3) 1동(棟)의 건물이 주거와 주거 외의 용도에 사용되고 있는 경우 22회 출제

주거용으로 사용되는 부분만을 주택으로 보며, 이 경우 건물의 부속토지는 주거와 주거 외의 용도에 사용되는 건물의 면적비율에 따라 각각 안분하여 주택의 부속토지와 건축물(주택외의 건물)의 부속토지로 구분한다.

4) 주택의 부속토지의 경계가 명백하지 아니한 경우

그 주택의 바닥면적의 10배에 해당하는 토지를 주택의 부속토지로 한다.

5) 겸용주택

1구(構)의 건물이 주거와 주거 외의 용도로 사용되고 있는 경우에는 주거용으로 사용되는 면적이 전체의 50% 이상인 경우에는 주택으로 본다.

6) 1세대 1주택에 대한 세율특혜

1세대 1주택에 대하여는 3년간 0.05p 인하한다. (지세법 11조의2)

단락핵심 세율

(1) 주택은 상시주거용으로 사용되는 건물로서 주택의 가액에 따라 초과누진세율을 적용한다.
(2) 재산세에서는 고급주택의 개념이 적용되지 아니한다.

제2편 지방세

(4) 선박

1) 고급선박 → 취득세의 고급선박과 동일하다.

과세표준의 1,000분의 50, 즉 5%가 해당된다.

2) 기타 선박

과세표준의 1,000분의 3, 즉 0.3%가 해당된다.

Key Point 중과세대상 재산 비교

세 목	재산의 종류	세 율
1) 취득세	골프장(신·증설), 고급오락장, 고급선박, 고급주택	표준세율 + 8%
2) 재산세	골프장, 고급오락장, 고급선박(고급주택은 제외)	4%(고급선박 5%)
3) 등록면허세	위의 재산에 대하여 별도로 중과세규정 없음	—

(5) 항공기

과세표준의 1,000분의 3, 즉 0.3%가 해당된다.

예제 제주시 소재 단독주택(시가 5억원, 시가표준액 4억원)과 고급오락장 건축물(시가 10억원, 시가표준액 8억원)을 보유시 과세표준과 세율은?

풀이
1) 과세표준
   ① 건축물, 주택의 재산세 과세표준 = 시가표준액 × 공정시장 가액비율
      단, 공정시장 가액비율은 주택 60%, 기타 건축물 70%로 가정한다.
   ② 주 택 : 2억 4천만원 = 4억원 × 60%
   ③ 고급오락장 : 5억 6천만원 = 8억원 × 70%
2) 세 율
   ① 주 택 : 2억 4천만원 × 초과누진세율
      * 고급주택, 일반주택 구분없음
   ② 고급오락장 건축물 : 5억 6천만원 × 1,000분의 40

재산세 세율(Ⅱ)

4) 선박
 • 고급선박 : 5%
 • 기타 선박 : 0.3%

5) 항공기 : 0.3%

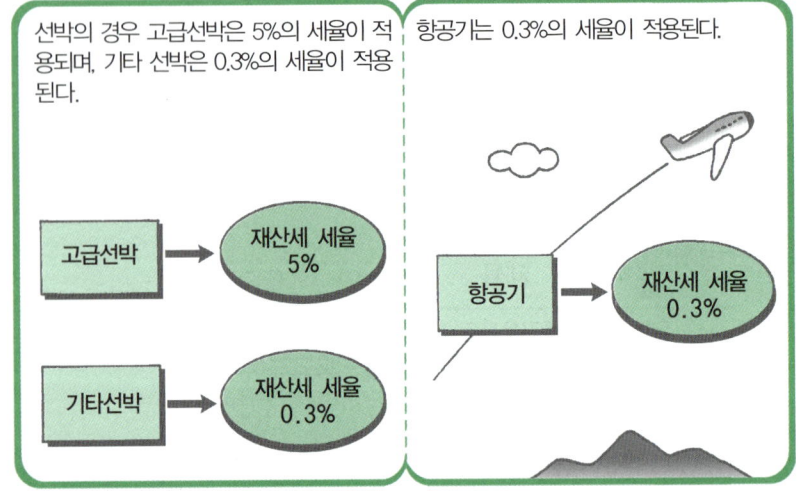

제4장 재산세

2 중과세율

(1) 공장의 신·증설 : $\frac{12.5}{1,000}$ (1.25%) ▶ 부속토지는 중과세하지 아니한다.

대도시 내(수도권 과밀억제권역 안을 말하며 산업단지·유치지역·공업지역을 제외)에 공장을 신설 또는 증설에 해당하는 경우 그 건축물에 대한 재산세의 세율은 최초의 과세기준일부터 5년간 1,000분의 2.5의 100분의 500에 해당하는 세율로 한다. 즉, 1,000분의 2.5 × 100분의 500(5배) = 1,000분의 12.5이다.

(2) 도시형 업종의 공장은 중과세에서 제외한다.

3 세율 적용   추가15·19·27·32회 출제

주택에 대한 재산세는 주택별로 세율을 적용한다. 주택을 2인 이상이 공동으로 소유하거나 토지와 건물의 소유자가 다를 경우에는 해당 주택에 대한 세율을 적용함에 있어서는 해당 주택의 토지와 건물의 가액을 합산한 과세표준에 주택의 세율을 적용한다.

4 탄력세율

지방자치단체의 장은 특별한 재정수요나 재해 등의 발생으로 재산세의 세율 조정이 불가피하다고 인정되는 경우 조례로 정하는 바에 따라 표준세율의 50% 범위에서 가감할 수 있다.

▶ 가감한 세율은 해당 연도에만 적용한다.

5 도시지역분 재산세 과세

(1) 지방자치단체의 장은 조례로 정하는 바에 따라 도시지역 안에 있는 다음의 **(3)**에 해당하는 토지, 건축물 또는 주택에 대하여 1)에 따른 세액에 2)에 따른 세액을 합산하여 산출한 세액을 재산세액으로 부과할 수 있다.

재산세 중과세율

① 대도시 내 공장의 신·증설 : 1.25%
② 도시형 업종의 공장은 5배 중과세 제외
③ 특·광·특·특·시의 주거·상업·녹지지역 안에서 도시형 업종의 공장 신·증설 : 0.5%

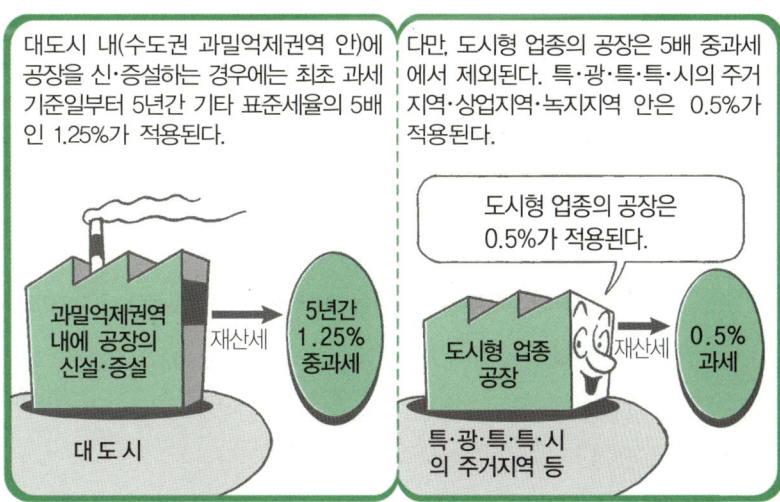

대도시 내(수도권 과밀억제권역 안)에 공장을 신·증설하는 경우에는 최초 과세기준일부터 5년간 기타 표준세율의 5배인 1.25%가 적용된다.

다만, 도시형 업종의 공장은 5배 중과세에서 제외된다. 특·광·특·특·시의 주거지역·상업지역·녹지지역 안은 0.5%가 적용된다.

1) 토지, 건축물, 주택에 대한 재산세액
2) 토지, 건축물, 주택의 과세표준에 1,000분의 1.4를 적용하여 산출한 세액

→ 1,000분의 1.4

(2) 지방자치단체의 장은 해당 연도분의 위 (1)의 2)의 세율을 조례로 정하는 바에 따라 1,000분의 2.3을 초과하지 아니하는 범위에서 다르게 정할 수 있다.

(3) 도시지역분 재산세 과세가 적용되는 토지, 건축물, 주택의 범위

1) 토지

「국토의 계획 및 이용에 관한 법률」의 규정에 의하여 고시한 도시지역 안에 있는 토지로서 다음의 토지를 말한다.

① 전·답·과수원·목장용지·임야를 제외한 모든 토지
② 「도시개발법」에 의하여 환지방식으로 시행하는 도시개발구역 안의 토지로서 환지처분의 공고가 된 모든 토지(혼용방식으로 시행하는 도시개발구역 중 환지방식이 적용되는 토지를 포함)

> **PROFESSOR COMMENT**
> 환지처분이라 함은 시행자가 환지계획에 따라 공사를 완료한 후의 토지에 대하여 종전토지에 갈음하는 환지의 위치 및 면적을 지정하고 그 과부족분에 대하여는 금전으로 그 차액을 청산하는 처분을 말한다.

③ 다음의 토지는 제외한다.
  ㉠ 「국토의 계획 및 이용에 관한 법률」의 규정에 의하여 지형도면이 고시된 공공시설용지
  ㉡ 개발제한구역으로 지정된 토지 중 지상건축물(별장 또는 고급주택 외의 주택은 제외)·골프장·유원지 기타 이용시설이 있는 토지가 아닌 토지

2) 건축물

재산세가 과세되는 건축물이 해당한다.

> **WIDE 개발제한구역 내 과세대상**
>
> 개발제한구역 내에 있는 주택도 과세대상에서 제외하지만 별장 또는 고급주택이면 과세한다.

3) 주택

「지방세법」에 의한 재산세 과세대상주택이 해당된다.

> **예제** 수도권 상업지역에 공장을 2015.10.5.에 신설했다. 2020년도 재산세 세율은?
>
> **풀이** 2016년도부터 ⇒ 2020년도까지 5년간 중과세 : 1,000분의 12.5
> ∵ 2015.6.1. 현재 공장이 없었음. 따라서 2016년부터 5년간 중과세

제4장 재산세

단락문제 Q12
제8회 기출

다음은 건축물(建築物)에 대한 재산세의 세율적용에 대한 내용이다. 옳지 않은 것은?

① 주택은 상시주거용으로 사용되는 건물로서 주택의 가액에 따라 초과누진세율을 적용한다.
② 재산세에서는 고급주택의 개념이 적용되지 아니한다.
③ 수개의 주택을 보유해도 매 1구의 주택을 기준으로 각각 세액을 계산한다.
④ 고급오락장용 건축물은 1,000분의 40에 해당하는 비례세율을 적용한다.
⑤ 다가구주택의 경우 1세대가 독립하여 구분사용할 수 있도록 구획된 부분을 1구의 주택으로 보지 않는다.

[해설] 건축물에 대한 재산세의 세율적용
⑤ 다가구주택의 경우에서 1세대가 독립하여 구분사용할 수 있도록 구획된 부분을 1구의 주택으로 본다. 답 ⑤

Key Point 주택·건축물의 세율적용

세율구분		해당 물건	적용세율
1) 표준세율	① 주택	㉠ 주택 및 부수토지 → (주택 1채별로 과세)	초과누진세율
	② 건축물	㉠ 주택 이외의 건축물	1,000분의 2.5 = 0.25%
		㉡ 골프장·고급오락장 건축물	1,000분의 40 = 4%
		㉢ 특·광·특·특·시지역의 주거지역 내 공장용 건축물	1,000분의 5 = 0.5%
2) 중과세율	③ 건축물	수도권 중 과밀억제권역 내 공장(신설과 증설)	1,000분의 12.5(5년간 = 1.25%)

* 주택, 건축물은 2채 이상 보유하여도 합산하지 않고, 1채별로 과세

09 비과세 (지세법 제109조) ★

Q: 부동산을 보유하고 있는 경우에도 재산세가 비과세 될 수 있나요?
A: 네, 일정한 경우에 해당하면 비과세됩니다.

 정부종합청사의 부수토지는 토지분 재산세가 부과될까요?
부과되지 않습니다. 왜냐하면 세금을 과세하지 않는, 즉 비과세에 해당되기 때문입니다. 이하에서는 재산세의 비과세에 해당되는 국가 등에 대한 비과세와 용도구분에 의한 비과세를 알아봅니다.

제2편 지방세

1 국가 등에 대한 비과세

(1) 국가·지방자치단체·지방자치단체조합·외국정부 및 주한국제기구의 소유에 속하는 재산(매수계약자에게 납세의무가 있는 재산을 제외함)에 대하여는 비과세한다. 다만, 대한민국정부기관의 재산에 대하여 과세하는 외국정부의 재산의 경우와 연부매수계약자에게 납부의무가 있는 경우에는 그러하지 아니한다. → 재산세를 부과하지 아니한다.

→ 재산세를 부과한다.

(2) 국가·지방자치단체·지방자치단체조합이 1년 이상 공용 또는 공공용으로 사용하는 재산에 대하여는 재산세를 부과하지 아니한다. 다만, 유료로 사용하는 재산과 소유권의 유상이전을 약정한 경우로서 그 재산을 취득하기 전에 미리 사용하는 경우에는 그러하지 아니한다.
→ 재산세를 부과한다.

2 용도구분에 의한 비과세 20·28회 출제

▼ 비과세에서 제외되는 경우, 즉 재산세 부과

1) 골프장·고급주택·고급오락장과 고급선박
2) 수익사업에 사용하는 경우(의과대학 등의 부속병원이 경영하는 의료업과 사회복지법인이 경영하는 의료업은 수익사업으로 보지 않음)
3) 유료로 사용하거나 해당 부동산의 일부를 그 목적에 사용하지 아니하는 경우의 그 일부 재산

(1) 건축물, 선박에 대한 비과세

1) 임시로 사용하기 위하여 건축된 건축물로서 재산세 과세기준일 현재 1년 미만의 것
2) 비상재해구조용·무료도선용·선교구성용 및 본선에 속하는 전마용 등으로 사용하는 선박
3) 재산세를 부과하는 해당 연도에 철거하기로 계획이 확정되어 재산세 과세기준일 현재 행정관청으로부터 철거명령을 받았거나 철거보상계약이 체결된 건축물. 다만, 건축물의 일부분을 철거하는 경우에는 철거되는 부분만 해당한다.

단락문제 Q13   제21회 기출

다음 중 재산세의 비과세대상(非課稅對象)이 아닌 것은?
① 공원자연보존지구의 임야
② 지방자치단체의 소유에 속하는 재산
③ 본선에 속하는 전마용 등으로 사용하는 선박
④ 국가·지방자치단체·지방자치단체조합이 유료로 사용하는 공공용 건축물
⑤ 임시로 사용하기 위하여 건축된 건축물로서 재산세 과세기준일 현재 1년 미만의 것

해설 재산세의 비과세대상
④ 국가·지방자치단체·지방자치단체조합이 무료로 사용하는 공공용 건축물만 비과세하며 유료로 사용하는 공공용 건축물은 과세한다.

답 ④

(2) 토지의 비과세 30회 출제

토지의 사용용도가 다음과 같은 경우 재산세를 부과하지 아니한다.

1) 대통령령으로 정하는 도로·하천·제방·구거·유지 및 묘지

① **도로** : 「도로법」에 의한 도로와 기타 일반인의 자유로운 통행을 위하여 제공할 목적으로 개설한 도로. 다만, 「건축법 시행령」 제80조의 2에 따른 대지 안의 공지는 제외한다.

② **하천** : 「하천법」에 따른 하천과 「소하천정비법」에 의한 소하천

③ **제방** : 「공간정보의 구축 및 관리 등에 관한 법률」에 의한 제방. 특정인이 전용하는 제방은 제외한다. → 과세한다.

④ **구거** : 농업용 구거와 자연유수의 배수처리에 제공하는 구거

⑤ **유지** : 농업용 및 발전용에 제공하는 댐·저수지·소류지와 자연적으로 형성된 호수·늪

⑥ **묘지** : 무덤과 이에 접속된 부속시설물의 부지로 사용되는 토지로서 지적공부상 지목이 묘지인 토지

비과세에서 제외되는 토지

① 해당 토지가 유료로 사용되는 경우
② 수익사업에 사용되는 경우
③ 해당 토지의 전부 또는 일부가 그 목적에 직접 사용되지 않는 경우
④ 별장·골프장·고급주택·고급오락장에 해당하는 경우

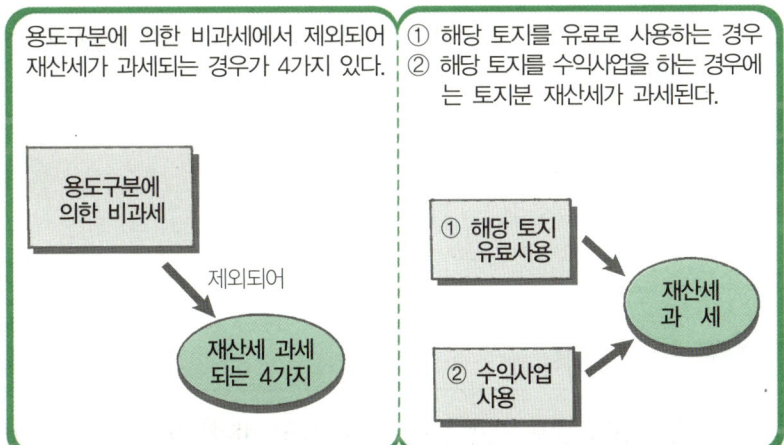

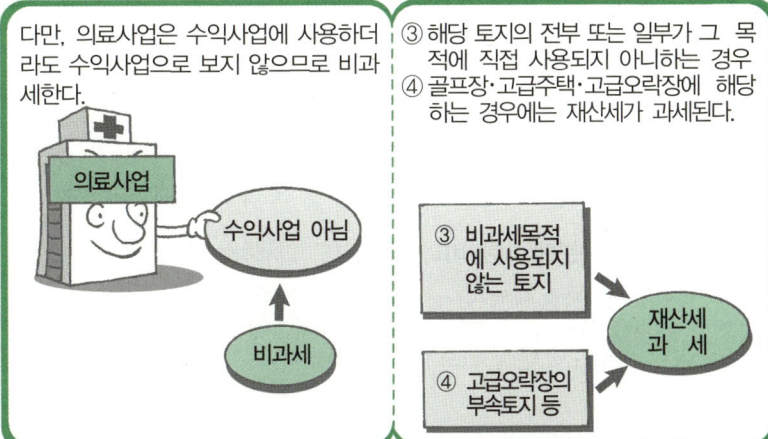

제2편 지방세

2) 「군사기지 및 군사시설보호법」에 의한 군사기지 및 군사시설 보호구역 중 통제보호구역에 있는 토지로서 전·답·과수원 및 대지를 제외한 토지

3) 「산림보호법」에 따라 지정된 산림보호구역 및 「산림자원의 조성 및 관리에 관한 법률」에 따라 지정된 채종림·시험림

→ 전·답·과수원 및 대지는 과세한다는 의미이다.

4) 「자연공원법」에 의한 공원자연보존지구의 임야

5) 「백두대간 보호에 관한 법률」 제6조에 따라 지정된 백두대간보호지역의 임야

유의 비과세에서 제외되는 토지 : 과세한다는 의미

1) 해당 토지가 유료로 사용되는 경우   2) 수익사업에 사용되는 경우
3) 해당 토지의 전부 또는 일부가 그 목적에 직접 사용되지 아니하는 경우
4) 골프장·고급주택·고급오락장의 중과세대상에 해당하는 경우

단락핵심 비과세

공익사업을 목적으로 하는 일정한 비영리사업자가 그 사업에 직접 사용하는 토지는 토지분 재산세의 과세면제 대상이다.

단락문제 Q14　　　　　　　　　　　　　　　　　　　　　　　제8회 기출 개작

다음은 용도구분에 의한 토지분 재산세의 비과세대상에 대한 내용이다. 옳지 않은 것은?

① 하천, 제방 등
② 묘지, 구거, 유지 등
③ 별정우체국이 공용 또는 공공용으로 사용하는 별장의 부속토지
④ 채종림, 시험림
⑤ 일반인의 자유로운 통행에 공할 목적으로 개설한 사도(私道)

해설 용도구분에 의한 비과세일지라도 과세하는 경우

1) 유료로 사용되는 경우   2) 수익사업에 사용되는 경우
3) 전부 또는 일부가 그 목적에 직접 사용되지 않는 경우
4) 골프장·고급오락장 및 고급주택의 부속토지

답 ③

제4장 재산세

10 부과 및 징수　　22·31·34회 출제

> **Q** : 재산세의 납부는 현금으로 납부하는 것이 원칙이고, 예외적으로 부동산으로 물납이 가능하다고 하던데요. 올바른 내용인가요?
>
> **A** : 네, 현금과 부동산으로 납부가능한 물납에 대해서 살펴보겠습니다.

재산세를 부과해서 세금을 징수하는 절차를 말합니다. 재산세를 부과징수하기 위해서는 과세기준일, 과세요건, 세금을 납부하는 기간, 징수방법 등이 필요합니다.
이하에서는 이를 살펴보고자 합니다.

 PROFESSOR COMMENT
과세대상별로 납기를 정리하기 바란다. 또한 물납의 요건과 절차 및 물납부동산의 평가에 대하여 간단·명료하게 정리하기 바란다.

토지분 재산세의 부과 및 징수

1) **납세지**
   토지 소재지

2) **과세기준일**
   6월 1일

3) **납 기**
   9월16일~9월30일

4) **부과징수**
   납기개시 5일 전까지 보통징수방법으로 부과징수

5) **소액징수면제**
   고지서 1장당 2천원 미만시 징수하지 않음

- 토지분 재산세의 과세기준일은 매년 6월 1일이다.
  → 과세기준일: 매년 6월 1일

- 토지분 재산세의 납기는 매년 9월 16일부터 9월 30일까지로 한다.
  → 매년 9월 16일부터 9월 30일 사이에 납부하면 된다. (납기 9/16~9/30)

- 토지분 재산세의 납부방법은 보통징수방법에 의한다.
  → 시·군·구, 특별자치시, 특별자치도에서 납세고지서를 발부한다. (시·군·구·특·특 → 고지서 발부)

- 토지분 재산세에 대한 소유자변경 등의 신고사유가 발생한 때에는 과세기준일부터 10일 이내에 납세의무자는 토지 소재지 관할 지방자치단체의 장에게 신고하여야 한다.
  → 소유자변경 등의 신고사유 발생 → 과세기준일 6월 1일 → 10일 이내 → 신고

237

제2편 지방세

1 과세기준일

재산세의 과세요건(과세객체, 납세의무자, 과세표준, 세율)이 확정되는 시점을 말하며, 과세기준일은 매년 6월 1일로 한다.

2 납기(納期) 26회 출제

과세기준일 현재의 납세의무자가 재산세를 납부해야 할 시기는 다음과 같다.

(1) 토 지

매년 9월 16일부터 9월 30일까지로 한다.

(2) 건축물, 선박, 항공기

매년 7월 16일부터 7월 31일까지로 한다.

(3) 주 택 29회 출제

50%는 매년 7월 16일부터 7월 31일까지, 나머지 50%는 매년 9월 16일부터 9월 30일까지로 한다. 다만, 재산세세액이 20만원 이하인 경우에는 7월 16일부터 7월 31일까지 한꺼번에 부과·징수할 수 있다.

재산세의 납기

1) 토지
   매년 9월16일~9월30일
2) 건축물·선박·항공기
   매년 7월16일 ~ 7월31일
3) 주택
   ① 50% : 7월16일~7월31일
   ② 50% : 9월16일~9월30일
   ③ 산출세액이 20만원 이하시 납기를 7월16일~7월31일로 일시에 부과할 수 있다.

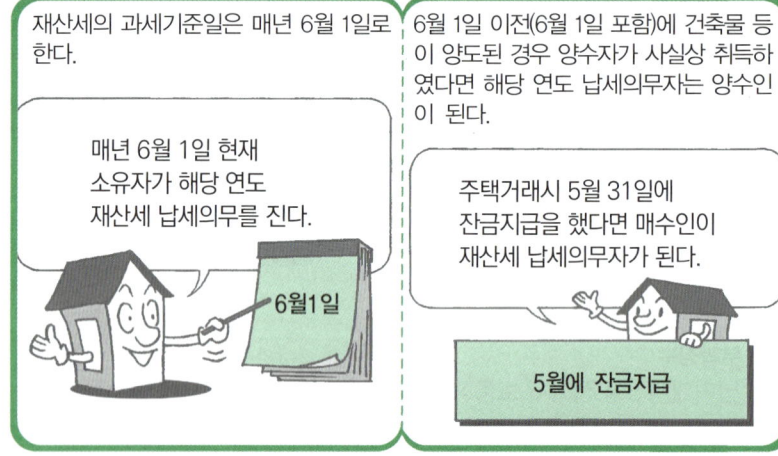

3 징수방법 25회 출제

(1) 재산세의 징수방법은 정기분에 의한 보통징수방법❶에 의한다.

(2) 재산세를 징수하고자 하는 때에는 토지, 건축물, 주택, 선박, 항공기로 구분한 납세고지서에 각 개별 해당 과세표준과 세액을 기재하여 늦어도 납기개시 5일 전까지 발급하여야 한다.

(3) **신탁재산에 대한 특례**

「신탁법」에 따라 수탁자명의로 등기된 신탁재산에 대한 재산세가 체납된 경우에는 「지방세기본법」제91조에도 불구하고 재산세가 체납된 해당 재산에 대하여만 압류할 수 있다. 다만, 재산세가 체납된 재산이 속한 신탁에 다른 재산이 있는 경우에는 그 다른 재산에 대하여 압류할 수 있다.

> **용어사전**
> ❶ **보통징수방법**
> 특별자치시장·특별자치도지사·시장, 군수, 구청장 등이 납세고지서에 의하여 납세의무자에게 송달하여 재산세 세액을 납부하게 하는 방법이다.

4 소액징수면제(少額徵收免除)

고지서 1장당 재산세로 징수할 세액이 2,000원 미만인 때에는 재산세를 징수하지 아니한다.

5 신고의무

PROFESSOR COMMENT
재산세 세액을 신고하는 것이 아님을 유의하여야 한다.

다음에 해당하는 자는 과세기준일부터 15일 이내에 그 소재지를 관할하는 지방자치단체의 장에게 그 사실을 알 수 있는 증거자료를 갖추어 신고하여야 한다. 신고가 사실과 일치하지 아니하거나 신고가 없는 경우에는 지방자치단체의 장이 이를 직권으로 조사하여 과세대장에 등재할 수 있다.

(1) 공부상 소유자
재산의 소유권 변동 또는 과세대상 재산의 변동사유가 발생되었으나 과세기준일까지 그 등기가 이행되지 아니한 재산의 공부상 소유자가 과세기준일부터 15일 이내 신고하여야 한다.

(2) 주된 상속자
상속이 개시된 재산으로서 상속등기가 이행되지 아니한 경우에는 주된 상속자가 과세기준일부터 15일 이내 신고하여야 한다.

(3) 종중재산의 공부상 소유자
사실상 종중재산으로서 공부상에는 개인명의로 등재되어 있는 재산의 공부상 소유자는 과세기준일부터 15일 이내 신고하여야 한다.

(4) 수탁자
「신탁법」에 의하여 수탁자명의로 등기된 신탁재산의 수탁자는 과세기준일부터 15일 이내 신고하여야 한다.

제2편 지방세

단락문제 Q15
제8회 기출 개작

다음 재산세에 관한 설명으로 옳지 않은 것은?

① 재산세의 세액이 2,000원 미만인 때에는 재산세를 부과하지 아니한다.
② 재산세는 원칙적으로 보통징수방법에 의한다.
③ 재산세의 납세고지서는 늦어도 납기개시 5일 전에 발부하여야 한다.
④ 국가·지방자치단체·지방자치단체조합과 재산세 과세물건을 연부(年賦)로 매매계약을 체결하고 그 재산의 사용권을 무상(無償)으로 부여받은 경우에는 재산세를 면제한다.
⑤ 재산세 과세물건의 소유권의 귀속(歸屬)이 분명하지 아니한 경우에는 그 사용자가 재산세를 납부할 의무를 진다.

해설 재산세
④ 국·지자체·지방자치단체조합과 재산세 과세물건을 연부로 매매계약을 체결하고 그 재산의 사용권을 무상으로 부여받은 경우에는 재산세는 매수계약자가 납세의무자가 된다. **답** ④

6 과세대장(課稅臺帳)

(1) 과세대장의 비치(備置)

재산세 과세대장은 토지, 건축물, 주택, 선박 및 항공기 과세대장으로 구분하여 작성하여야 하며, 지방자치단체는 재산세 과세대장을 비치하고 필요한 사항을 기재하여야 한다.

(2) 과세대장에의 등재(登載)

1) 신고에 의한 등재

과세대장에의 등재는 납세의무자의 신고에 의하는 것이 원칙이므로, 재산세의 납세의무자는 지방자치단체의 장에게 신고하여야 한다.

2) 직권등재

① 「지방세법」은 재산세 과세대장에의 신고의무를 규정하고 있지만, 그 신고를 불이행하였을 경우 그에 대한 가산세 등 제재는 없다.
② 다만, 납세의무자가 재산세 과세대장의 등재에 필요한 사항을 신고하지 아니할 경우에는 지방자치단체의 장이 그 재산의 소유자를 납세의무자로 하여 과세대장에 직권으로 등재할 수 있다. 이와 같이 지방자치단체의 장이 무신고재산을 과세대장에 등재하였을 때에는 그 사실을 관계인에게 통지하여야 한다.

8 물 납 ❶ ★   13·24·28·30·35회 출제

지방자치단체의 장은 재산세의 납부세액이 1천만원을 초과하는 경우에는 납세의무자의 신청을 받아 해당 지방자치단체의 관할구역에 있는 부동산에 대하여만 물납을 허가할 수 있다.

> **용어사전**
>
> ❶ 물납
> 조세의 납부는 현금납부를 원칙으로 하나 재산세의 경우 금전납부만을 관철한다면 그 납세의무이행이 곤란하기 때문에 일정요건이 성립되면 재산자체로서 재산세의 납부를 허용하는 제도이다.

(1) 물납의 신청 및 허가

1) 재산세를 물납하고자 하는 자는 서류를 갖추어 그 납부기한 10일 전까지 물납을 하고자 하는 납세지를 관할하는 특별자치시장·특별자치도지사·시장·군수 또는 구청장에게 신청하여야 한다.

2) 물납신청을 받은 특별자치시장·특별자치도지사·시장·군수 또는 구청장은 신청을 받은 날부터 5일 이내에 납세의무자에게 그 허가 여부를 서면으로 통지하여야 한다.

3) 물납허가를 받은 부동산을 물납한 때에는 납기 내에 납부한 것으로 본다.

(2) 관리·처분이 부적당한 부동산의 처리

1) 지자체의 장은 규정에 의하여 물납신청을 받은 부동산이 관리·처분상 부적당하다고 인정되는 경우에는 허가를 하지 아니할 수 있다.

2) 지자체의 장은 불허가 통지를 받은 납세의무자가 그 통지를 받은 날부터 10일 이내에 해당 지자체의 관할구역 안에 있는 부동산으로서 관리·처분이 가능한 다른 부동산으로 변경신청하는 경우에는 변경하여 허가할 수 있다.

3) 변경신청하여 허가한 부동산을 물납한 때에는 납기 내에 납부한 것으로 본다.

(3) 물납허가 부동산의 평가   32회 출제

1) 물납을 허가하는 부동산의 가액은 재산세 과세기준일 현재의 시가에 의한다.

2) 시가는 다음에 정하는 가액에 의한다.
 다만, 수용·공매가액 및 감정가액 등으로서 시가로 인정되는 것은 이를 시가로 본다.
   ① **토지 및 주택**: 시가표준액
   ② **건물**: 시가표준액

3) 시가를 적용함에 있어서 「상속세 및 증여세법」 규정에 의한 부동산의 평가방법이 따로 있어 국세청장이 고시한 가액이 증명되는 경우에는 그 고시가액을 시가로 본다.

4) 시가로 인정되는 부동산가액

① 시가로 인정되는 것은 과세기준일 전 6개월부터 과세기준일 현재까지의 기간 중에 확정된 가액으로서 다음에 해당하는 것을 말한다.
  ㉠ 해당 부동산에 대하여 수용 또는 공매사실이 있는 경우에는 그 보상가액 또는 공매가액
  ㉡ 해당 부동산에 대하여 2 이상의 감정평가업자가 평가한 감정가액이 있는 경우에는 그 감정가액의 평균액
  ㉢ 다음의 취득으로서 그 사실상의 취득가격이 있는 경우에는 그 취득가격
    ⓐ 국가·지방자치단체 및 지방자치단체조합으로부터의 취득
    ⓑ 판결문·법인장부 등에 따라 취득가격이 증명되는 취득
② 시가로 보는 가액이 2 이상인 경우에는 재산세의 과세기준일부터 가장 가까운 날에 해당하는 가액에 의한다.

 **물납**

① 물납이란 세금납부 시 '현금 대신 물건(= 부동산)으로 납부'하는 것을 말한다.
② 물납허가를 받은 부동산으로 물납한 때에는 납기 내에 납부한 것으로 본다.
③ 물납허가 부동산의 평가: 과세기준일 현재의 시가

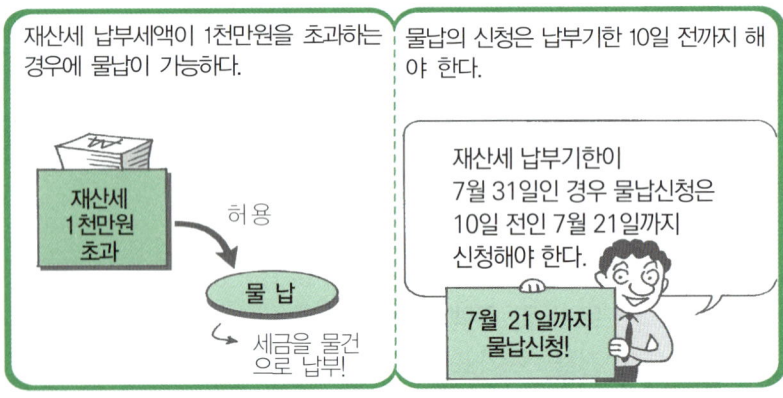

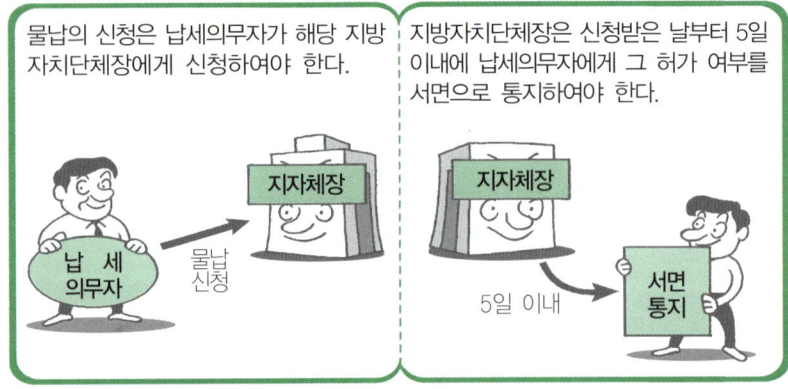

(4) 물납의 절차

1) 물납허가 또는 물납부동산변경허가를 받은 납세의무자는 그 통지를 받은 날부터 10일 이내에 「부동산등기법」에 의한 부동산소유권이전등기에 필요한 서류를 지방자치단체의 장에게 제출하여야 하며, 해당 지방자치단체의 장은 그 서류를 제출받은 날부터 5일 이내에 관할 등기소에 부동산소유권이전등기신청을 하여야 한다.

2) 물납한 때라 함은 해당 지방자치단체의 장이 물납 대상부동산의 소유권이전등기필증을 발급받은 때를 말한다.

> **예제** 제주특별자치도 소재 상가와 단독주택에 대한 재산세 1억원을 강원도 강릉시 소재 부동산으로 물납하고자 한다. 물납가능한가?
>
> **풀이** 제주특별자치도 소재 부동산이 아닌 강릉시 소재 부동산이므로 물납대상 부동산이 아님

단락문제 Q16

제17회 기출 개작

재산세의 부과와 징수에 관하여 다음 중 틀린 것은?

① 재산세의 과세요건이 확정되는 시기는 과세기준일이다.
② 과세기준일 이후에 과세객체인 재산의 소유권을 취득한 자에 대해서는 과세연도의 재산세는 부과되지 아니한다.
③ 재산세의 징수방법은 보통징수방법(普通徵收方法)에 의한다.
④ 재산세를 징수하고자 하는 때에는 늦어도 납기개시(納期開始) 5일 전까지 납세고지서를 발급하여야 한다.
⑤ 재산세는 물납제도가 허용되지 않는다.

해설 재산세의 부과와 징수
⑤ 물납제도와 분납제도가 있다.

답 ⑤

제2편 지방세

9 분할납부 20·25·27회 출제

지방자치단체의 장은 재산세의 납부세액이 250만원을 초과하는 경우에는 납부할 세액의 일부를 납부기한이 경과한 날부터 3개월 이내에 분할하여 납부하게 할 수 있다.

(1) 분할납부세액의 기준 및 분할납부신청

1) 분할납부하게 하는 경우의 분할납부세액은 다음 기준에 의한다.
   ① 납부할 세액이 500만원 이하인 때에는 250만원을 초과하는 금액
   ② 납부할 세액이 500만원을 초과하는 때에는 그 세액의 50% 이하의 금액
2) 분할납부하고자 하는 자는 재산세의 납부기한 내에 신청서를 제출하여야 한다.

(2) 지자체의 장이 분할납부신청을 받은 때에는 이미 고지한 납세고지서를 납부기한 내에 납부하여야 할 납세고지서와 분할납부기간 내에 납부하여야 할 납세고지서로 구분하여 수정고지하여야 한다.

예제 건축물의 재산세액이 ① 1,000만원인 경우와, ② 6천만원인 경우 분할납부세액(최대금액)과 분할납부기한은?

풀이 1) 1,000만원 ⇒ 500만원(500만원 초과금액)
2) 6천만원 ⇒ 3천만원(50% 이하 금액)
3) 7.31.부터 2개월 이내 ⇒ 9.30.까지 분할납부

분할납부

① 분할납부란 세금을 나눠서 내는 것을 말한다.
② 분할납부하고자 하는 자는 납부기한 내 신청서를 제출하여야 한다.

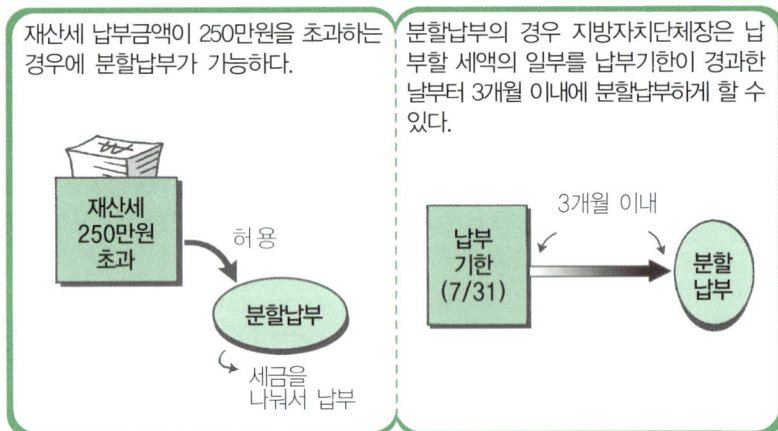

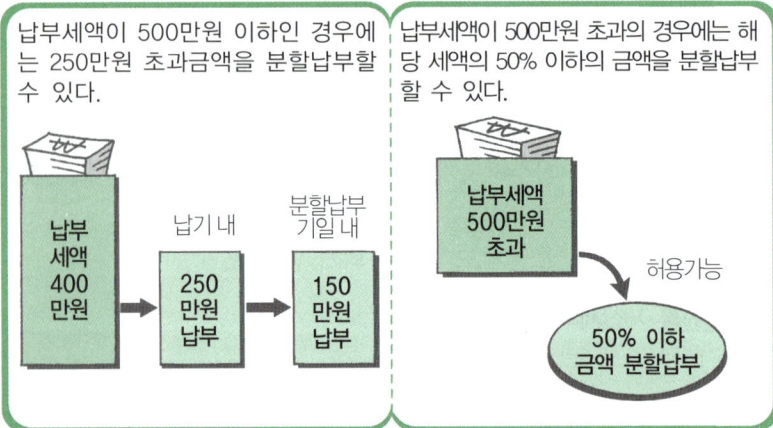

재산세

• 경록 교재에 모든 답이 있습니다.

01 과세대상

(1) 토　지 : 모든 토지
   1) 분리과세대상토지 : ① 농지, 목장용지, 일정임야, ② 공장용 건축물의 부수토지, ③ 골프장·고급오락장용 부수토지
   2) 별도합산과세대상토지 : 건축물의 부수토지로서 건축물의 바닥면적에 용도지역별 적용배율을 곱하여 산정한 면적을 초과하지 아니하는 토지를 말한다.
   3) 종합합산과세대상토지 : 분리과세대상토지와 별도합산과세대상토지를 제외한 나머지 토지는 종합합산과세대상토지이다.
(2) 건축물 : 「건축법」에 의한 건축물과 토지에 정착하거나 지하 또는 다른 구조물에 설치하는 레저시설, 저장시설 등 그 밖에 이와 유사한 시설을 말한다.
(3) 주　택 : 「주택법」에 의한 주택
(4) 선　박 : 기선·범선·부선 등 기타 명칭여하를 불문하고 모든 배를 말한다.
(5) 항공기 : 사람이 탑승·조종하여 항공에 사용하는 비행기·비행선·활공기·회전익 항공기 기타 대통령령이 정하는 것을 말한다.

02 납세지

(1) 토　지 : 토지의 소재지
(2) 건축물 : 건축물의 소재지
(3) 주　택 : 주택의 소재지
(4) 선　박 : 「선박법」에 의한 선적항의 소재지. 다만, 선적항이 없는 선박의 경우에는 정계장 소재지(정계장이 일정하지 아니한 경우에는 선박소유자의 주소지)
(5) 항공기 : 「항공안전법」에 의한 등록원부에 기재된 정치장 소재지(등록되지 아니한 경우 항공기 소유자의 주소지)

03 납세의무자

(1) 과세기준일 현재 사실상 소유한 자
   재산세 과세기준일(6월 1일) 현재 사실상 소유한 자는 재산세 납세의무가 있다.
(2) 공부상 소유자
   공부상의 소유자가 매매 등의 사유로 소유권에 변동이 있었음에도 이를 신고하지 아니하여 사실상 소유자를 알 수 없는 때
(3) 소유자 불명시 사용자
   소유권의 귀속이 분명하지 않을 경우에는 소유자 과세를 할 수 없기 때문에 그 사용자를 소유자로 보아 과세한다.

(4) 주된 상속자
상속이 개시된 재산으로서 상속등기가 이행되지 아니하고, 사실상의 소유자를 신고하지 아니한 때에는 주된 상속자가 재산세를 납부할 의무를 진다.

(5) 종중재산의 공부상 소유자
공부상에 개인 등의 명의로 등재되어 있는 사실상의 종중재산(宗中財産)으로서 공부상의 소유자가 종중 소유임을 시장·군수에게 신고하지 아니한 때에는 공부상의 소유자를 납세의무자로 본다.

(6) 매수계약자
국가·지방자치단체·지방자치단체조합과 재산세 과세대상 물건을 연부로 매매계약을 체결하고 그 토지의 사용권을 무상으로 부여받은 경우에는 매수계약자를 납세의무자로 본다.

(7) 위탁자
「신탁법」에 의하여 수탁자 명의로 등기된 신탁재산의 경우에는 위탁자를 납세의무자로 본다.

(8) 사업시행자
도시개발사업 및 정비사업의 시행에 따라 체비지 또는 보류지로 정한 경우에는 사업시행자

(9) 수입하는 자 : 외국인 소유의 항공기 또는 선박을 임차하여 수입하는 경우

04 과세표준

(1) 토지, 건축물, 주택 : 시가표준액 × 공정시장 가액비율. 단, 공정시장 가액비율(토지와 건축물 : 50~90%, 주택 : 40~80%)
(2) 선박, 항공기 : 시가표준액

05 세 율

재산세의 표준세율은 과세대상에 따라 차등세율이 적용된다.

(1) 토 지

1) 종합합산세율 : 초과누진세율

과세표준	세 율
5천만원 이하	1,000분의 2
5천만원 초과 1억원 이하	10만원+5천만원 초과 금액의 1,000분의 3
1억원 초과	25만원+1억원 초과 금액의 1,000분의 5

2) 별도합산세율 : 초과누진세율

과세표준	세 율
2억원 이하	1,000분의 2
2억원 초과 10억원 이하	40만원+2억원 초과 금액의 1,000분의 3
10억원 초과	280만원+10억원 초과 금액의 1,000분의 4

3) 분리과세세율
① 농지·목장용지·임야 : 1,000분의 0.7(0.07%)
② 골프장, 고급 오락장용 토지 : 1,000분의 40(4%)
③ 기타 분리과세대상토지(공장건축물의 부속토지 등) : 1,000분의 2(0.2%)

(2) 건축물
　1) 골프장·고급오락장용 건축물 : 1,000분의 40
　2) 특·광·특시·특도·시의 주거지역 등의 공장용 건축물 : 1,000분의 5
　3) 기타 건축물의 세율 : 1,000분의 2.5
(3) 주 택
　초과누진세율(1,000분의 1~1,000분의 4)
(4) 중과세대상과 세율
　과밀억제권역 내에 공장을 신설 또는 증설하는 경우에 있어서의 그 공장용 건축물에 대한 재산세의 세율은 최초의 과세기준일부터 5년간 1,000분의 2.5 × 100분의 500(5배) = 1,000분의 12.5이다.

06 비과세
국가 등에 대한 비과세, 용도구분에 대한 비과세

07 부과·징수
특별자치시장·특별자치도지사·시장·군수 또는 구청장은 재산세를 징수하고자 하는 때에는 납세고지서에 해당 과세표준과 세액을 기재하여 납기 개시 5일 전까지 발급하여 보통징수방법에 의하여 부과·징수한다.

08 물납과 분할납부
(1) 물납대상부동산
　지방자치단체의 장은 재산세의 납부세액이 1천만원을 초과하는 경우에는 납세의무자의 신청을 받아 해당 지방자치단체의 관할구역 안에 소재하는 부동산에 한하여 물납을 허가할 수 있다.
(2) 물납신청기한
　납부기한 10일 전까지 물납을 하고자 하는 지방자치단체의 장에게 신청하여야 하고, 지방자치단체의 장은 신청을 받은 날부터 5일 이내에 납세의무자에게 그 허가여부를 서면으로 통지하여야 한다.
(3) 물납부동산평가
　부동산의 가액은 재산세 과세기준일 현재의 시가에 의한다(토지 : 개별공시지가, 건물 : 시가표준액).
(4) 분납세액기준
　1) 납부할 세액이 500만원 이하인 때에는 250만원을 초과하는 금액
　2) 납부할 세액이 500만원을 초과하는 때에는 그 세액의 50% 이하의 금액
(5) 분납기한
　지방자치단체의 장은 재산세의 납부세액이 250만원을 초과하는 경우에는 납부할 세액의 일부를 납부기한이 지난날부터 3개월 이내에 분납하게 할 수 있다.

재산세

CHAPTER 04

• 경록 교재에 모든 답이 있습니다.

건축물, 주택 등

01 재산세 과세대상은 토지, 건축물, 주택, 선박, 항공기이다. _____

01. O

02 20타석 이상의 골프연습장은 재산세 과세대상이다. _____

02. O

03 창고의 재산세 납세지는 소유자의 주소지이다. _____

03. X
창고의 소재지

04 재산세 납세의무자는 원칙적으로 과세기준일(6월1일) 현재 사실상 소유자이다. _____

04. O

05 과세대장에 등재되어 있는 자의 의미는 건축물의 경우 등기부등본에 소유자로 기재되어 있는 자만을 말한다. _____

05. X
등기부등본, 건축물관리대장, 무허가건축물관리대장 등도 포함

06 개인 양해식은 지방자치단체부터 건축물을 연부로 매매계약을 체결하고 그 건축물의 사용권을 유상으로 부여받은 경우에는 그 매수계약자인 양해식이 재산세를 납부할 의무가 있다. _____

06. X
납세의무 없다. 무상으로 부여받은 경우 매수계약자에게 납세의무가 있다.

07 주식회사에 해당하는 개업공인중개사인 법인이 건축물을 사실상 취득가액 2억 5천만원(시가표준액 2억원)에 2017. 5. 2. 취득하여 보유하고 있다. 2017년도 재산세 과세표준은 _____ 이다.

07. 1억4천만원 = 2억원 × 70%
공정시장 가액비율 70% 적용

08 개인 甲은 분양면적 165m²(전용면적 130m²)의 아파트를 분양받아 보유하고 있다. 초과누진세율이 적용되는 1구의 주택으로 보는 부분은 _____ m²이다.

08. 전용면적 130

09 개인 甲은 서울시내에 주택을 3채 보유하고 있다. 주택 3채의 가액인 과세표준을 합산하여 초과누진세율을 적용한다. _____

09. X
주택별로 과세, 합산하지 아니한다.

10 골프장, 고급주택, 고급오락장, 고급선박은 재산세를 중과세하며 세율은 1,000분의 40, 즉 4%이다. _____

10. X
모든 주택은 1채마다 초과누진세율 적용. 재산세에 있어서는 고급주택의 개념이 없다.

제4장 재산세

11 주시 주거지역 안, 공장용 건축물을 신설 또는 증설한 경우에 한하여 재산세의 세율을 차등과세한다. 이 경우 세율은 1,000분의 5이다.

11. O

12 개업공인중개사인 법인이 법인의 사무실용 건축물을 보유하고 있는 경우 재산세의 세율은 _____ 이다.

12. $0.25\% = \dfrac{2.5}{1,000}$

13 재산세의 탄력세율은 표준세율의 _____ 범위에서 가감할 수 있다.

13. 50%

14 재산세 세액이 2,000원이다. 이 경우 소액징수면제에 해당한다.

14. X
2천원 미만이 소액징수면제이다.
따라서 2천원은 납부

15 재산세는 신고납부방법 또는 보통징수방법이 있다.

15. X
보통징수방법만 있음

16 재산세액이 10,000,000원인 경우 5,000,000원을 3개월 이내에 분할납부할 수 있다.

16. O
1천만원인 경우 5백만원을 초과한 금액 5,000,000원 분납 가능

17 재산세를 물납하고자 하는 자는 재산세 납부기한 _____ 전까지 신청하여야 한다.

17. 10일

18 재산세를 물납한 때라 함은 해당 지방자치단체의 장이 물납대상 부동산의 소유권이전등기필증을 발급받은 때를 말한다.

18. O

19 재산세의 물납신청을 받은 지방자치단체의 장은 신청을 받은 날부터 _____ 일 이내에 납세의무자에게 허가 여부를 서면으로 통지하여야 한다.

19. 5

20 재산세의 가산세는 20%이다.

20. X
가산세 없다.
가산금은 있다.

토 지

21 서울 종로구에 주소를 둔 甲은 경기도 용인시에 임야를 보유하고 있다. 토지분 재산세의 과세주체와 납세지는 용인시(장)이다.

21. O

22 토지분 재산세의 과세대상은 모든 토지이고, 지목의 판단은 공부상 지목으로 한다.

22. X
사실상 지목

23 개인 甲은 군 이하의 시골에 과수원 4,000㎡를 소유하고 있다. 이 경우 분리과세대상토지는 4,000㎡이고 세율은 0.07%이다.

23. O

24 농업법인이 소유하는 전(田)으로서 과세기준일 현재 실제 영농에 사용되고 있는 전(田)은 분리과세대상토지이다.

24. O

25 2003. 1. 5. 종중이 취득하여 소유하는 농지는 분리과세대상이다.

25. X
90년 5월 31일 이전에 취득하여야 한다.

26 분리과세대상이 되는 목장용지는 1,000분의 0.7이다.

26. O

27 서울특별시 도시지역 안의 목장용지는 개발제한구역과 녹지지역에 한하여 분리과세대상토지에 해당한다.

27. O

28 목장용지에 대한 분리과세대상토지의 계산은 과세기준일 현재를 기준으로 축산용 토지 및 건물의 기준을 적용하여 계산한 토지면적의 범위 안을 기준면적으로 하여 분리과세한다.

28. X
직전연도 기준

29 자연환경지구 안의 임야는 분리과세대상토지이지만, 개발제한구역 안의 임야는 분리과세대상토지가 아니다.

29. X
모두 분리과세대상

제4장 재산세

30 서울특별시 상업지역 안에 소재하는 공장용 건축물의 부속토지로서 용도지역별 적용배율을 적용하여 계산한 기준면적 이내의 토지는 분리과세대상토지이다.

30. X
별도합산과세대상

31 공장용 건축물의 경우 과세기준일 현재 정당한 사유없이 6개월 이상 공사가 중단된 경우 공장용 건축물로 보지 아니하므로 분리과세대상토지는 될 수 없다.

31. O

32 읍·면지역 내에 공장용 건축물이 소재한 경우에는 공장입지 기준면적 이내의 토지는 분리과세대상이고, 세율은 0.2%이다.

32. O

33 광업권이 설정된 광구의 토지로서 관계부처장관으로부터 채광계획의 인가를 받은 토지는 분리과세대상토지로서 1,000분의 20이다.

33. O

34 골프연습장용 토지는 분리과세대상토지이고 세율은 4%이다.

34. X
종합합산, 골프장용 토지는 분리과세대상토지

35 1구 주택의 부속토지는 토지분 재산세로 과세하는 것이 아니고 주택과 함께 주택분 재산세로 부과된다.

35. O

36 주거와 겸용하는 건축물의 경우 주거용 건축물의 판정기준은 1구의 건축물의 연면적 중 주거용으로 사용되는 면적이 100분의 50 이상에 해당하면 주택으로 본다.

36. O

37 상가용 건축물의 부속토지는 건축물의 바닥면적에 용도지역별 적용배율을 곱하여 산정한 면적을 초과하지 아니한 토지를 별도합산과세대상토지로 하고, 세율은 초과누진세율을 적용한다.

37. O

38 상가용 건축물의 시가표준액이 해당 부속토지의 시가표준액의 100분의 2에 미달하는 건축물은 건축물이 없는 것으로 보아 부속토지 모두를 종합합산한다.

38. X
건축물 바닥면적까지는 별도합산과세대상, 바닥면적을 제외한 나머지가 종합합산과세대상

제2편 지방세

39 사용검사를 받지 않고 사용중인 건축물의 부속토지는 종합합산 한다.

39. O

40 甲과 乙은 임야 1,000m²를 공유로 취득하였다. 특약도 없고 지분 표시도 없을 경우 甲은 2분의 1에 해당하는 면적에 대하여 납세의 무가 있다.

40. O

41 토지분 재산세의 과세표준은 시가표준액에 공정시장 가액비율을 곱하여 산정한 가액으로 한다.

41. O

42 하천, 유지, 공원자연보존지구 안의 임야는 비과세대상이다.

42. O

43 토지분 재산세로 징수할 세액이 고지서 1장당 2,000원 미만인 경우에는 해당 토지분 재산세를 징수하지 아니한다.

43. O

CHAPTER 05 목적세

학습포인트

- 목적세는 구체적인 내용보다는 목적세의 종류, 독립세와 부가세의 해당 여부 등을 정리한다.
- 지역자원시설세는 납세의무자, 중과대상을 중점 정리한다.
- 지방교육세는 취득세, 등록면허세, 재산세에 부가될 경우의 세율을 정리한다.

CHAPTER 학습 & 출제되는 키워드

- ☑ 지역자원시설세
- ☑ 선박
- ☑ 공공시설로 인하여 이익을 받는 자
- ☑ 과세표준
- ☑ 세율
- ☑ 부과징수
- ☑ 소액부징수
- ☑ 등록면허세액 재산세액 등
- ☑ 과세대상
- ☑ 토지
- ☑ 납세지
- ☑ 시가표준액
- ☑ 소방시설의 초과누진세율
- ☑ 재산세 준용
- ☑ 지방교육세
- ☑ 자동차세액·담배소비세액 등
- ☑ 건축물
- ☑ 납세의무자
- ☑ 소재지·선적항 등의 소재지
- ☑ 공정시장 가액비율
- ☑ 오물처리시설의 정률세
- ☑ 비과세
- ☑ 과세표준
- ☑ 가산세

CHAPTER 학습 & 출제되는 질문

- ☑ 지방세 중 목적세의 종류를 설명한 것이다. 해당되지 않은 것은?
- ☑ 지역자원시설세가 2배 중과세되는 대상이 아닌 것은?
- ☑ 토지분 재산세에 부가되는 지방교육세의 세율은?

제2편 지방세

> **Q**: 목적세는 출제빈도가 낮기 때문에 시간이 부족하다면 생략해도 되나요?
> **A**: 네, 그렇습니다. 지방세 중에서 목적세에 해당하는 세금의 종류 정도만 알고 지나가도 합격하는데 지장없겠습니다.

제1절 지역자원시설세 13·31회 출제

지역자원시설세는 특정자원(발전용수, 지하수, 지하자원 등)과 특정부동산에 대하여 부과한다. 이 중에서 우리 시험과 관련한 특정부동산을 중심으로 서술하겠다.

01 의의와 목적

지역자원시설세는 지하자원·해저자원·관광자원·수자원·특수지형 등 지역자원을 보호·개발하고, 지역의 소방사무, 특수한 재난예방 등 안전관리사업과 환경보호·환경개선 사업 및 지역균형개발사업에 필요한 재원을 확보하거나, 소방시설, 오물처리시설, 수리시설 및 그 밖의 공공시설에 필요한 비용을 충당하기 위하여 부과할 수 있다.

02 과세대상

소방시설, 오물처리시설, 수리시설, 그 밖의 공공시설로 인하여 이익을 받는 자의 **건축물**, **선박** 및 **토지**이다. → "특정부동산"이라 한다.

1 건축물(주택의 건축물부분을 포함한다. 이하 같음)
건물·구축물 및 건물과 구축물의 특수한 부대설비를 말한다.

2 선박

제외 소방선이 없는 경우

소방선이 없는 지방자치단체는 제외한다.

기선·범선·부선 등 기타 명칭여하를 불문하고 모든 배를 말한다.

3 토지

단락문제 Q1

지역자원시설세의 과세대상은?
① 토지, 건축물, 선박
② 토지, 선박, 자동차
③ 건축물, 선박
④ 토지, 건축물
⑤ 건축물, 선박, 항공기

해설 과세대상
과세대상은 건축물과 선박(소방선이 있는 지방자치단체에 한함) 및 토지이며, 토지, 건축물과 선박의 개념은 재산세와 같다.
답 ①

소방분에 대한 지역자원시설세

① 특·광·도세·특별자치시·특별자치도세이다.
② 보통징수방법으로 징수된다.
③ 과세대장을 근거로 과세하는 대장과세이다.
④ 재산세에 나란히 기재되어 고지될 수 있다.

소방분에 대한 지역자원시설세는 ① 소방시설 등에 충당하는 지역자원시설세와 ② 오물처리시설등에 충당하는 지역자원시설세 2가지로 구분된다.

소방시설등에 충당하는 지역자원시설세의 과세대상은 소방시설로 인하여 이익을 얻은 건축물(주택의 건축물 포함) 또는 선박이다.

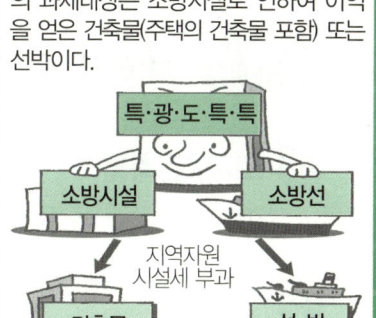

소방선이 없는 자치단체의 경우 소방선에 대한 지역자원시설세를 과세할 수 없다.

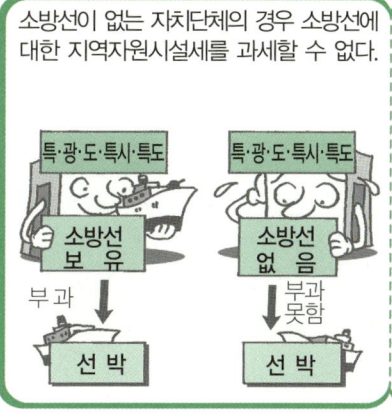

오물처리시설등에 충당하는 지역자원시설세의 과세대상은 오물처리시설·수리시설·기타 공공시설로 인하여 이익을 얻는 토지 또는 건축물이다.

03 납세의무자

소방시설, 오물처리시설, 수리시설, 그 밖의 공공시설로 인하여 이익을 받는 자의 특정부동산 소유자이다.

04 납세지

1 건축물
건축물의 소재지

2 선 박
「선박법」에 따른 선적항의 소재지. 다만, 선적항이 없는 경우에는 정계장 소재지, 정계장이 일정하지 아니한 경우에는 선박소유자의 주소지

3 토 지
토지의 소재지

05 과세표준

1 토지, 건축물
시가표준액으로 한다.

2 주 택
시가표준액에 공정시장 가액비율을 곱하여 산정한 가액으로 한다.

3 선 박
시가표준액으로 한다.

06 세율

지역자원시설세의 세율은 다음의 표준세율에 50% 범위에서 가감할 수 있다.

1 소방시설에 충당하는 지역자원시설세(초과누진세율) ★

(1) 표준세율(標準稅率)

소방시설에 충당하는 지역자원시설세는 건축물(→주택의 건축물부분 포함) 또는 선박(소방선이 없는 지방자치단체는 제외함)의 가액 또는 시가표준액을 과세표준으로 하여 다음 표의 표준세율을 적용하여 산출한 금액을 그 세액으로 한다.

1) 600만원 이하의 가액	10,000분의 4
2) 1,300만원 이하의 가액	2,400원+600만원 초과금액의 10,000분의 5
3) 2,600만원 이하의 가액	5,900원+1,300만원 초과금액의 10,000분의 6
4) 3,900만원 이하의 가액	13,700원+2,600만원 초과금액의 10,000분의 8
5) 6,400만원 이하의 가액	24,100원+3,900만원 초과금액의 10,000분의 10
6) 6,400만원을 초과하는 가액	49,100원+6,400만원 초과금액의 10,000분의 12

(2) 중과세율(重課稅率)

1) 2배 중과세

주유소, 유흥장, 극장, 4층 이상 10층 이하의 건축물 등의 화재위험 건축물은 위 **(1)**의 표준세율의 2배로 중과한다.

① 4층 이상 10층 이하의 건축물(주거용 건축물을 제외). 이 경우 지하층과 옥탑은 층수로 보지 아니한다.
② 위험물 저장 및 처리 시설, 공장 및 영업용 창고
③ 판매시설 및 영업시설 중 도매시장·소매시장·상점, 운수시설 중 여객자동차터미널, 창고시설 중 물류터미널
④ 숙박시설(객실로 사용되는 부분의 바닥면적 합계가 60㎡ 미만인 경우는 제외)
⑤ 위락시설(바닥면적의 합계가 무도장 또는 무도학원은 200㎡ 이상의 것), 다만 유흥주점은 33㎡ 미만, 단란주점은 150㎡ 미만인 것은 제외한다.
⑥ 문화 및 집회시설 중 극장, 영화상영관, 예식장, 비디오물감상실, 비디오물소극장
⑦ 항공기 및 자동차 관련 시설 중 주차용 건축물
⑧ 근린생활시설 중 학원, 비디오물감상실, 비디오물소극장 및 노래연습장(바닥면적의 합계가 200㎡ 미만인 것은 제외)
⑨ 장례식장(의료시설의 부수시설인 장례식장을 포함)

2) 3배 중과세

대형마트, 복합상영관, 백화점, 호텔, 11층 이상의 건축물 등 대통령령으로 정하는 대형 화재위험 건축물은 위 (1)의 표준세율의 3배로 중과한다. "대형마트, 복합상영관, 11층 이상의 건축물 등 대통령령으로 정하는 대형 화재위험 건축물"이란 대형건축물, 고위험 물질을 대량으로 저장·취급하거나 다수의 인원이 출입·사용하는 대상물로서 화재가 발생할 경우 많은 인명 및 재산피해의 발생우려가 높아 특별한 관리가 필요한 소방대상물로서 다음의 어느 하나에 해당하는 건축물을 말한다.

① 위락시설 중 바닥면적의 합계가 500㎡ 이상인 유흥주점. 다만 지하 또는 지상 5층 이상의 층에 유흥주점이 설치된 경우에는 그 바닥면적의 합계가 330㎡ 이상 지하 또는 지상 5층 이상의 층에 설치된 바닥면적 330㎡ 이상(기타 층은 500㎡ 이상)의 유흥주점
② 상영관 10개 이상 또는 관람석 500석 이상, 지하층에 설치된 영화상영관
③ 도매시장·소매시장·상점의 연면적 10,000㎡ 이상의 판매시설
④ 5층 이상으로 객실이 50실 이상(동일한 건물 내에 다중이용업소가 있는 경우는 객실 30실 이상)인 숙박시설
⑤ 하나의 건축물로서 연면적 15,000㎡ 이상(창고시설의 경우 샌드위치 판넬조 물류창고 또는 냉동·냉장창고에 한정)의 공장 및 창고
⑥ 「위험물안전관리법」 제2조 제2호에서 규정한 지정수량 3,000배 이상의 위험물을 저장·취급하는 위험물 저장 및 처리시설
⑦ 연면적 30,000㎡ 이상(주상복합 건물로서 주택부분 면적 제외하되, 아파트 및 상가가 사용하는 계단이 동일한 경우에는 주택부분을 면적에 산입)의 복합건물
⑧ 11층 이상(주거용은 제외)의 고층 건축물

단락문제 Q2

제4회 기출 개작

다음 중 지역자원시설세의 중과대상 물건(重課對象物件)이 아닌 것은?

① 4층 이상의 영업용 건축물   ② 극장·영화관   ③ 시장용 건축물
④ 호텔 및 여관   ⑤ 고층아파트

해설 중과대상 물건

지역자원시설세의 2배 중과세는 위험물과 인구가 많이 모이는 화재위험 건축물을 그 대상으로 하고 있다. 다만, 4층 이상의 건축물이라 하더라도 주거용 건축물은 제외하고 있다.

답 ⑤

(3) 타용도와 겸용되거나 구분사용되는 화재위험 건축물의 과세표준

1) 1구 또는 1동의 건축물(4층 이상의 주거용 이외의 것은 제외)이 겸용되고 있을 때에는 그 건축물의 주된 용도에 따라 해당 건축물의 용도를 결정한다.
2) 1구 또는 1동의 건축물이 화재위험 건축물 중과대상 용도와 기타 용도로 구분사용되는 경우에는 기타 용도로 사용되는 부분을 제외한 부분만을 화재위험 건축물 및 대형 화재위험 건축물로 보아 중과세율을 적용한다.
3) 겸용 건축물에 대한 세액산정은 다음에 의한다.

$$\text{소방지역자원시설세액} = X + Y + Z$$

① $X = 1$구 또는 1동의 건축물의 가액 × 초과누진세율

② $Y = X \times \dfrac{\text{화재위험 건축물의 과세표준액}}{\text{1구 또는 1동의 건축물의 과세표준액}}$

③ $Z = 2X \times \dfrac{\text{대형 화재위험 건축물의 과세표준액}}{\text{1구 또는 1동의 건축물의 과세표준액}}$

2 오물처리시설 등에 충당하는 지역자원시설세(정률세)

오물처리시설, 수리시설 그 밖의 공공시설에 충당하는 지역자원시설세는 토지 및 건축물의 전부 또는 일부에 대한 가액을 과세표준으로 하되, 세율은 아래와 같다.

$$\text{표준세율(標準稅率)} \longrightarrow \text{토지·건축물가액의 1,000분의 0.23}$$

07 부과 · 징수

1 건축물·선박

건축물분 및 선박분 재산세를 준용한다.

2 토지

토지분 재산세를 준용한다.

3 납세고지

소방분에 대한 지역자원시설세의 납기와 재산세의 납기가 같을 때에는 재산세의 납세고지서에 이를 나란히 적어 고지할 수 있다.

08 비과세

(1) 재산세가 비과세되는 특정부동산(건축물과 선박만 해당함)에 대하여는 지역자원시설세를 부과하지 아니한다.
(2) 레저시설, 저장시설, 도크시설, 접안시설, 도관시설, 급수·배수시설 및 에너지 공급시설에 대해서는 특정부동산에 대한 지역자원시설세를 부과하지 아니한다.
(3) 지역자원시설세를 부과하는 해당 연도 내에 철거하기로 계획이 확정되어 행정관청으로부터 철거명령을 받았거나 보상철거계약이 체결된 건축물에 대하여는 지역자원시설세를 부과하지 아니한다. 다만, 건축물의 일부분을 철거하는 경우에는 철거하는 부분만 해당한다.
→ 주택의 건축물부분을 포함

09 소액징수면제

납세고지서 1장당 세액이 2,000원 미만으로 한다.

단락문제 Q3

다음은 특정부동산에 대한 지역자원시설세에 관한 내용이다. 맞는 것은?

① 과세주체 : 특별시, 광역시, 시·군이다.
② 과세객체 : 토지·선박·건축물(주택은 제외)
③ 선박의 과세표준 : 매년 6월 1일 현재 시가표준액
④ 세 율 : 1,000분의 0.23으로 하며 화재위험 건축물은 2배 중과세한다.
⑤ 과징수 : 7월 16일부터 7월 31일까지 신고·납부한다.

해설 지역자원시설세
① 특별시·광역시·도, 특별자치시·특별자치도 ② 주택의 건축물 포함
④ 표준세율(초과누진세율 구조)의 2배 중과세 ⑤ 부과징수 : 재산세 준용한다.
선박·건축물이 지역자원시설세의 과세객체이므로 모두 재산세 규정을 준용한다.

답 ③

제2절 지방교육세

1 의의

지방교육의 질적 향상에 필요한 지방교육재정의 확충에 소요되는 재원을 확보하기 위하여 지방교육세를 부과한다.

2 납세의무자

취득세, 등록면허세, 레저세, 주민세균등분, 재산세, 비영업용 승용자동차에 대한 자동차세, 담배소비세의 납세의무자는 지방교육세를 납부할 의무를 진다.

지방교육세
① 특·광·도세, 특별자치시·특별자치도세
② 목적세(지방교육 재정확충 목적)
③ 신고·납부 및 보통징수

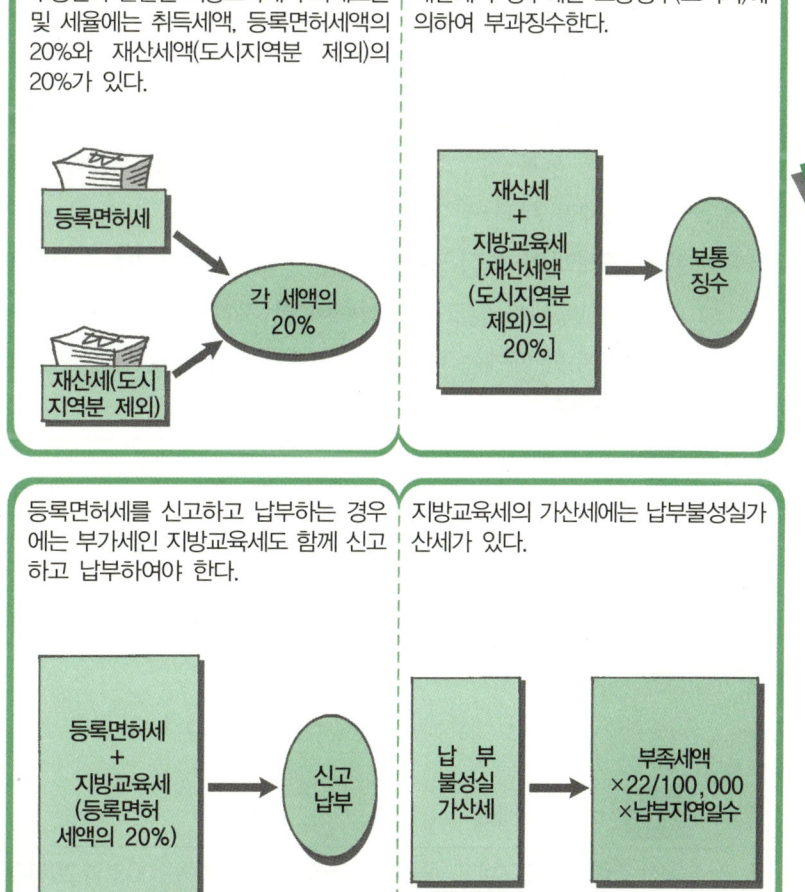

3 과세표준과 세율

과세표준	표준세율	과세표준	표준세율
등록면허세액, 재산세액(도시지역분 제외)	100분의 20	레저세액	100분의 40
자동차세액	100분의 30	균등분 주민세액 (인구 50만 이상의 시)	100분의 10 (100분의 22)
담배소비세액	10,000분의 4,399	취득세액(*)	100분의 20

* 조례로 표준세율의 100분의 50의 범위 안에서 가감가능
* 취득세액(예) : ① 유상승계취득의 경우 (4%−2%)를 취득세액으로 한다.
② 법인설립에 따른 부동산신축의 경우 (2.8%−2%) × 3배로 한다.

4 신고·납부 및 부과징수 13회 출제

(1) 신고 및 납부
납세의무자가 취득세, 등록면허세, 레저세, 담배소비세를 신고·납부하는 때에는 그에 대한 지방교육세를 함께 신고하고 납부하여야 한다.

(2) 부과징수
지방자치단체의 장이 「지방세법」에 의하여 납세의무자에게 주민세균등분, 재산세, 자동차세를 부과·징수하거나 세관장이 담배소비세를 부과·징수하는 때에는 그에 대한 지방교육세를 부과·징수한다.

(3) 부족세액의 추징 및 가산세 → 신고불성실 가산세는 부과되지 아니한다.
지방교육세를 신고·납부하여야 할 자가 이를 그 기한 내에 납부하지 아니하거나 미달하게 납부한 때에는 다음의 가산세를 가산한 금액을 세액으로 하여 보통징수방법에 의하여 징수한다.

$$\text{납부불성실가산세 : 가산율}\left(\frac{22}{100,000}\right) \times \text{납부지연일수}$$

단락핵심 세율
부동산 관련 지방교육세의 세율은 각 과세표준에 대하여 100분의 20이다.

단락문제 Q4

제4회 기출 개작

다음은 지방교육세에 관한 설명이다. 옳지 않은 것은?

① 부동산 관련 지방교육세는 취득세를 본세로 하는 부가세이다.
② 부동산 관련 지방교육세의 부과·징수는 지방세의 부과·징수의 예에 의한다.
③ 부동산 관련 지방교육세의 세율은 각 과세표준에 대하여 100분의 20이다.
④ 부동산 관련 지방교육세는 재산세를 본세로 하는 부가세이다.
⑤ 지방교육세의 세율은 그 세율의 20% 범위 안에서 대통령령으로 조정할 수 있다.

해설 지방교육세의 세율
⑤ 지방교육투자의 재원의 조달을 위하여 필요한 경우에는 표준세율의 50% 범위 안에서 조례로 가감할 수 있다. **답** ⑤

CHAPTER 06 지방세특례제한법

- 단독으로 출제되지는 않으나, 부동산세법을 이해하는 데 참고가 되는 부분이다.

CHAPTER 학습 & 출제되는 키워드

- ☑ 세율의 경감
- ☑ 과세표준공제
- ☑ 도시개발사업
- ☑ 임대주택
- ☑ 농기계류
- ☑ 자영어민 등의 어업권
- ☑ 국민연금관리공단
- ☑ 택지개발사업지구 내의 공공시설

- ☑ 세액감면
- ☑ 종교·제사 목적 단체
- ☑ 주택재개발사업 등
- ☑ 주택공급확대를 위한 감면
- ☑ 20톤 미만의 소형 어선
- ☑ 영농조합법인과 농지개량조합
- ☑ 지역의료보험조합
- ☑ 사업용 항공기

- ☑ 세액공제
- ☑ 마을회 등 주민공동소유
- ☑ 토지수용 등으로 인한 대체취득
- ☑ 자경농민
- ☑ 농가주택개량사업
- ☑ 노인정
- ☑ 산업단지와 유치지역
- ☑ 환매권의 행사

CHAPTER 학습 & 출제되는 질문

- ☑ 다음은 지방세(地方稅)의 감면에 관한 설명이다. 지방세 중 취득세가 100% 면제되는 경우가 아닌 것은?
- ☑ 지방세 중 재산세가 100% 면제되는 경우가 아닌 것은?

제6장 지방세특례제한법(과세면제 및 경감)

※ "지방세특례"란 세율의 경감, 세액감면, 세액공제, 과세표준공제(중과세 배제, 재산세 과세대상구분전환을 포함) 등을 말한다.

[참고]

과세면제·경감 항목	면제·감면비율		
	취득세	재산세	비 고
1) 종교·제사 목적 단체 취득부동산(제50조)	100/100	100/100	지역자원시설세 면제 주민세재산분·지방소득세 종업원분 면제
2) 마을회 등 주민공동소유 부동산 및 선박취득	100/100	100/100	지역자원시설세 면제 주민세재산분·지방소득세 종업원분 면제
3) 천재 등으로 인한 대체취득(건축물·선박·자동차·기계장비)	100/100	-	자동차세 면제 면허에 대한 등록면허세 면제
4) 도시개발사업등에 의한 취득 ① 소유자가 취득하는 토지와 건축물 ② 사업시행자가 취득하는 체비지 또는 보류지	100/100	-	-
5) 재개발사업과 주거환경개선사업을 시행하여 취득하는 부동산	100/100	-	-
6) 토지수용 등으로 인한 대체취득(토지, 건축물, 선박, 어업권, 광업권)	100/100	-	-
7) 임대주택 등에 대한 감면(전용면적 60m² 이하 공동주택) ① 임대사업자가 임대주택을 건축(공동주택과 부속토지)	100/100	-	-
② 임대목적으로 최초분양 받은 경우(공동주택과 부속토지) * 60m² 초과 85m² 이하 장기임대주택 20호 이상 취득	25% 경감	-	-
8) 주택공급확대를 위한 감면(공동주택) ① 주택건설사업자가 분양목적건축(전용면적 60m² 이하 5세대 이상) ② 미분양등 사유로 임대전환	100/100	-	-
9) 서민주택취득(1가구 1주택 해당) 연면적 또는 전용면적 40m² 이하인 주거용 건축물과 부속토지로서 취득가액이 1억원 미만인 것	100/100	-	-
10) 자경농민(농업을 주업으로 2년 이상 종사자·후계농업경영인·농업계열 학교나 학과의 이수자와 재학생)이 재촌(在村)하면서 직접 경작할 목적으로 취득하는 농지(논·밭·과수원·목장용지)와 농지조성목적으로 취득하는 임야	50/100	-	-
11) 자경농민이 농업목적으로 취득하는 양잠·버섯재배용 건축물, 축사, 고정식 온실·축산폐수 및 분뇨처리시설·창고·농작물 선별처리시설	50/100	-	-

제2편 지방세

과세면제·경감 항목	면제·감면비율		비 고
	취득세	재산세	
12) 주로 농업용에 직접 사용하기 위한 자동 경운기 등 농기계류	100/100	–	자동차세 면제
13) 20톤 미만의 소형 어선	100/100	100/100	지역자원시설세 면제
14) 농업생산기반개량으로 취득한 농지 및 개간농지	100/100	–	–
15) 「농어촌정비법」 등에 의하여 교환·분합하는 농지, 또는 임야	100/100	–	–
16) 공유수면매립 또는 간척에 의하여 조성된 농지	과세 8/1,000	–	–
17) 농협·수협·축협·임협·신협·새마을금고 및 농어촌진흥공사가 농어민에게 융자시 제공받는 담보물에 대한 등기	–	–	–
18) 농가주택개량사업(초가 건물을 기와집 건물로 변경하기 위한 개축 포함)으로 인하여 취득하는 농가주택	100/100	–	–
19) 농어촌지역(도시지역 제외) 안에 있는 시가표준액 100만원 미만의 주택으로써 6월 이상 비워둔 주택	–	100/100	–
20) 농수산물 유통시설 및 교육훈련시설에 직접 사용하기 위하여 취득하는 부동산	50/100	50/100	
21) 농지개량시설물 및 그 부속토지	100/100	100/100	–
22) 농협중앙회 등이 구판사업에 직접 사용하기 위하여 취득하는 부동산	50/100	50/100	
23) 농수산물 유통시설에 직접 사용하기 위하여 취득하는 부동산	100/100	50/100	–
24) 자영어민 등이 취득하는 어업권 및 어선	50/100		–
25) 농업·임업·축산업 및 수산업	–	–	지방소득세 종업원분, 주민세 재산분 면제
26) 출원에 의하여 취득하는 어업권	100/100	–	설정을 제외한 등록해당 등록면허세 면제
27) 영농조합법인과 농지개량조합이 고유업무에 직접 사용하기 위하여 취득하는 부동산	100/100	100/100	
28) 소비자피해보상기준에 따라 반납한 자동차와 동일한 종류의 자동차로 교환받는 자동차	100/100	–	–
29) 한국토지주택공사가 임대목적으로 취득하여 소유하는 소규모 주택(60m² 이하)용 부동산	100/100	50/100	

제6장 지방세특례제한법(과세면제 및 경감)

과세면제·경감 항목	면제·감면비율		
	취득세	재산세	비 고
30) 한국토지주택공사가 분양목적으로 취득하는 소규모 주택용 부동산	$\frac{100}{100}$	-	-
31) 국가유공자가 대부금으로 취득하는 부동산	$\frac{100}{100}$	-	-
32) 근로복지공단 및 한국보훈복지공단이 의료·재활 등 고유업무에 직접 사용하기 위하여 취득하는 부동산	$\frac{100}{100}$	$\frac{100}{100}$	
33) 무료로 사용되는 노인정	-	$\frac{100}{100}$	지역자원시설세 면제
34) 수도권(과밀억제권역) 내 본점·주사무소를 매각하고 대도시 외 지역으로 본점·주사무소를 이전하는 법인이 해당 사업을 영위하기 위하여 취득하는 부동산	$\frac{100}{100}$	-	5년간 면제 그 다음 3년간 50% 경감
35) 대도시 내에 등기되어 있던 법인이 대도시 외로 이전함에 따른 법인등기와 부동산등기	-	-	등록면허세 면제
36) 대도시 내의 공장이 대도시 외로 이전하여 해당 사업목적으로 취득하는 부동산	$\frac{100}{100}$	-	5년간 면제 그 다음 3년간 50% 경감
37) 한국방송공사가 방송국·송신소 및 중계소를 설치하기 위하여 취득하는 부동산	$\frac{50}{100}$	-	-
38) 신문·방송 및 통신업	-	-	주민세 재산분·지방소득세 종업원분 50%경감
39) 국민연금관리공단 등이 후생복지사업에 직접 사용하는 부동산	$\frac{100}{100}$	$\frac{100}{100}$	
40) 지역의료보험조합이 고유업무에 직접 사용하는 부동산	$\frac{100}{100}$	$\frac{100}{100}$	
41) 비영리법인이 청소년 수련시설을 설치하기 위하여 취득하는 부동산	$\frac{100}{100}$	$\frac{50}{100}$	-
42) 산업단지와 유치지역 안에서 공장을 신축·증축	$\frac{100}{100}$	$\frac{50}{100}$	재산세 5년간
43) 관광단지개발사업을 시행하기 위하여 취득하는 토지 및 건축물	$\frac{50}{100}$	-	-
44) 한국토지주택공사와 주공이 제3자에게 공급할 목적으로 일시 취득하는 부동산	$\frac{100}{100}$	$\frac{50}{100}$	-
45) 한국수자원공사가 분양을 목적으로 취득하는 단지조성용 토지	$\frac{100}{100}$	$\frac{50}{100}$	-
46) 한국 컨테이너 부두공단이 항만시설 개발사업을 시행하기 위하여 취득하는 부동산	$\frac{100}{100}$	$\frac{50}{100}$	-
47) 택지개발사업지구 내의 공공시설물	-	$\frac{100}{100}$	

제2편 지방세

과세면제·경감 항목	면제·감면비율		
	취득세	재산세	비 고
48) 중소기업협동화 사업용 부동산	100/100	50/100	–
49) 사내 근로복지기금설립 및 법인합병 등기	–	–	등록면허세 면제
50) 기업부설연구소용에 직접 사용하기 위하여 취득하는 부동산	100/100	100/100	–
51) 직업훈련시설에 직접 사용하기 위하여 취득하는 토지와 건축물	100/100	100/100	–
52) 산업체 부설 중·고등학교의 교육용에 직접 사용하기 위하여 취득하는 부동산	100/100	100/100	–
53) 탄좌설정대상광구의 광업권 및 광업시설	50/100	–	–
54) 석재기능공 훈련시설과 보안관리직원의 위탁교육시설에 직접 사용하는 건축물과 부속토지	–	50/100	–
55) 채권변제를 위하여 인수하는 부동산	50/100	–	–
56) 사업용 항공기	100/100	50/100	–
57) 임대차방식에 의한 연불수출선박으로서 채권확보를 목적으로 선박제조자 명의로 등기하는 선박	100/100	100/100	지역자원시설세 면제
58) 외항 선박용으로 건조 또는 수입하는 선박	50/100	50/100	–
59) 공공법인이 고유 업무에 직접 사용하기 위하여 취득하는 부동산	100/100	100/100	–
60) 「공익사업을 위한 토지등의 취득 및 보상에 관한 법률」에 따른 환매권을 행사하여 매수하는 부동산	100/100	–	–

단락문제 Q1

다음은 지방세(地方稅)의 감면에 관한 설명이다. 지방세 중 취득세가 100% 면제되는 경우가 아닌 것은?

① 산업체부설 중·고등학교가 교육용에 직접 사용하는 부동산
② 종교 및 제사목적단체가 목적부동산 취득
③ 천재 등으로 인한 부동산대체취득
④ 토지수용 등으로 인한 부동산대체취득
⑤ 자경농민이 직접 경작할 목적으로 취득하는 농지

해설 과세면제
①~④ : 100% 면제, ⑤ : 50% 경감

답 ⑤

제6장 지방세특례제한법(과세면제 및 경감)

PART 03 국세

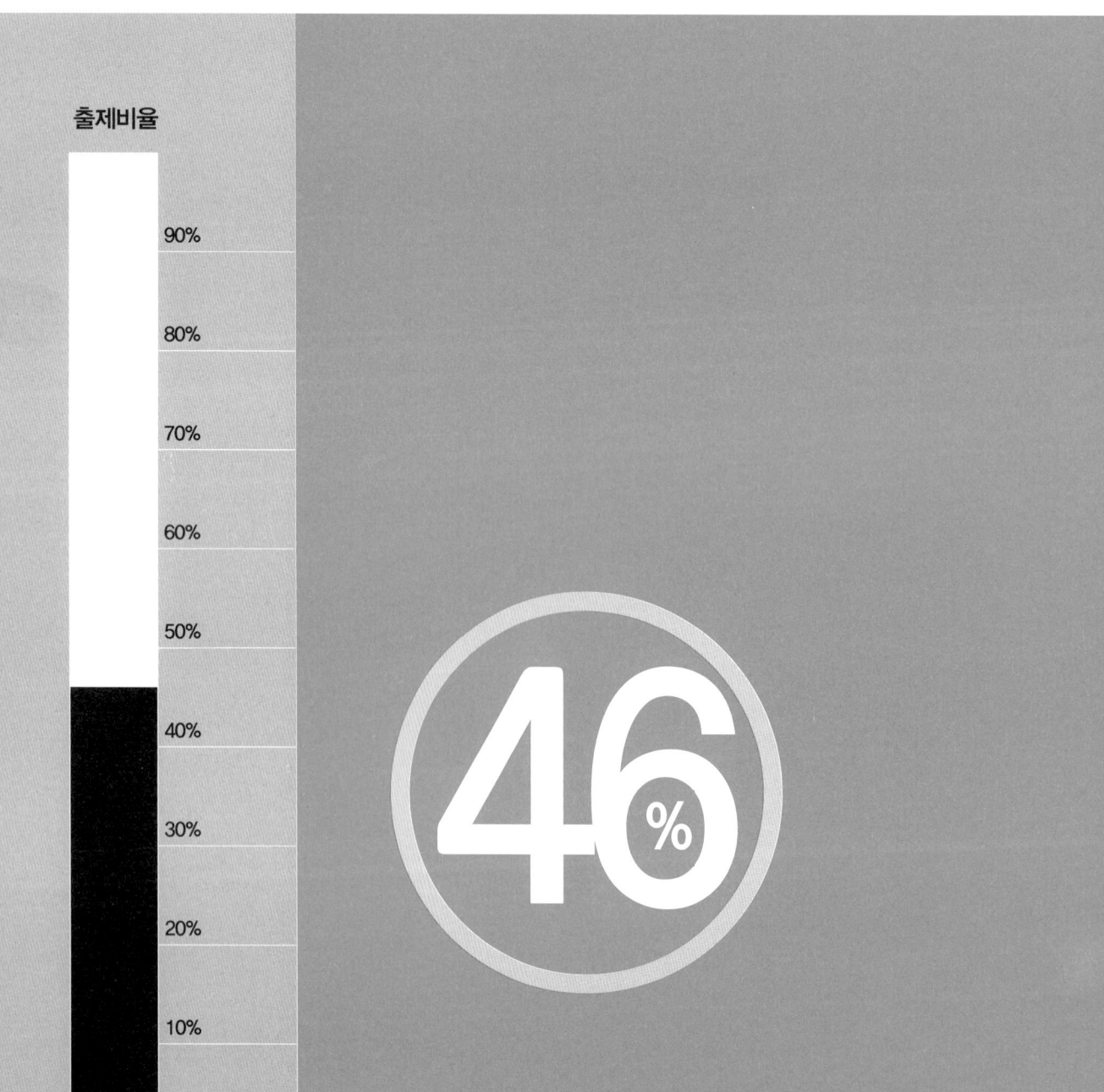

	구 분	26회	27회	28회	29회	30회	31회	32회	33회	34회	35회	계	비율(%)
국세	제1장 종합부동산세	1	1	1	1	1	1	4	2	2	2	16	10.0
	제2장 소득세	6	6	6	5	4	6	6	6	6	6	57	35.6
	소 계	7	7	7	6	5	7	10	8	8	8	73	45.6

CHAPTER 01 종합부동산세

학습포인트

- 종합부동산세는 1~2문제 정도가 출제되고 있다.
- 재산세와 종합부동산세와의 관계를 파악하고, 납세의무자, 과세표준 및 세율을 중심으로 주택과 토지에 대하여 비교·정리하기 바란다.
- 특히, 주택분 종합부동산세액 계산 흐름을 상세히 이해하여야 한다.

CHAPTER 학습 & 출제되는 키워드

- ☑ 종합부동산세
- ☑ 토지분 재산세
- ☑ 과세기준일
- ☑ 세액
- ☑ 과세표준
- ☑ 1세대 1주택 고령자·장기보유자
- ☑ 과세표준
- ☑ 부과와 징수
- ☑ 시·군·구
- ☑ 공시가격
- ☑ 납세지
- ☑ 주택에 대한 종합부동산세
- ☑ 세율 및 세액
- ☑ 토지에 대한 종합부동산세
- ☑ 세율 및 세액
- ☑ 분납
- ☑ 주택분 재산세
- ☑ 세대
- ☑ 과세구분
- ☑ 납세의무자
- ☑ 세부담의 상한
- ☑ 납세의무자
- ☑ 세부담의 상한

CHAPTER 학습 & 출제되는 질문

- ☑ 종합부동산세와 재산세에 관한 설명으로 틀린 것은?
- ☑ 주택분 종합부동산세 세액계산 흐름도이다. 옳게 묶인 것은?
- ☑ 종합합산과세대상토지의 공시가격을 합한 금액이 5억원을 초과하는 자는 해당 토지에 대한 종합부동산세를 납부할 의무가 있다.

제1장 종합부동산세

> Q : 부동산을 보유하고 있는 경우 재산세를 부과하는데 다시 종합부동산세를 부과한다는 내용인가요? 이중으로 보유세를 부담하는 것이 아닌가요?
> A : 네, 현행 보유세 체계가 그렇습니다. 부동산을 보유한 경우 재산세를 부과하고 그 해당 부동산에 대하여 다시 종합부동산세를 부과합니다. 동일한 부동산에 대해서 재산세와 종합부동산세를 부과하기 때문에 종합부동산세를 부과할 때 재산세 부담분에 상당하는 세금을 종합부동산세에서 빼줍니다. 이하에서는 종합부동산세를 살펴보겠습니다.

01 의 의

부동산을 많이 보유한 자에 대하여는 부동산보유세를 과세함에 있어서 지방세의 경우보다 높은 세율로 국세인 종합부동산세를 과세하여 부동산 보유에 대한 조세부담의 형평성을 제고하고 부동산의 가격안정을 도모함으로써 지방재정의 균형발전과 국민경제의 건전한 발전을 기하려는 것이다.

02 용어의 정의

「종합부동산세법」에서 사용하는 용어의 정의는 다음과 같다.

1 시·군·구

"시·군·구"라 함은 「지방자치법」 제2조의 규정에 의한 지방자치단체인 시·군 및 자치구(이하 "시·군"이라 함)를 말한다.

2 시장·군수·구청장

"시장·군수·구청장"이라 함은 지방자치단체의 장인 시장·군수 및 자치구의 구청장(이하 "시장·군수"라 함)을 말한다.

3 주 택

"주택"이라 함은 「지방세법」 제104조 제3호의 규정에 의한 주택을 말한다.

4 토 지

"토지"라 함은 「지방세법」 제104조 제1호의 규정에 의한 토지를 말한다.

5 주택분 재산세

"주택분 재산세"라 함은 「지방세법」 제105조 및 제107조의 규정에 의해 주택에 대하여 부과하는 재산세를 말한다.

6 토지분 재산세

"토지분 재산세"라 함은 「지방세법」 제105조 및 제107조의 규정에 의하여 토지에 대하여 부과하는 재산세를 말한다.

종합부동산세

① 고액의 부동산 보유자에 대하여 누진세율을 적용하여 과세하는 국세
② 종합부동산세에서의 주택과 토지에 대한 정의는 재산세 규정과 같다.

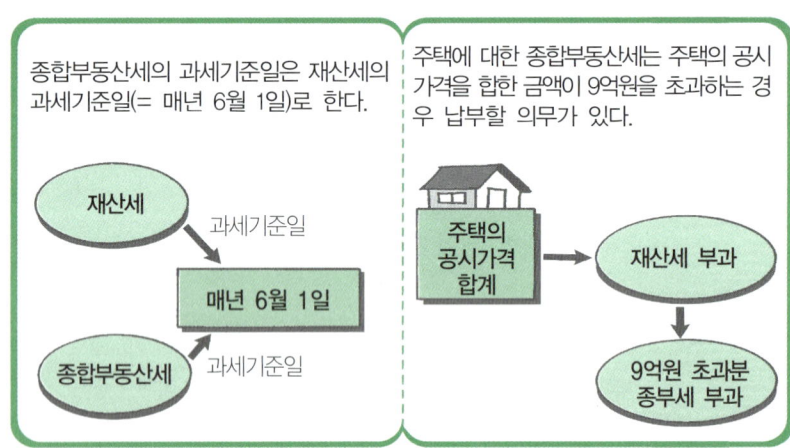

7 공시가격

"공시가격"이라 함은 「부동산 가격공시에 관한 법률」에 의하여 가격이 공시되는 주택 및 토지에 대하여 동법에 의하여 공시된 가액을 말한다. 다만, 동법에 의하여 가격이 공시되지 않은 경우에는 특별자치시장·특별자치도지사·시장·군수·구청장이 산정한 가액으로 한다.

8 세 대

"세대"라 함은 주택 또는 토지의 소유자 및 그 배우자가 그들과 동일한 주소 또는 거소에서 생계를 같이 하는 가족과 함께 구성하는 1세대를 말한다.

(1) 가 족

"가족"이라 함은 주택 또는 토지의 소유자와 그 배우자의 직계존비속(그 배우자를 포함) 및 형제자매를 말하며 취학, 질병의 요양, 근무상 또는 사업상의 형편으로 본래의 주소 또는 거소를 일시퇴거한 자를 포함한다.

(2) 배우자가 없어도 1세대로 보는 경우

다음의 하나에 해당하는 경우에는 배우자가 없는 때에도 1세대로 본다.

1) 30세 이상인 경우
2) 배우자가 사망하거나 이혼한 경우
3) 「소득세법」에 따른 소득이 「국민기초생활보장법」에 따른 기준 중위 소득의 40% 이상으로서 소유하고 있는 주택 또는 토지를 관리·유지하면서 독립된 생계를 유지할 수 있는 경우. 다만, 미성년자를 제외하되, 미성년자의 결혼, 가족의 사망 그 밖에 기획재정부령이 정하는 사유로 1세대의 구성이 불가피한 경우에는 그러하지 아니하다.

(3) 혼인으로 1세대 구성

혼인함으로써 1세대를 구성하는 경우에는 혼인한 날부터 5년 동안은 주택 또는 토지를 소유하는 자와 그 혼인한 자별로 각각 1세대로 본다.

(4) 봉양을 위한 합가

60세 이상의 직계존속을 동거봉양하기 위하여 합가함으로써 1세대를 구성하는 경우에는 최초로 합가한 날부터 10년 동안은 주택 또는 토지를 소유한 자와 그 합가한 자별로 각각 1세대로 본다.

제3편 국 세

03 과세기준일 및 납세지
29·31회 출제

> **Q**: 과세기준일이 왜 필요한가요?
> **A**: 보유과세는 매년 부과하기 때문에 소유권이 변동되었을 때 누가 세금을 부담할 것인지 문제가 생깁니다. 이 경우 과세기준일을 정하여 그 기준일에 보유한 자가 세금을 부담하도록 한 것입니다.

甲은 소유하고 있던 토지를 200△년 6월 20일 乙에게 매매로 양도하였습니다. 이 경우 종합부동산세를 납부하여야 할 자가 누구일까요?
만약 甲이 납부하여야 할 자에 해당되면 물건지 소재지를 관할하는 세무서에 납부하여야 할까요? 이러한 문제를 다루는 분야가 과세기준일과 납세지입니다.

1 과세기준일

종합부동산세의 과세기준일은 재산세의 과세기준일로 한다. 즉, 매년 6월 1일로 한다.

2 납세지 ★

> **Q**: 재산세는 부동산의 경우 부동산 소재지의 시·군·구가 납세지인데 종합부동산세는 전국의 부동산을 합산하려면 납세지를 어디로 정해야 되나요?
> **A**: 종합부동산세는 전국의 부동산을 합산해야 하기 때문에 개인의 주소지 관할 세무서가 납세지입니다.

(1) 개 인

종합부동산세의 납세의무자가 개인 또는 법인으로 보지 아니하는 단체인 경우에는 「소득세법」 제6조의 규정을 준용하여 납세지를 정한다. 즉, 거주자에 대한 종합부동산세의 납세지는 그 주소지로 한다. 주소지가 없는 경우에는 거소지로 한다.

(2) 법 인

종합부동산세의 납세의무자가 법인 또는 법인으로 보는 단체인 경우에는 「법인세법」 제9조 제1항 내지 제3항의 규정을 준용하여 납세지를 정한다. 즉, 내국법인의 종합부동산세의 납세지는 해당 법인의 등기부상의 본점 또는 주사무소의 소재지로 한다.

(3) 비거주자인 개인 또는 외국법인

종합부동산세의 납세의무자가 비거주자인 개인 또는 외국법인으로서 국내사업장이 없고 국내원천소득이 발생하지 아니하는 주택 및 토지를 소유한 경우에는 그 주택 또는 토지의 소재지를 납세지로 한다.

→ 주택 또는 토지가 둘 이상인 경우에는 공시가격이 가장 높은 주택 또는 토지의 소재지를 말한다.

제1장 종합부동산세

단락핵심 과세기준일 및 납세지

(1) 재산세와 종합부동산세의 과세기준일은 동일하다.
(2) 개인의 경우 종합부동산세의 납세지는 「소득세법」상의 규정을 준용하여 정한다

단락문제 01
제16회 기출 개작

종합부동산세에 대한 설명 중 옳은 것은?

① 종합부동산세의 과세기준일은 「지방세법」상 재산세의 과세기준일과 동일하다.
② 재산세는 세부담상한제도를 두고 있으나, 종합부동산세는 세부담상한제도를 두고 있지 아니하다.
③ 종합부동산세는 물납제도를 두고 있다.
④ 종합부동산세에 있어서 주택의 범위에는 「지방세법」상 별장이 제외된다.
⑤ 종합부동산세의 납세지는 부동산 소재지이다.

해설 종합부동산세
② 종합부동산세도 세부담상한제도가 있다.
③ 물납제도는 없다.
④ 주택은 재산세와 종합부동산세가 해당된다. 별장도 주택의 범위에 포함되나 종합부동산세는 해당되지 않는다.
⑤ 종합부동산세의 납세지는 주소지관할 세무서이다. 그러나 재산세의 납세지는 물건지 소재지 관할 특시·특도·시·군·구이다.

답 ①

04 과세구분 및 세액 24회 출제

Q : 종합부동산세는 어떻게 구분합니까?
A : 토지분과 주택분으로 나누고 토지분은 별도합산과 종합합산으로 구분합니다.

종합부동산세는 주택분과 토지분으로 나누고 토지분은 종합합산세액과 별도합산세액으로 구분하여 과세한다.

1 종합부동산세의 세액 16회 출제

종합부동산세는 주택에 대한 종합부동산세와 토지에 대한 종합부동산세의 세액을 합한 금액을 그 세액으로 한다.

2 토지에 대한 종합부동산세의 세액

토지분 종합합산세액과 별도합산세액을 합한 금액으로 한다.

▼ 재산세와 종합부동산세의 과세체계

구 분	1차 재산세 : 시·군·구, 특별자치시·특별자치도 부과	2차 종합부동산세 : 주소지 세무서장
1) 주택	주택(부수토지 포함) 1채별로 가액에 따라 초과누진세율로 과세 * 별장(부수토지 포함)도 포함된다.	전국의 주택공시가격을 합산하여 9억원 초과한 자 : 초과누진세율(개인별, 법인별) *1세대 1주택으로서 단독명의일 경우 추가공제 3억원 별도공제(총 12억원)
2) 별도합산 과세대상토지	개인별·법인별로 해당 지방자치단체 안에서만 합산	전국 별도합산토지를 합산 : 공시가격 80억원 초과한 자(개인별·법인별)
3) 종합합산 과세대상토지	개인별·법인별로 해당 지방자치단체 안에서만 합산	전국 종합합산토지를 합산 : 공시가격 5억원 초과한 자(개인별·법인별)

05 주택에 대한 종합부동산세 ★★★   18·19·22·24·33·34·35회 출제

Q : 주택에 대한 종합부동산세는 계산구조가 매우 복잡하게 느껴집니다. 계산구조의 흐름을 설명해주십시오.

A : 주택공시가격에서 6억원을 공제한 후 공정시장가액비율을 곱한 다음 각종 공제를 하는 방법으로 되어 있습니다.

Key Point 주택의 공시가격 합계

1) 6억원 초과분	재산세 부과	종합부동산세 해당됨(재산세 조정)
2) 6억원까지	재산세 부과	종합부동산세 해당안됨

* 단독명의 1세대 1주택은 12억원 초과분이 종합부동산세 해당됨

제1장 종합부동산세

▼ 주택분 종합부동산세액 계산 흐름도

구 분	흐름도
1) 과세표준	[주택공시가격의 합계 - 공제액 9억원(12억원)] × 공정시장가액비율(60%)
2) 종합부동산세액	과세표준×세율(초과누진세율)
3) 산출세액	종합부동산세액 - 공제할 재산세액 - 세부담상한초과액(>0) (해당 연도 총세액상당액 - 전년도 총세액상당액 × 150%)
4) 결정세액	산출세액 - 세액공제(1세대 1주택 고령자·장기보유자)

1 납세의무자

주택분 종합부동산세를 납부할 의무가 있는 다음에 해당된 자를 말한다.

(1) 의 의

1) 과세기준일(6월 1일) 현재 주택분 재산세의 납세의무자는 종합부동산세를 납부할 의무가 있다.
2) 납세의무자가 개인인 경우 개인별로, 법인인 경우에는 법인별로 합산한 금액을 말하며, 개인의 경우에는 주택소유자가 종합부동산세를 납부할 의무가 있다.

(2) 제외되는 주택

1) 「민간임대주택에 관한 특별법」에 따른 민간임대주택, 「공공주택 특별법」에 따른 공공임대주택 또는 대통령령이 정하는 다가구 임대주택으로서 임대기간, 주택의 수, 가격, 규모 등을 감안하여 대통령령이 정하는 주택
2) 종업원의 주거에 제공하기 위한 기숙사 및 사원용 주택, 주택건설사업자가 건축하여 소유하고 있는 미분양주택, 가정어린이집용 주택 등 종합부동산세를 부과하는 목적에 적합하지 아니한 것으로서 대통령령이 정하는 주택
3) **다음의 사업에 대해 공공사업시행자가 수용방식으로 매입한 주택**
   소규모 재개발사업 및 가로·자율주택정비사업, 도심공공주택 복합사업, 주거재생혁신지구에서 시행하는 혁신지구재생사업, 공공직접시행정비사업

(3) 납세의무자는 과세대상에서 제외되는 주택을 해당 연도 9월 16일부터 9월 30일까지의 기간 동안 신고하여야 한다.

> **단락핵심** 주택분 종합부동산세 과세표준 합산의 대상이 되는 주택의 범위에서 제외되는 주택
>
> 종업원(법령에서 정하는 사용자의 친족 기타 특수관계인 또는 법인의 과점주주가 아님)에게 무상이나 저가로 제공하는 사용자 소유의 주택으로서 국민주택규모 이하의 주택은 주택분 종합부동산세 과세표준 합산의 대상이 되는 주택의 범위에 포함되지 아니한다.

2 과세표준

Key Point 주택에 대한 종합부동산세의 과세표준

{전국의 모든 주택에 대한 공시가격 합계 − 9억원[1세대 1주택자 단독명의는 12억원]} × 공정시장 가액비율

주택에 대한 종합부동산세의 과세표준은 납세의무자별로 주택의 공시가격을 합산한 금액[과세기준일 현재 세대원 중 1인이 해당 주택을 단독으로 소유한 경우로서 대통령령으로 정하는 1세대 1주택자(이하 "1세대 1주택자"라 한다)의 경우에는 그 합산한 금액에서 3억원(이하 이장에서 추가공제라 한다.)을 공제한 금액]에서 6억원을 공제(납세의무자가 법인 또는 법인으로 보는 단체로서 제9조 제2항 각 호의 세율이 적용되는 경우는 제외한다)한 금액에 부동산 시장의 동향과 재정여건 등을 고려하여 100분의 60부터 100분의 100까지의 범위에서 대통령령으로 정하는 공정시장가액 비율을 곱한 금액으로 한다. 다만, 그 금액이 영(0)보다 작은 경우에는 영(0)으로 본다.

단락핵심 과세표준

주택에 대한 종합부동산세의 과세표준은 납세의무자별로 주택분 공시가격을 합한 금액에서 9억원(1세대 1주택으로서 단독명의일 경우 12억원)을 공제한 금액에 60%에서 100%까지의 범위에 해당하는 공정시장 가액비율을 곱한 금액으로 한다.

3 세율 및 세액

Key Point 주택에 대한 종합부동산세의 세액

종합부동산세 과세표준 × 세율 − 공제할 주택분 재산세

(1) 과세표준과 세율

주택에 대한 종합부동산세는 과세표준에 다음의 세율을 적용하여 계산한 금액을 그 세액(이하 "주택분종합부동산세액"이라 함)으로 한다. 주택분 과세표준금액을 초과하는 금액에 대하여 해당 과세대상 주택의 주택분 재산세로 부과된 세액은 주택분 종합부동산세액에서 이를 공제한다.

제1장 종합부동산세

과세표준	세율(초과누진세율) 2주택 이하(조정대상지역 제외)	• 3주택 이상 • 조정대상지역 2주택 보유
1) 3억원 이하	1,000분의 6(0.6%)	1,000분의 12(1.2%)
2) 3억원 초과 6억원 이하	180만원+3억원 초과금액의 1,000분의 8	1,000분의 16(1.6%)
3) 6억원 초과 12억원 이하	420만원+6억원 초과금액의 1,000분의 12	1,000분의 22(2.2%)
4) 12억원 초과 50억원 이하	1,040만원+12억원 초과금액의 1,000분의 16	1,000분의 36(3.6%)
5) 50억원 초과 94억원 이하	7,200만원+50억원 초과금액의 1,000분의 22	1,000분의 50(5.0%)
6) 94억원 초과	1억6천9백만원+94억원 초과금액의 1,000분의 30	1,000분의 60(6.0%)

(2) 공정시장 가액비율

과세표준을 산정함에 있어서 공정시장 가액비율(60%~100%)을 사용한다.

(3) 납세의무자가 법인인 경우

납세의무자가 법인 또는 법인으로 보는 단체(사업의 특성을 고려하여 대통령령으로 정하는 경우는 제외한다)인 경우 종부세법 제9조 제1항에도 불구하고 과세표준에 다음 각 호에 따른 세율을 적용하여 계산한 금액을 주택분 종합부동산세액으로 한다.

1) 2주택 이하를 소유한 경우(조정대상지역 내 2주택을 소유한 경우는 제외한다) : 1천분의 30
2) 3주택 이상을 소유하거나, 조정대상지역 내 2주택을 소유한 경우 : 1천분의 60

단락핵심 과세표준과 세율

주택분 과세기준금액을 초과하는 금액에 대하여 해당 과세대상 주택의 주택분 재산세로 부과된 세액은 주택분 종합부동산세액에서 이를 공제한다.

4 세부담의 상한 ★ 20회 출제

종합부동산세의 납세의무자가 해당 연도에 납부하여야 할 주택분 재산세 상당액과 주택분 종합부동산세액 상당액의 합계액(이하 "주택에 대한 총세액상당액"이라 함)으로서 계산된 세액이 해당 납세의무자에게 전년도에 해당 주택에 부과된 주택에 대한 총세액 상당액으로서 계산한 세액의 100분의 150을 초과하는 경우에는 그 초과하는 세액에 대하여는 이를 없는 것으로 본다. 다만 납세의무자가 법인 또는 법인으로 보는 단체로서 제9조 제2항 각 호의 세율이 적용되는 경우는 그러하지 아니하다.

PROFESSOR COMMENT
주택분은 주택과 그 부수토지를 포함한다.

제3편 국 세

단락문제 02

주택에 대한 종합부동산세의 내용을 설명한 것 중 틀린 내용은?

① 과세기준일은 매년 6월 1일이다.
② 납세의무자는 국내에 있는 재산세 과세대상인 주택에 대한 공시가격을 합한 금액이 6억원을 초과하는 자이다.
③ 임대주택과 사원용 주택 등 일정한 주택은 종합부동산세의 대상이 되는 주택의 범위에 포함하지 아니한다.
④ 법인은 법인별로 개인의 경우에는 개인별로 합산한다.
⑤ 세율은 초과누진세율구조이고, 세부담의 상한이 없다.

해설 주택에 대한 종합부동산세
⑤ 세부담의 상한이 있다. 전년도 해당 총세액상당액의 150%를 초과할 수 없다. **답** ⑤

단락문제 03

제18회 기출 개작

「종합부동산세법」상 납세의무자에 해당하지 않는 것은?(단, 아래의 개인과 법인은 모두 과세기준일 현재 주택분 또는 토지분의 재산세 납세의무자임)

① 개인이 소유한 국내에 있는 재산세 과세대상인 주택의 공시가격을 합산한 금액이 6억원을 초과하는 경우에는 주된 주택소유자
② 개인이 소유한 「지방세법」상 종합합산과세대상인 국내에 소재하는 해당 과세대상토지의 공시가격을 합한 금액이 5억원을 초과하는 경우에는 주된 토지소유자
③ 「지방세법」상 별도합산과세대상인 국내에 소재하는 해당 과세대상토지의 공시가격을 합한 금액이 80억원을 초과하는 법인
④ 모회사인 A법인과 자회사인 B법인이 소유한 국내에 있는 재산세 과세대상인 주택의 공시가격을 합한 금액이 10억원(모회사 6억원, 자회사 4억원)인 경우에는 모회사인 A법인
⑤ 「지방세법」상 종합합산과세대상인 국내에 소재하는 해당 과세대상토지의 공시가격을 합한 금액이 5억원을 초과하는 법인

해설 「종합부동산세법」상 납세의무자
④ 법인은 법인별로 과세한다. 따라서 모회사 6억원, 자회사 4억원이므로 모회사와 자회사가 각각 6억원을 초과하지 아니하므로 납세의무가 없다. **답** ④

단락핵심 — 공동명의 1주택자의 납세의무특례

1. 과세기준일 현재 세대원 중 1인이 그 배우자와 공동으로 1주택을 소유하고 해당 세대원 및 다른 세대원이 다른 주택을 소유하지 아니한 경우로서 대통령령으로 정하는 경우에는 배우자와 공동으로 1주택을 소유한 자 또는 그 배우자 중 대통령령으로 정하는 자(이하 "공동명의 1주택자"라 한다)를 해당 1주택에 대한 납세의무자로 할 수 있다 즉 선택사항이다
2. 위 1. 을 적용받으려는 납세의무자는 당해 연도 9월 16일부터 9월 30일까지 관할 세무서장에게 신청하여야 한다.
3. 위 1. 을 적용하는 경우에는 공동명의 1주택자를 1세대 1주택자로 보아 제8조에 따른 과세표준과 제9조에 따른 세율 및 세액을 계산한다.
4. 기타 필요한 사항은 대통령령으로 정한다.

5 1세대 1주택 고령자 및 장기보유자 세액공제

(1) 1세대 1주택 고령자 세액공제

60세 이상인 경우 20%, 65세 이상은 30% 및 70세 이상은 40%를 세액공제한다.

(2) 1세대 1주택 장기보유자 세액공제

5년 이상 10년 미만 보유자는 20%, 10년 이상 15년 미만 보유자는 40%, 15년 이상 보유자는 50%를 공제한다.

(3) 중복공제

위 (1), (2)의 고령자세액공제와 장기보유자 세액공제는 중복하여 적용할 수 있다. 그러나 (1)과 (2)를 합하여 80%를 공제한도로 한다.

(4) 고령자 및 장기보유자 세액공제

과세표준에 세율을 곱하여 계산한 금액에서 재산세 공제세액과 세부담상한이 적용될 경우 세부담상한 초과금액을 공제한 후의 세액을 기준으로 고령자 및 장기보유자 세액공제를 한다.

제3편 국 세

06 토지에 대한 종합부동산세 ★★
추가15·17·24·32·33·35회 출제

> **Q**: 토지에 대한 종합부동산세에 구조를 설명해주십시오.
> **A**: 토지는 별도합산과 종합합산으로 나눕니다. 별도합산은 80억원을 초과하여야 하고, 종합합산은 5억원을 초과하여야 합니다.

Key Point 토지에 대한 재산세와 종합부동산세 과세

1) 분리과세대상	재산세 부과	종합부동산세 해당 안 됨
2) 종합합산과세대상	재산세 부과	종합부동산세 해당됨
3) 별도합산과세대상	재산세 부과	종합부동산세 해당됨

1 과세방법 개요

토지에 대한 종합부동산세는 국내에 소재하는 토지에 대하여 「지방세법」의 규정에 의한 종합합산과세대상과 별도합산과세대상으로 구분하여 과세한다.

2 납세의무자

과세기준일 현재 토지분 재산세의 납세의무자로서 다음의 하나에 해당하는 자는 해당 토지에 대한 종합부동산세를 납부할 의무가 있다.

Key Point 토지에 대한 종합부동산세의 납세의무자

1) 종합합산토지의 공시가격합계	5억원 초과분	재산세 부과, 종합부동산세 부과(재산세 조정)
	5억원까지	재산세 부과
2) 별도합산토지의 공시가격합계	80억원 초과분	재산세 부과, 종합부동산세 부과(재산세 조정)
	80억원까지	재산세 부과

(1) 종합합산과세대상인 경우

국내의 종합합산과세대상토지의 공시가격을 합한 금액이 **5억원**을 초과하는 자는 종합부동산세를 납부하여야 한다.
→ 개인의 경우 개인별로 합산한 금액을 말하며, 이하 "토지분 종합합산과세기준금액"이라 함

(2) 별도합산과세대상인 경우

국내의 별도합산과세대상토지의 공시가격을 합한 금액이 **80억원**을 초과하는 자는 종합부동산세를 납부할 의무가 있다.
→ 이하 "토지분 별도합산과세기준금액"이라 함

제1장 종합부동산세

> **단락핵심** 「종합부동산세법」상 납세의무자
> (1) 개인이 소유한 국내에 있는 재산세 과세대상인 주택의 공시가격을 합산한 금액이 6억원을 초과하는 경우
> (2) 개인이 소유한 「지방세법」상 종합합산과세대상인 국내에 소재하는 해당 과세대상토지의 공시가격을 합한 금액이 5억원을 초과하는 경우
> (3) 「지방세법」상 별도합산과세대상인 국내에 소재하는 해당 과세대상토지의 공시가격을 합한 금액이 80억원을 초과하는 법인
> (4) 「지방세법」상 종합합산과세대상인 국내에 소재하는 해당 과세대상토지의 공시가격을 합한 금액이 5억원을 초과하는 법인

3 과세표준 ★

Key Point 과세표준
1) {전국의 모든 종합합산대상토지의 공시가격의 개인별(법인별) 합산액 − 5억원} × 공정시장 가액비율
2) {전국의 모든 별도합산대상토지의 공시가격의 개인별(법인별) 합산액 − 80억원} × 공정시장 가액비율

(1) 종합합산과세대상인 경우
국내의 해당 과세대상토지의 공시가격을 개인별(법인은 법인별)로 합한 금액에서 5억원을 공제한 금액에 공정시장 가액비율(60~100%)을 곱하여 계산한 금액으로 한다.

(2) 별도합산과세대상인 경우
국내의 해당 과세대상토지의 공시가격을 개인별(법인은 법인별)로 합한 금액에서 80억원을 공제한 금액에 공정시장 가액비율(60~100%)을 곱하여 계산한 금액으로 한다.

(3) (1) 또는 (2)의 금액이 영(0)보다 작은 경우에는 영(0)으로 본다.

4 세율 및 세액 28회 출제

(1) 종합합산과세대상토지

Key Point 종합합산과세대상토지의 세액
과세표준 × 세율 − 공제할 종합합산 토지분 재산세

1) 과세표준과 세율
과세표준에 다음의 세율을 적용하여 계산한 금액으로 하되, 토지분 종합합산과세대상 토지의 토지분 재산세로 부과된 세액은 토지분 종합합산세액에서 이를 공제한다.

과세표준	세율(초과누진세율)
① 15억원 이하	1,000분의 10
② 15억원 초과 45억원 이하	1,000분의 20
③ 45억원 초과	1,000분의 30

2) 공정시장 가액비율

2022년도에는 100%로 한다.

(2) 별도합산과세대상토지

Key Point 별도합산과세대상토지의 세액

과세표준 × 세율 − 공제할 별도합산 토지분 재산세

1) 과세표준에 다음의 세율을 적용하여 계산한 금액으로 하되, 토지분 별도합산과세대상 토지의 토지분 재산세로 부과된 세액은 토지분 별도합산세액에서 이를 공제한다.

과세표준	세 율
① 200억원 이하	1,000분의 5
② 200억원 초과 400억원 이하	1,000분의 6
③ 400억원 초과	1,000분의 7

2) 과세표준액의 계산은 공시가격에서 80억원을 공제한 금액에 공정시장 가액비율(60~100%)을 곱하여 계산한다(2023년은 100%로 한다).

5 세부담의 상한 ★ 18·30회 출제

(1) 종합합산과세대상토지에 대한 종합부동산세액

전년도 종합합산과세대상인 토지에 대한 총세액상당액의 100분의 150을 초과하는 경우에는 그 초과하는 세액에 대하여는 이를 없는 것으로 본다.

(2) 별도합산과세대상토지에 대한 종합부동산세액

전년도 별도합산과세대상인 토지에 대한 총세액상당액의 100분의 150을 초과하는 경우에는 그 초과하는 세액에 대하여는 이를 없는 것으로 본다.

단락핵심 과세방법

종합부동산세는 국내에 소재하는 토지에 대하여 「지방세법」의 규정에 의한 종합합산과세대상, 별도합산과세대상 및 분리과세대상으로 구분하고 종합합산과세대상과 별도합산과세대상만 과세한다.

제1장 종합부동산세

단락문제 04
제15회 기출

재산세와 종합부동산세에 관한 설명으로 틀린 것은?

① 재산세와 종합부동산세의 과세기준일은 동일하다.
② 주택이외의 건축물에 대한 재산세의 납기는 매년 7월 16일부터 7월 31일까지이다.
③ 주택에 대한 종합부동산세의 과세표준은 납세의무자별로 주택분 공시가격을 합한 금액에서 6억원을 공제한 금액으로 한다.
④ 과세기준일 현재 토지분 재산세의 납세의무자로서 종합합산과세대상인 경우 국내 소재 과세대상토지의 공시가격을 합한 금액이 5억원을 초과하는 자는 종합부동산세의 납세의무가 있다.
⑤ 종합부동산세는 국내에 소재하는 토지에 대하여 「지방세법」의 규정에 의한 종합합산과세대상, 별도합산과세대상 및 분리과세대상으로 구분하여 과세한다.

> **해설** 재산세와 종합부동산세
> ⑤ 종합부동산세에 해당되는 토지의 범위는 별도합산과세대상토지와 종합합산과세대상토지이다. 즉, 분리과세대상토지는 종합부동산세 과세대상이 아니다.
>
> **답** ⑤

단락문제 05
제18회 기출

종합부동산세에 관한 설명 중 틀린 것은?

① 개인의 경우 종합부동산세의 납세지는 「소득세법」상의 규정을 준용하여 정한다.
② 주택분 과세기준금액을 초과하는 금액에 대하여 해당 과세대상 주택의 주택분 재산세로 부과된 세액은 주택분 종합부동산세액에서 이를 공제한다.
③ 「지방세법」상 별도합산과세대상토지에 대한 해당 연도 종합부동산세의 세부담상한액은 전년도에 부과된 종합부동산세액의 300%로 한다.
④ 혼인함으로써 1세대를 구성하는 경우에는 혼인한 날부터 5년 동안은 주택 또는 토지를 소유하는 자와 그 혼인한 자별로 각각 1세대로 본다.
⑤ 종업원(법령에서 정하는 사용자의 친족 기타 특수관계인 또는 법인의 과점주주가 아님)에게 무상이나 저가로 제공하는 사용자 소유의 주택으로서 국민주택규모 이하의 주택은 주택분 종합부동산세 과세표준 합산의 대상이 되는 주택의 범위에 포함되지 아니한다.

> **해설** 종합부동산세 세부담상한
> ③ 종합합산 해당분과 별도합산 해당분 모두 150%이다.
>
> **답** ③

07 부과와 징수 등 **34회 출제**

Q: 보유과세이기 때문에 재산세와 동일하게 종합부동산세도 부과징수하나요?
A: 크게 보면 외관상 유사하게 보이나 약간 다른 내용이 있습니다.

1 부과와 징수 27회 출제

PROFESSOR COMMENT
원칙적으로 부과과세제도로 전환하되 예외적으로 자진신고납부할 수도 있다.

관할세무서장이 종합부동산세를 부과·징수하는 경우 납세고지서에 주택 및 토지로 구분한 과세표준과 세액을 기재하여 납부기간 개시 5일 전까지 발부하여야 한다. 다만, 종합부동산세의 납세의무자는 해당 연도 12월 1일부터 12월 15일까지 납세지 관할세무서장에게 신고·납부할 수 있다.

2 결정과 경정

관할세무서장 또는 납세지 관할 지방국세청장은 납세의무자가 신고하지 아니하거나 신고를 한 자의 신고내용에 탈루 또는 오류가 있는 때에는 해당 납세의무자의 해당 연도의 과세표준과 세액을 결정 또는 경정한다. 납세의무자의 선택에 따라 신고·납부한 경우 과소신고에 해당하면 **과소신고가산세**가 해당된다.
→ 10%(부정과소40%)

3 분납

(1) 분납요건과 분납기한

종합부동산세액이 250만원을 초과하는 경우에는 납부기한이 경과한 날부터 6월 이내에 분납하게 할 수 있다.

(2) 분납가능 액수

납부세액이 5백만원 이하일 경우에는 해당 세액에서 250만원을 차감한 금액을, 5백만원을 초과할 경우에는 50% 이하의 금액을 분납할 수 있다.

CHAPTER 01 종합부동산세

• 경록 교재에 모든 답이 있습니다.

01 종합부동산세
고액의 부동산 보유자에 대하여는 부동산보유세를 과세함에 있어서 지방세의 경우보다 높은 세율로 국세인 종합부동산세를 과세하여 부동산 보유에 대한 조세부담의 형평성을 제고하고 부동산의 가격안정을 도모함으로써 지방재정의 균형발전과 국민경제의 건전한 발전을 기하려는 것이다.

02 과세기준일
종합부동산세의 과세기준일은 재산세의 과세기준일로 한다. 즉, 매년 6월 1일로 한다.

03 과세구분 및 세액
(1) 종합부동산세
주택에 대한 종합부동산세와 토지에 대한 종합부동산세의 세액을 합한 금액을 그 세액으로 한다.
(2) 토지에 대한 종합부동산세의 세액
토지분 종합합산세액과 별도합산세액을 합한 금액으로 한다.

04 주택에 대한 종합부동산세
(1) 납세의무자
과세기준일(6월 1일) 현재 주택분 재산세의 납세의무자로서 국내에 있는 재산세 과세대상인 주택의 공시가격을 합한 금액이 9억원[1세대 1주택으로서 단독명의일 경우 12억원(이하 "주택분 과세기준금액"이라 함)]을 초과하는 자. 단, 「민간임대주택에 관한 특별법」에 의한 민간임대주택, 「공공주택 특별법」에 따른 공공임대주택 또는 다가구 임대주택으로서 대통령령이 정하는 주택과 종업원의 주거에 제공하기 위한 기숙사 및 사원용 주택, 미분양주택 등 대통령령이 정하는 주택은 제외한다.

(2) 과세표준
납세의무자별로 주택의 공시가격을 합한 금액에서 9억원(1세대 1주택으로서 단독명의일 경우 12억원)을 공제한 금액에 공정시장 가액비율(60~100%)을 곱하여 계산한 금액으로 한다. 다만, 그 금액이 영(0)보다 작은 경우에는 영(0)으로 본다.

(3) 세율 및 세액
"주택분 종합부동산세액"으로 한다. 주택분 과세기준금액을 초과하는 금액에 대하여 해당 과세대상 주택의 주택분 재산세로 부과된 세액은 주택분 종합부동산 세액에서 이를 공제한다.

(4) 세부담의 상한
종합부동산세의 납세의무자가 해당 연도에 납부하여야 할 "주택에 대한 총세액상당액"으로서 계산된 세액이, 해당 납세의무자에게 전년도에 해당 주택에 부과된 주택에 대한 총세액 상당액으로서 계산한 세액의 100분의 150을 초과하는 경우에는 그 초과하는 세액에 대하여는 이를 없는 것으로 한다.

05 토지에 대한 종합부동산세

(1) 납세의무자

과세기준일 현재 토지분 재산세의 납세의무자로서 '종합합산과세대상인 경우에는 국내의 종합합산과세대상토지의 공시가격을 합한 금액이 5억원(개인의 경우 개인별로 합산한 금액, 이하 "토지분 종합합산과세기준금액"이라 함)을 초과하는 자이거나 별도합산과세대상인 경우에는 국내의 별도합산과세대상토지의 공시가격을 합한 금액이 80억원(이하 "토지분 별도합산과세기준금액"이라 함)을 초과하는 자'에 해당하는 자는 해당 토지에 대한 종합부동산세를 납부할 의무가 있다.

(2) 과세표준

1) (전국의 모든 종합합산대상토지의 공시가격의 합계 − 5억원) × 공정시장 가액비율
2) (전국의 모든 별도합산대상토지의 공시가격의 합계 − 80억원) × 공정시장 가액비율

(3) 세율 및 세액

1) 종합합산과세대상토지 = 과세표준 × 세율 − 공제할 종합합산 토지분 재산세
2) 별도합산과세대상토지 = 과세표준 × 세율 − 공제할 별도합산 토지분 재산세

(4) 세부담의 상한

1) 종합합산과세대상토지에 대한 종합부동산세액
  전년도 종합합산과세대상인 토지에 대한 총세액상당액의 100분의 150을 초과하는 경우에는 그 초과하는 세액에 대하여는 이를 없는 것으로 본다.
2) 별도합산과세대상토지에 대한 종합부동산세액
  전년도 별도합산과세대상인 토지에 대한 총세액상당액의 100분의 150을 초과하는 경우에는 그 초과하는 세액에 대하여는 이를 없는 것으로 본다.

단원 오답 잡기

• 경록 교재에 모든 답이 있습니다.

CHAPTER 01 종합부동산세

01. 종합부동산세는 고액의 부동산 보유자에 대하여 부동산보유세를 과세함에 있어서 높은 세율로 지방세인 종합부동산세를 과세한다.

01. X
지방세가 아니라 국세이다.

02. "토지분 재산세"라 함은 「지방세법」 제181조 및 제183조의 규정에 의하여 토지에 대하여 부과하는 재산세를 말한다.

02. O

03. 종합부동산세의 과세기준일은 매년 6월 1일로 한다.

03. O

04. 토지에 대한 종합부동산세의 세액은 토지분종합합산세액과 별도합산세액을 합한 금액으로 한다.

04. O

05. 과세기준일 현재 주택분 재산세의 납세의무자로서 국내에 있는 재산세 과세대상인 주택에 대한 공시가격을 합한 금액이 4억 5천만원을 초과하는 자는 주택에 대한 종합부동산세를 납부할 의무가 있다.

05. X
4억 5천만원이 아니라 9억원이다.

06. 종합합산과세대상인 경우 국내의 종합합산과세대상토지의 공시가격을 합한 금액이 5억원을 초과하는 자는 해당 토지에 대한 종합부동산세를 납부할 의무가 있다.

06. O

07. 종합부동산세는 부과과세제도이지만 신고·납부도 허용하고 있다

07. O

08. 종합부동산세액이 250만원을 초과하는 경우에는 납부기한이 경과한 날부터 45일 이내에 분납하게 할 수 있다.

08. X
45일이 아니라 6개월 이내이다.

09. 주택분 및 토지분 종합합산대상토지의 종합부동산세는 개인의 경우 세대별로 합산하여 과세한다.

09. X
개인도 개인별로 합산한다.

10. 토지분 별도합산과세대상토지의 종합부동산세는 개인은 개인별로, 법인은 법인별로 합산하여 과세한다.

10. O

CHAPTER 02 소득세

학습포인트

- 소득세 과세체계를 먼저 이해한다.
- 양도소득세는 과세대상, 양도·취득시기, 양도차익, 양도소득금액의 구체적인 계산과정 이해
- 세율체계와 고가주택 및 1세대 1주택 비과세 해당 여부
- 미등기 양도자산의 내용

CHAPTER 학습 & 출제되는 키워드

- ☑ 소득세 과세체계
- ☑ 납세의무자
- ☑ 1세대 1주택 비과세
- ☑ 필요경비개산공제
- ☑ 세율(미등기, 다주택)
- ☑ 납부불성실가산세
- ☑ 비과세임대료
- ☑ 부동산매매업

- ☑ 양도소득세
- ☑ 양도소득의 범위(과세대상)
- ☑ 미등기 양도자산에 대한 불이익
- ☑ 장기보유특별공제
- ☑ 예정신고납부·확정신고납부
- ☑ 부동산임대소득
- ☑ 간주임대료
- ☑ 총수입금액의 수입시기

- ☑ 양도
- ☑ 양도시기
- ☑ 양도가액과 취득가액의 결정
- ☑ 양도소득기본공제
- ☑ 신고불성실가산세
- ☑ 1세대 3주택 이상
- ☑ 필요경비
- ☑ 토지 등 매매차익의 계산

CHAPTER 학습 & 출제되는 질문

- ☑ 양도의 개념을 설명한 것이다. 옳은 것은?
- ☑ 양도시기로 올바른 것은?
- ☑ 양도가액에서 공제하는 필요경비이다. 해당되지 않는 것은?
- ☑ 장기보유특별공제에 관한 설명 중 옳은 것은?
- ☑ 1세대 1주택에 해당하는 고가주택을 양도한 경우 양도차익은?

제2장 소득세

> Q: 소득세와 양도소득세에 대해서 설명해주시지요.
> A: 소득세란 개인이 경제활동을 영위하여 벌어들인 소득에 대해서 납부하는 세금입니다. 그 중에서 양도소득세는 개인이 부동산 등을 양도하여 얻는 소득에 대해서 납부하는 세금입니다. 즉 양도소득세도 소득세의 일종이지요. 소득세는 종합소득과 퇴직소득 그리고 양도소득으로 구분합니다.

제1절 양도소득세   15회 출제

PROFESSOR COMMENT

양도소득세 분야는 가장 많이 출제되었다.
출제범위도 양도소득세의 모든 부분에서 골고루 출제되었다. 난이도는 전반적으로 쉬운 내용이었다.
다만, 대법원판례(제9회), 「조세특례제한법」(제6회)에 대해서 출제되었는데 이 분야는 다소 어려운 내용이며 평소 수험시간이 부족하다면 생략할 수밖에 없다.
① 양도소득세의 분야는 반드시 전반적인 체계를 정립하여야 한다.
② 전반적인 체계 내에서 납세의무자, 과세대상, 과세표준, 세율 및 비과세분야를 간단 명료하게 기본개념을 정리한다.
③ 국내자산과 국외자산의 양도소득의 범위, 양도·취득가액 등을 비교정리한다.
④ 출제된 문제를 집중분석하여 수험생 자신이 정립한 기본개념과 비교정리하여 개념을 완전 정립한다.

▼ **소득세 과세체계** 추가15·29회 출제

[참고]

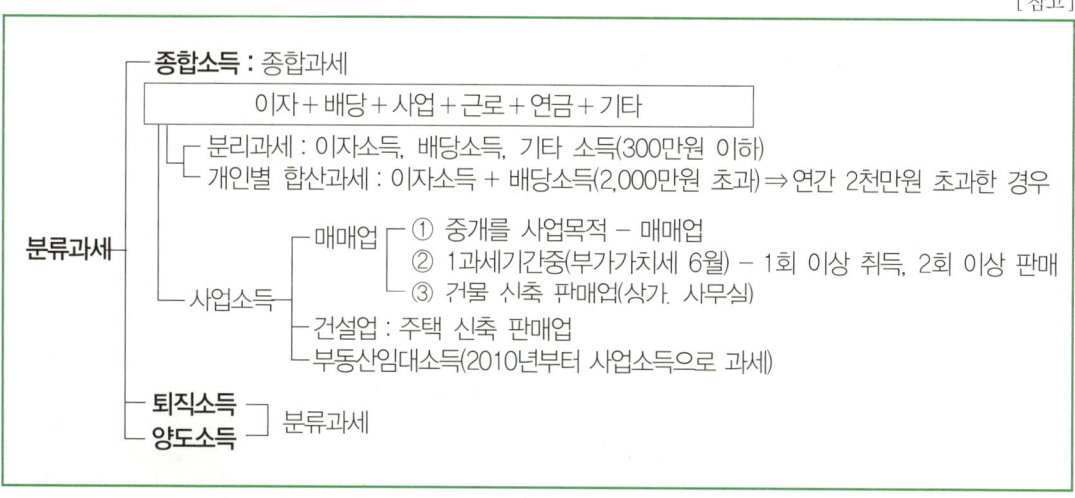

제3편 국 세

01 양도의 의의 ★   11·12·13·추가15회 출제

Q: 양도소득세에 있어서 양도, 즉 팔았다는 것이 무엇인가요?
A: 양도, 즉 팔았다는 것의 의미와 유형 등을 살펴보겠습니다.

PROFESSOR COMMENT
양도에 해당되는 경우와 양도에 해당되지 아니하는 경우를 정확히 정리하기 바란다.

1 용어의 정의

(1) 양도란 자산에 대한 등기 또는 등록과 관계없이 매도·교환·법인에 대한 현물출자 등을 통하여 그 자산을 유상(有償)으로 사실상 이전하는 것을 말한다. 이 경우 대통령령으로 정하는 부담부증여(負擔附贈與)의 채무액에 해당하는 부분은 양도로 보며, 다음의 어느 하나에 해당하는 경우에는 양도로 보지 아니한다.

양도와 양도소득세

과세대상재산을 양도하고 양도차익(양도에 따른 이익)이 발생하면 양도소득세를 신고하고 납부한다.

양도란 자산의 등기(또는 등록)에 관계없이 매도·교환·현물출자·대물변제 등으로 인하여 그 자산이 유상으로 사실상 이전되는 것을 말한다.

주택이라는 자산의 매도!
여기 매도대금

양도로 보는 것에는 매도·교환·현물출자·대물변제·부담부증여·경매·수용 등이 있다.

머릿글자만 따면 '매교현대 부경수'지!

매교현대 부경수

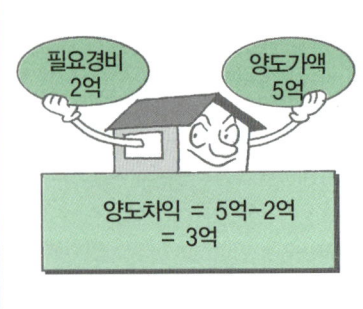

양도소득세란 토지·건물 등의 재산을 양도하고 얻은 양도차익에 대하여 부과하는 조세를 말한다.

필요경비 2억
양도가액 5억
양도차익 = 5억 - 2억 = 3억

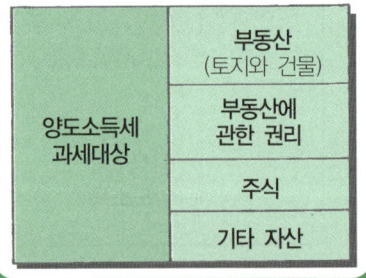

양도소득세 과세대상에는 ① 부동산(토지와 건물), ② 부동산에 관한 권리, ③ 주식(출자지분 및 신주인수권 포함), ④ 기타 자산 등이다.

양도소득세 과세대상	부동산 (토지와 건물)
	부동산에 관한 권리
	주식
	기타 자산

1) 「도시개발법」이나 그 밖의 법률에 따른 환지처분으로 지목 또는 지번이 변경되거나 보류지(保留地)로 충당되는 경우
2) 토지의 경계를 변경하기 위하여 「공간정보의 구축 및 관리 등에 관한 법률」 제79조에 따른 토지의 분할 등 대통령령으로 정하는 방법과 절차로 하는 토지 교환의 경우

(2) **주식등**이란 주식 또는 출자지분을 말하며, 신주인수권과 대통령령으로 정하는 증권예탁증권을 포함한다.

(3) **주권상장법인**이란 「자본시장과 금융투자업에 관한 법률」 제9조 제15항 제3호에 따른 주권상장법인을 말한다.

(4) **주권비상장법인**이란 제3호에 따른 주권상장법인이 아닌 법인을 말한다.

(5) **실지거래가액**이란 자산의 양도 또는 취득 당시에 양도자와 양수자가 실제로 거래한 가액으로서 해당 자산의 양도 또는 취득과 대가관계에 있는 금전과 그 밖의 재산가액을 말한다.

(6) **1세대**란 거주자 및 그 배우자(법률상 이혼을 하였으나 생계를 같이 하는 등 사실상 이혼한 것으로 보기 어려운 관계에 있는 사람을 포함한다. 이하 이 호에서 같다)가 그들과 같은 주소 또는 거소에서 생계를 같이 하는 자[거주자 및 그 배우자의 직계존비속(그 배우자를 포함한다) 및 형제자매를 말하며, 취학, 질병의 요양, 근무상 또는 사업상의 형편으로 본래의 주소 또는 거소에서 일시 퇴거한 사람을 포함한다]와 함께 구성하는 가족단위를 말한다. 다만, 대통령령으로 정하는 경우에는 배우자가 없어도 1세대로 본다.

(7) **주택**이란 허가 여부나 공부(公簿)상의 용도구분과 관계없이 사실상 주거용으로 사용하는 건물을 말한다. 이 경우 그 용도가 분명하지 아니하면 공부상의 용도에 따른다. 세대원이 독립된 주거생활을 할 수 있는 구조로 된 건물

(8) **농지**란 논밭이나 과수원으로서 지적공부(地籍公簿)의 지목과 관계없이 실제로 경작에 사용되는 토지를 말한다. 이 경우 농지의 경영에 직접 필요한 농막, 퇴비사, 양수장, 지소(池沼), 농도(農道) 및 수로(水路) 등에 사용되는 토지를 포함한다.

(9) **조합원입주권**이란 「도시 및 주거환경정비법」 제74조에 따른 관리처분계획의 인가 및 「빈집 및 소규모주택 정비에 관한 특례법」 제29조에 따른 사업시행계획인가로 인하여 취득한 입주자로 선정된 지위를 말한다. 이 경우 「도시 및 주거환경정비법」에 따른 재건축사업 또는 재개발사업, 「빈집 및 소규모 주택 정비에 관한 특례법」에 따른 소규모 재건축사업을 시행하는 정비사업조합의 조합원으로서 취득한 것(그 조합원으로부터 취득한 것을 포함한다)으로 한정하며, 이에 딸린 토지를 포함한다.

(10) **분양권**이란 「주택법」 등 대통령령으로 정하는 법률에 따른 주택에 대한 공급계약을 통하여 주택을 공급받는 자로 선정된 지위(해당 지위를 매매 또는 증여 등의 방법으로 취득한 것을 포함한다)를 말한다.

제3편 국 세

단락핵심 양도

양도라 함은 매도·교환·법인에 대한 현물출자 등으로 그 자산이 유상으로 이전되는 것으로서, 소유권이전을 위한 등기 또는 등록과는 무관하다.

2 양도의 적용사례 (=사실상의 유상이전)

양도는 자산의 소유권이 유상으로 사실상 이전되는 것이므로 무상으로 이전되는 상속과 증여의 경우에는 상속세와 증여세가 부과될 뿐, 양도소득세 부과대상이 아니다. 또한, 부동산양도라도 이를 업으로 하여 계속적으로 매매하는 경우에는 부동산매매업과 임대업을 사업으로 하는 부동산임대업은 사업소득이 되어 종합소득세 과세대상이 된다.

자산의 소유권이 유상으로 이전되는 구체적인 경우로는 매도, 교환, 현물출자, 대물변제, 부담부증여, 경매, 토지수용 등을 들 수 있다.

(1) 매도(賣渡)

매도는 매매에 의한 양도라 할 것이고 매매계약에 의하여 양도내용이 결정되며, 대가를 받고 과세대상 자산을 이전하였으면 등기여부에 관계 없이 세법상 양도로 인정된다.

(2) 현물출자(現物出資)

1) 법인에 대한 현물출자이며, 현물출자의 대가로서 주식 기타 출자지분권을 취득하였으므로 유상이전이다.
2) 주택신축판매업을 공동경영하기 위해 토지 등을 현물출자하는 경우 등기에 관계없이 현물출자한 날 또는 등기접수일 중 빠른 날에 해당 토지 등이 유상으로 양도된 것으로 보아 양도소득세가 과세되는 것이다.

(3) 경매(競賣)

임의경매절차에 의하여 부동산에 대한 매각(경락)허가결정이 확정되고 그 대금이 완납된 것이라면 양도소득세 과세대상인 양도에 해당되고 이러한 결론은 그후 매수(경락)인을 상대로 제기한 소유권이전등기 청구소송에서 당사자 사이에 위 부동산을 환원시켜주기로 하는 법정화해가 이루어져도 양도에 해당한다.

(4) 수용(收用)

수용자체도 양도에 해당되며, 수용당하는 토지의 지상건물을 철거하고 「공익사업을 위한 토지 등의 취득 및 보상에 관한 법률」에 의하여 이전료를 보상받는 것도 양도에 해당한다. 다만, 「조세특례제한법」에 따라 감면을 받을 수 있다.

(5) 교환(交換)

유상양도계약에 해당하므로 매도와 같고, 다만 그 대가가 금전이 아닌 물건일 뿐이다.

1) 교환으로 인하여 양도하는 자산의 양도가액은 교환 당시 그 양도자산의 기준시가 또는 실지거래가액
2) 교환으로 인하여 기준시가 또는 실지거래가액

(6) 대물변제(代物辨濟) 26회 출제

1) 손해배상에 있어서 당사자 간의 합의에 의하거나, 법원의 확정판결에 의하여 일정액의 위자료를 지급하기로 하고 동 위자료 지급에 갈음하여 당사자 일방이 소유하고 있던 부동산으로 대물변제한 때에는 그 자산을 양도한 것으로 본다.
2) 이혼시 위자료로 부동산을 준 경우 양도에 해당하지만, 1세대 1주택 비과세요건을 갖춘 주택을 이혼위자료로 준 경우에는 양도소득세가 과세되지 않는다.
3) 해당 부동산에 일정액의 채무가 있어 동 채무를 그 자산을 취득하는 자가 인수·변제하기로 하는 계약조건인 경우에 있어서 동 채무는 양도가액에서 공제하지 아니한다.

(7) 부담부증여(負擔附贈與) 14·19·30회 출제

1) 의의
증여자가 양도소득세 과세대상 자산을 증여함에 있어서 증여재산가액 중 일정액을 수증자가 부담할 조건으로 증여한 경우 수증자가 부담한 증여재산가액 중 양도소득세 과세대상 자산에 해당하는 가액은 사실상 유상이전이므로 이를 양도로 본다.
즉, 유상이전에 해당하는 부분은 양도소득세가 과세되는 양도에 해당하고, 무상이전에 해당하는 부분은 증여세가 과세되는 증여에 해당한다.

2) 유상대가로 보는 채무액
양도소득에 대한 소득세 과세대상 자산과 과세대상이 아닌 자산을 함께 증여시 증여자의 채무를 수증자가 인수하는 경우에 과세대상 자산의 유상대가로 보는 채무액의 계산은 다음과 같이 안분계산한다.

$$\text{유상대가로 보는 채무액} = \text{전체 채무액} \times \frac{\text{과세대상 자산가액}}{\text{총증여자산가액}}$$

3) 양도차익의 계산 23회 출제
부담부 증여에 있어서 양도로 보는 부분에 대한 양도차익을 계산하는 경우에 취득가액 및 양도가액은 해당 자산의 가액에 증여가액 중 채무액에 상당하는 부분이 차지하는 비율을 곱하여 계산한 가액으로 한다.

$$\text{• 양도로 보는 부분의 양도가액} = \text{양도가액} \times \frac{\text{채무액}}{\text{증여가액}}$$

$$\text{• 양도로 보는 부분의 취득가액} = \text{취득가액} \times \frac{\text{채무액}}{\text{증여가액}}$$

4) 제외   13회 출제

배우자 또는 직계존비속 간의 부담부 증여(배우자 등의 양도행위 포함)는 제외한다. 즉, 배우자 간 또는 직계존비속 간의 부담부 증여는 양도로 보지 않고 원칙적으로 증여로 추정한다. 따라서 배우자 또는 직계존비속간에는 전체 금액을 증여로 추정하고, 양도로 볼 수 있는 확실한 증명이 입증되면 그 부분이 양도에 해당한다.

3 자산의 양도로 보지 아니하는 사항   23회 출제

PROFESSOR COMMENT
주요 내용은 환지처분, 양도담보, 공유물분할, 소유권환원이다.

다음의 경우에는 양도소득세에서 양도로 보지 아니하는 사항들이다.

(1) 「도시개발법」 등에 의한 환지처분 또는 보류지 충당   13회 출제

「도시개발법」 기타 법률의 규정에 의한 환지처분으로 지목 또는 지번이 변경되거나 보류지로 충당되는 경우에는 양도로 보지 않는다(소득세법 제88조 제2항). 그러나 토지소유자가 도시개발사업으로 환지받은 토지를 양도하는 경우와 도시개발사업의 시행자가 공사대금으로 취득한 보류지를 양도하는 경우에는 과세대상인 양도에 해당된다.

1) 환지처분

환지처분이라 함은 「도시개발법」, 「농어촌정비법」에 의한 농업생산기반정비사업 기타 법률에 의하여 사업시행자가 사업완료 후에 사업구역 내의 토지소유자 또는 관계인에게 종전의 토지 대신에 그 구역 내의 다른 토지로 바꾸어 주는 것을 말하며 사업시행으로 인한 분할·합병 또는 교환의 경우를 포함한다.

 부담부증여

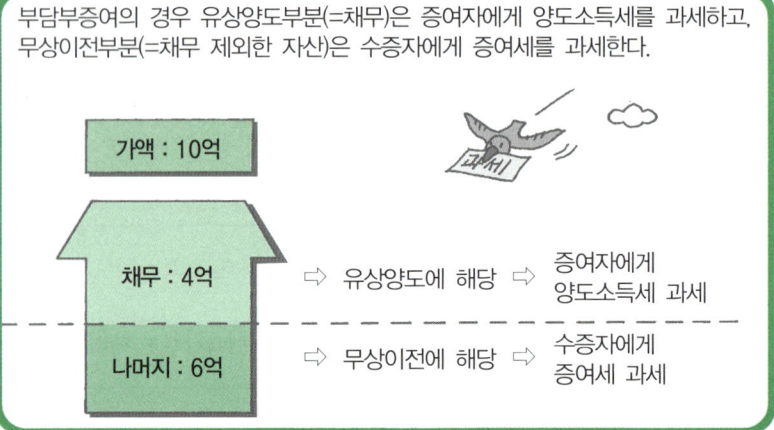

2) 보류지 충당

사업시행자가 해당 법률에 의하여 일정한 토지를 환지로 정하지 않고 공공용지 또는 체비지로 사용하기 위하여 보류한 토지를 말한다.

3) 환지등의 정의

"「공간정보의 구축 및 관리 등에 관한 법률」에 따른 토지의 분할 등 대통령령으로 정하는 방법과 절차로 하는 토지 교환"이란 다음의 요건을 모두 충족하는 토지 교환을 말한다(소득령 제152조 제3항).

① 토지 이용상 불합리한 지상(地上) 경계(境界)를 합리적으로 바꾸기 위하여 「공간정보의 구축 및 관리 등에 관한 법률」이나 그 밖의 법률에 따라 토지를 분할하여 교환할 것
② 위 ①에 따라 분할된 토지의 전체 면적이 분할 전 토지의 전체 면적의 100분의 20을 초과하지 아니할 것

4) 관할세무서장에게 입증자료제출

양도로 보지 아니하는 규정(소득세법 제88조 제2항)을 적용받으려는 토지 소유자는 토지 교환이 위 3)의 요건을 모두 충족하였음을 입증하는 자료를 납세지 관할 세무서장에게 제출하여야 한다(소득령 제152조 제4항).

(2) 양도담보

1) 의의

"양도담보"란 채무자가 채무의 변제를 담보하기 위하여 「부동산 실권리자명의 등기에 관한 법률」에 의하여 양도담보사실을 등기하고, 그 소유권을 채권자에게 이전하는 것을 말한다.

2) 양도로 보지 않는 경우

다음의 요건을 모두 갖춘 계약서 사본을 양도소득 과세표준확정신고서에 첨부하여 신고하는 때에는 양도로 보지 아니한다.

① 당사자 간에 채무의 변제를 담보하기 위하여 양도한다는 의사표시가 있을 것
② 해당 자산을 채무자가 원래대로 사용·수익한다는 의사표시가 있을 것
③ 원금, 이율, 변제기한, 변제방법 등에 관한 약정이 있을 것

3) 양도로 보는 경우

양도담보계약을 체결한 후 요건에 위배되거나 채무불이행으로 인하여 해당 자산을 변제에 충당된 때에는 그때에 양도한 것으로 본다.

(3) 공유물의 분할 ★   13회 출제

1) 소유지분별 단순분할
공유의 토지를 소유지분별로 단순히 분할만 하는 경우에는 양도로 보지 아니한다. 그러나 분할로 인하여 공유지분이 변경되는 경우에는 변경되는 부분은 양도한 것으로 본다.

2) 이혼시 재산분할청구에 의한 재산분할
이혼으로 인하여 혼인 중에 형성된 부부공동재산을 민법 제839조의2에 따라 재산분할하는 경우에는 공유물의 분할로 본다.
→ 즉, 양도로 보지 않는다.

(4) 소유권의 환원

1) 원칙
① 매매원인무효의 소에 의하여 그 매매사실이 원인무효로 판시되어 환원될 경우에는 양도로 보지 아니한다.
② 원인무효의 등기를 말소하는 대신 그 실체법상 권리자에게 등기를 환원하는 방법으로 소유권 이전등기를 경료하는 경우에도 이를 자산의 양도라고 할 수 없다.

2) 예외   양도에 해당되는 경우
당사자 간의 매매계약 내용 및 이행에 하자없이, 매매대상이 된 부동산에 대한 잔금이 청산되고 소유권이전등기를 경료한 후, 계약해제를 원인으로 그 부동산의 소유권이 당초 소유자 명의로 환원된다 하더라도 동 매매행위는 계약 당사자가 각각 그 소유자산을 양도한 것에 해당하는 것이므로 계약 당사자 모두에게 양도소득세가 과세된다.

(5) 기타

1) 신탁해지
법원의 확정판결에 의하여 신탁해지를 원인으로 소유권이전등기를 하는 경우에는 양도로 보지 아니한다.

2) 토지거래허가구역 토지의 매매
토지거래허가구역 내 토지를 매매하고 잔금지급을 하였어도 토지거래허가를 받기 전에는 물권적·채권적 효력없는 무효로서, 사용·수익하고 있더라도 양도로 볼 수 없다.

단락핵심 양도소득세 과세대상인 양도의 개념

(1) 등기·등록에 관계없이 매도·교환 등 자산이 유상으로 이전되는 경우
(2) 부담부증여에 있어 수증자가 인수하는 채무상당액

단락문제 Q1
제13회 기출

다음은 양도소득세가 과세되는 양도에 대한 설명이다. 맞는 것은?

① 공유토지를 공유자 지분 변경없이 2개 이상의 공유토지로 분할한 때에는 양도로 보지 아니하는 것이나, 분할한 그 공유토지를 소유 지분별로 재분할하는 경우에는 이를 양도로 본다.
② 「도시개발법」에 의한 도시개발사업의 시행자가 「도시개발법」에 의하여 취득한 체비지를 매각하는 경우에는 이를 양도로 보지 아니한다.
③ 양도라 함은 매도·교환·법인에 대한 현물출자 등으로 그 자산이 유상으로 이전되는 것으로서, 소유권 이전을 위한 등기 또는 등록을 과세의 조건으로 한다.
④ 배우자 간의 부담부증여에 있어서 수증자가 인수한 증여자의 채무액은 증여재산가액에서 공제하지 아니하고 증여세가 과세되므로, 항상 양도로 보지 아니한다.
⑤ 법정요건을 갖춘 양도담보계약에 의하여 소유권을 이전한 경우에는 이를 양도로 보지 아니하되, 채무불이행으로 변제에 충당한 때에는 이를 양도한 것으로 본다.

해설 양도소득세가 과세되는 양도
① 공유지분을 소유 지분별로 재분할하는 경우는 양도로 보지 아니한다.
② 체비지 충당은 양도가 아니다. 그러나 체비지를 나중에 매각하는 경우에는 양도에 해당한다.
③ 등기 또는 등록과는 무관하다.
④ 배우자 간의 부담부증여라 하더라도 증여의 추정에서 배제되는 경우가 있기 때문에 양도로 보는 경우가 있다(예: 배우자 간의 재산을 등기한 후 교환하는 경우 등 입증되는 경우에는 양도로 봄). **답** ⑤

제3편 국 세

02 납세의무자

Q: 양도소득세를 누가 신고·납부하는가? 이 부분은 조금 쉽게 느껴집니다.
A: 네, 쉬운 내용입니다. 부동산 등을 양도한 자가 양도소득세를 납부할 의무가 있지요. 부담 없이 한 번 읽어보시면 됩니다.

 부동산을 매매하면 누가 양도소득세를 신고하고 납부하여야 할까요? 매도자와 매수자 중 누구일까요?
매도자, 즉 양도자가 양도소득세를 납부할 의무가 있습니다.

과세대상 재산을 양도함으로써 발생된 소득이 있는 자로서 법인 이외의 자연인이다(법인이 양도한 경우에는 법인세가 적용되고 양도소득세가 적용되지 않음). → 거주자, 비거주자, 법인으로 보는 단체 외의 사단·재단 기타 단체

1 거주자
국내에 주소를 두거나 183일 이상 거소를 둔 개인을 말한다.

2 비거주자
거주자가 아닌 자로서 국내 원천소득이 있는 자를 말한다.

3 다음과 같은 경우에 해당하는 법인격 없는 사단·재단·기타 단체
단, 「국세기본법」에서 법인으로 보는 것은 제외한다.

(1) 단체의 대표자 또는 관리인이 선임되어 있을 것
(2) 이익의 배분방법 및 비율이 정해져 있지 않을 것

예 소득세 통칙
① 종중의 재산   ② 학교 동우회
③ 직장공제조합   ④ 미인가 신용협동조합
⑤ 등기하지 아니한 주택조합 및 공동주택 자치관리기구
⑥ 새마을 공동사업장 등의 지역공동사업 또는 기타 공제조합

4 종중(宗中) 명의의 임야
종중 명의로 된 임야의 양도소득세는 종중에서 납부하는 것이지 대표자인 개인이 납부하는 것은 아니다.

5 공유물 양도
공유물을 양도한 경우 양도소득세는 양도자별로 납세의무가 있다.

03 납세지

16회 출제

> **Q**: 주소지가 서울 노원구이고, 양도한 부동산 소재지가 강릉시일 경우 어디에다 양도소득세를 신고·납부하여야 합니까?
> **A**: 네. 납세지를 묻는 내용이네요. 부동산 소재지가 아닌 양도자의 주소지를 기준으로 한 세무서에 신고·납부하여야 합니다.

 부동산을 양도한 경우 양도자의 주소지는 제주특별자치도에 있고 양도한 물건의 소재지가 서울특별시 용산구에 있을 경우 어디에 양도소득세를 신고하고 납부하여야 할까요?
양도자의 주소지인 제주도 관할 세무서에 신고하고 납부하여야 합니다. 즉, 납세지에 대하여 자세히 살펴보고자 합니다.

1 거주자

주소지로 한다. 다만, 주소지가 없는 경우에는 그 거소지로 한다.

(1) 주소지 또는 거소지가 2 이상인 때
「주민등록법」에 의해 등록된 주소지 또는 생활관계가 보다 밀접한 거소지

(2) 거주자가 일시 퇴거한 경우의 납세지
국내에 있는 본래의 주소지 또는 거소지

2 비거주자

주된 국내 사업장의 소재지로 한다. 다만, 국내 사업장이 없는 경우에는 국내원천소득이 발생하는 장소로 한다.

(1) 국내 사업장이 2 이상이고 주된 사업장을 판단할 수 없는 때
비거주자가 납세지로 신고한 장소

(2) 국내 사업장이 없는 비거주자에게 국내의 2 이상의 장소에서 소득이 발생하는 경우
해당 비거주자가 납세지로서 신고한 장소

3 납세지가 불분명한 경우

(1) 주소지 또는 거주지가 2 이상인 때
주소지가 2 이상인 때에는 「주민등록법」에 의하여 등록된 곳, 거소지가 2 이상인 때에는 생활관계가 보다 밀접한 곳

(2) 국내에 2 이상의 사업장이 있는 비거주자의 경우

그 주된 사업장을 판단하기 곤란한 때에는 해당 비거주자가 납세지로 신고한 장소

(3) 국내 사업장이 없는 비거주자에게 국내의 2 이상의 장소에서 국내 원천소득이 발생하는 경우

그 국내 원천소득이 발생하는 장소 중에서 해당 비거주자가 납세지로 신고한 장소

(4) 비거주자가 신고를 하지 아니한 경우

소득상황 및 세무관리의 적정성 등을 참작하여 국세청장 또는 관할지방국세청장이 지정하는 장소

4 납세지를 지정한 경우

국세청장 또는 관할지방국세청장은 납세지를 지정한 때에는 해당 과세기간의 과세표준확정신고 또는 납부기간 개시일 전(중간예납 또는 수시부과의 사유가 있는 때에는 그 납기 개시 15일 전)에 서면으로 통지하여야 한다.

제2장 소득세

04 양도소득의 범위(과세대상) - 국내자산 ★★★ 16·18·24·25·34·35회 출제

Q: 양도소득세의 과세대상은 모든 유체물과 무체물 그리고 사람이 관리할 수 있는 자연력 등이 해당 되나요?

A: 아닙니다. 부동산과 일정한 요건을 충족한 부동산에 관한 권리·주식·기타자산이 과세대상입니다.

자동차를 양도했을 경우 양도소득세를 신고하고 납부하여야 할까요?
신고·납부하지 않아도 됩니다. 왜냐하면 세법에 과세대상으로 열거되어 있지 않기 때문입니다. 즉, 과세대상으로 열거된 물건이어야만 양도소득세를 신고·납부할 의무가 있습니다.

양도소득의 과세대상

1) 토지와 건물
2) 부동산에 관한 권리
   ① 지상권
   ② 전세권
   ③ 등기된 부동산임차권
   ④ 부동산을 취득할 수 있는 권리 : 아파트 당첨권, 주택상환채권, 토지상환채권, 주택청약 예금증서, 계약금만 지급하고 양도하는 권리
3) 기타 자산
   ① 특정주식
   ② 특수업종 영위 법인의 주식
   ③ 시설물 이용·회원권 (권리부여된 주식포함)
   ④ 사업에 사용하는 자산과 함께 양도하는 영업권
   ⑤ 부동산과 함께 양도하는 이축권
4) 주식
   ① 대주주의 상장주식, 코스닥상장법인주식
   ② 비상장주식
5) 파생상품

「소득세법」은 열거주의 과세방법을 채택하므로 열거된 자산의 양도에 한하여 양도소득세를 부과한다.

법에 열거되지 않은 자동차는 양도해도 양도소득세 안낸다.

양도소득세 과세대상에는 ① 부동산(토지, 건물), ② 부동산에 관한 권리, ③ 기타 자산, ④ 주식, ⑤ 파생상품의 5가지가 있다.

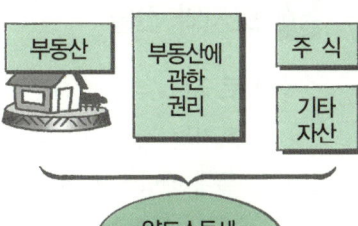

부동산에는 토지(=「공간정보의 구축 및 관리 등에 관한 법률」에 의하여 지적공부에 등록하여야 할 지목에 해당하는 것)와 건물(= 건물에 부속된 시설물과 구축물 포함)이 있다.

부동산에 관한 권리에는 ① 지상권, ② 전세권, ③ 등기된 부동산임차권, ④ 부동산을 취득할 수 있는 권리의 4가지가 있다.

Key Point 양도소득의 범위 28회 출제

I 그룹	1) 토지와 건물 2) 부동산에 관한 권리 　① 지상권　　　　　② 전세권 　③ 등기된 부동산임차권 　④ 부동산을 취득할 수 있는 권리 : 아파트 당첨권, 주택상환채권, 토지상환채권, 주택 　　청약통장, 계약금만 지급하고 양도하는 권리 3) 기타 자산 　① 특정주식　　　　　② 특수업종영위법인의 주식 　③ 시설물 이용·회원권(권리가 부여된 주식 포함) 　④ 사업에 사용하는 자산과 함께 양도하는 영업권 　⑤ 부동산과 함께 양도하는 이축권
II 그룹	4) 주 식 　① 대주주의 상장주식·코스닥상장법인주식 등 　② 비상장주식
III 그룹	5) 파생상품 　① KOSPI200선물　　　　　② KOSPI200옵션 　③ 해외파생상품시장에서 거래되는 장내 파생상품

PROFESSOR COMMENT
최근에 상세하게 출제되므로, 부동산에 관한 권리에 속하는 것과 기타자산에 속하는 것을 구분하여 정리하기 바란다.

1 토지와 건물

(1) 토 지

토지는「공간정보의 구축 및 관리 등에 관한 법률」에 의하여 지적공부에 등록하여야 할 지목에 해당하는 토지로서 해당 토지의 지목판단은 지적공부상의 지목에 상관없이 '사실상의 지목'에 의한다. 다만, 사실상의 지목이 불분명한 경우에는 지적공부상의 지목에 의한다.

(2) 건 물

1) 건물의 정의
① 토지에 정착하는 공작물 중 사실상 준공된 것으로서 지붕 및 벽이 있는 것과 이에 부수되는 시설, 공중용에 공하는 관람시설, 지하 또는 고가의 공작물에 설치하는 사무소, 공연장, 점포, 창고 등을 말한다(건축법 제2조).
② 건물에는 건물에 부속된 시설물과 구축물을 포함한다.

2) 건물의 용도구분　건물의 용도구분은 공부상의 용도에 관계없이 사실상의 용도에 따라 판단한다. 다만, 사실상의 용도가 불분명한 경우에는 공부상의 용도에 따른다.

제2장 소득세

2 부동산에 관한 권리 ★ 11·26회 출제

(1) 지상권, 전세권과 등기된 부동산임차권

1) 지상권
타인의 토지에서 건물이나 공작물을 축조하거나 또는 수목을 소유하기 위하여 그 토지를 사용할 수 있는 용익물권이다. 이러한 지상권은 등기하지 않으면 당사자 및 제3자에게 대항할 수 없다. 그러나 「소득세법」에서는 등기에 관계없이 사실에 따라 과세한다.

2) 전세권
전세권자가 전세금을 지급하고 타인(전세권 설정자)의 부동산을 점유하여 그 용도에 따라 사용·수익하는 용익물권으로 등기를 하여야만 「민법」상의 효력이 생기나 「소득세법」에서는 등기에 관계없이 사실에 따라 과세한다.

3) 등기된 부동산임차권
사용료를 지급하고 타인의 물건을 사용·수익하는 권리를 말한다. 지상권과 전세권과는 달리 현행 「소득세법」에서는 등기된 부동산임차권의 양도에 한하여 과세한다.

(2) 부동산을 취득할 수 있는 권리

건물이 완성되는 때에 그 건물과 이에 딸린 토지를 취득할 수 있는 권리를 포함한다. 취득시기가 도래하기 전에 해당 부동산을 취득할 수 있는 권리를 말한다.

1) 아파트 당첨권
아파트 분양에 당첨되어 분양계약을 체결한 날부터 아파트가 완공되어 입주 가능한 날 사이에 당첨권을 양도하는 것을 말한다.

2) 토지상환채권 및 주택상환채권

> **PROFESSOR COMMENT**
> 시행자는 토지소유자가 원하는 경우에는 토지 등의 매수대금의 일부를 지급하기 위하여 사업시행으로 조성된 토지 또는 건축물로 상환하는 토지상환채권을 발행할 수 있다(도시개발법 제22조 제1항, 동법 시행령 제34조).

1977년 토지금고가 인천시, 안양시 지역에서 토지상환채권을 발행한 바 있으며, 주택상환채권도 발행된 적이 있다. 이러한 채권의 소지자에게 부동산을 취득할 수 있는 권리가 부여되어 있으면 과세대상이 된다.

3) 부동산 매매계약을 체결한 자가 계약금만 지급한 상태에서 양도하는 권리
부동산 매매계약을 체결한 자가 계약금만 지급한 상태에서 이를 타인에게 양도하는 경우 부동산의 양도가 아니라 부동산을 취득할 수 있는 권리의 양도로 예시하고 있다.

4) 주택청약예금통장 등

주택청약예금통장, 재형저축예금통장, 아파트분양신청접수증 등과 같이 아파트 당첨을 목적으로 거래되는 증서는 부동산을 취득할 수 있는 권리에 해당된다.

5) 공유수면매립면허권

「공유수면매립법」 제14조 제1항의 규정에 의하여 공유수면매립의 면허를 받은 자는 동법 제12조의 규정에 의한 준공허가를 받은 날에 그 매립지의 소유권을 취득하는 것이므로 공유수면매립면허권을 양도하는 것은 부동산을 취득할 수 있는 권리의 양도에 해당된다.

단락문제 Q2 제6회 기출

「소득세법」상 거주자의 국내소재 자산에 대한 양도소득세 관련 설명 중 틀린 것은?
① 등기되지 아니한 부동산임차권의 양도는 양도소득세 과세대상에 해당한다.
② 법령의 규정에 의한 농지의 교환 또는 분합으로 인하여 발생하는 소득에 대하여는 양도소득세를 비과세한다.
③ 지상권과 전세권은 부동산에 관한 권리에 속하나 골프회원권과 콘도미니엄회원권은 기타 자산에 속한다.
④ 대금을 청산한 날이 분명하지 아니한 경우에는 등기부·등록부 또는 명부 등에 기재된 등기·등록접수일 또는 명의개서일을 취득시기 또는 양도시기로 한다.
⑤ 양도차익을 계산하는 경우 토지의 기준시가는 관계법령의 규정에 의한 개별공시지가를 원칙으로 한다.

해설 과세대상
① 등기된 부동산임차권이 양도소득세 과세대상자산이다.   **답** ①

---

3 주식, 출자지분, 신주인수권

(1) 상장주식 등

1) 「자본시장과 금융투자업에 관한 법률」에 의한 주권상장법인의 주식, 출자지분, 신주인수권으로서 <u>대주주</u>가 양도하는 것은 과세대상이다.
   → 직전 사업연도말 현재 지분율 1% 이상 또는 시가총액 25억원 이상 소유자

2) 「자본시장과 금융투자업에 관한 법률」에 의한 유가증권시장에서의 거래에 의하지 아니하고 양도하는 것은 과세대상이다.

(2) 코스닥상장법인의 주식 등
   직전 사업연도말 현재 지분율 2% 이상 또는 시가총액 20억원 이상 소유자

1) 「자본시장과 금융투자업에 관한 법률」에 의한 코스닥상장법인의 주식, 출자지분, 신주인수권으로서 해당 법인의 <u>대주주</u>가 양도하는 것은 과세대상이다.

2) 「자본시장과 금융투자업에 관한 법률」에 의한 코스닥시장에서의 거래에 의하지 아니하고 양도하는 것은 과세대상이다.

(3) 기타 주식 등(=비상장 주식)

주권상장법인 또는 코스닥상장법인이 아닌 법인의 주식, 출자지분, 신주인수권을 양도하는 것은 과세대상이다. 다만, 장외호가 중개시장(프리보드)❶에서 벤처기업의 주식을 대주주가 아닌 자가 양도하는 경우에는 양도소득세를 과세하지 아니한다.

> 대주주 → 직전 사업연도말 현재 지분율 4% 이상 또는 시가총액 40억원 이상 소유자

> **용어사전**
> ❶ 장외호가 중개시장 (프리보드)
> 비상장·비등록주식 또는 상장이 폐지된 주식에 대하여 유동성을 제공하기 위해 설치·운영되는 시장을 말한다.

WIDE 대주주의 범위

① 양도일이 속하는 사업연도의 직전사업연도 종료일 현재 소유주식을 기준으로 대주주 판단함
② 대주주

구 분	대주주 범위
유가증권시장 상장주식 비상장주식	지분율 1% 이상이거나 시가 25억원 이상
코스닥시장 상장주식	지분율 2% 이상이거나 시가 20억원 이상
벤처기업주식	지분율 4% 이상이거나 시가 40억원 이상
코넥스시장 상장주식	지분율 4% 이상이거나 시가 10억원 이상

4 기타 자산

PROFESSOR COMMENT
주식과 기타 자산이 동시에 적용될 경우 기타 자산으로 과세한다.

다음과 같은 자산은 부동산적인 성향이 강하므로 이를 과세대상자산에 포함하고 있다.

(1) 특정주식

특정주식이라 함은 아래의 부동산비율과 지분비율 및 양도비율을 모두 충족할 때 비로소 양도소득세의 과세대상자산으로 본다.

구 분	내 용
1) 양도자	주주(또는 출자자)와 기타 주주(친족 및 특수관계인)

2) 대상주식	① 부동산비율 : $\dfrac{\text{토지·건물·부동산에 관한 권리의 합계액}}{\text{자산총액}} \geq 50\%$
	② 지분비율 : $\dfrac{\text{주주1인과 특수관계인의 소유주식합계}}{\text{해당 법인의 주식합계}} \geq 50\%$
	■ 자산가액과 자산총액 계산시 참고사항
	① 해당 법인의 장부가액(토지의 경우엔 기준시가)
	② 다음의 금액은 자산총액에 포함되지 아니한다.
	   ㉠ 무형고정자산의 금액
	   ㉡ 양도일부터 소급하여 1년 이내의 기간 중에 증가한 현금·금융재산 및 대여금의 합계액

3) 양도비율	주주1인과 기타 주주가 주식을 양도한 날부터 소급하여 3년 이내에 50% 이상을 양도한 경우에 한한다. 이는 그들이 소유하고 있는 주식의 50%가 아니라 해당 법인의 전체주식에 대한 50%를 의미한다는 점에 유의하여야 한다.

(2) 특수업종영위법인 주식

자산가액 합계액 중 부동산비율이 80% 이상으로서 다음에 해당하는 업종을 영위하는 주식을 양도하는 경우에는 양도소득세의 과세대상자산으로 본다.
→ 1주만 양도해도 과세대상이다.

1) 부동산비율 : 80% 이상

자산총액에서 토지·건물·부동산에 관한 권리가 차지하는 비율이 80% 이상인 경우를 말한다.

2) 특수업종 영위

체육시설업·휴양시설관련업·부동산업·부동산개발업으로서 골프장, 스키장, 휴양콘도미니엄, 전문휴양시설 중 하나 이상을 건설 또는 취득하여 직접 경영하거나 분양·임대하는 법인에 해당하여야 한다.

(3) 시설물이용권·회원권 등

다음에 해당하는 것은 양도소득세 과세대상자산이다.

1) 시설물이용권·회원권

골프회원권, 헬스클럽회원권, 기타 명칭에 관계없이 해당 시설물을 배타적으로 이용하거나 일반이용자에 비하여 유리한 조건으로 이용할 수 있도록 약정한 단체의 일원이 된 자에게 부여되는 시설물이용권을 말한다. 이는 그 재산적 가치가 있을 뿐 아니라 가격이 상승하는 경우도 많기 때문이다.

2) 시설물이용권 주식

 PROFESSOR COMMENT
"주주회원권"이라고도 한다.

법인의 주식 등을 소유하는 것만으로 시설물을 배타적으로 이용하거나, 일반 이용자에 비하여 유리한 조건으로 시설물이용권을 부여받게 되는 경우 해당 주식을 말한다.

(4) 사업에 사용하는 자산과 함께 양도하는 영업권

사업에 사용하는 자산과 함께 양도하는 영업권을 말하며, 다음의 것도 포함한다.
→ 토지, 건물, 부동산에 관한 권리를 말함

1) 행정관청으로부터 인가·허가·면허 등을 받음으로써 얻는 경제적 이익
2) 영업권을 별도 평가하지 아니하였으나 사회 통념상 자산에 포함되어 양도된 것으로 인정되는 영업권

(5) 이축권

부동산과 함께 양도하는 이축할 수 있는 권리를 말한다. 개발제한구역의 건축물로서 공익사업의 시행에 따라 철거되는 경우 허가를 받아 이축하는 행위에 관한 권리를 말한다. 다만, 이축권 가액을 별도로 평가하여 구분신고하는 경우에는 기타 소득으로 과세하고 양도소득으로 과세하지 않는다.

단락핵심 양도소득

(1) 양도소득의 범위
  1) 양도소득
    ① 부동산을 취득할 수 있는 권리의 양도로 인하여 발생하는 소득
    ② 전세권 및 등기된 부동산임차권의 양도로 인하여 발생하는 소득
    ③ 지상권의 양도로 인하여 발생하는 소득
    ④ 시설물을 배타적으로 이용하거나 일반이용자에 비하여 유리한 조건으로 시설물을 이용할 수 있는 권리가 부여된 주식의 양도로 인하여 발생하는 소득
  2) 해당 자산의 양도차익에 대하여 양도소득세가 과세되는 것은 토지, 건물, 지상권, 전세권, 부동산을 취득할 수 있는 권리, 특정영업권, 골프장회원권이다.
  3) 부동산매매계약을 체결한 거주자가 계약금만 지급한 상태에서 유상으로 양도하는 권리는 양도소득세 과세대상이다.

(2) 양도소득세
  1) 「도시개발법」의 규정에 따라 환지처분으로 지목이 변경되는 경우는 양도소득세 과세대상이 아니다.
  2) 채무자가 채무의 변제를 담보하기 위하여 자산을 양도하는 계약을 체결한 후 채부불이행으로 인하여 해당 자산을 변제에 충당한 경우는 양도소득세 과세대상이다.
  3) 지상권의 양도는 양도소득세 과세대상이다.
  4) 국내거주자의 양도소득세 과세표준은 종합소득 및 퇴직소득의 과세표준과 구분하여 계산한다.

단락문제 Q3

제11회 기출

양도소득세의 과세대상인 부동산에 관한 권리가 아닌 것은?

① 아파트 당첨권　　　　　　　　　② 등기된 부동산임차권, 전세권
③ 부동산을 취득할 수 있는 권리　　④ 지상권
⑤ 골프회원권

해설 양도소득세의 과세대상자산
⑤ 골프회원권은 기타자산에 해당되고 "부동산에 관한 권리"에는 해당되지 않는다.　　　**답** ⑤

단락문제 Q4

제25회 기출

「소득세법」상 양도소득의 과세대상자산을 모두 고른 것은?(단, 거주자가 국내 자산을 양도한 것으로 한정함)

- ㉠ 지역권
- ㉡ 등기된 부동산임차권
- ㉢ 건물이 완성되는 때에 그 건물과 이에 딸린 토지를 취득할 수 있는 권리
- ㉣ 영업권(사업용 고정자산과 분리되어 양도되는 것)
- ㉤ 전세권

① ㉠, ㉡, ㉣
② ㉡, ㉢, ㉤
③ ㉢, ㉣, ㉤
④ ㉠, ㉡, ㉢, ㉣
⑤ ㉠, ㉡, ㉢, ㉤

해설 국세 양도소득세 – 과세대상자산
㉠ 지역권은 과세대상자산이 아니다.
㉣ 영업권은 사업용 고정자산과 함께 양도하여야 한다.

답 ②

제3편 국 세

05 양도 또는 취득시기 ★★★ 11·12·13·14·추가15·18·25·29·32·34회 출제

Q: 부동산을 양도한 경우 예정신고와 확정신고를 하여야 합니다. 이 경우 기준일자를 언제로 하여 예정 및 확정신고를 하여야 하는지요?

A: 양도시기를 언제로 할 것인가의 문제입니다. 양도시기를 알아보겠습니다.

甲과 乙이 부동산을 매매한 경우 계약일, 중도금지급일, 잔금지급일 중 언제를 양도시기로 볼까요?
대금청산일인 잔금지급일을 양도시기로 봅니다. 즉, 양도소득세에 있어서 양도시기와 취득시기를 결정하는 내용입니다.

양도 및 취득시기(Ⅰ)

양도 및 취득시기는 크게 다섯 경우로 구분되며 세부적인 것은 13개이다.

양도 및 취득시기	일반원칙	1개
	예외규정	2개
	특수경우	7개
	일부양도	1개
	취득의제	2개

일반원칙은 양도 및 취득시기를 대금청산일로 본다.

양도 및 취득시기 →(일반원칙)→ 대금청산일

예외규정의 첫째, 대금청산일이 분명하지 아니한 경우에는 등기(또는 등록)접수일 또는 명의개서일로 한다.

대금청산일 불분명 →(예외규정1)→ 등기(또는 등록) 접수일 또는 명의개서일

예외규정의 둘째, 대금을 청산하기 전에 소유권이전등기(등록 및 명의개서 포함)를 한 경우에는 등기접수일로 한다.

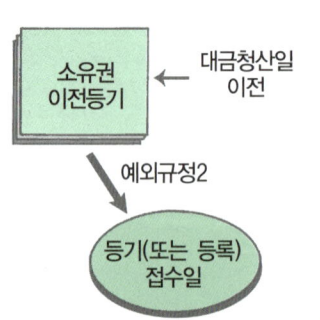

특수한 경우의 첫째, 장기할부조건의 경우에는 소유권이전등기접수일·인도일·사용수익일 중 빠른 날로 한다.

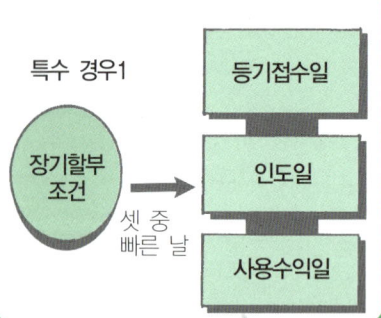

둘째, 자기가 건설한 건축물의 경우는 사용승인서 교부일로 한다.

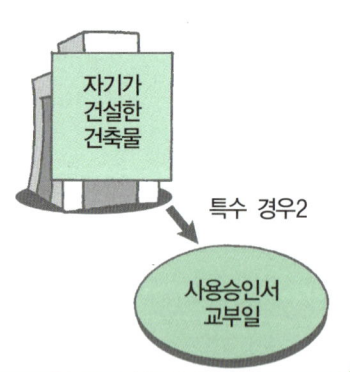

Key Point 양도 및 취득시기

구 분		양도 및 취득시기	
1) 일반원칙		대금청산일	
2) 일반원칙에 대한 예외규정	대금을 청산한 날이 분명하지 아니한 경우	등기·등록접수일 또는 명의개서일	
	대금을 청산하기 전에 소유권이전등기를 한 경우	등기접수일	
3) 특수한 경우	장기할부조건	소유권이전등기(등록 및 명의개서를 포함) 접수일, 사용수익일 또는 인도일 중 빠른 날을 양도·취득시기로 한다.	
	자가건설건축물	① 원 칙	사용승인서 교부일
		② 사용승인서 교부일 전에 사실상 사용하거나 임시사용 승인을 받은 경우	그 사실상 사용일 또는 임시사용 승인을 받은 날 중 빠른 날
		③ 무허가건축물	사실상 사용일
	상속자산의 취득시기	상속 개시일	

PROFESSOR COMMENT
매매 등 일반적인 거래부분은 매매계약서의 사례를 통하여 구체적으로 이해하여야 한다.

1 매매 등 일반적인 거래(소득령 제98조)

(1) 원 칙 : 대금청산일 `21회 출제`

1) 대금을 청산한 날로 한다.
2) 대금청산일에 있어서 대금에는 해당 자산의 양도에 대한 양도소득세 및 양도소득세의 부가세액을 양수자가 부담하기로 약정한 경우에는 해당 양도소득세 및 양도소득세의 부가세액을 제외한다.

> 양도시기를 판정할 때에는 양수자가 부담하기로 한 양도소득세와 양도소득세의 부가세액 및 지방소득세의 납부일자를 고려하지 않는다는 의미이다.

(2) 예 외 : 등기·등록접수일

1) 대금을 청산한 날이 분명하지 아니한 경우에는 등기·등록접수일 또는 명의개서일로 한다.
2) 대금을 청산하기 전에 소유권이전등기(등록 및 명의개서 포함)를 한 경우에는 등기부·등록부 또는 명부 등에 기재된 등기접수일이 양도·취득시기가 된다.

2 장기할부조건❶ `21회 출제`

소유권이전등기(등록 및 명의개서를 포함) 접수일, 사용수익일 또는 인도일 중 빠른 날을 양도·취득시기로 한다.

> **용어사전**
> ❶ 장기할부조건
> 양도대금을 2회 이상으로 분할하여 수입하고 본문의 가장 빠른 날의 다음날부터 최종할부금의 지급기일까지의 기간이 1년 이상인 것을 말한다.

제3편 국 세

3 상속과 증여 21회 출제

(1) 상 속: 상속개시된 날이 취득일이 된다.

(2) 증 여: 증여를 받은 날이 취득일이 된다.

4 현물출자

(1) 현물출자의 대가로 주식을 교부받는 날로 한다.

(2) 교부받기 전에 명의개서를 한 경우에는 명의개서일이 된다.

양도 및 취득시기(Ⅱ)

다만, 사용승인서 교부일 전에 사실상 사용하거나 임시사용승인을 받은 경우에는 그 사실상 사용일 또는 임시사용승인을 받은 날 중 빠른 날로 한다.

- 사용승인서 교부일 전 사용 → 사실상 사용일
- 임시사용승인 → 임시사용승인일

무허가 건축물은 사실상의 사용일을 양도 및 취득시기로 한다.

- 무허가 건축물 → 사실상 사용일

셋째, 상속에 의하여 취득하는 자산은 상속이 개시된 날로 한다.

- 상속자산 →(특수 경우3)→ 상속개시일

넷째, 증여에 의하여 취득한 자산은 증여를 받는 날로 한다.

- 증여자산 →(특수 경우4)→ 증여를 받는 날

다섯째, 대금을 청산한 날까지 그 목적물이 완성되지 아니하거나 확정되지 아니한 경우에는 해당 목적물이 완성되거나 확정된 날로 한다.

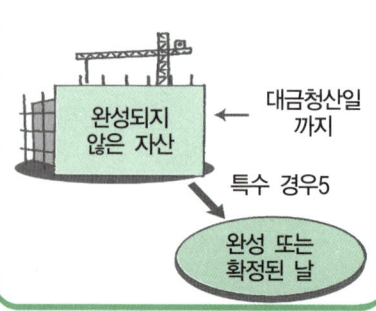

여섯째, 「도시개발법」 및 기타 법률에 의한 환지처분으로 취득한 토지는 환지받기 전 토지(종전 토지)의 취득일로 한다.

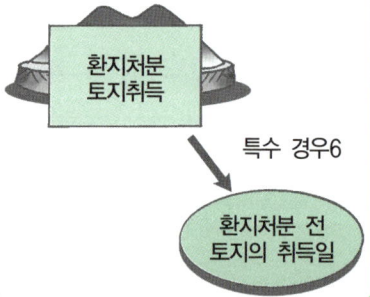

5 자기가 건설한 건축물

(1) 원 칙 자기가 건설한 건축물의 취득시기는 사용승인서 교부일이 된다.

> 사용승인서 교부일, 사실상의 사용일, 임시사용승인일 중 빠른 날이다.

(2) 예 외

1) 사용승인서 교부일 전에 사실상 사용하거나 임시사용승인을 받은 경우에는 사실상의 사용일 또는 임시사용승인을 받은 날 중 빠른 날로 한다.
2) 무허가 건축물의 취득시기는 사실상의 사용일이 취득시기가 된다.

6 미완성목적물

대금을 청산한 날까지 그 목적물이 완성되지 아니하였거나 또는 확정되지 아니한 경우에는 해당 목적물이 완성되거나 확정된 날을 양도일 또는 취득일로 본다.

양도 및 취득시기(Ⅲ)

다만, 환지처분으로 토지면적이 증가·감소된 경우에는 환지처분 공고일의 다음 날을 양도 및 취득시기로 한다.	일곱째, 일정주주가 소유한 부동산과다법인의 주식 등을 양도하여 양도소득세가 과세되는 경우 주식 등의 합계액이 해당 법인·총지분의 50% 이상이 양도되는 날로 한다.	일부양도(자산의 일부분을 양도하여 양도자산의 취득시기가 불분명한 경우)시에는 먼저 취득한 자산을 먼저 양도한 것으로 본다.
환지처분 → 면적 증감 → 환지처분 공고일의 다음날	일정주주 →(양도) 부동산 과다법인 주식 →(특수경우) 50% 이상 양도되는 날	일부양도 → 먼저 취득한 자산 → 먼저 양도한 것으로 봄
취득의제의 첫째, 1985년 12월 31일 이전에 취득한 주식은 1986년 1월 1일에 취득한 것으로 의제한다.	취득의제의 둘째, 1984년 12월 31일 이전에 취득한 주식 외의 자산(토지·건물·부동산에 관한 권리·기타 자산)은 1985년 1월 1일에 취득한 것으로 의제한다.	이 밖에 아파트 당첨권의 최초당첨자는 당첨일이 취득시기가 되고, 당첨권을 양도·양수한 경우는 대금청산일에 의한다.
주식: 1985년 12월 31일 이전 취득 →(취득의제1) 1986년 1월 1일 취득의제	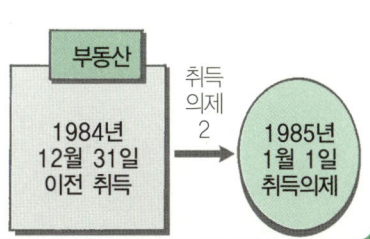	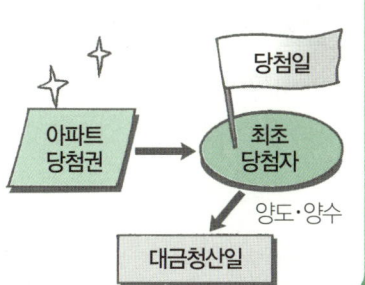

7 환지처분

「도시개발법」 기타 법률에 의한 환지처분으로 인하여 취득한 토지의 취득시기는 그 환지처분이 있기 전 토지, 즉 종전 토지의 취득일이 된다. 다만, 교부받은 토지의 면적이 환지처분에 의한 권리면적보다 증가 또는 감소된 경우에는 그 증가 또는 감소된 면적의 토지에 대한 취득시기 또는 양도시기는 환지처분의 공고일의 다음날로 한다.

> 감소의 경우 양도시기이다.
> 증가의 경우에 취득시기이다.

8 아파트 당첨권과 주택청약예금통장

(1) 아파트 당첨권

아파트 당첨권의 최초 당첨자는 당첨일이 취득시기가 되고, 당첨권을 양도·양수한 경우는 대금청산일에 의한다.

(2) 주택청약예금통장

주택청약예금통장의 경우 아파트 추첨을 할 수 있는 권리가 부여된 날이 취득시기가 되고, 양도·양수의 경우는 대금청산일이 양도일 또는 취득일이 된다.

9 시효로 인하여 취득한 부동산

20년간의 소유의사로 평온·공연하게 부동산을 점유한 후 등기함으로 인하여 소유권을 취득한 경우에는 해당 부동산의 점유를 개시한 날이 취득시기가 된다.

10 특정주식

주주 1인과 기타 주주가 주식 등을 수회에 걸쳐 양도하는 경우에 그들이 주식 등을 양도함으로써 해당 법인의 주식합계액의 100분의 50 이상(3년 합산) 양도한 날을 양도시기로 본다.

11 경매에 의하여 취득하는 자산

경매(競賣)에 의하여 자산을 취득하는 경우에는 경매인이 매각조건에 의하여 경매대금을 완납한 날이 취득시기가 된다.

12 토지·건물·부동산에 관한 권리·기타 자산의 취득시기 의제

토지·건물·부동산에 관한 권리·기타 자산으로서 1984년 12월 31일 이전에 취득한 것은 1985년 1월 1일에 취득한 것으로 본다.

13 신축건물의 취득시기

(1) 건설중인 아파트의 분양계약에 따라 잔금청산일까지 해당 아파트가 완공되지 않은 경우에는 건물이 완성된 날을 취득시기로 본다.

(2) 건물이 완성된 날이란 해당 건물이 준공된 날을 말하며, 준공된 날이 불분명한 경우에는 사용검사필증에 기재된 준공일로 한다. 다만, 해당 준공일 이전에 입주한 때에는 입주한 날로 한다.

14 어음이나 이에 준하는 증서의 대금청산일

잔금을 어음이나 기타 이에 준하는 증서로 받은 경우에는 어음 등의 결제일이 그 자산의 대금청산일이 된다.

15 양도자산의 취득시기가 불분명한 경우

양도한 자산의 취득시기가 분명하지 아니한 경우에는 먼저 취득한 자산을 먼저 양도한 것으로 본다.

16 수용되는 경우

법률에 따라 공익사업을 위하여 수용되는 경우에는 대금을 청산한 날, 수용의 개시일, 소유권이전등기접수일 중 빠른 날을 양도시기로 본다. 다만, 소유권에 관한 소송으로 보상금이 공탁된 경우에는 소유권 관련 소송판결확정일로 한다.

> **예제** 1. 다음 조건의 매수자가 양도소득세 및 지방소득세를 2022.5.31. 납부했다. 양도시기는?
> ① 2억원 토지를 양도
> ② 2021.4.10. 대금청산
> ③ 양도소득세 및 지방소득세(합계 3천만원)를 잔금으로 일부대체
> ④ 매수자가 양도소득세 및 지방소득세 부담조건
>
> **풀이** 1) 2022.5.31.이 대금청산일이므로 양도시기로 볼 수 있으나
> 2) 2022.5.31. 납부한 양도소득세 및 지방소득세 3천만원은 대금으로 보지 않음
> 3) 따라서 양도시기는 2021.4.10.이다.
> * 양도시기를 판단할 경우에만 매수자 부담조건의 경우 양도소득세 및 지방소득세를 대금에서 제외
>
> 2. 부동산 양도시 대금청산일이 2020.6.31.이고, 등기접수일이 2022.5.25.이면 양도시기는?
>
> **풀이** 1) 원 칙 : 대금청산일
> 2) 그러나 대금청산일보다 이전에 등기를 한 경우 등기접수일 2022.5.25.이다.

단락핵심 양도 또는 취득시기

(1) 토지의 양도 및 취득의 시기는 원칙적으로 토지의 대금을 청산한 날이 된다.
(2) 양도 또는 취득시기
   1) 「민법」상 점유로 인하여 부동산의 소유권을 취득한 경우 : 점유개시일
   2) 대금을 청산한 날이 분명하지 아니한 경우 : 등기부·등록부 또는 명부 등에 기재된 등기·등록접수일 또는 명의개서일
   3) 대금을 청산하기 전에 소유권이전등기를 한 경우 : 등기부에 기재된 등기접수일
   4) 장기할부조건의 경우 : 소유권이전등기(등록 및 명의개서 포함) 접수일·인도일 또는 사용수익일 중 빠른 날
   5) 상속에 의하여 취득한 부동산의 경우 : 상속개시일
(3) 대금청산 전에 소유권이전등기를 한 토지의 양도 및 취득의 시기는 등기부에 기재된 등기접수일이 된다.

단락문제 Q5
제15회추가 기출

「소득세법」상 자산의 양도 또는 취득시기로 틀린 것은?
① 부동산의 소유권이 타인에게 이전되었다가 법원의 무효판결에 의하여 해당 자산의 소유권이 환원되는 경우 해당 자산의 취득시기는 법원의 확정판결일
② 장기할부조건의 경우에는 소유권이전등기 접수일·인도일 또는 사용수익일 중 빠른 날
③ 대금을 청산하기 전에 소유권이전등기를 한 경우에는 등기부에 기재된 등기접수일
④ 건축허가를 받지 아니하고 건축하는 건축물에 있어서는 그 사실상의 사용일
⑤ 대금을 청산한 날이 분명하지 아니한 경우에는 등기·등록접수일 또는 명의개서일

해설 양도 또는 취득시기
① 소유권환원의 경우 취득시기는 당초(처음) 취득일이다.

답 ①

단락문제 Q6
제25회 기출

「소득세법」상 양도차익 계산시 취득 및 양도시기로 틀린 것은?
① 대금을 청산한 날이 분명하지 아니한 경우 : 등기부·등록부 또는 명부 등에 기재된 등기·등록접수일 또는 명의개서일
② 증여에 의하여 취득한 자산 : 증여를 받은 날
③ 「공익사업을 위한 토지 등의 취득 및 보상에 관한 법률」에 따라 공익사업을 위하여 수용되는 경우 : 사업인정고시일
④ 대금을 청산하기 전에 소유권이전등기(등록 및 명의개서 포함)를 한 경우 : 등기부·등록부 또는 명부 등에 기재된 등기접수일
⑤ 상속에 의하여 취득한 자산 : 상속개시일

해설 국세, 양도소득세 – 취득시기 및 양도시기
③ 대금청산일, 수용개시일 또는 소유권이전등기접수일 중 빠른 날이다.

답 ③

제2장 소득세

06 비과세와 감면　　24회 출제

Q: 비과세와 감면의 내용과 일반적인 차이점을 설명해주시죠?
A: 네. 비과세와 감면에 대해서 간단히 설명하겠습니다.

1 의 의

(1) 비과세소득

비과세소득은 과세요건을 충족하지만 사회·경제적인 정책목적상 과세주체인 국가가 과세권을 스스로 포기한 소득으로 납세의무가 성립하지 않기 때문에 납세의무자의 신청이나 과세관청의 행정처분없이도 당연히 과세되지 않는다(소득세법 제89조).

(2) 감면소득

감면소득은 기본적으로 납세자의 신청이나 신고를 요건으로 하고 과세표준에 해당 소득을 산입시켜 양도소득세를 산출한 후 감면분에 상당하는 세액을 감면한다는 점에서 비과세소득과 구분된다.

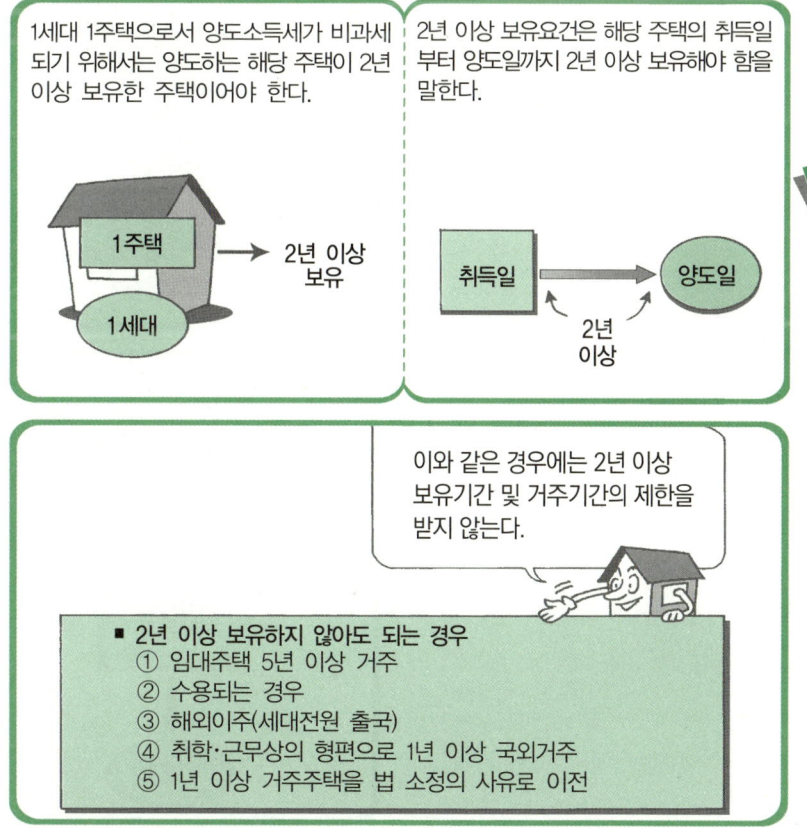

1세대 1주택으로서 양도소득세 비과세 요건

1세대 1주택으로서 2년 이상 보유해야 함(조정대상지역에서는 보유기간 중 거주기간이 2년 이상이어야 함)

1세대 1주택으로서 양도소득세가 비과세 되기 위해서는 양도하는 해당 주택이 2년 이상 보유한 주택이어야 한다.

2년 이상 보유요건은 해당 주택의 취득일부터 양도일까지 2년 이상 보유해야 함을 말한다.

이와 같은 경우에는 2년 이상 보유기간 및 거주기간의 제한을 받지 않는다.

■ 2년 이상 보유하지 않아도 되는 경우
① 임대주택 5년 이상 거주
② 수용되는 경우
③ 해외이주(세대전원 출국)
④ 취학·근무상의 형편으로 1년 이상 국외거주
⑤ 1년 이상 거주주택을 법 소정의 사유로 이전

제3편 국 세

2 「소득세법」상 양도소득세 비과세 ★★★ 11·12·14·16·22·27·33·34회 출제

Q : 의식주 해결차원에서 1세대 1주택과 그 부수토지를 양도한 경우 비과세한다는데 맞습니까?
A : 양도소득세의 비과세는 1세대 1주택과 그 부수토지의 양도, 농지의 교환 또는 분합 등이 있습니다.

Key Point 「소득세법」상 양도소득세 비과세 사유

1) 1세대 1주택과 그 부수토지
2) 농지의 교환 또는 분합
3) 파산선고에 의한 처분
4) 지적재조사에 따른 경계확정으로 지급받은 조정금

1세대의 요건

1) **원칙**
   거주자로서 배우자가 있는 세대
2) **예외**
   배우자가 없는 3가지 경우에는 1세대로 봄

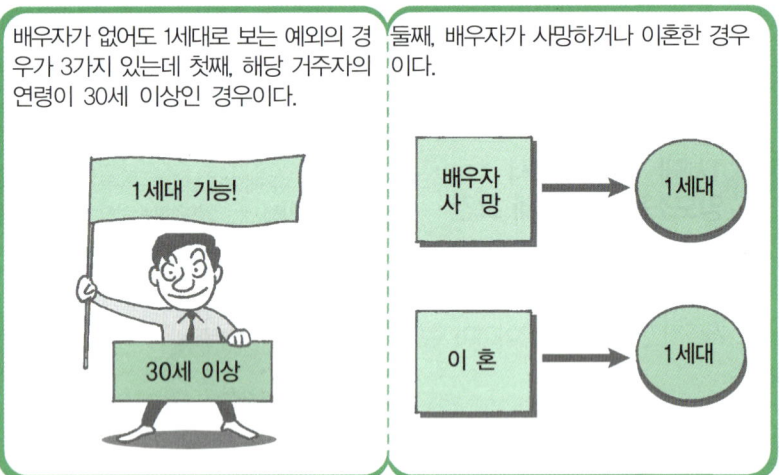

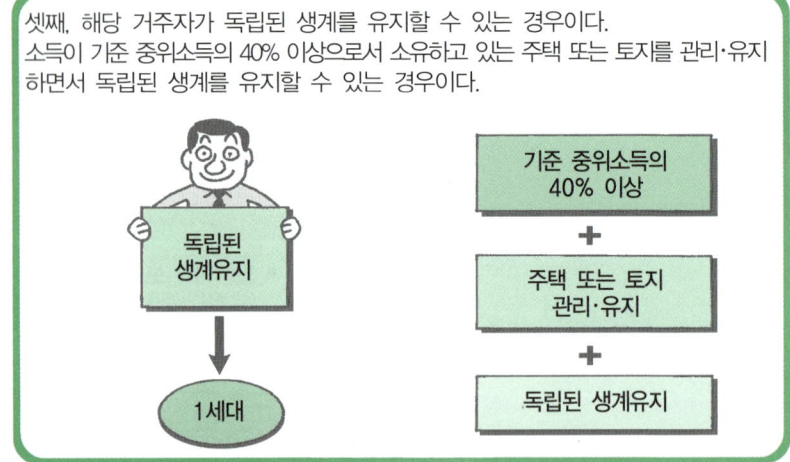

제2장 소득세

PROFESSOR COMMENT
1세대 1주택과 그 부수토지에 대한 비과세는 매년 출제된다고 가정하고 정리하여야 한다. 특히 1주택의 특례부분과 2년 이상 보유의 예외에 해당하는 부분은 철저히 이해하여야 한다.

1. 1세대 1주택의 양도로 인해 발생하는 소득 10·15·23회 출제

Key Point 1세대 1주택의 판정기준(양도일 현재 기준)

1) 1세대의 요건
2) 1주택의 요건
3) 2년 이상 보유의 요건
4) 1세대 1주택 비과세 요건을 갖춘 고가주택의 개념과 과세방법

1세대 1주택(고가주택 제외)과 이에 부수되는 토지로서 건물이 정착된 면적에 지역별로 일정한 배율을 곱하여 산정한 면적 이내의 토지의 양도로 인해 발생하는 소득에 대해서는 양도소득세를 과세하지 않는다.

→ 양도 당시 실지거래가액이 12억원을 초과
→ 주택부수토지
→ 도시지역안 5배, 도시지역 밖 10배, 수도권 부수토지

양도소득세가 비과세되는 1세대 1주택은 1세대가 양도일 현재 국내에 1개의 주택을 2년 이상 보유하는 경우 해당 주택을 의미한다.
→ 조정대상지역에 있는 주택의 경우에는 거주기간이 2년 이상인 것 (2017년 8월 2일 이후 취득분)

1세대 1주택 비과세의 규정을 적용함에 있어서 2개 이상의 주택을 같은 날에 양도하는 경우에는 해당 거주자가 선택하는 순서에 따라 주택을 양도한 것으로 본다.

> 예) 1세대 2주택에 해당되는 자가 같은 날에 양도하면 먼저 양도한 주택은 2주택에 해당되고, 나중에 양도한 주택은 1주택에 해당된다는 의미이다.

▼ 수도권 도시지역의 부수토지 범위

도시지역			도시지역 밖
수도권		수도권 밖	
주거·상업·공업	녹지		
3배	5배	5배	10배

※ 2022.1.1 이후 양도분부터 적용

(1) 1세대 요건

양도소득세가 비과세되는 1세대는 다음의 경우를 의미한다.

1) 배우자가 있는 경우

거주자 및 그 배우자(법률상 이혼을 하였으나 생계를 같이 하는 등 사실상 이혼한 것으로 보기 어려운 경우 포함)가 그들의 가족과 동일한 주소 또는 거소에서 생계를 같이 하는 경우를 1세대로 본다.

> 거주자와 그 배우자의 직계존비속 및 형제자매를 말하며, 취학·질병의 요양, 근무상 또는 사업상의 형편으로 본래의 주소 또는 거소를 일시 퇴거한 자를 포함

2) 배우자가 없는 경우

배우자가 없더라도 다음의 경우에는 1세대로 본다.
① 해당 거주자의 연령이 30세 이상인 경우
② 배우자가 사망하거나 이혼한 경우
③ **독립된 생계를 유지할 수 있는 경우**
  「소득세법」제4조의 규정에 따른 소득이 「국민기초생활 보장법」제2조 제11호의 규정에 따른 기준 중위소득의 40% 이상으로서 소유하고 있는 주택 또는 토지를 관리·유지하면서 독립된 생계를 유지할 수 있는 경우. 다만, 미성년자의 경우를 제외하되, 미성년자의 결혼, 가족의 사망 그 밖에 기획재정부령이 정하는 사유로 1세대의 구성이 불가피한 경우에는 그러하지 아니하다.

(2) 2년 이상 보유기간 요건 ★ 18·24회 출제

1) 보유기간 계산

2년 이상 보유에 있어서 그 보유기간의 계산은 해당 자산의 취득일부터 양도일까지로 한다.

2) 보유기간 요건의 예외 추가15회 출제

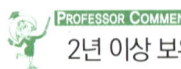

> **PROFESSOR COMMENT**
> 2년 이상 보유한 것으로 간주되므로 1주택의 요건을 충족하여야 비과세한다.

1세대가 양도일 현재 국내에 1주택을 보유하고 있는 경우로서 다음의 경우에는 2년 이상 보유기간의 요건을 충족하지 않아도 2년 이상 보유기간 및 거주기간을 충족한 것으로 본다.

① **임대주택에 5년 이상 거주한 경우**
  「민간임대주택에 관한 특별법」에 따른 민간건설임대주택 또는 「공공주택 특별법」에 따른 공공건설임대주택을 취득하여 양도하는 경우로서 해당 건설임대주택의 임차일부터 해당 주택의 양도일까지의 기간 중 세대전원이 거주한 기간(주민등록표상의 전입일자부터 전출일까지의 기간)이 5년 이상인 경우에는 **2년 이상 보유 및 거주한 것으로 본다.**

> 보유기간의 제한을 받지 않는다는 의미이다.

② **수용되는 경우**

주택 및 그 부수토지의 전부 또는 일부가 「공익사업을 위한 토지 등의 취득 및 보상에 관한 법률」에 의한 협의매수·수용 및 그 밖의 법률에 의하여 수용되는 경우에는 2년 이상 보유 및 거주한 것으로 본다. → 보유기간의 제한을 받지 않는다는 의미이다.

③ 「해외이주법」에 의한 해외이주로 세대전원이 출국하는 경우 → 출국일 현재 1주택을 보유하고 있는 경우로서 출국일부터 2년 이내 양도하는 경우에 한함

④ 1년 이상 계속하여 국외거주를 필요로 하는 취학 또는 근무상의 형편으로 세대전원이 출국하는 경우 → 출국일 현재 1주택을 보유하고 있는 경우로서 출국일부터 2년 이내 양도하는 경우에 한함

⑤ **1년 이상 거주한 주택을 다른 시·군으로 주거를 이전하는 경우**

1년 이상 거주한 주택을 세대전원이 다음의 하나에 해당하는 사유로 다른 시(특별시와 광역시, 특별자치시 및 행정시를 포함)·군으로 주거를 이전하는 경우

광역시지역 안에서 구지역과 읍·면지역 간에 주거를 이전하는 경우와 특별자치시, 「지방자치법」 제7조 제2항의 규정에 따라 설치된 도농복합형태의 시지역 및 「제주특별자치도 설치 및 국제자유도시 조성을 위한 특별법」에 따라 설치된 행정시 안에서 동지역과 읍·면지역 간에 주거를 이전하는 경우를 포함

당사자 외의 세대원 중 일부가 취학, 근무 또는 요양상의 형편 등으로 당사자와 함께 주거를 이전하지 못하는 경우에도 세대전원이 주거를 이전한 것으로 본다.

㉠ 「초·중등교육법」에 의한 학교(초등학교, 중학교를 제외함) 및 「고등교육법」에 의한 학교에의 취학

㉡ 직장의 변경이나 전근 등 근무상의 형편

㉢ 1년 이상의 치료나 요양을 필요로 하는 질병의 치료 또는 요양

㉣ 「학교폭력예방 및 대책에 관한 법률」에 따른 학교폭력으로 인한 전학(같은 법에 따른 학교폭력대책자치위원회가 피해학생에게 전학이 필요하다고 인정하는 경우에 한함)

⑥ 거주자가 해당 주택을 임대하기 위하여 「소득세법」에 따른 등록과 「민간임대주택에 관한 특별법」에 따른 임대사업자등록을 한 경우(임대의무기간 중에 양도하는 경우 제외) - 거주기간의 제한을 받지 않음

⑦ 거주자가 조정대상지역 공고가 있은 날 이전에 매매계약을 체결하고 계약금을 지급한 사실이 증빙서류에 의하여 확인되는 경우로서 해당 거주자가 속한 1세대가 계약금 지급일 현재 주택을 보유하지 아니하는 경우(거주기간의 제한을 받지 않음)

WIDE 사유의 확인서류

부득이한 사유	확인서류	비 고
① 임대주택	임대차계약서 사본	부득이한 사유
② 해외이주	해외이주신고확인서	주민등록표 등본을 확인해야 함
③ 취 학	해당 학교의 장이 발행하는 재학증명서	
④ 질병의 요양(1년 이상 요양·치료)	해당 진료기관의 장이 발행하는 요양증명서	
⑤ 근무상의 형편	해당 근무처의 장이 발행하는 재직증명서	
⑥ 「도시 및 주거환경정비법」에 의한 관리처분 계획에 따라 취득하는 경우	㉠ 조합원임을 입증하는 서류 ㉡ 관리처분계획 인가시 분양대상자임을 증명하는 서류	공공사업용으로 양도 및 수용되는 경우 양도 또는 수용일부터 5년 이내에 양도하는 경우에 한함
⑦ 공공사업용으로 공공사업시행자에게 양도되거나 수용되는 경우	양도 및 수용사실을 확인할 수 있는 서류	

단락핵심 「소득세법」상 1세대 1주택(고가주택에 해당하지 않고 등기된 주택임)을 양도한 경우로서 양도소득세 비과세대상

(1) 서울특별시에 소재하는 주택을 2년 이상 보유, 거주하고 양도한 경우
(2) 부산광역시에 소재하는 주택을 2년 동안 보유하고 양도한 경우로서, 양도일부터 1년 6개월 전에 세대전원이 「해외이주법」에 따른 해외이주로 출국한 경우
(3) 광주광역시에 소재하는 주택을 1년 동안 보유하고 양도한 경우로서, 양도일부터 6개월 전에 2년 동안 해외거주를 필요로 하는 근무상의 형편으로 세대전원이 출국한 경우
(4) 「공공주택 특별법」에 의한 공공건설임대주택을 1년 전에 취득하여 양도한 경우로서, 해당 건설임대주택의 임차일부터 해당 주택의 양도일까지 거주기간이 5년 이상인 경우

제2장 소득세

단락문제 07
제15회추가 기출 개작

다음은 「소득세법」상 1세대 1주택에 대한 양도소득세의 비과세 적용요건 중 보유기간 및 거주기간의 제한을 받지 아니하는 경우를 나열한 것이다. 이에 해당하지 않는 것은?

① 「공공주택 특별법」에 의한 공공건설임대주택을 취득하여 양도하는 경우로서 해당 건설임대주택의 임차일부터 양도일까지의 거주기간이 5년 이상인 경우
② 「도시 및 주거환경정비법」에 의한 재건축사업의 정비사업조합의 조합원으로 참여한 자가 그 사업시행기간 중 다른 주택을 취득하여 1년 이상 거주하다가 사업계획에 따라 취득하는 주택으로 세대전원이 이사하면서 그 다른 주택을 양도하는 경우
③ 「해외이주법」에 의한 해외이주로 세대전원이 출국함으로써 양도하는 경우
④ 주택 및 그 부수토지의 전부 또는 일부가 「공익사업을 위한 토지 등의 취득 및 보상에 관한 법률」에 의한 협의매수·수용되는 경우
⑤ 취득 후 1년간 보유한 주택을 사업상의 형편으로 세대전원이 다른 시(특별시·광역시·특별자치시 및 행정시 포함)·군으로 주거를 이전함으로써 양도하는 경우

해설 1세대 1주택에 대한 양도소득세의 비과세
⑤ 취학, 근무상 형편, 질병의 요양은 보유기간 및 거주기간의 예외사항에 해당하나 사업상 형편은 없다. **답** ⑤

단락문제 08
제18회 기출 개작

「소득세법」상 1세대 1주택(고가주택에 해당하지 않고 등기된 주택임)을 양도한 경우로서 양도소득세 비과세대상이 아닌 것은?

① 서울특별시에 소재하는 주택을 5년 동안 보유, 거주하고 양도한 경우
② 부산광역시에 소재하는 주택을 2년 동안 보유하고 양도한 경우로서, 양도일부터 1년 6개월 전에 세대전원이 「해외이주법」에 따른 해외이주로 출국한 경우
③ 대전광역시에 소재하는 주택을 1년 동안 보유하고 6개월 동안 거주하던 중 양도한 경우로서, 기획재정부령이 정하는 근무상의 형편으로 다른 시로 이사한 경우
④ 광주광역시에 소재하는 주택을 1년 동안 보유하고 양도한 경우로서, 양도일부터 6개월 전에 2년 동안 해외거주를 필요로 하는 근무상의 형편으로 세대전원이 출국한 경우
⑤ 「민간임대주택에 관한 특별법」에 의한 민간건설임대주택을 1년 전에 취득하여 양도한 경우로서, 해당 건설임대주택의 임차일부터 해당 주택의 양도일까지 거주기간이 7년인 경우

해설 양도소득세 비과세대상
③ 1세대 1주택 비과세에서 2년 이상 보유요건의 예외에 대한 내용이다. 사유는 취학, 근무, 질병요양에 해당하여야 하고, 1년 이상 거주하여야 2년 이상 보유한 것으로 간주한다. **답** ③

3) 거주기간 또는 보유기간 통산(영 제154조 제8항)

① 거주기간이나 보유기간을 계산함에 있어서 거주하거나 보유하는 중에 소실·무너짐·노후 등으로 인하여 멸실되어 재건축한 주택의 경우에는 그 멸실된 주택과 재건축한 주택에 대한 거주기간 및 보유기간을 통산한다.
② 비거주자가 해당 주택을 3년 이상 계속 보유하고 그 주택에서 거주한 상태로 거주자로 전환된 경우에는 해당 주택에 대한 거주기간 및 보유기간을 통산한다.
③ 상속받은 주택으로서 상속인과 피상속인이 상속개시 당시 동일세대인 경우에는 상속개시 전에 상속인과 피상속인이 동일세대로서 거주하고 보유한 기간을 통산한다.

Key Point 보유기간 계산

구 분	2년 보유기간 계산시 포함 여부		
	종전 주택	공사기간	재건축주택
소실·무너짐·노후 등	포함 ○	포함 ×	포함 ○
도시 및 주거환경정비법에 따른 재건축의 경우	포함 ○	포함 ○	포함 ○

예제 다음과 같은 경우에도 2년 이상 보유해야 하는가?
- 2017.1.10. 서울 소재 단독주택과 부속토지 취득·거주
- 2018.9.10. 근무형편상 제주도로 발령(1년 이상 거주함)

풀이 1) 2년 이상 보유요건 예외에 해당한다.
2) 근무상 형편으로 1년 이상 거주하였으나 2년 이상 보유하지 못한 경우 2년 이상 보유한 것으로 본다.

(3) 주택 요건

1세대가 1개의 주택만을 소유하고 있는 경우로 이때의 주택은 공부상의 용도에 불구하고 사실상의 용도에 의해 판단하고 사실상의 용도가 불분명한 경우 공부상의 용도에 따라 주택 여부를 판단한다. 주택 수 계산시 분양권을 포함한다(2021.1.1. 이후 취득부터 적용).

1) 1주택의 특례 ★ 11회 출제

PROFESSOR COMMENT
1주택으로만 간주되므로 2년 이상 보유요건 등을 충족하여야 비과세한다.

원칙적으로 1세대가 1주택만을 소유하고 있는 경우에만 비과세대상이 되나 예외적으로 다음과 같은 사항에 대해서는 1주택을 초과해서 소유하는 경우에도 1주택으로 간주하여 비과세 규정을 적용한다.

제2장 소득세

Key Point 1주택으로 간주

① 일시적인 2주택, ② 지정문화재 주택, ③ 상속주택, ④ 혼인주택,
⑤ 노부모 봉양주택, ⑥ 농어촌주택, ⑦ 조합원입주권

① 일시적인 2주택 소유

Q: 종전 주택을 양도하기 전에 새로운 주택을 취득한 경우
A: 새로운 주택을 취득한 날부터 3년 이내 종전 주택을 양도하면 1주택 간주

㉠ 원칙

ⓐ 국내에 1주택을 소유한 1세대가 그 주택을 양도하기 전에 다른 주택을 취득(자기가 건설하여 취득하는 경우를 포함)함으로써 일시적으로 2주택이 된 경우 다른 주택을 취득한 날부터 3년 이내에 종전의 주택을 양도하면 1주택으로 간주한다. 위의 경우 종전 주택을 취득하고 1년 이상이 경과한 후에 신주택을 취득한 경우에만 비과세를 적용한다.

(종전의 주택이 조정대상지역에 있는 상태에서 조정대상지역에 있는 신규 주택을 취득하는 경우에는 2년 이내)

ⓑ 1년 이내 전입, 1년 이내 양도
신규주택 취득후 1년 이내 전입하고, 1년 이내 종전주택양도, 다만, 신규주택에 기존임차인이 있는 경우에는 전 소유자와 임차인간의 임대차 계약 종료 시까지 기한연장(신규주택 취득일부터 최대 2년을 한도로하되, 신규주택 취득일 이후 갱신된 계약은 인정되지 않음).
(적용시기) 2019.12.17. 이후 조정대상 지역 내 종전주택이 있는 상태에서 조정대상 지역 내 주택을 취득하는 분부터 적용함.

일시적인 2주택 소유

① 종전 주택을 양도하기 전에 새로운 주택을 취득한 경우 일시적인 2주택이 된다.
② 이 경우 새로운 주택을 취득한 날부터 3년 이내에 종전 주택을 양도하면 1주택으로 간주한다.
③ 양도일 현재 종전 주택이 2년 이상 보유에 해당되면 비과세한다.

일시적인 1세대 2주택이 된 경우 종전주택(양도세 비과세 충족)을 신주택 취득일부터 3년 이내에 양도할 때는 1주택으로 간주한다.

다만, 이와 같은 경우 3년 이내 양도하지 못하여도 아래의 경우 역시 1세대 1주택으로 보아 비과세규정을 적용한다.

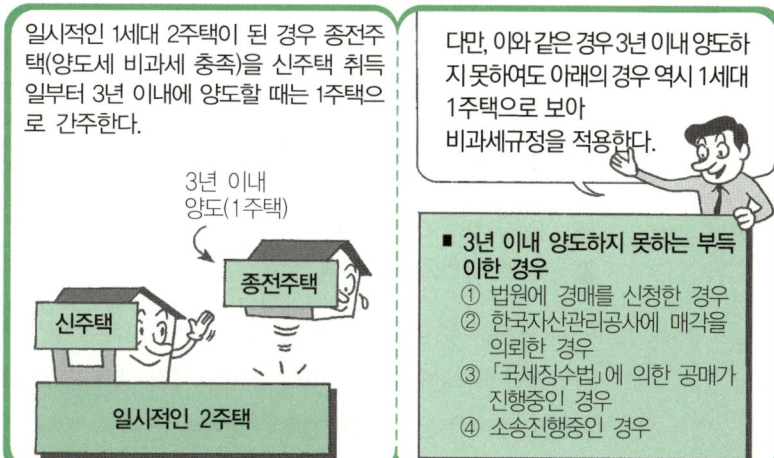

- 3년 이내 양도하지 못하는 부득이한 경우
① 법원에 경매를 신청한 경우
② 한국자산관리공사에 매각을 의뢰한 경우
③ 「국세징수법」에 의한 공매가 진행중인 경우
④ 소송진행중인 경우

ⓒ **예외** →일부는 수용되고 일부가 남아 있는 경우를 말한다.

단, 종전의 주택 및 그 부수토지의 일부가 공익사업을 위한 협의매수 또는 수용되는 경우로서 해당 잔존하는 주택 및 그 부수토지를 그 양도일 또는 수용일부터 5년 이내에 양도하는 때에는 해당 잔존하는 주택 및 그 부수토지의 양도는 종전의 주택 및 그 부수토지의 양도 또는 수용에 포함되는 것으로 본다.
→1세대 1주택으로 본다는 의미이다.

Key Point 3년 경과 후에도 다음에 해당하는 경우 비과세 규정 적용

다른 주택을 취득한 날부터 3년이 되는 날 현재 아래의 방법에 의한 양도의 경우
1) 법원에 경매를 신청한 경우
2) 한국자산관리공사에 매각을 의뢰한 경우
3) 「국세징수법」에 의한 공매가 진행 중인 경우
4) 토지등소유자가 사업시행자를 상대로 제기한 현금청산금 지급을 구하는 소송절차가 진행 중인 경우 또는 소송절차는 종료되었으나 해당 청산금을 지급받지 못한 경우
5) 사업시행자의 매도청구소송제기에 따라 소송 진행 중인 경우

ⓒ **종전 주택 취득한 날부터 1년 이상이 지난 후 다른 주택을 취득하는 요건 적용 제외**

아래에 해당하는 경우에는 종전의 주택을 취득한 날부터 1년 이상이 지난 후 다른 주택을 취득하는 요건을 적용하지 아니한다(소득세법 시행령 제155조 제1항).

ⓐ 「민간임대주택에 관한 특별법」에 따른 민간건설임대주택 또는 「공공주택 특별법」에 따른 공공건설임대주택을 취득하여 양도하는 경우로서 해당 건설임대주택의 임차일부터 해당 주택의 양도일까지의 거주기간이 5년 이상인 경우

ⓑ 주택 및 그 부수토지(사업인정 고시일 전에 취득한 주택 및 그 부수토지에 한한다)의 전부 또는 일부가 「공익사업을 위한 토지 등의 취득 및 보상에 관한 법률」에 의한 협의매수·수용 및 그 밖의 법률에 의하여 수용되는 경우

ⓒ 1년 이상 거주한 주택을 기획재정부령이 정하는 취학, 근무상의 형편, 질병의 요양 기타 부득이한 사유로 양도하는 경우

② **문화재주택 1개와 일반주택 1개 소유한 경우**

Q : 문화재주택 1개와 일반주택 1개 소유한 경우
A : 일반주택 양도하면 1주택 간주

국보, 보물, 중요민속자료 등 지정문화재 주택 및 등록문화재주택과 그 밖의 주택(일반주택)을 국내에 각각 1개씩 소유한 1세대가 일반주택을 양도하는 경우에는 국내에 1개의 주택을 소유하고 있는 것으로 본다.

③ 상속으로 인한 1세대 2주택의 경우

㉠ 상속주택 1개와 일반주택 1개를 소유한 경우

> **Q** : 상속주택 1개와 일반주택 1개 소유한 경우
> **A** : 일반주택을 양도하면 1주택 간주

← 조합원 입주권을 상속받아 사업시행 완료 후 취득한 신축주택을 포함하고, 피상속인이 상속개시 당시 2 이상의 주택을 소유한 경우에는 다음의 순위에 따른 1주택을 말함

→ 상속개시 당시 소유한 주택에 한한다.

상속받은 주택과 그 밖의 주택(일반주택)을 국내에 각각 1개씩 소유하고 있는 1세대가 일반주택을 양도하는 경우에는 국내에 1개의 주택을 소유하고 있는 것으로 보아 1세대 1주택 비과세 여부를 판정한다. 또한 상속받은 주택에는 조합원입주권을 상속받아 사업시행 완료 후 취득한 신축주택을 포함한다.

단, 상속개시일부터 소급하여 2년 이내에 피상속인으로부터 증여받은 주택(조합원입주권)은 일반주택으로 보지 않고 비과세 배제한다.

▼ 2 이상의 상속주택을 소유한 경우 다음의 순위에 따른 1주택

1) 피상속인이 소유한 기간이 가장 긴 1주택
2) 피상속인이 소유한 기간이 같은 주택이 2 이상일 경우 피상속인이 거주한 기간이 가장 긴 1주택
3) 피상속인이 소유한 기간 및 거주한 기간이 모두 같은 주택이 2 이상일 경우에는 피상속인이 상속개시 당시 거주한 1주택
4) 피상속인이 거주한 사실이 없는 주택으로서 소유한 기간이 같은 주택이 2 이상일 경우에는 기준시가가 가장 높은 1주택(기준시가가 같은 경우에는 상속인이 선택하는 1주택)

㉡ 공동상속주택의 경우

> **Q** : 공동으로 상속받은 주택의 경우
> **A** : 상속지분이 가장 큰 상속인의 주택으로 본다.

→ 상속으로 여러 사람이 공동으로 소유하는 1주택을 말함

공동상속주택과 그 밖의 다른 주택을 소유하는 경우 다른 주택을 양도하는 때에는 해당 공동상속주택은 해당 거주자의 주택으로 보지 아니한다.

다만, 상속지분이 가장 큰 상속인의 경우에는 그러하지 아니하다. 이 경우 상속지분이 가장 큰 상속인이 2인 이상인 때에는 그 2 이상의 자 중 다음 사항의 순서에 따라 해당 각 사항에 해당하는 자가 해당 공동상속주택을 소유한 것으로 본다(소득세법 시행령 제155조 제3항).

ⓐ 해당 주택에 거주하는 자   ⓑ 최연장자

④ 혼인으로 인한 1세대 2주택 29회 출제

> **Q**: 1주택인 남자와 1주택인 여자가 결혼한 경우
> **A**: 혼인한 날부터 5년 이내 먼저 양도주택은 1주택으로 간주

1주택을 보유하는 자가 1주택을 보유하는 다른 자(→ 1주택을 소유한 직계존속(60세 이상)과 거주중인 무주택자도 해당됨)와 혼인하는 경우 그 혼인하는 날부터 5년 이내에 먼저 양도하는 주택은 1주택으로 본다. 이 경우 해당 주택의 보유기간이 2년 이상인 것은 이를 1세대 1주택으로 본다.

⑤ 노부모 봉양을 위한 1세대 2주택 29회 출제

> **Q**: 1주택인 자녀세대와 1주택인 부모세대가 합친 경우
> **A**: 합친 날부터 10년 이내 먼저 양도주택은 1주택으로 간주

1주택을 보유하고 1세대를 구성하는 자가 1주택을 보유하고 있는 60세 이상의 직계존속(배우자의 직계존속을 포함)(← 직계존속 중 어느 한 사람이 60세 미만인 경우와 시행규칙으로 정하는 중대한 질병 등이 발생한 60세 미만의 직계존속 포함)을 동거·봉양하기 위해서 세대를 합친 경우 합친 날부터 10년 이내에 먼저 양도하는 주택은 1주택으로 본다. 이 경우 해당 주택의 보유기간이 2년 이상인 것은 1세대 1주택으로 본다.

> **예제** 1세대 1주택을 보유한 甲은 부모님을 동거·봉양하기 위해 세대를 합침으로써 1세대 2주택이 되었다. 양도소득세 비과세되는 1주택에 해당될 수 있는가?
>
> **풀이** 노부모 봉양을 위한 1세대 2주택의 경우 합친 날부터 10년 이내에 먼저 양도하는 주택은 1주택으로 본다. 따라서 1주택의 보유기간이 2년 이상이면 비과세한다.

단락문제 Q9

제9회 기출

음은 노부모 봉양을 위하여 세대를 합친 경우의 1세대 1주택 비과세특례에 관한 설명이다. 옳지 않은 것은?

① 1주택을 보유하고 1세대를 구성하는 자가 1주택을 보유하고 있는 직계존속과 세대를 합친 경우이다.
② 합친 날 현재 2주택 모두 2년 보유요건에 해당당야 된다.
③ 합친 날부터 10년 이내에 먼저 양도하는 주택을 1세대 1주택으로 본다.
④ 봉양하는 직계존속에는 배우자의 직계존속도 포함된다.
⑤ 봉양의 대상은 1주택을 보유하고 있는 60세 이상의 직계존속이다.

해설 1세대 1주택
② 노부모 봉양을 위하여 세대를 합친 날부터 10년 이내 먼저 양도하는 주택(해당 주택의 보유기간이 2년 이상인 것에 한함)은 1세대 1주택으로 본다. 양도일 현재 먼저 양도하는 주택이 2년 보유요건을 충족하면 비과세된다. **답** ②

⑥ 농어촌주택

Q: 1주택인 농어촌주택과 1주택인 일반주택을 소유하는 경우
A: 일반주택을 양도하면 1주택으로 간주

수도권 외의 지역 중 읍지역(도시지역 안의 지역을 제외) 또는 면지역에 소재하는 주택(농어촌주택)과 그 외의 주택(일반주택)을 국내에 각각 1개씩 소유하고 있는 1세대가 일반주택을 양도하는 경우에는 국내에 1개의 주택을 소유하고 있는 것으로 본다.

㉠ 농어촌주택 보유사유

ⓐ 상속받은 주택(피상속인이 취득 후 5년 이상 거주한 사실이 있는 경우에 한함)
ⓑ 이농인이 취득일 후 5년 이상 거주한 사실이 있는 이농주택
    ← 어업에서 떠난 자를 포함
ⓒ 영농 또는 영어의 목적으로 취득한 귀농주택

㉡ 농어촌주택과 일반주택에 1세대가 각각 분리하여 거주하고 있는 경우에도 세대전원이 1개의 주택에서 거주한 것으로 본다.

㉢ 이농주택

영농 또는 영어에 종사하던 자가 전업으로 인하여 다른 시·구·읍·면으로 전출함으로써 거주자 및 그 배우자와 생계를 같이 하는 가족 전부 또는 일부가 거주하지 못하게 되는 주택으로서 이농인이 소유하고 있는 주택을 말한다.

ⓔ **귀농주택**

영농 또는 영어에 종사하고자 하는 자가 취득(귀농 이전에 취득한 것을 포함)하여 거주하고 있는 주택으로서 다음 요건을 갖춘 주택을 말한다.

ⓐ 고가주택에 해당하지 아니할 것
　→ 취득 당시 실지거래가액 9억원 초과주택
ⓑ 대지면적이 660㎡ 이내일 것
ⓒ 영농 또는 영어를 목적으로 취득하는 것으로서 다음에 해당할 것

> ① 1,000㎡ 이상의 농지를 소유하는 자 또는 배우자가 해당 농지의 소재지에 있는 주택을 취득하는 것일 것
> ② 1,000㎡ 이상의 농지를 소유하기 전 1년 이내에 해당 농지소재지에 있는 주택을 취득하는 것일 것
> ③ 「수산업법」에 의한 신고·허가 및 면허어업자 또는 고용된 어업종사자가 취득하는 것일 것

ⓓ 세대전원이 이사하여 거주할 것

ⓜ 귀농으로 인하여 세대전원이 농어촌주택으로 이사하는 경우에는 귀농 후 최초로 양도하는 1개의 일반주택에 한하여 적용한다.

→ 주민등록을 이전하여 거주를 개시한 날
ⓗ 귀농주택 소유자가 귀농일부터 계속하여 3년 이상 영농 또는 영어에 종사하지 아니하거나 그 기간동안 해당 주택에 거주하지 아니한 경우 그 양도한 일반주택은 1세대 1주택으로 보지 아니한다.

ⓢ 1세대 1주택 규정을 적용받고자 하는 자는 1세대 1주택 특례적용신고서를 양도소득세 과세표준 신고기한 내에 기획재정부령으로 정하는 서류와 함께 제출하여야 한다.

ⓞ 귀농주택에 대하여는 그 주택을 취득한 날부터 5년 이내에 일반주택을 양도한 경우에 한정하여 적용한다.

⑦ **조합원 입주권 양도**

Q: 1세대 1주택 비과세 요건을 충족한 조합원입주권을 양도한 경우
A: 조합원입주권은 원칙적으로 부동산을 취득할 수 있는 권리이나 이 경우에는 1주택으로 간주

조합원입주권을 1개 소유한 1세대가 해당 조합원입주권을 양도하는 경우 다음의 어느 하나에 해당하는 경우에는 부동산을 취득할 수 있는 권리의 규정에 불구하고 이를 1세대 1주택으로 본다.

㉠ 양도일 현재 다른 주택이 없는 경우
㉡ 양도일 현재 1조합원입주권 외에 1주택을 소유한 경우
　이 경우에는 해당 1주택을 취득한 날부터 3년 이내에 해당 조합원입주권을 양도하는 경우에 한한다.

제2장 소득세

PROFESSOR COMMENT
위의 조합원입주권은 「도시 및 주거환경정비법」 제48조의 규정에 따른 관리처분계획의 인가일(인가일 전에 기존주택이 철거되는 때에는 기존주택의 철거일) 현재 1세대 1주택 비과세 요건을 충족하는 기존주택을 소유하는 세대에 한한다.

⑧ 취학 등 부득이한 사유로 취득한 주택

> **Q**: 근무상의 형편으로 수도권 밖에 소재하는 주택을 취득하여 기존의 일반주택과 합하여 2주택이 되었을 경우
> **A**: 일반주택을 양도하면 1주택으로 간주

취학, 근무상의 형편, 질병의 요양, 그 밖의 부득이한 사유로 취득한 수도권 밖에 소재한 주택과 그 밖의 주택(일반주택)을 국내에 각각 1개씩 소유하고 있는 1세대가 부득이한 사유가 해소된 날부터 3년 이내에 일반주택을 양도하는 경우에는 국내에 1개의 주택을 소유하고 있는 것으로 보아 1세대 1주택 비과세 여부를 판정한다.

단락핵심 2년 이상 보유기간 요건 등

(1) 국내에 거주하는 1세대가 2년 이상 보유한 1주택에 대하여는 양도소득세가 비과세된다. 다만, 근무상 형편으로 1년 이상 거주한 주택을 양도하고 세대전원이 다른 시·군으로 거주를 이전한 경우는 2년 이상 보유기간에 관계없이 1세대 1주택으로 보아 비과세한다.

(2) 1세대 1주택은 1세대가 양도일 현재 국내에 1주택을 보유하고 있는 것으로서 원칙적으로 그 보유기간이 2년 이상이어야 한다.

2) 고가주택의 비과세 제외 ★ 31회 출제

> **Q**: 1세대 1주택 비과세 요건을 충족한 고가주택 양도
> **A**: 12억원까지는 비과세, 12억원 초과부분만 과세

1세대 1주택의 비과세 요건을 갖추고 있는 경우라 할지라도 주택 및 이에 부수되는 토지의 양도 당시의 실지거래가액의 합계액이 12억원을 초과하는 고가주택인 때에는 1세대 1주택 비과세 규정의 적용이 배제된다.

> 1주택의 일부를 양도하거나 일부가 타인소유인 경우에는 실지거래가액 합계액에 양도하는 부분(타인소유부분을 포함)의 면적이 전체주택면적에서 차지하는 비율을 나누어 계산한 금액

제3편 국 세

WIDE 고가주택의 부분과세 (1세대 1주택 비과세 요건을 갖춘 경우)

고가주택의 양도차익 = 전체 양도차익 × $\dfrac{\text{양도가액} - 12\text{억원}}{\text{양도가액}}$ → 12억원 초과부분만 과세한다는 의미이다.

* 단독주택으로 보는 다가구주택의 경우에는 그 전체를 하나의 주택으로 보아 고가주택의 규정을 적용한다.
* 실지거래가액 12억원을 초과하는 조합원입주권도 양도소득금액계산시 위의 고가주택과 동일하게 계산한다.

* 고가 조합원입주권도 위의 계산방법과 동일. 그러나 장기보유특별공제는 2020.1.1.이후 양도분부터는 2년 이상 거주한 경우에 한하여 적용함

단락핵심 1세대 1주택인 경우에도 양도소득세가 과세되는 고가주택의 범위

양도 당시 실지거래가액이 12억원을 초과하는 주택

고가주택의 비과세 제외

① 단독주택으로 보는 다가구 주택의 경우에는 그 전체를 하나로 보아 고가주택의 규정을 적용한다.
② 고가주택이란 양도 당시 실지거래가액이 12억원을 초과하는 주택을 말한다.

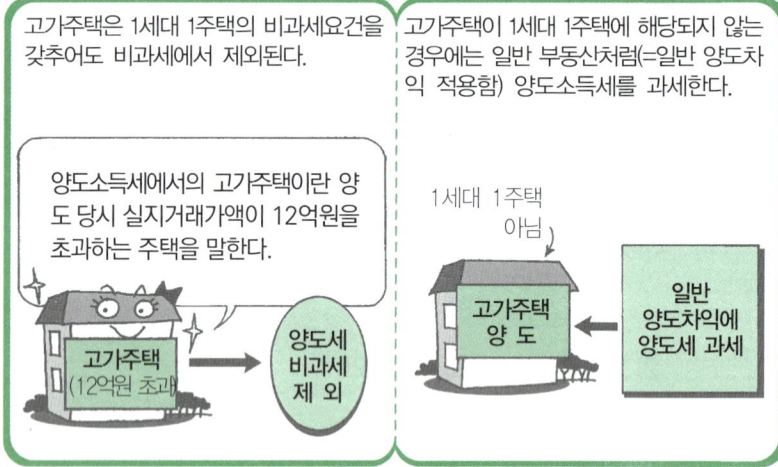

제2장 소득세

단락문제 Q10
제6회 기출 개작

1세대 1주택인 경우에도 양도소득세가 과세되는 고가주택의 범위에 관한 설명 중 옳은 것은?

① 주택에 대한 기준시가가 4천만원 이상으로서 주택의 연면적이 264㎡ 이상이고 주택 및 부수토지의 양도가액이 4억원 이상인 단독주택
② 단독주택이든 공동주택이든 면적에 상관없이 양도당시 실지거래가액이 9억원을 초과한 주택
③ 엘리베이터 또는 60㎡ 이상의 수영장이 설치된 주택
④ 「지방세법」상의 고급주택의 범위와 동일
⑤ 단독주택, 공동주택 구분없이 양도가액이 5억원 이상인 모든 주택

해설 1세대 1주택인 경우에도 양도소득세가 과세되는 고가주택의 범위
② 단독주택이든 공동주택이든 면적에 상관없이 양도 당시 실지거래가액이 12억원을 초과한 주택은 고가주택에 해당한다.

답 ②

3) 겸용주택의 양도   26회 출제

상가와 주택으로 구성된 겸용주택을 양도하면 양도소득세가 어떻게 과세될까? 만약 상가로 보면 1세대 1주택의 비과세적용을 받지 못한다. 따라서 양도소득세 과세대상이다. 주택으로 보면 1세대 1주택의 비과세 규정을 적용하여 비과세가 해당될 수 있다. 이와 같이 겸용주택은 주택이냐 아니냐에 따라 큰 차이를 보이고 있다.

① 안분계산법

주택의 일부에 점포 등 다른 목적의 건물이 설치되어 있거나 동일지번상에 주택과 다른 목적의 건물이 설치되어 있는 경우에는 그 전부를 주택으로 본다.
다만, 주택의 연면적이 주택 이외의 연면적보다 작거나 같을 때에는 주택부분 이외의 건물은 주택으로 보지 아니한다.

1) 주택연면적 > 점포 등 연면적 … 전부를 주택으로 본다.
2) 주택연면적 ≤ 점포 등 연면적 … 주택부분만을 주택으로 본다.

• 9억원 초과 겸용주택은 주택부분만 주택으로 본다. (22.1.1.이후 양도분부터 적용)
→ 주택연면적 ≤ 점포 등 연면적의 경우에 적용된다.

② **겸용주택**의 경우 1세대 1주택에 부수되는 토지(비과세되는 토지)는 전체 토지면적에 주택부분의 면적이 건물 전체의 면적에서 차지하는 비율을 곱하여 계산한다.

제3편 국 세

예제 다음 조건으로 양도한 경우 1세대 1주택 비과세에 해당하는 건물면적과 토지면적은?
1) 겸용주택 양도(도시지역 내)
2) 연면적 200㎡ (상가 100㎡, 주택 100㎡)
3) 부속토지 1,200㎡

풀이 ■ 비과세 건물면적과 부수토지면적
1) 주택면적 100㎡
2) 주택부속토지

$$1,200㎡ \times \frac{100}{200} = 600㎡ \text{ 이나}$$

100㎡ × 5배(도시지역 내) = 500㎡ 한도 내의 면적이 비과세 해당 면적임
3) 따라서 주택부속토지는 500㎡ 만 비과세대상이다. 나머지 700㎡ 는 과세대상이다.

4) 1세대 1주택에 대하여 과세하는 경우

① **부수토지만을 양도**

주택에 부수되는 토지를 분할하여 건물이 정착되지 아니한 부분의 토지를 양도하는 경우에 그 양도하는 부분의 토지는 비과세대상인 1세대 1주택의 부수토지로 보지 아니한다. 따라서 양도소득세를 과세한다.

② **주택 및 부수토지를 분할양도**

1주택을 2 이상의 주택으로 분할하여 양도한 경우에는 먼저 양도하는 부분의 주택은 1세대 1주택으로 보지 아니한다.

③ **수용 등의 경우** → 1세대 1주택 비과세 해당될 경우

거주하던 주택 및 그 부수토지의 일부가「공익사업을 위한 토지 등의 취득 및 보상에 관한 법률」의 규정이 적용되는 공공사업용으로 해당 공공사업의 시행자에게 협의매수 또는 수용되거나 기타 법률에 의하여 수용되는 경우에는 위의 규정에도 불구하고, 분할양도로 보지 않으므로 양도소득세가 과세되지 아니한다.

(4) 주택과 조합원입주권을 소유한 경우 1세대 1주택의 특례
→ 중요한 내용이나 시간이 부족하면 생략해도 합격에는 지장없다.

1세대가 주택(주택부수토지 포함)과 입주자로 선정된 지위(이하 "조합원입주권"이라 함)를 보유하다가 그 주택을 양도하는 경우에는 1세대 1주택 비과세규정을 적용하지 아니한다. 그러나 다음의 경우에는 1세대 1주택 비과세 규정을 적용한다.

1) **1주택을 소유한 1세대가 그 주택을 양도하기 전에 조합원입주권을 취득한 경우**

Q : 1주택을 소유한 1세대가 그 주택을 양도하기 전에 조합원입주권을 취득한 경우
A : 입주권 취득 후 3년 이내 종전의 주택을 양도하면 비과세 규정을 적용

국내 1주택을 소유한 1세대가 그 주택을 양도하기 전에 조합원입주권을 취득함으로써 일시적으로 1주택과 1조합원입주권을 소유하게 된 경우 종전의 주택을 취득한 날부터 1년 이상이 지난 후에 조합원입주권을 취득하고 조합원입주권을 취득한 날부터 3년 이내에 종전의 주택을 양도하는 경우에는 이를 1세대 1주택으로 보아 비과세 규정을 적용한다.

2) 1주택을 소유한 1세대가 그 주택을 양도하기 전에 조합원입주권을 취득한 후 3년 경과하여 종전 주택을 양도한 경우

> Q : 1주택을 소유한 1세대가 그 주택을 양도하기 전에 조합원입주권을 취득한 경우
> A : 입주권 취득 후 3년을 경과하여 종전주택을 양도한 경우. 아래 요건 충족하면 비과세 규정을 적용

국내에 1주택을 소유한 1세대가 그 주택을 양도하기 전에 조합원입주권을 취득함으로써 일시적으로 1주택과 1조합원입주권을 소유하게 된 경우 조합원입주권을 취득한 날부터 3년이 경과하여 종전의 주택을 양도하는 경우로서 다음의 요건을 모두 갖춘 때에는 이를 1세대 1주택으로 보아 제154조 제1항의 규정을 적용한다.
→ 비과세

① 재개발사업, 재건축사업 또는 소규모 재건축사업의 관리처분계획에 따라 취득하는 주택이 완성된 후 2년 이내에 그 주택으로 세대전원이 이사(기획재정부령이 정하는 취학, 근무상의 형편, 질병의 요양 그 밖의 부득이한 사유로 세대의 구성원 중 일부가 이사하지 못하는 경우를 포함함)하여 1년 이상 계속하여 거주할 것
② 재개발사업, 재건축사업 또는 소규모 재건축사업의 관리처분계획에 따라 취득하는 주택이 완성되기 전 또는 완성된 후 2년 이내에 종전의 주택을 양도할 것

3) 재개발·재건축사업 시행기간 동안 대체주택을 취득한 경우

> Q : 재개발·재건축사업 시행기간 동안 대체주택을 취득한 경우
> A : 재개발·재건축 주택이 완성되기 전 또는 완성 후 2년 이내에 대체주택을 양도하면 비과세 규정 적용

국내에 1주택을 소유한 1세대가 그 주택에 대한 재개발사업, 재건축사업 또는 소규모 재건축사업의 시행기간 동안 거주하기 위하여 다른 주택(이하 "대체주택"이라 함)을 취득한 경우로서 다음의 요건을 모두 갖추어 대체주택을 양도하는 때에는 이를 1세대 1주택으로 보아 제154조 제1항의 규정을 적용한다. 이 경우 동조 동항의 보유기간 및 거주기간의 제한을 받지 아니한다.
→ 비과세

① 재개발사업, 재건축사업 또는 소규모 재건축사업의 사업시행인 가일 이후 대체주택을 취득하여 1년 이상 거주할 것
② 재개발사업, 재건축사업 또는 소규모 재건축사업의 관리처분계획에 따라 취득하는 주택이 완성된 후 2년 이내에 그 주택으로 세대전원이 이사(기획재정부령이 정하는 취학, 근무상의 형편, 질병의 요양 그 밖의 부득이한 사유로 세대원 중 일부가 이사하지 못하는 경우를 포함함)하여 1년 이상 거주할 것
③ 재개발사업, 재건축사업 또는 소규모 재건축사업의 관리처분계획에 따라 취득하는 주택이 완성되기 전 또는 완성된 후 2년 이내에 대체주택을 양도할 것

> **용어사전**
>
> ❶ **상속받은 조합원입주권**
> 피상속인이 상속개시 당시 주택을 소유하지 아니한 경우의 상속받은 조합원입주권에 한하며, 피상속인이 상속개시 당시 2 이상의 조합원입주권을 소유한 경우에는 해당 순위에 따른 1조합원입주권에 한한다.

4) 상속받은 조합원입주권 1개와 일반주택 1개를 소유한 경우

- **Q**: 상속받은 조합원입주권 1개와 일반주택 1개를 소유한 경우
- **A**: 일반주택을 양도하면 비과세 규정을 적용

상속받은 조합원입주권❶과 그 밖의 주택(이하 "일반주택"이라 함)을 국내에 각각 1개씩 소유하고 있는 1세대가 일반주택을 양도하는 경우에는 국내에 1개의 주택을 소유하고 있는 것으로 보아 제154조 제1항의 규정을 적용한다.

WIDE 피상속인이 상속개시 당시 2 이상의 조합원입주권을 소유한 경우 순위

① 피상속인이 소유한 기간이 가장 긴 1조합원입주권
  → 주택 소유기간과 조합원입주권 소유기간을 합한 기간을 말함. 이하 같음
② 피상속인이 소유한 기간이 같은 조합원입주권이 2 이상일 경우에는 피상속인이 거주한 기간이 가장 긴 1조합원입주권
  → 주택에 거주한 기간을 말함. 이하 같음
③ 피상속인이 소유한 기간 및 피상속인이 거주한 기간이 모두 같은 조합원입주권이 2 이상일 경우에는 상속인이 선택하는 1조합원입주권

5) 상속받은 주택 또는 상속받은 조합원입주권과 상속 외의 원인으로 취득한 일반주택 및 조합원입주권을 각각 1개씩 소유한 경우

- **Q**: 상속받은 주택 또는 상속받은 조합원입주권과 상속 외의 원인으로 취득한 일반주택 및 조합원입주권을 각각 1개씩 소유한 경우
- **A**: 일반주택과 상속 외의 원인으로 취득한 조합원입주권을 소유하고 있는 것으로 보아 위 1), 2), 3)의 규정을 적용

아래 "①"의 주택 또는 아래 "②"의 조합원입주권과 상속 외의 원인으로 취득한 주택(이하 "일반주택"이라 함) 및 상속 외의 원인으로 취득한 조합원입주권을 국내에 각각 1개씩 소유하고 있는 1세대가 일반주택을 양도하는 경우에는 국내에 일반주택과 상속 외의 원인으로 취득한 조합원입주권을 소유하고 있는 것으로 보아 위 1), 2), 3)의 규정을 적용한다.

① 상속받은 주택. 이 경우 피상속인이 상속개시 당시 2 이상의 주택을 소유한 경우에는 제155조 제2항 각 호의 순위에 따른 1주택에 한한다.

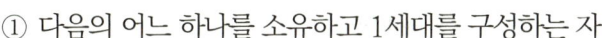
→ 소유기간 → 거주기간 등의 순서에 따른다.

② 피상속인이 상속개시 당시 주택을 소유하지 아니한 경우의 상속받은 조합원입주권. 이 경우 피상속인이 상속개시 당시 2 이상의 조합원입주권을 소유한 경우에는 위 4)의 순위에 따른 1조합원입주권에 한한다.

6) 1주택 등을 소유하고 1세대를 구성하는 자가 1주택 등을 소유한 직계존속을 동거봉양하기 위하여 세대를 합친 경우

> **Q**: 1주택 등을 소유하고 1세대를 구성하는 자가 1주택 등을 소유한 직계존속을 동거봉양하기 위하여 세대를 합친 경우
> **A**: 합친 날부터 10년 이내 최초양도하는 주택은 비과세 규정을 적용

아래 "①"에 해당하는 자가 아래 "②"에 해당하는 자를 동거봉양하기 위하여 세대를 합침으로써 1세대가 1주택과 1조합원입주권, 1주택과 2조합원입주권, 2주택과 1조합원입주권 또는 2주택과 2조합원입주권을 소유하게 되는 경우 합친 날부터 10년 이내에 먼저 양도하는 주택(이하 "최초양도주택"이라 함)이 ③, ④ 또는 ⑤에 따른 주택 중 어느 하나에 해당하는 경우에는 이를 1세대 1주택으로 보아 제154조 제1항의 규정을 적용한다.
→ 비과세

① 다음의 어느 하나를 소유하고 1세대를 구성하는 자
  ㉠ 1주택(제1호 가목)
  ㉡ 1조합원입주권
  ㉢ 1주택과 1조합원입주권(제1호 다목)

② 다음의 어느 하나를 소유하고 있는 60세 이상의 직계존속(배우자의 직계존속을 포함하며, 직계존속 중 어느 한 사람이 60세 미만인 경우를 포함)
  ㉠ 1주택(제2호 가목)
  ㉡ 1조합원입주권
  ㉢ 1주택과 1조합원입주권(제2호 다목)

③ 합친 날 이전에 제1호 가목(자녀세대 1주택) 또는 제2호 가목(직계존속 1주택)에 해당하는 자가 소유하던 주택 → 자녀세대 1주택과 1조합원입주권

④ 합친 날 이전에 제1호 다목 또는 제2호 다목에 해당하는 자가 소유하던 주택. 다만, 다음의 어느 하나의 요건을 갖춘 경우에 한한다. → 직계존속 1주택과 1조합원입주권

  ㉠ 합친 날 이전에 소유하던 조합원입주권(합친 날 이전에 최초 양도주택을 소유하던 자가 소유하던 조합원입주권을 말한다. 이하 "합가 전 조합원입주권"이라 함)이 관리처분계획의 인가로 인하여 최초 취득된 것(이하 "최초 조합원입주권"이라 함)인 경우에는 최초 양도주택이 그 재개발사업, 재건축사업 또는 소규모 재건축사업의 시행기간 중 거주하기 위하여 사업시행인가일 이후 취득된 것으로서 취득 후 1년 이상 거주하였을 것

  ㉡ 합가 전 조합원입주권이 매매 등으로 승계취득된 것인 경우에는 최초 양도주택이 합가 전 조합원입주권을 취득하기 전부터 소유하던 것일 것

⑤ 합친 날 이전에 제1호 나목(자녀세대 1조합입주권) 또는 제2호 나목(직계존속 1조합입주권)에 해당하는 자가 소유하던 1조합입주권에 의하여 재개발조합, 재건축사업 또는 소규모 재건축사업의 관리처분계획에 따라 합친 날 이후에 취득하는 주택

7) 혼인으로 인하여 2주택과 2조합원입주권을 소유하게 된 경우

Q: 혼인으로 인하여 2주택과 2조합원입주권을 소유하게 된 경우
A: 혼인한 날부터 5년 이내에 최초양도주택은 비과세 규정을 적용

아래 "①"에 해당하는 자가 아래 "①"에 해당하는 다른 자와 혼인함으로써 1세대가 1주택과 1조합원입주권, 1주택과 2조합원입주권, 2주택과 1조합원입주권 또는 2주택과 2조합원입주권을 소유하게 되는 경우 혼인한 날부터 5년 이내에 먼저 양도하는 주택이 ②, ③ 또는 ④의 규정에 따른 주택 중 어느 하나에 해당하는 경우에는 이를 1세대 1주택으로 보아 제154조 제1항의 규정을 적용한다. → 비과세

① 다음의 어느 하나를 소유하는 자
  ㉠ 1주택
  ㉡ 1조합원입주권
  ㉢ 1주택과 1조합원입주권

② 혼인한 날 이전에 제1호 가목(1주택 소유자)에 해당하는 자가 소유하던 주택

③ 혼인한 날 이전에 제1호 다목(1주택과 1조합원입주권 소유자)에 해당하는 자가 소유하던 주택. 다만, 다음의 어느 하나의 요건을 갖춘 경우에 한한다.
  → 혼인한 날 이전에 최초 양도주택을 소유하던 자가 소유하던 조합원입주권을 말함. 이하 "혼인 전 조합원입주권"이라 함

  ㉠ 혼인한 날 이전에 소유하던 조합원입주권이 최초 조합원입주권인 경우에는 최초양도주택이 그 재개발조합, 재건축사업 또는 소규모 재건축사업의 시행기간 중 거주하기 위하여 사업시행인가일 이후 취득된 것으로서 취득 후 1년 이상 거주하였을 것

ⓒ 혼인 전 조합원입주권이 매매 등으로 승계취득된 것인 경우에는 최초 양도주택이 혼인 전 조합원입주권을 취득하기 전부터 소유하던 것일 것
④ 혼인한 날 이전에 제1호 나목(1조합원입주권 소유자)에 해당하는 자가 소유하던 1조합입주권에 의하여 재개발조합, 재건축사업 또는 소규모 재건축사업의 관리처분계획에 따라 혼인한 날 이후에 취득하는 주택

8) 문화재주택과 일반주택 및 조합원입주권을 각각 1개씩 소유한 경우

> **Q**: 문화재주택과 일반주택 및 조합원입주권을 각각 1개씩 소유한 경우
> **A**: 일반주택을 양도하는 경우 비과세 규정을 적용

지정문화재 및 등록문화재(제155조 제6항 제1호)에 해당하는 주택과 그 밖의 주택(이하 "일반주택"이라 함) 및 조합원입주권을 국내에 각각 1개씩 소유하고 있는 1세대가 일반주택을 양도하는 경우에는 국내에 일반주택과 조합원입주권을 소유하고 있는 것으로 보아 앞의 1), 2), 3)의 규정을 적용한다.

제155조 제6항 제1호에 해당하는 주택은 "지정문화재주택과 등록문화재주택"을 말한다.

9) 이농주택과 일반주택 및 조합원입주권을 각각 1개씩 소유한 경우

> **Q**: 이농주택과 일반주택 및 조합원입주권을 각각 1개씩 소유한 경우
> **A**: 일반주택을 양도하는 경우 비과세 규정을 적용

「소득세법 시행령」제155조 제7항의 규정에 따른 농어촌주택 중 동항 제2호의 이농주택과 그 밖의 주택(이하 "일반주택"이라 함) 및 조합원입주권을 국내에 각각 1개씩 소유하고 있는 1세대가 일반주택을 양도하는 경우에는 국내에 일반주택과 조합원입주권을 소유하고 있는 것으로 보아 위 1), 2), 3)의 규정을 적용한다.

10) 조합원입주권 소유자 1세대 1주택 특례적용신고

> **Q**: 조합원입주권 소유자 1세대 1주택 특례적용신고
> **A**: 신고기한 내에 반드시 제출하여야 비과세 규정을 적용

위 1) 내지 9)의 규정을 적용받고자 하는 자는 기획재정부령이 정하는 조합원입주권 소유자 1세대 1주택 특례적용신고서를 법 제105조 또는 법 제110조의 규정에 따른 양도소득세 과세표준 신고기한 내에 다음의 서류와 함께 제출하여야 한다.
① 주민등록증 사본(주민등록표에 의하여 확인할 수 없는 경우에 한함)
② 조합원입주권으로 전환되기 전의 주택의 토지 및 건축물대장등본. 다만, 위 3)[5) 내지 9)의 규정에 따라 3)을 적용받는 경우를 포함함]의 규정을 적용받는 자에 한한다.
③ 그 밖에 기획재정부령이 정하는 서류(농업인임을 입증할 수 있는 서류)

11) 1세대 1주택 비과세 요건을 충족하지 못하게 된 경우

- **Q**: 1세대 1주택 비과세 요건을 충족하지 못하게 된 경우
- **A**: 양도소득세 납부

위 2) 또는 3)의 규정을 적용받은 1세대[5), 8) 또는 9)의 규정에 따라 2) 또는 3)의 규정을 적용받은 1세대를 포함]가 1세대 1주택 비과세요건을 충족하지 못하게 된 때에는 그 사유가 발생한 날이 속하는 달의 말일부터 2개월 이내에 주택 양도 당시 2) 또는 3)을 적용받지 아니할 경우에 납부하였을 세액을 양도소득세로 신고·납부하여야 한다.

(5) 장기저당담보주택에 대한 1세대 1주택의 특례

1) 거주요건 배제

국내에 1주택을 소유한 1세대가 다음의 요건을 갖춘 장기저당담보대출계약을 체결하고 장기저당담보로 제공된 주택(이하 "장기저당담보주택"이라 함)을 양도하는 경우에는 2년 이상 보유하면 비과세한다. → 거주기간의 제한을 받지 아니한다는 의미이다.

① 계약체결일 현재 주택을 담보로 제공한 가입자가 60세 이상일 것
② 장기저당담보 계약기간이 10년 이상으로서 만기시까지 매월·매분기별 또는 그 밖에 기획재정부령이 정하는 방법으로 대출금을 수령하는 조건일 것
③ 만기에 해당 주택을 처분하여 일시 상환하는 계약조건일 것

2) 1주택으로 간주

1주택을 소유하고 1세대를 구성하는 자가 장기저당담보주택을 소유하고 있는 직계존속(배우자의 직계존속을 포함)을 동거봉양하기 위하여 세대를 합침으로써 1세대가 2주택을 소유하게 되는 경우 먼저 양도하는 주택에 대하여는 국내에 1개의 주택을 소유하고 있는 것으로 보아 1세대 1주택의 비과세 규정을 적용한다. 이 경우 장기저당담보주택은 거주기간의 제한을 받지 아니한다.

3) 계약기간 만료 이전에 양도한 경우

1세대가 장기저당담보주택을 1)의 규정에 의한 계약기간 만료 이전에 양도하는 경우에는 1)과 2)의 규정을 적용하지 아니한다.

4) 장기저당담보주택에 대한 특례적용신고

장기저당담보주택에 대하여 1주택으로 간주받고자 하는 자는 특례적용신고서를 양도소득세 과세표준 신고기한 내에 장기저당담보주택에 관한 대출계약서와 함께 제출하여야 한다.

(6) 부수토지 요건

주택에 부수되는 토지로서 도시지역 내의 경우는 건물정착면적의 5배, 도시지역 밖의 경우에는 건물정착면적의 10배 이내의 토지의 양도로 인한 소득에 대해서도 양도소득세가 비과세된다. 따라서 5배 또는 10배를 초과하는 부분은 양도소득세가 과세된다.

1) 정착면적 및 부수토지

부수토지 계산시 건물의 정착면적은 건물 1층의 바닥면적을 의미하며, '부수토지'란 해당 주택과 경제적 일체를 이루고 있는 토지로서 사회통념상 주거생활공간으로 인정되는 토지를 의미한다.

2) 2필지로 된 주택의 부수토지

지적공부상 지번이 상이한 2필지의 토지 위에 주택이 있는 경우에도 한울타리 안에 있고 1세대가 주거용으로 사용하는 때에는 주택의 부수토지로 본다.

3) 무허가 건물

주택에 부수되는 토지면적은 주택정착면적의 5배 또는 10배를 초과하지 아니하는 것으로 주택일부의 무허가 정착면적도 포함하여 계산한다.

단락핵심 「소득세법」상 2주택을 보유한 1세대가 주택을 양도하는 경우(단, 해당 2주택은 등기된 주택임)

(1) 2주택을 연도를 달리하여 양도하고 다른 양도자산이 없다면, 각각에 대하여 연 250만원의 양도소득기본공제가 적용된다.
(2) 먼저 양도하는 주택도 장기보유특별공제가 적용된다.
(3) 나중에 양도하는 주택은 1세대 1주택 비과세요건을 충족하면 양도소득세가 비과세된다.
(4) 먼저 양도하는 주택의 양도소득금액을 계산함에 있어서 양도 당시의 실지거래가액을 확인할 수 없어 양도가액을 추계결정하는 경우에는 매매사례가액, 감정가액, 기준시가를 순차로 적용하여 산정한 가액을 양도가액으로 한다.

제3편 국 세

Key Point 1세대 1주택 ★★

요 건		구체적 내용
1) 1세대 요건	① 1세대	㉠ 정의 : 거주자 및 그 배우자가 그들과 동일한 주소 또는 거소에서 생계를 같이 하는 가족과 함께 구성하는 가족집단 ㉡ 판정시기 : 양도 당시 현황
	② 배우자 없어도 1세대로 보는 경우	㉠ 해당 거주자의 연령이 30세 이상인 경우 ㉡ 배우자가 사망하거나 이혼한 경우 ㉢ 독립된 생계를 유지할 수 있는 경우
2) 1주택 요건	① 주택	㉠ 정의 : 상시 주거용으로 사용하는 건물, 주택정착면적 5배(도시지역 밖 10배) 이내의 부수토지 포함 ㉡ 주택 여부의 판정 : 사실상의 용도에 의하여 판단
	② 겸용주택	㉠ 주택 > 기타 건물 : 모두 주택 ㉡ 주택 ≤ 기타 건물 : 주택부분만 주택
	③ 고가주택	양도소득세 비과세가 적용 안 됨(12억원 초과부분)
	④ 지정문화재인 주택	1세대 1주택 판정시 주택에 해당안됨
	⑤ 1세대 2주택 소유에 대한 비과세 적용	㉠ 일시적인 2주택의 경우 ㉡ 세대를 합쳐서 2주택이 된 경우 　ⓐ 노부모 동거봉양을 위한 경우　ⓑ 결혼으로 인한 일시적인 2주택의 경우
	⑥ 농어촌주택	다음의 주택으로서 수도권 외의 지역 중 읍지역 또는 면지역에 소재하는 주택과 그 외의 주택을 국내에 각각 하나씩 소유한 경우 1세대 1주택 규정 적용 ㉠ 상속받은 주택(피상속인이 취득 후 5년간 거주) ㉡ 이농인이 취득일 후 5년 이상 거주한 사실이 있는 이농주택 ㉢ 영농 또는 영어를 목적으로 취득한 귀농주택
	⑦ 1주택의 판정시점	양도 당시의 현황
3) 보유기간의 요건	① 2년 이상 보유	㉠ 양도하는 주택별로 계산　㉡ 보유기간은 취득일부터 양도일까지의 기간
	② 보유기간 및 거주기간의 제한을 받지 않는 경우 * 2년 미만 보유하여도 2년 이상 보유간주	㉠ 5년 이상 거주한 민간건설임대주택 또는 공공건설임대주택을 취득하여 양도하는 경우 ㉡ 다음에 해당하는 경우 　ⓐ 주택 및 그 부수토지의 전부 또는 일부가 「공익사업을 위한 토지 등의 취득 및 보상에 관한 법률」에 의한 협의매수·수용 및 그 밖의 법률에 의하여 수용되는 경우 　ⓑ 「해외이주법」에 따른 해외이주로 세대전원이 출국하는 경우 　ⓒ 1년 이상 계속하여 국외거주를 필요로 하는 취학 또는 근무상의 형편으로 세대전원이 출국하는 경우 　　* ⓐ는 양도일 또는 수용일부터 5년 이내에 양도하는 그 잔존주택 및 그 부수토지를 포함 ㉢ 취학 등 기획재정부령이 정하는 부득이한 사유로 1년 이상 거주한 주택을 양도하는 경우

단락문제 Q11

제16회 기출 개작

「소득세법」상 1세대 1주택 양도소득세 비과세에 대한 설명 중 틀린 것은?

① 양도일 현재 서울특별시에 1주택(법령의 규정에 의한 장기 저당담보주택 제외)만을 보유하고 있는 1세대로서 해당 주택의 보유기간이 3년 이상이어야만 비과세가 적용된다.
② 배우자가 사망하거나 이혼한 경우에는 배우자가 없는 때에도 이를 1세대로 본다.
③ 1주택을 보유하는 자가 1주택을 보유하는 자와 혼인함으로써 1세대가 2주택을 보유하게 되는 경우 그 혼인한 날부터 5년 이내에 먼저 양도하는 주택은 이를 1세대 1주택으로 보아 비과세 여부를 판단한다.
④ 하나의 건물이 주택과 주택 외의 부분으로 복합되어 있는 겸용주택의 경우 주택의 연면적이 주택 외의 연면적보다 클 때에는 그 전부를 주택으로 본다.
⑤ 거주 혹은 보유 중에 소실 등으로 인하여 멸실되어 재건축한 주택은 그 멸실된 주택과 재건축한 주택에 대한 기간을 합산하여 거주 또는 보유기간을 계산한다.

해설 1세대 1주택 양도소득세 비과세
① 보유기간 2년 이상이면 비과세에 해당된다(조정대상지역인 경우에는 거주기간 2년). **답** ①

2 법원의 파산선고에 의한 처분

법원의 파산선고에 의한 처분으로 발생하는 소득은 양도소득세를 비과세하는 바, 이때 파산선고에 의한 처분으로 발생하는 소득은 「채무자 회생 및 파산에 관한 법률」 제187조 및 제192조에 의하여 파산재단에 속하는 재산을 매각 처분함으로써 생기는 소득을 말한다.

3 농지의 교환 또는 분합 19회 출제

(1) 정 의

1) 농지의 교환(交換)

자신의 농지와 타인의 농지를 서로 바꾸는 것을 말한다.

2) 농지의 분합(分合)

자기소유 농지의 일부를 타인에게 주고 타인소유 농지의 일부를 자신이 소유하는 것을 말한다.

(2) 비과세 요건 20회 출제

다음의 요건에 해당하는 농지를 교환 또는 분합하는 경우에는 양도소득세가 과세되지 아니한다. 이 경우 교환 또는 분합하는 쌍방토지가액의 차액은 가액이 큰 편의 4분의 1 이하이어야 한다.

1) 국가 또는 지방자치단체가 시행하는 사업으로 인하여 교환 또는 분합하는 농지
2) 국가 또는 지방자치단체가 소유하는 토지와 교환 또는 분합하는 농지
3) 경작상 필요에 의하여 교환하는 농지. 다만, 교환에 의하여 새로이 취득하는 농지를 3년 이상 농지 소재지에 거주하면서 경작하는 경우에 한한다.
4) 「농어촌정비법」·「농지법」·「한국농어촌공사 및 농지관리기금법」 또는 「농업협동조합법」에 의하여 교환 또는 분합하는 농지

(3) 비과세 규정이 제외되는 농지

PROFESSOR COMMENT
감면대상인 대토와 동일하다.

1) 양도일 현재 특별시·광역시(군 제외)·특별자치시(읍·면지역은 제외)·특별자치도(읍·면지역은 제외) 또는 시지역(도·농 복합형태의 시의 읍·면 지역 제외)에 있는 농지 중 「국토의 계획 및 이용에 관한 법률」에 의한 주거지역·상업지역 또는 공업지역 안의 농지로서 이들 지역에 편입된 날부터 3년이 지난 농지. 다만, 다음의 어느 하나에 해당하는 경우는 제외한다.
   농지에 포함된다는 의미이다. ←

   ① 사업지역 내의 토지소유자가 1천명 이상이거나 사업시행면적이 기획재정부령으로 정하는 규모 이상인 개발사업지역(사업인정고시일이 같은 하나의 사업시행지역을 말한다) 안에서 개발사업의 시행으로 인하여 「국토의 계획 및 이용에 관한 법률」에 따른 주거지역·상업지역 또는 공업지역에 편입된 농지로서 사업시행자의 단계적 사업시행 또는 보상지연으로 이들 지역에 편입된 날부터 3년이 지난 경우
   ② 사업시행자가 국가, 지방자치단체, 그 밖에 기획재정부령으로 정하는 공공기관인 개발사업지역 안에서 개발사업의 시행으로 인하여 「국토의 계획 및 이용에 관한 법률」에 따른 주거지역·상업지역 또는 공업지역에 편입된 농지로서 기획재정부령으로 정하는 부득이한 사유에 해당하는 경우

2) 해당 농지에 대하여 환지처분 이전에 농지 외의 토지로 환지예정지의 지정이 있는 경우로서 그 환지예정지 지정일부터 3년이 지난 농지

(4) 농지의 범위

감면대상인 대토와 동일하다.

1) 농지라 함은 전·답으로서 지적공부상의 지목에 관계없이 실지로 경작에 사용되는 토지를 말하며, 농업경영에 직접 필요한 농막·퇴비사·양수장·지소·농도·수로 등을 포함한다.
2) 농지에는 지적공부상의 지목에 관계없이 실제로 경작에 사용되는 과수원을 포함한다.
3) 농지에는 농지세 과세대상에서 제외한 농작물(보리·밀)을 생산하는 토지도 포함한다.

(5) 농지 소재지의 요건

감면대상인 대토와 동일하다.

1) 농지가 소재하는 시·군·구(자치구인 구를 말함) 안의 지역
2) 시·군·구와 연접한 시·군·구 안의 지역
3) 농지부터 직선거리 30km 이내에 있는 지역

4 「지적재조사에 관한 특별법」 제18조에 따른 경계의 확정으로 지적공부상 면적이 감소되어 같은 법 제20조에 따라 지급받는 조정금

3 미등기자산에 대한 양도소득세의 비과세 배제 ★ 13·29·32회 출제
→ 과세한다는 의미이다.

Q: 양도소득세에 있어서 미등기란 무엇이며, 미등기한 경우 불이익은 어떤 것이 있나요?
A: 네, 미등기에 대해서 살펴보겠습니다.

미등기자산의 범위와 미등기자산에서 제외되는 사항 및 미등기의 경우 불이익의 내용을 정리하여야 한다.

토지·건물·부동산에 관한 권리 등을 취득한 자가 그 자산의 취득에 관한 등기를 하지 아니하고 양도할 경우 양도소득에 대한 소득세의 비과세에 관한 규정을 적용하지 아니한다.

(1) 다음의 자산은 미등기자산으로 보지 아니한다. → 등기한 것으로 간주하므로 장기보유특별공제와 양도소득기본공제가 적용된다. **32회 출제**
   1) 장기할부조건으로 취득한 자산으로서 그 계약조건에 의하여 양도 당시 그 자산의 취득에 관한 등기가 불가능한 자산
   2) 법률의 규정 또는 법원의 결정에 의하여 양도 당시 그 자산의 취득에 관한 등기가 불가능한 자산
   3) 농지의 분합·교환 또는 대토(代土)로 인해 취득하는 농지 및 8년 이상 자경농지
   4) 1세대 1주택으로서 「건축법」에 의한 건축허가를 받지 아니하여 등기가 불가능한 자산
   5) 「도시개발법」에 따른 도시개발사업이 종료되지 않아 토지취득등기를 하지 않고 양도하는 토지
   6) 건설업자가 「도시개발법」에 따라 공사용역 대가로 취득한 체비지를 토지구획환지처분공고 전에 양도하는 토지

(2) 미등기양도자산에 대한 불이익처분
   1) **비과세규정의 적용 배제**
      미등기양도자산에 대하여는 양도소득에 대한 소득세의 비과세에 관한 규정을 적용하지 아니한다.
   2) **공제의 배제**
      미등기양도자산에 대하여는 장기보유특별공제 및 양도소득기본공제에 관한 규정을 적용하지 아니한다. 따라서 미등기부동산의 경우 양도차익과 양도소득금액 그리고 과세표준이 동일하다.
   3) **양도소득세의 중과**
      미등기양도자산에 대하여는 70%의 가장 높은 세율을 적용한다.

(3) 미등기양도자산에도 적용되는 사항
   필요경비의제 공제 적용(토지·건물) : 취득 당시 기준시가 × 0.3%

PROFESSOR COMMENT
예정신고납부하면 10%세액공제를 적용하였으나 2010년 1월 1일부터 폐지하였다.

 미등기양도자산(未登記讓渡資産)에 대하여 양도소득세 중과세

(1) 양도소득세의 비과세에 관한 규정을 적용하지 아니한다.
(2) 장기보유특별공제 및 양도소득기본공제에 관한 규정을 적용하지 아니한다.

제2장 소득세

단락문제 Q12
제19회 기출 개작

다음 중 미등기양도자산에 대하여 양도소득세의 내용을 설명한 것으로 옳지 않은 것은?

① 미등기양도부동산은 필요경비 개산공제는 적용되지 않는다.
② 높은 세율인 70%로 과세한다.
③ 양도소득세의 비과세에 관한 규정을 적용하지 아니한다.
④ 미등기라 함은 토지·건물·부동산에 관한 권리를 취득한 자가 취득에 관한 등기를 하지 아니한 경우를 말한다.
⑤ 장기보유특별공제 및 양도소득기본공제에 관한 규정을 적용하지 아니한다.

해설 미등기 양도
1) 불이익
　① 세율 : 70%, ② 비과세 적용배제, ③ 장기보유특별공제·양도소득기본공제 적용배제
2) 필요경비 개산공제는 미등기부동산에 대하여도 적용(0.3%)한다.

답 ①

미등기양도자산에 대한 불이익 처분

① 비과세규정의 적용 배제
② 장기보유특별 공제 배제 및 양도소득기본 공제 배제
③ 양도소득세 70% 중과세

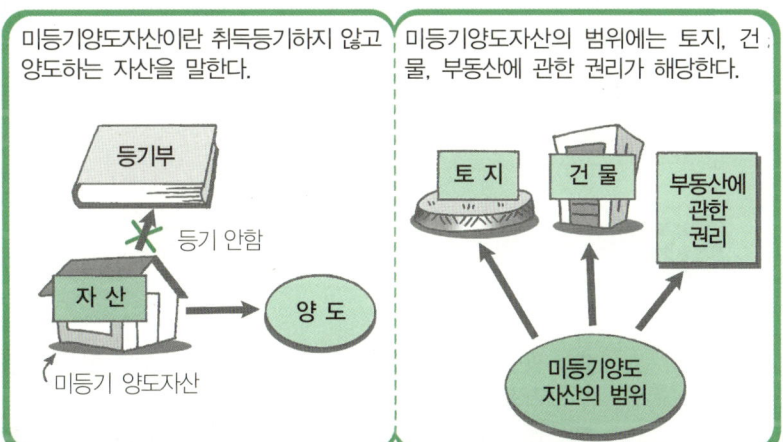

제3편 국 세

4 허위계약서에 대한 양도소득세의 비과세 배제(소득세법 제91조 제2항)

(1) 의 의

양도소득세가 비과세되는 1세대 1주택자가 실지양도가액보다 **많게 계약서에 기재한 경우** 불이익을 주기 위하여 비과세를 배제한다.
→ 일명 "up계약서"라 함

(2) 비과세 또는 감면의 배제내용

토지, 건물 및 부동산에 관한 권리를 매매하는 거래당사자가 매매계약서의 거래가액을 실지거래가액과 다르게 적은 경우에는 해당 자산에 대하여 「소득세법」 또는 「소득세법」 외의 법률에 따른 양도소득세의 비과세 또는 감면에 관한 규정을 적용할 때 비과세 또는 감면받았거나 받을 세액에서 **다음의 구분에 따른 금액**을 뺀다(소득세법 제91조 제2항).
→ 적은 금액

1) 비과세에 관한 규정을 적용받을 경우

비과세에 관한 규정을 적용하지 아니하였을 경우의 양도소득 산출세액과 매매계약서의 거래가액과 실지거래가액과의 차액 중 적은 금액

2) 감면에 관한 규정을 적용받았거나 받을 경우

감면에 관한 규정을 적용받았거나 받을 경우의 해당 감면세액과 매매계약서의 거래가액과 실지거래가액과의 차액 중 적은 금액

07 과세표준 ★★★　10·11·15·16·18·24·25·29·33·34·35회 출제

Q: 양도소득세의 과세표준을 계산하는 구조는 매년 출제되고 있는 것으로 알고 있습니다. 계산구조가 복잡한데 간략하게 설명해주십시오.
A: 네, 양도차익을 계산하는 단계, 양도소득금액을 계산하는 단계, 과세표준을 계산하는 단계로 구분할 수 있습니다.

 부동산의 시가가 1억원, 기준시가가 9천만원, 매매가격이 1억2천만원일 경우 양도소득세를 신고·납부하여야 할 양도기준금액을 어떤 금액으로 할까요? 또한 양도소득세를 계산할 때 경비를 포함한 각종 공제금액은 얼마로 해야 할까요?
이러한 내용이 과세표준을 산정하는 내용입니다.

Key Point 과세표준　13·22회 출제

1) 양도가액 - 필요경비(취득가액 + 기타 필요경비) = 양도차익
2) 양도차익 - 장기보유특별공제 = 양도소득금액
3) 양도소득금액 - 양도소득기본공제 = 과세표준

제2장 소득세

PROFESSOR COMMENT
양도차익, 양도소득금액, 과세표준의 단계별로 흐름도를 이해하여야 하고, 각 단계별로 구체적인 사례를 적용할 수 있어야 한다.

1 양도가액

(1) 양도차익 계산의 근간을 이루는 양도 및 취득가액은 원칙적으로 양도자와 양수자 간에 실제로 거래한 가액인 실지거래가액으로 한다.

(2) 양도가액을 <u>실지거래가액</u>(→ 매매사례가액, 감정가액을 포함)에 의할 때에는 취득가액도 <u>실지거래가액</u>(→ 매매사례가액, 감정가액, 환산가액을 포함)에 의하고 양도가액을 기준시가에 의하는 때에는 취득가액도 기준시가에 의한다.

> **WIDE 특수한 사례의 실지거래가액**
>
> ① 실지거래가액에 의한 경우로서 토지·건물 등을 일괄취득·일괄양도한 경우
>   ㉠ 원칙 : 토지·건물 등을 각각 구분하여 기장한 가액을 토지·건물 등의 실지거래가액으로 한다.
>   ㉡ 예외 : 토지·건물 등의 실지거래가액이 구분되지 않거나 토지·건물 등을 구분 기장한 가액이 「부가가치세법」에 의한 안분계산방법을 준용하여 안분계산한 가액과 30% 이상 차이가 있는 경우
> ② 부가가치세 과세표준계산상 토지·건물·일괄공급시 안분계산방법을 준용하여 안분계산한다(감정가액 → 기준시가 → 장부가액 → 취득가액).

▼ 양도소득세 계산구조

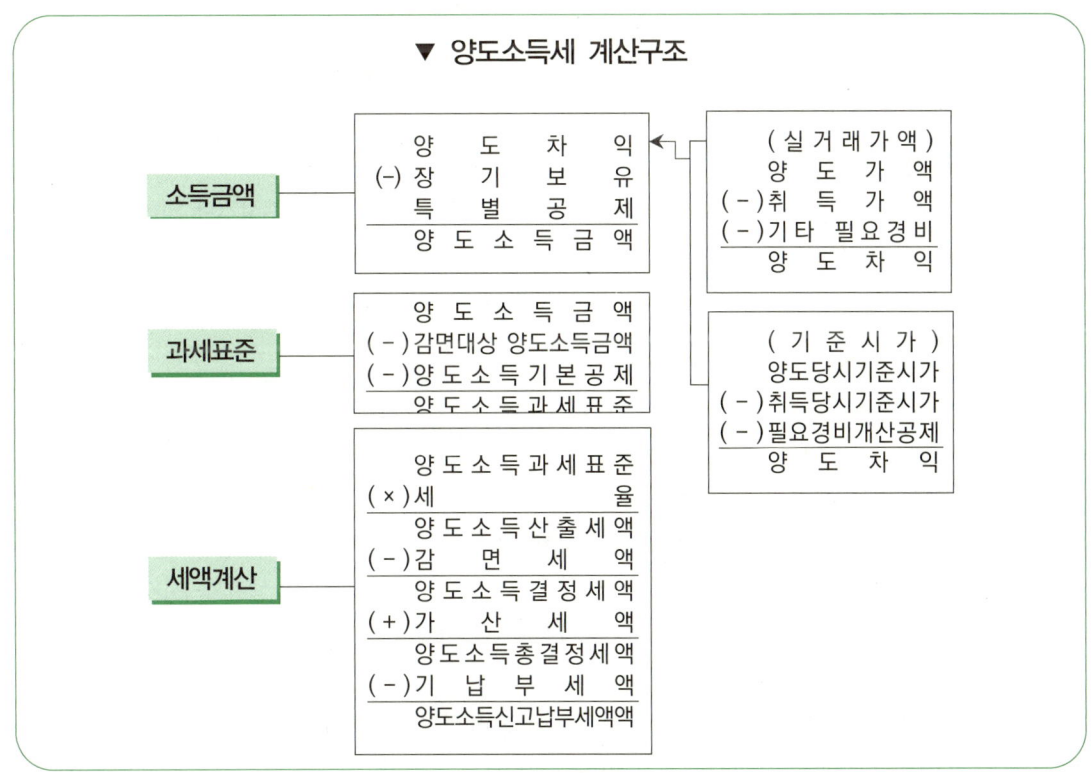

제3편 국 세

(1) 토지 또는 건물, 부동산에 관한 권리 12회 출제

양도가액과 취득가액은 실지거래가액으로 함을 원칙으로 한다. 이 경우 실지거래가액에는 매매사례가액과 감정가액을 포함한다.

> **예제** 다음과 같을 경우 양도가액과 취득가액 결정기준은?
> 1) 토지를 취득하여 양도함
> 2) 취득 200△. 1. 5. 취득가액 4억원, 기준시가 3억원
> 3) 양도 200△. 9.15. 양도가액 5억원, 기준시가 3억7천만원
>
> **풀이** 양도가액 5억원, 취득가액 4억원임

(2) 주식과 기타 자산

1) 대상자산
① 주식, 출자지분, 신주인수권
② 기타 자산
  ㉠ 특정주식
  ㉡ 사업용 고정자산과 함께 양도하는 영업권
  ㉢ 부동산 과다보유 법인주식
  ㉣ 시설물의 이용권·회원권(시설물이용권을 부여받게 되는 경우의 해당 주식 등을 포함)

2) 원칙 : 실지거래가액
양도가액과 취득가액은 실지거래가액으로 함을 원칙으로 한다.

(3) 기준시가 ★ 10·26회 출제

양도 또는 취득 당시의 실지거래가액을 확인할 수 없는 경우에는 기준시가에 의해 평가한다.

1) 토지

> **Key Point** 기준시가
> ① 토 지 : 공시가격 = 개별공시지가
> ② 지정지역 안의 토지 : 개별공시지가 × 배율 → 국세청장이 양도·취득 당시의 개별공시지가에 지역마다 그 지역에 있는 가격 사정이 유사한 토지의 매매실례가액을 참작하여 고시하는 배율

① **원칙 : 공시가격**
「부동산 가격공시에 관한 법률」에 의한 공시가격인 개별공시지가를 기준시가로 한다. 다만, 다음에 해당하는 개별공시지가가 없는 토지는 지목·이용 상황 등 지가형성요인이 유사한 인근토지의 개별공시지가를 기준으로 비교표에 의하여 납세지 관할 세무서장이 평가한 가액을 말한다.
이 경우 납세지 관할 세무서장은 2 이상의 감정평가기관에 의뢰하여 해당 토지에 대한 감정평가기관의 감정가액을 고려하여 평가할 수 있다.

㉠ 「공간정보의 구축 및 관리 등에 관한 법률」에 의한 신규등록 토지
㉡ 「공간정보의 구축 및 관리 등에 관한 법률」에 의하여 분할 또는 합병된 토지
㉢ 토지의 형질변경 또는 용도변경으로 인하여 「공간정보의 구축 및 관리 등에 관한 법률」 상의 지목이 변경된 토지
㉣ 개별공시지가의 결정·고시가 누락된 토지(국·공유지 포함)

② 예외 : 개별공시지가 × 배율

> **용어사전**
> ❶ 배율방법
> 양도·취득 당시의 개별 공시지가에 대통령령이 정하는 배율을 곱하여 계산한 금액에 의하여 평가하는 방법이다.

지정지역(각종 개발사업 등으로 지가가 급등하거나 급등우려가 있는 지역으로서 국세청장이 지정한 지역)에 있어서는 **배율방법**❶에 의하여 평가한 가액으로 한다.

2) 주택
주택은 주택의 부속토지와 함께 일괄하여 고시한 가액을 기준시가로 하되, 다음과 같이 단독주택과 공동주택으로 구분한다.

① **단독주택**
「부동산 가격공시에 관한 법률」에 의한 **개별주택가격**을 기준시가로 한다.
← 시장·군수·구청장 공시가액

② **공동주택**
㉠ 국세청장이 국토교통부장관과 협의하여 결정·고시한 공동주택가격이 있을 때에는 그 가격에 따른다.
㉡ 국세청장이 고시한 공동주택 이외의 공동주택은 「부동산 가격공시에 관한 법률」에 의한 **공동주택가격**을 기준시가로 한다.
← 국토교통부장관 공시가액

③ **개별주택가격 및 공동주택가격이 없는 경우**
개별주택가격 및 공동주택가격이 없는 경우에는 납세지 관할 세무서장이 인근 유사주택의 개별주택가격 및 공동주택가격을 고려하여 평가한 금액으로 한다.

3) 건물
① **특정한 오피스텔 및 상업용건물**

Key Point 고급주택의 판정기준
국세청장이 토지와 건물을 일괄 고시한 가액

건물에 딸린 토지를 공유로 하고 건물을 구분소유하는 것으로서 건물의 용도·면적 및 구분소유하는 건물의 수 등을 고려하여 대통령령이 정하는 오피스텔 및 상업용건물(부수토지 포함)에 대하여는 건물의 종류·규모·거래상황·위치 등을 고려하여 매년 1회 이상 국세청장이 토지와 건물의 가액을 일괄하여 산정·고시한 가액(이 경우 건물의 가액만을 토지와 구분하여 평가·고시한 경우에는 그 가액)

② ①을 제외한 건물 → 예 일반건축물 등

건물의 신축가격·구조·용도·위치·신축연도 등을 고려하여 매년 1회 이상 국세청장이 산정·고시하는 가액
　　　↳ 지정지역 내 주택을 제외

Key Point 기준시가보다 보상금액 등이 낮은 경우

다음의 하나에 해당하는 가액이 위의 1), 2), 3)에 의한 가액보다 낮은 경우에는 그 차액을 위의 1), 2), 3)의 가액에서 차감하여 양도 당시 기준시가를 계산한다. 즉, 보상금액 등이 기준시가보다 낮은 경우에는 보상금액 등을 기준시가로 한다.　　　　　　　　　　　　　　　　　　　↳ "둘 중 낮은 금액으로 한다"는 의미이다.

1) 「공익사업을 위한 토지 등의 취득 및 보상에 관한 법률」에 따른 협의매수·수용 및 그 밖의 법률에 따라 수용되는 경우의 그 보상액과 보상액 산정의 기초가 되는 기준시가 중 적은 금액
2) 「국세징수법」에 의한 공매와 「민사집행법」에 의한 강제경매 또는 저당권실행을 위하여 경매되는 경우의 그 공매 또는 경락가액

4) 지상권

「상속세 및 증여세법 시행령」 제51조 제1항(지상권 등의 평가)의 규정을 준용하여 평가한 가액

5) 부동산을 취득할 수 있는 권리　30회 출제

취득일 또는 양도일까지 불입한 금액과 취득일 또는 양도일 현재의 프리미엄에 상당하는 금액을 합한 금액

6) 비상장주식

① 「상속세 및 증여세법」 제63조 제1항 제1호의 규정을 준용하여 평가한 가액
② 다만, 장부분실 등의 사유로 취득 당시의 기준시가를 확인할 수 없는 경우에는 액면가액을 취득 당시의 기준시가로 적용한다.

7) 특수한 경우

① 양도 당시의 기준시가와 취득 당시의 기준시가가 동일한 경우
　㉠ 동일한 기준시가 조정기간 내에 취득하여 양도하는 경우

$$\text{양도 당시의 기준시가} = \text{취득 당시의 기준시가} + (\text{취득 당시의 기준시가} - \text{전기의 기준시가}) \times \frac{\text{양도자산보유기간의 월수}}{\text{기준시가 조정월수}}$$

　　ⓐ 전기의 기준시가는 취득 당시의 기준시가 결정일 전일의 해당 양도자산의 기준시가를 말하며, 전기의 기준시가가 취득 당시의 기준시가보다 높은 경우에는 취득 당시의 기준시가를 전기의 기준시가로 본다.
　　ⓑ 기준시가 조정월수란 전기의 기준시가 결정일부터 취득 당시 기준시가 결정일 전일까지의 월수를 말하며, 양도자산보유기간의 월수가 기준시가 조정월수보다 많은 경우에는 기준시가 조정월수를 해당 양도자산의 보유기간의 월수로 본다.

ⓛ **기타**
해당 양도자산의 기준시가

> **WIDE** 취득일이 속한 연도와 다음 연도 말일 이전의 양도
>
> 취득일이 속하는 연도와 다음 연도 말일 이전에 양도하는 자산에 대하여는 양도일부터 2개월 이내에 새로운 기준시가 고시가 있는 경우에는 새로운 기준시가 상승률에 의하도록 한다.

② **국세청장이 지정한 지역 안에 있는 공동주택으로서 취득 당시에는 그 지역에 해당하지 아니하는 경우**
취득 당시의 기준시가에 의한다.

$$\text{국세청장이 해당 자산에 대하여 최초로 고시한 기준시가} \times \frac{\text{취득 당시의 기준시가}}{\text{해당 자산에 대하여 국세청장이 최초로 고시한 기준시가고시 당시의 기준시가}}$$

③ **새로운 기준시가가 고시되기 전에 취득 또는 양도하는 경우**
직전의 기준시가에 의한다.

④ 「부동산 가격공시에 관한 법률」(구 부동산가격공시 및 감정평가에 관한 법률, 구 지가공시및토지등의평가에관한법률)에 의하여 1990년 8월 30일 개별공시지가가 고시되기 전에 취득한 토지의 취득당시의 기준시가는 다음 산식에 의한다.
이 경우 시가표준액은 「지방세법」상 시가표준액을 말한다.

$$\text{1990년 1월 1일을 기준으로 한 개별공시지가} \times \frac{\text{취득 당시의 시가표준액}}{\text{1990년 8월 30일 현재의 시가표준액과 그 직전에 결정된 시가표준액의 합계액을 2로 나누어 계산한 금액}}$$

2 필요경비 ★★ 12·22·27회 출제

1) 실지거래가액에 의한 경우 10회 출제	취득가액 + 자본적 지출액(설비비와 개량비 포함) + 양도비
2) 매매사례가액, 감정가액에 의한 경우	매매사례가액, 감정가액 + 필요경비개산공제
3) 환산가액에 의한 경우	둘 중 큰 금액 • 환산가액 + 필요경비개산공제 • 자본적 지출액 + 양도비용
4) 기준시가에 의한 경우	취득 당시 기준시가 + 필요경비개산공제 → 의제공제, 간주공제

제3편 국 세

(1) 취득가액 15·추가15회 출제
1) 실지거래가액 28회 출제
① 적용대상
㉠ 양도차익의 계산에 있어서 양도가액에서 공제할 필요경비 중 취득가액을 실지거래가액으로 할 경우 실지취득가액은 다음의 가액으로 한다.

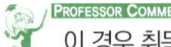
PROFESSOR COMMENT
이 경우 취득가액의 실지거래가액에는 매매사례가액, 감정가액, 환산가액을 포함한다.

▼ 취득에 소요된 실지거래가액

1) 타인으로부터 매입한 자산은 매입가액에 취득세·등록면허세 기타 부대비용을 가산한 금액
2) 자기가 행한 제조·생산 또는 건설 등에 의하여 취득한 자산은 원재료비·노무비·운임·하역비·보험료·수수료·공과금(취득세와 등록면허세를 포함)·설치비 기타 부대비용의 합계액
3) 1), 2) 이외의 자산은 취득 당시의 정상가액
4) 사업자가 자산을 장기할부조건으로 매입하는 경우에 발생한 채무를 기업회계기준에 따라 현재가치로 평가한 현재가치할인차금과 부가가치세법 제10조 제6항에 따라 납부하였거나 납부할 부가가치세를 포함하되 양도자산의 보유기간 중에 동 현재가치할인차금의 상각액을 각 연도의 사업소득금액 계산시 필요경비로 산입하였거나 산입할 금액이 있는 때에는 공제한다(소득령 제163조 제1항).
   → 폐업한 경우 잔존재화에 대한 부가가치세를 말한다.
   → 이중으로 필요경비에 산입되는 것을 방지
5) 부당행위 계산에 의한 시가초과액을 제외한다.
6) 취득에 관한 쟁송이 있는 자산에 대하여 그 소유권 등을 확보하기 위하여 직접 소요된 소송비용·화해비용 등의 금액으로서 그 지출한 연도의 각 소득금액의 계산에 있어서 필요경비에 산입된 것을 제외한다.
   ← 사업소득금액 계산할 때 이미 경비로 공제하였으므로 양도소득세 계산시는 경비로 인정하지 않는다. 즉, 이중공제 방지
7) 양도자산보유기간중에 그 자산에 대한 감가상각비로서 각 연도의 사업소득금액의 계산에 있어서 필요경비에 산입하였거나 산입할 금액이 있는 때에는 공제한 것을 그 취득가액으로 한다.
   → 이중으로 필요경비에 산입되는 것을 방지
8) 취득원가를 적용함에 있어 당사자 약정에 의한 대금지급방법에 따라 취득원가에 이자상당액을 가산하여 거래가액을 확정하는 경우 해당 이자상당액은 취득원가에 포함한다. 다만, 당초 약정에 의한 거래가액의 지급기일의 지연으로 인하여 추가로 발생하는 이자상당액은 취득원가에 포함하지 아니한다.
   * 사업소득에는 부동산매매업소득, 부동산임대업소득 등이 포함된다.
9) 취득가액에서 제외 : 지적공부상 면적이 증가한 해당 토지를 양도할 때 지적재조사결과 보유한 토지면적이 증가하여 납부한 조정금은 취득가액에서 제외한다(소득법 제97조 제1항).

ⓐ 토지·건물·부동산에 관한 권리의 취득가액을 확정함에 있어서 양도·취득 당시의 가액을 실지거래가액으로 해야 할 경우에는 그 자산의 취득에 소요된 실지거래가액에 의한다.
ⓑ 주식 및 출자지분, 기타 자산의 경우에는 그 자산의 취득에 소요된 실지거래가액에 의한다.

제2장 소득세

ⓒ 취득 당시의 실지거래가액을 확인할 수 없는 경우에는 취득가액을 매매사례가액, 감정가액, 환산가액(환산한 취득가액)으로 한다.

ⓒ 환산가액으로 하는 경우 필요경비 계산특례

취득가액을 매매사례가액 또는 감정가액으로 하는 경우의 필요경비는 취득가액(= 매매사례가액 또는 감정가액)에 필요경비개산공제금액을 더하여 계산한다. 그러나 취득가액을 환산가액으로 하는 경우 필요경비는 ⓐ와 ⓑ 중 큰 금액으로 할 수 있다.

ⓐ 환산가액에 필요경비개산공제금액을 더한 금액
ⓑ 자본적 지출액에 양도비용 등을 더한 금액

ⓔ 감정가액 또는 환산가액을 적용하여 신고·납부시 5% 가산세 부과(소득법 제114조의2 제1항)

→ 바닥면적 합계가 85m² 초과하는 경우에 한정

건물을 신축 또는 증축하여 취득한 후 5년 이내 양도한 경우 감정가액 또는 환산취득가액을 취득가액으로 신고시 건물분 감정가액 또는 환산취득가액의 5%를 가산세로 부과한다.

→ 취득일 또는 증축일

② **취득가액 이외의 필요경비**

실지거래가액에 의하여 양도차익을 계산하는 경우에 양도가액에서 공제할 필요경비는 취득가액, 설비비와 개량비, 자본적 지출액, 양도비 등으로서 증빙서류에 의해 확인된 실지지출금액으로 한다.

③ **가업상속공제가 적용된 자산**

가업상속공제가 적용된 자산의 양도차익을 계산할 때 양도가액에서 공제할 필요경비는 법 제97조 제2항에 따른다. 다만, 취득가액은 아래의 금액을 합한 금액으로 한다.

→ 양도소득의 필요경비를 말한다.

㉠ 피상속인의 취득가액 × 해당 자산가액 중 가업상속공제가 적용된 비율
㉡ 상속개시일 현재 해당 자산가액 × (1 - 가업상속공제적용률)

④ **개발부담금 등의 필요경비 산입**

「개발이익환수에 관한 법률」 등에 따른 개발부담금, 재건축부담금, 수익자부담금 등의 사업비용을 필요경비로 산입한다.

제3편 국 세

단락문제 Q13
제15회 기출

실지거래가액방식에 의한 양도차익의 산정에 있어서 취득가액에 대한 설명 중 틀린 것은?

① 취득에 관한 쟁송이 있는 자산에 대하여 그 소유권확보를 위하여 직접 소요된 소송비용(다만, 지출한 연도의 각 소득금액 계산상 필요경비에 산입된 것은 제외)도 취득가액에 포함된다.
② 「소득세법」상의 부당행위계산에 의한 시가초과액은 취득가액에 포함되지 않는다.
③ 당사자 약정에 의한 대금지급방법에 따라 취득원가에 이자상당액을 가산하여 거래가액을 확정한 경우에는 해당 이자상당액도 취득원가에 포함된다.
④ 양도자산의 보유기간 중에 그 자산의 감가상각비로서 사업소득금액(부동산임대소득금액)의 계산시에 필요경비로 산입한 금액은 취득가액에 포함되지 않는다.
⑤ 매입시 기업회계기준에 따라 발생한 현재가치할인차금 중 보유기간 동안 사업소득의 필요경비로 산입된 것은 취득가액에 포함된다.

해설 취득가액
⑤ 사업소득의 필요경비로 산입된 것은 양도소득세를 계산할 경우에는 필요경비인 취득가액에 포함하면 안 된다. 왜냐하면 이중으로 공제하기 때문이다.   **답** ⑤

2) 증여받은 후 10년 내 양도하는 경우(이월과세 대상자산) 21·25·35회 출제

Q: 배우자부터 증여받은 후 10년 이내 양도하는 경우
A: 취득가액을 증여한 배우자의 당초 취득 당시의 금액으로 한다.

* 취득가액, 장기보유특별공제, 세율을 적용할 때 취득일을 2021..9.1로 적용하지 않고, 2014..5.1로 적용한다.

① 거주자가 양도일부터 소급하여 10년 이내에 그 배우자(양도 당시 혼인관계가 소멸된 경우를 포함하되, 사망으로 소멸된 경우는 제외) 또는 직계존비속으로부터 증여받은 토지·건물·부동산을 취득할 수 있는 권리 또는 시설물 이용권·회원권(해당 권리부여된 주식 포함)의 양도차익을 계산함에 있어서 양도가액에서 공제할 필요경비 중 취득가액은 해당 배우자 또는 직계존비속의 취득 당시의 금액으로 한다. 이 경우 거주자가 증여받은 자산에 대하여 납부하였거나 납부할 증여세 상당액이 있는 경우에는 필요경비에 산입한다.

② 증여세 상당액은 거주자가 그 배우자 또는 직계존비속으로부터 증여받은 자산에 대하여 증여세 산출세액에 양도한 해당 자산가액이 증여세 과세가액에서 차지하는 비율을 곱하여 계산한 금액으로 한다. 이 경우 필요경비로 산입되는 증여세 상당액은 양도가액에서 필요경비를 공제한 잔액을 한도로 한다.

③ 연수계산은 등기부상의 소유기간에 의한다.

④ 이월과세 적용으로 수증자가 1세대 1주택 비과세가 해당될 경우 이월과세를 적용하지 않고 부당행위계산부인규정을 적용한다.

⑤ 다음의 하나에 해당하는 경우에는 이월과세규정을 적용하지 아니한다.
  ㉠ 사업인정고시일부터 소급하여 2년 이전에 증여받은 경우로서 법률에 따라 협의매수 또는 수용된 경우
  ㉡ 이월과세가 적용되는 경우 양도소득세가 비과세되는 1세대 1주택에 해당되는 경우
    1세대 1주택이라도 비과세 대상에서 제외되는
    고가주택(이에 딸린 토지를 포함)을 포함한다.

Key Point 이월과세

구 분	이 월 과 세
1) 증여자와 수증자와의 관계	배우자 사이, 직계존비속 사이
2) 과세대상 적용자산	토지·건물·부동산을 취득할 수 있는 권리·시설물 이용권(권리부여 주식 포함)
3) 수증일부터 양도일까지의 기간	증여 후 10년 이내(등기부상 소유기간)
4) 양도소득세 납세의무자	수증받아 양도한 배우자 또는 직계존비속
5) 증여세의 처리	필요경비에 산입
6) 연대납세의무규정	연대납세의무 없음
7) 조세부담의 부당한 감소 여부	고려함
8) 부당행위계산 부인과의 적용우선순위	이월과세가 먼저 적용(예외 있음)
9) 취득가액 적용시점	증여한 배우자 또는 직계존비속의 취득일
10) 장기보유특별공제·세율적용시 보유기간 기산일	증여한 배우자 또는 직계존비속의 취득한 날

제3편 국 세

단락문제 Q14
제25회 기출 개작

「소득세법」상 거주자 甲이 2012년 1월 20일에 취득한 건물(취득가액 3억원)을 甲의 배우자 乙에게 2016년 3월 5일자로 증여(해당 건물의 시가 8억원)한 후, 乙이 2019년 5월 20일에 해당 건물을 甲·乙의 특수관계인이 아닌 丙에게 10억원에 매도하였다. 해당 건물의 양도소득세에 관한 설명으로 옳은 것은?(단, 취득·증여·매도의 모든 단계에서 등기를 마침)

① 양도소득세 납세의무자는 甲이다.
② 양도소득금액 계산시 장기보유특별공제가 적용된다.
③ 양도차익 계산시 양도가액에서 공제할 취득가액은 8억원이다.
④ 乙이 납부한 증여세는 양도소득세 납부세액 계산시 세액공제된다.
⑤ 양도소득세에 대해 甲과 乙이 연대하여 납세의무를 진다.

해설 국세, 양도소득 – 이월과세
① 납세의무자는 을(乙)이다.
② 취득가액, 장기보유특별공제, 세율 적용시 甲의 취득일인 2012년 1월 20일을 적용하여 계산한다. 그러므로 장기보유특별공제가 적용된다.
③ 취득가액은 3억원이다.
④ 세액공제가 아니고 필요경비에 산입한다.
⑤ 연대납세의무규정이 없다. 따라서 연대납세의무가 적용되지 않는다.

답 ②

3) 기준시가 ★ 13회 출제

> 필요경비 = 취득당시기준시가 + 필요경비개산공제

양도가액을 기준시가로 계산하는 경우에 공제할 필요경비는 기준시가에 의한 취득가액과 필요경비개산공제액의 합계액으로 한다.

① **필요경비개산공제**

기준시가에 의하여 양도차익을 계산하는 경우에 양도가액에서 공제할 필요경비 중 취득가액은 기준시가에 의한 금액으로 하고, 취득가액 이외의 필요경비는 다음과 같이 계산한 필요경비개산공제액으로 한다.

▼ 필요경비개산공제

> ㉠ 취득가액 ·················· 기준시가
> ㉡ 취득가액 이외의 필요경비 ·············· 필요경비개산공제액(= 취득당시기준시가 × 공제율)

② 토지

취득 당시 개별공시지가 × $\frac{3}{100}$(단, 미등기자산은 $\frac{3}{1,000}$)

③ 건물
  ㉠ 아래 이외의 건물

  국세청장이 산정·고시하는 가액 × $\frac{3}{100}$(단, 미등기 $\frac{3}{1,000}$)

  ㉡ 지정지역 내 공동주택

  국세청장이 토지·건물의 가액을 일괄산정·고시가액 × $\frac{3}{100}$(단, 미등기 $\frac{3}{1,000}$)

④ 지상권, 전세권, 등기된 부동산임차권

  취득당시의 기준시가 × $\frac{7}{100}$(미등기양도자산은 1%)

⑤ 위 이외의 자산

  취득 당시의 기준시가 × $\frac{1}{100}$

[예제] 공시지가가 1억원인 토지를 취득등기한 후 1억 5천만원에 양도하였다. 필요경비개산공제를 적용할 경우 필요경비는 얼마인가?

[풀이] 1억원(취득 당시 개별공시지가) + (1억원 × $\frac{3}{100}$) = 1억 3백만원(필요경비)
→ 필요경비개산공제금액은 3백만원이다.

 취득가액

(1) 양도소득세의 과세대상이 되는 자산을 양도하고 기준시가에 의하여 양도차익을 계산하는 경우의 필요경비에 관한 산식 일반건물 : 취득 당시의 기준시가 + 취득 당시의 기준시가 × $\frac{3}{100}$

(2) 양도차익의 계산시 취득가액을 기준시가로 하는 경우 토지의 필요경비개산공제액은 취득 당시 개별공시지가의 3%(미등기는 0.3%)로 한다.

(2) 취득부대비용

취득세, 중개보수 등의 부대비용은 취득가액에 포함한다.

PROFESSOR COMMENT
재산세와 종합부동산세 등 보유관련세금은 제외한다.

(3) 자본적 지출액(수익적 지출은 제외) → 실제 지출이 확인되어야 한다.

1) 내용연수를 연장시키거나 그 가치를 현실적으로 증가시키는 수선비
    ① 본래의 용도를 변경하기 위한 개조
    ② 엘리베이터 또는 냉·난방장치의 설치
    ③ 피난시설의 설치
    ④ 재해 등으로 인하여 건물·기계·설비 등이 멸실 또는 훼손되어 해당 자산의 본래의 용도에 이용할 가치가 없게 된 것의 복구
    ⑤ 개량·확장·증설 등 위와 유사한 성질의 것

2) 설비비와 개량비
    ① 양도자산의 용도변경, 개량, 이용편의를 위하여 지출한 비용
    ② 해당 사업구역 내의 토지소유자가 부담한 수익자부담금과 개발부담금
    ③ 토지의 이용편의를 위하여 지출한 장애철거비용, 도로시설비, 도로를 신설하여 무상으로 공여한 경우의 토지가액
    ④ 사방사업에 소요된 비용

3) 양도자산을 취득한 후 쟁송이 있는 경우에 그 소유권을 확보하기 위하여 직접 소요된 비용, 화해비용 등의 금액으로서 필요경비에 산입된 것을 제외한 금액

4) 「공익사업을 위한 토지 등의 취득 및 보상에 관한 법률」이나 그 밖의 법률에 따라 토지 등이 협의매수 또는 수용되는 경우로서 그 보상금의 증액과 관련하여 직접 소요된 소용비용·화해비용 등의 금액으로서 그 지출한 연도의 각 소득금액 계산에 있어서 필요경비에 산입된 것을 제외한 금액. 이 경우 증액보상금을 한도로 한다.

5) 재해나 노후화 등 부득이 한 사유로 건물을 재건축한 경우 그 철거비용

(4) 양도비 → 실제 지출이 확인되어야 한다.

1) 자산을 양도하기 위하여 직접 지출한 비용(광고비, 개업공인중개사에 대한 중개보수, 계약서 작성비용, 공증비용, 인지세)
2) 「증권거래세법」에 의하여 납부한 증권거래세(주식양도에만 해당)
3) 자산을 취득함에 있어서 법령 등의 규정에 따라 매입한 국민주택채권 및 토지개발채권을 만기 전에 금융기관에 양도함으로써 발생하는 매각차손
4) 양도소득세를 신고하기 위하여 작성한 양도소득세신고서 작성비용
5) 매매계약상의 인도의무를 이행하기 위해 양도자가 지출한 명도소송비등 명도비용

3 양도차익 ★★★ 13·14·17·28·32회 출제

1) 양도차익 = 양도가액 − 필요경비
2) 1세대 1주택 비과세 요건을 갖춘 고가주택의 양도차익 = 양도차익 × $\dfrac{\text{양도가액}-12억원}{\text{양도가액}}$

예제 양도가액 15억원, 필요경비가 13억원일 경우 1세대 1주택 비과세 요건을 갖춘 고가주택의 양도차익은?

풀이 (15억 − 13억) × $\dfrac{15억 - 12억}{15억}$ = 4천만원이다.

[참고] 비과세요건을 갖추지 아니한 고가주택의 양도차익 = 15억원 − 13억원 = 2억원이다.

(1) 적용

양도가액(讓渡價額)을 실지거래가액에 의하는 때에는 취득가액(取得價額)도 실지거래가액에 의하고 양도가액을 기준시가에 의하는 때에는 취득가액도 기준시가에 의한다.

양도가액	취득가액
1) 실지거래가액 ⟺	실지거래가액
2) 기준시가 ⟺	기준시가

(2) 양도차익 산정의 특례

1) 의제취득일(1985년 1월 1일) 현재의 취득가액은 다음의 가액 중 많은 것으로 한다.
   ① 의제취득일 현재의 시가(시가를 알 수 없는 때에는 의제취득일 현재의 기준시가)
   ② 취득 당시 실지거래가액이 확인되는 경우로서 해당 자산의 실지거래된 취득가액에 그 취득일부터 의제취득일의 직전일까지의 보유기간에 의한 생산자 물가상승률을 곱하여 계산한 금액을 합산한 가액
2) 취득가액을 의제취득일 현재의 기준시가로 평가하는 경우 해당 취득가액은 다음의 가액에 의한다.

$$\text{양도 당시의 실지거래가액} \times \dfrac{\text{취득 당시의 기준시가}}{\text{양도 당시의 기준시가}}$$

(3) 양도소득의 부당행위 계산의 부인(否認) 17·19·21·31회 출제

Q: 특수관계인과 거래로 조세의 부담을 부당하게 감소시킨 경우
A: 세무서장이 시가로 결정 또는 경정할 수 있다

납세지 관할세무서장 또는 지방국세청장은 양도소득이 있는 거주자의 행위 또는 계산이 그 거주자와 특수관계에 있는 자와의 거래로 인하여 해당 소득에 대한 조세의 부담을 부당하게 감소시킨 것으로 인정되는 때에는 그 거주자의 행위 또는 계산에 관계없이 해당 연도의 소득금액을 계산할 수 있다(소득세법 제101조).

1) 조세의 부담을 부당하게 감소시킨 것으로 인정되는 경우(영 제8조 제2항)
① 특수관계에 있는 자부터 시가보다 높은 가격으로 자산을 매입하거나, 특수관계에 있는 자에게 시가보다 낮은 가격으로 자산을 양도한 때
② 특수관계에 있는 자에게 금전 기타 자산 또는 용역을 무상 또는 낮은 이율 등으로 대부하거나 제공한 때
③ 특수관계에 있는 자부터 금전 기타 자산 또는 용역을 높은 이율 등으로 차용하거나 제공받는 때
④ 특수관계에 있는 자부터 무수익자산을 매입하여 그 자산에 대한 비용을 부담하는 때
⑤ 기타 특수관계에 있는 자와의 거래로 인하여 해당 연도의 총수입금액 또는 필요경비의 계산에 있어서 조세의 부담을 부당하게 감소시킨 것으로 인정되는 때

※ 위 ①, ②, ③, ⑤는 시가와 거래가액의 차액이 3억원 이상이거나, 시가의 $\frac{5}{100}$ 의 상당하는 금액 이상인 경우에 한하여 적용한다.

2) 양도·취득가액을 시가로 계산

Q: 특수관계인와의 거래
A: 양도·취득가액을 시가로 계산

세무서장이 시가로 결정 또는 경정할 수 있다.
① 특수관계에 있는 자와의 거래에 있어서 토지 등을 시가를 초과하여 취득하거나 시가에 미달하게 양도함으로써 조세의 부담을 부당히 감소시킨 것으로 인정되는 때에는 그 취득가액 또는 양도가액을 시가에 의하여 계산한다.
② 다만, 시가가 불분명한 경우에는 기준시가에 의한다.

3) 특수관계인과의 거래 17회 출제
특수관계 있는 자란 다음과 같다(영 제98조 제1항)
① 해당 거주자의 친족
② 해당 거주자의 종업원 또는 그 종업원과 생계를 같이 하는 친족
③ 해당 거주자의 종업원 외의 자로서 해당 거주자의 금전 기타 자산에 의하여 생계를 유지하는 자와 이들과 생계를 같이 하는 친족
④ 해당 거주자 및 그외 ①~③에 규정하는 자가 소유한 주식 또는 출자지분의 합계가 총발행주식수 또는 총출자지분의 30% 이상이거나, 해당 거주자가 대표자인 법인

⑤ 해당 거주자와 ①~③에 규정한 자가 이사의 과반수 또는 출연금(설립 위한 출연금에 한함)의 50% 이상을 출연(出捐)하고, 그 중 1인이 설립자로 되어 있는 비영리법인

⑥ ④ 또는 ⑤에 해당하는 법인이 총발행주식수 또는 총출자지분의 50% 이상을 출자하고 있는 법인

부당행위계산 부인제도의 의의와 함께 특수관계인 부분을 특히 ①, ②, ③에 주의해서 살펴볼 필요가 있다.

4) 특수관계인에게 증여 후 양도   19·21·23회 출제

> **Q**: 특수관계인에게 증여 후 양도
> **A**: 당초 증여자가 직접 양도 간주

이월과세를 적용받은 경우 배우자 및 직계존비속은 제외

① 양도소득에 대한 소득세를 부당하게 감소시키기 위하여 **특수관계인에게** 자산을 증여한 후 그 자산을 증여받은 자가 그 증여일부터 **10년** 이내에 다시 이를 타인에게 양도한 경우에는 증여자가 그 자산을 직접 양도한 것으로 본다.

② 위 ①이 적용되기 위하여는 ㉠에 따른 세액이 ㉡에 따른 세액보다 적은 경우에 증여자에게 양도소득세가 과세된다.
  ㉠ 증여받은 자의 증여세와 양도소득세를 합한 세액
  ㉡ 증여자가 직접 양도한 것으로 보아 계산한 양도소득세

③ 이 경우 당초 증여받은 자산에 대하여는 「상속세 및 증여세법」에도 불구하고 증여세를 부과하지 아니한다.

④ 양도소득이 실질적으로 증여자에게 귀속되어야 한다.

⑤ 이월과세를 적용하여 수증자에게 1세대 1주택 비과세가 해당되는 경우 이월과세를 적용하지 않고 부당행위계산부인규정이 적용된다.

제3편 국 세

Key Point 부당행위계산의 부인

구 분	부당행위계산의 부인
1) 증여자와 수증자와의 관계	특수관계인
2) 과세대상 적용자산	양도소득세 과세대상자산
3) 수증일부터 양도일까지의 기간	증여 후 10년 이내(등기부상 소유기간)
4) 양도소득세 납세의무자	당초 증여자(직접 양도한 것으로 간주)
5) 증여세의 처리	증여세를 과세하지 않음
6) 연대납세의무 규정	증여자가 무재산인 경우에도 채권확보(수증자가 연대납세의무)
7) 조세부담의 부당한 감소여부	조세부담이 부당히 감소된 경우에만 적용
8) 이월과세규정과의 적용우선순위	이월과세가 먼저 적용
9) 취득가액 적용시점	당초 증여자의 취득일
10) 장기보유특별공제·세율적용시 보유기간 기산일	당초 증여자의 취득일

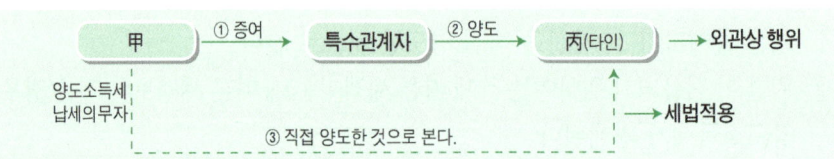

- 甲의 책임하에 양도소득세(③)를 부당히 감소시킬 목적으로 증여(①)를 통하여 증여일부터 10년 이내에 양도(②)행위를 하였으므로 ①과 ②의 행위를 부인하고 ③ 직접양도한 것으로 본다.

단락문제 Q15
제17회, 제21회 기출일부

「소득세법」상 양도소득이 있는 국내거주자인 甲의 부당행위계산부인과 관련된 내용 중 틀린 것은?

① 납세지 관할세무서장은 甲과 그와 특수관계있는 거주자인 A와의 거래가 조세의 부담을 부당하게 감소시킨 것으로 인정되는 때에는 甲의 행위 또는 계산에 관계없이 해당 연도의 소득금액을 계산할 수 있다.
② 甲과 그의 친족 B는 특수관계에 있다.
③ C는 甲의 종업원이다. D는 C와 생계를 같이하는 친족이다. 이 경우 甲과 D는 특수관계에 있지 아니하다.
④ 甲이 특수관계있는 E에게 시가보다 낮은 가격으로 부동산을 양도하는 경우에는 조세의 부담을 부당하게 감소시킨 것으로 인정된다.
⑤ ④의 경우 시가는 「상속세 및 증여세법」의 규정을 준용하여 평가한 가액에 의한다.

해설 부당행위계산부인
③ 특수관계인 사이에 부당한 행위 또는 부당한 계산으로 인하여 양도소득세를 부당하게 감소시킨 경우에 과세관청이 소득금액을 계산할 수 있다. 이 경우 특수관계인의 범위는 세법으로 정해져 있다. 문제에서 甲이 사장이고 C는 甲의 종업원이고 D는 C와 생계를 같이하는 친족이기 때문에 甲과 D는 특수관계인 사이에 해당된다. **답 ③**

4 장기보유특별공제 ★★ 10·12·18·24·26회 출제

PROFESSOR COMMENT
장기보유특별공제의 대상자산과 공제율 및 배제내용을 정리하고, 양도소득기본공제와 비교정리하여야 한다.

- **Q**: 3년 이상 보유·등기된 토지와 건축물
- **A**: 양도차익 × 공제율(6% ~ 30%)

장기보유특별공제는 부동산을 3년 이상 장기간 동안 보유한 경우 양도차익에서 장기보유특별공제금액을 공제하여 주는 제도이다.
장기보유특별공제금액은 양도차익에 공제율을 곱하여 계산한 금액이다.

(1) 장기보유특별공제액

장기보유특별공제액은 자산별 보유기간의 장·단에 따라 다음의 비율에 의해 계산한 금액으로 한다.

일반부동산(예 상가, 토지, 1세대 2주택 등)		1세대 1주택으로 과세되는 경우(예 고가주택)		
보유기간	공제율	보유기간 공제율	거주기간 공제율	합 계
3년 이상 4년 미만	100분의 6	3년 이상 4년 미만 12%	12%	100분의 24
4년 이상 5년 미만	100분의 8	4년 이상 5년 미만 16%	16%	100분의 32
5년 이상 6년 미만	100분의 10	5년 이상 6년 미만 20%	20%	100분의 40
6년 이상 7년 미만	100분의 12	6년 이상 7년 미만 24%	24%	100분의 48
7년 이상 8년 미만	100분의 14	7년 이상 8년 미만 28%	28%	100분의 56
8년 이상 9년 미만	100분의 16	8년 이상 9년 미만 32%	32%	100분의 64
9년 이상 10년 미만	100분의 18	9년 이상 10년 미만 36%	36%	100분의 72
10년 이상 ~ 11년 미만	100분의 20	10년 이상 ~ 40%	40%	100분의 80
11년 이상 ~ 12년 미만	100분의 22			
12년 이상 ~ 13년 미만	100분의 24	*보유기간이 3년 이상(12%)이고 거주기간이 2~3년(8%)인 경우 20% 적용한다.		
13년 이상 ~ 14년 미만	100분의 26			
14년 이상 ~ 15년 미만	100분의 28	*거주기간은 2021.1.1. 이후 양도분부터 적용함		
15년 이상 ~	100분의 30			

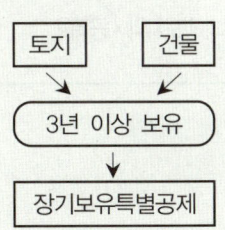 장기보유특별공제

등기된 토지(나대지 포함)와 건축물로서 3년 이상 보유(취득일~양도일)한 것에 대해 적용

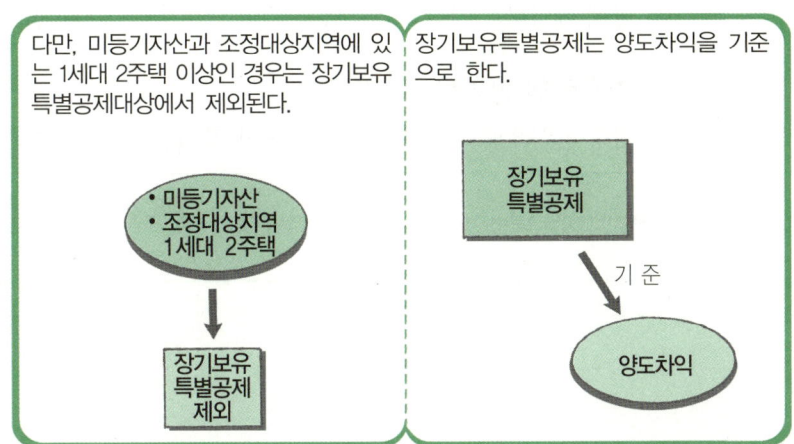

다만, 미등기자산과 조정대상지역에 있는 1세대 2주택 이상인 경우는 장기보유특별공제대상에서 제외된다.

장기보유특별공제는 양도차익을 기준으로 한다.

제3편 국 세

단락문제 Q16
제15회 기출 개작

다음은 양도소득세의 장기보유특별공제에 대한 설명이다. 틀린 것은?

① 장기보유특별공제는 장기간 보유한 자산을 세제상 지원하기 위한 제도이다.
② 미등기양도자산에 대하여는 원칙적으로 장기보유특별공제를 적용하지 아니한다.
③ 10년 이상 11년 미만 보유한 토지는 양도가액의 20%에 상당하는 금액을 장기보유특별공제로서 공제한다.
④ 장기보유특별공제는 토지 및 건물과 일정요건을 충족한 조합원 입주권에 대하여 이를 적용한다.
⑤ 장기보유특별공제는 보유기간이 3년 이상인 경우에 한하여 적용한다.

해설 장기보유특별공제
③ 양도가액이 아니라 양도차익 × 공제율이다.

답 ③

(2) 대상자산 13회 출제

1) 장기보유특별공제대상이 되는 자산은 3년 이상 보유·등기된 토지와 건물 및 일정요건 해당 조합원입주권에 적용한다.
2) 조합원 입주권(조합원으로부터 취득한 것은 제외)은 「도시 및 주거환경정비법」 제74조에 따른 관리처분계획인가 및 「빈집 및 소규모 주택정비에 관한 특례법」 제29조에 따른 사업시행계획인가 전 토지분 또는 건물분 보유기간에 해당하는 양도차익으로 한정한다. 따라서 보유기간의 계산은 기존 토지 또는 건물의 취득일부터 관리처분계획인가 및 사업시행계획인가 전 일까지의 기간으로 한다.

   이월과세적용대상을 말함

3) 보유기간의 계산은 취득일부터 양도일까지의 기간을 말하며 배우자 또는 직계존비속으로부터 증여받은 재산을 증여받은 날부터 5년 이내에 양도하여 취득가액의 특례를 적용받게 된 경우에는 증여한 배우자가 취득한 날부터 양도일까지로 한다. 또한, 가업상속공제가 적용된 비율에 해당하는 자산의 경우에는 피상속인이 해당 자산을 취득한 날부터 시작(기산)한다.

(3) 고가주택의 장기보유특별공제

1세대 1주택에 해당하는 고가주택의 장기보유특별공제액은 다음과 같이 계산한다.

$$\text{고가주택의 장기보유특별공제액} = \text{전체 장기보유특별공제액} \times \frac{\text{양도가액} - 12억원}{\text{양도가액}} = \text{고가주택의 양도차익} \times \text{공제율}$$

(4) 장기보유특별공제 배제 20회 출제

1) 미등기 양도자산
70%의 세율이 적용되는 미등기양도자산에 해당하는 경우에는 장기보유특별공제를 적용하지 아니한다.

2) 양도소득세 중과 대상주택
2주택자 혹은 3주택자가 양도하는 조정대상지역 내 주택은 장기보유특별공제를 적용하지 아니한다(2018.4.1 이후 양도분부터 적용).

(5) 장기보유특별공제 차등공제
양도일 현재 국내에 1주택을 소유하고 있는 경우로서 보유기간 중 2년 이상 거주한 주택(일시적 2주택 등 1세대 1주택으로 보는 주택을 포함)은 보유기간에 따라 24~80%에 해당하는 공제율을 적용한다(소득령 제159조의3). 즉, 2년 이상 거주하지 않은 경우 보유기간에 따른 공제율은 6~30%가 적용된다.

> **예제** 토지를 취득(등기)하여 3년 6월 보유한 후 양도했다. 양도가액이 2억원이고, 필요경비가 1억 5천만원이었다. 장기보유특별공제금액은?
>
> **풀이** 장기보유특별공제금액 = 양도차익 × 공제율(3년 이상 6%)= 5천만원 × 6% = 3백만원
> [참고] ① 양도차익(5천만원) = 2억원(양도가액) − 1억 5천만원(필요경비)
> ② 양도소득금액(4천 7백만원) = 5천만원(양도차익) − 3백만원(장기보유특별공제액)
> ③ 과세표준(4천 4백 5십만원) = 4천 7백만원 − 2백 5십만원(기본공제)

단락문제 Q17   제18회 기출 개작

「소득세법」상 양도소득금액의 계산에 있어서 장기보유특별공제에 대한 설명 중 틀린 것은?

① 장기보유특별공제는 단계별 초과누진세율제도하에서 장기간 축적된 보유이익이 양도시점에 일시에 실현됨으로 인하여 발생하는 과도한 세부담을 완화하는 효과가 있다.
② 미등기양도자산(법령이 정하는 자산은 제외)에 대하여는 장기보유특별공제의 적용이 배제된다.
③ 법령의 규정에 의하여 양도소득세가 과세되는 비사업용 토지에 대하여도 장기보유특별공제의 적용이 된다.
④ 장기보유특별공제는 보유기간의 장단에 따라 차등적용되며 공제금액은 양도차익에 공제율을 곱하여 계산한다.
⑤ 1세대 1주택에 해당하는 등기된 고가주택을 양도하는 경우에는 장기보유특별공제의 적용이 배제된다.

해설 장기보유특별공제
⑤ 고가주택이 1세대 1주택에 해당하면 장기보유특별공제가 배제되는 것이 아니고 차등적용된다. 즉 12억원 초과에 해당하는 부분만 장기보유특별공제가 적용되고, 12억원까지는 비과세된다.   답 ⑤

제3편 국 세

5 양도소득기본공제 ★ 13·24회 출제

(1) 공제액

양도소득자별로 연 1회에 한하여 공제대상 양도소득금액별로 각각 250만원을 공제한다. 공동소유자산을 양도한 경우도 양도차익을 각각의 지분별로 계산하고 양도소득공제도 각각 250만원씩 공제한다.

(2) 공제대상 양도소득금액

> Ⅰ그룹 : 양도연도별로 250만원 공제
> Ⅱ그룹 : 양도연도별로 250만원 공제
> Ⅲ그룹 : 양도연도별로 250만원 공제

1) 토지·건물·부동산에 관한 권리·기타 자산의 소득금액(Ⅰ그룹)과
2) 주식·출자지분·신주인수권의 소득금액(Ⅱ그룹)
3) 파생상품(Ⅲ그룹)의 소득금액을 구분하여
4) 그룹별로 각각 양도연도에 250만원을 공제하되, 미등기양도자산은 공제하지 아니한다.
   → 보유 또는 소유기간에 관계없이 공제한다.

(3) 양도소득기본공제 순서 23회 출제

양도소득금액에서 차감하는 양도소득기본공제는 양도소득금액에 감면소득금액이 있는 때에는 해당 감면소득금액 외의 양도소득금액에서 먼저 공제하고 감면소득금액 외의 양도소득금액 중에서는 해당 연도 중 Ⅰ그룹, Ⅱ그룹, Ⅲ그룹 안에서 먼저 양도하는 자산의 양도소득금액에서부터 순서대로 공제한다.

예제 다음 조건에 의한 양도소득 기본공제금액은?
  ① 토지 2017.7.1. 양도, 양도소득금액 2천만원
  ② 골프회원권 2017.9.1. 양도, 양도소득금액 1천만원
  ③ 주식 2017.11.2. 양도, 양도소득금액 3천만원

풀이 토지·건물·부동산에 관한 권리·기타 자산(Ⅰ그룹)을 합하여 양도연도에 250만원 공제하고 주식은 별도로 양도연도에 250만원 공제함. 따라서 토지의 양도소득금액에서 250만원 공제, 기타 자산(골프회원권)은 공제불가(순서대로 공제하므로 토지양도소득금액에서 이미 공제), 주식은 Ⅱ그룹이므로 250만원 공제

단락문제 Q18
제13회 기출 개작

다음은 양도소득세의 과세표준에 대한 설명이다. 옳지 않은 것은?

① 건물에 부수되는 토지를 공유로 하고 건물을 구분 소유하는 공동주택으로서 국세청장이 지정하는 지역 안에 있는 공동주택에 대한 기준시가는 건물의 종류·규모·거래상황 등을 참작하여 매년 1회 이상 국세청장이 토지와 건물의 가액을 일괄하여 산정·고시하는 가액으로 한다.

② 양도소득기본공제는 양도소득이 있는 거주자에 대하여 해당 연도 양도소득금액에서 양도자산별로 각각 연 250만원을 공제한다(단, 미등기양도자산은 제외).

③ 토지 및 건물·부동산에 관한 권리에 대한 양도가액은 양도당시의 실지거래가액에 의하고 취득가액은 취득 당시의 실지거래가액에 의함을 원칙으로 한다.

④ 양도차익의 계산시 취득가액을 기준시가로 하는 경우 토지의 필요경비개산공제액은 취득 당시 개별공시지가의 3%(미등기는 0.3%)로 한다.

⑤ 장기보유특별공제는 등기된 토지와 건물로서 보유기간이 3년 이상인 양도자산에 대하여 적용한다.

> **해설** 양도소득세의 과세표준
> 양도소득기본공제액은 양도자산별로 공제하지 아니한다.
> 즉, 아래 1), 2), 3)의 분류에 따라 각각 양도연도에 250만원을 공제한다.
> 1) 토지, 건물, 부동산에 관한 권리, 기타 자산의 소득금액에서 양도연도에 250만원
> 2) 주식, 출자지분의 소득금액에서 양도연도에 250만원
> 3) 파생상품의 소득금액에서 양도 연도에 250만원
> 따라서 ②의 양도자산별로 각각 양도연도에 250만원을 공제한다는 내용이 틀렸다.
> **답** ②

6 양도소득금액의 구분계산 31·35회 출제

Key Point 구분계산
1) 부동산·부동산에 관한 권리·기타 자산(Ⅰ그룹)
2) 주식·출자지분(Ⅱ그룹)
3) 파생상품(Ⅲ그룹)

(1) 의 의 양도소득금액을 계산함에 있어서 토지·건물·부동산에 관한 권리 및 기타 자산의 소득(Ⅰ그룹)과 주식 및 출자지분에 의한 소득(Ⅱ그룹), 파생상품(Ⅲ그룹)을 구분하되 각 소득금액을 계산함에 있어서 발생하는 결손금은 이를 다른 소득금액과 통산(通算)하지 아니한다.
→ 합산하지 아니한다는 의미

(2) 양도차손이 발생한 자산이 있는 경우

위 (1)에 의하여 양도소득금액을 계산함에 있어서 양도차손이 발생한 자산이 있는 경우에는 위의 구분계산단위별로 해당 자산 외의 다른 자산에서 발생한 양도소득금액에서 그 양도차손을 공제한다. 다만, 다음의 순서에 따라 공제한다.

1) 양도차손이 발생한 자산과 같은 세율을 적용받는 자산의 양도소득금액
2) 양도차손이 발생한 자산과 다른 세율을 적용받는 자산의 양도소득금액

(3) 결손금 소멸 : 해당 연도에 결손금이 발생한 경우 다음 연도에 이월하여 공제받을 수 없다.

단락핵심 양도소득기본공제 등

(1) 「소득세법」상 국내자산의 양도시 양도소득과세표준을 감소시킬 수 있는 항목
   1) 자산의 취득에 소요된 실지거래가액
   2) 자산을 양도하기 위하여 직접 지출한 비용
   3) 장기보유특별공제   4) 양도소득기본공제
(2) 양도소득세액의 계산과정순서는 양도가액 → 양도차익 → 양도소득금액 → 양도소득과세표준의 순서이다.
(3) 양도차익(讓渡差益) 계산시에 양도가액에서 공제할 수 있는 필요경비 항목
   1) 양도자산의 용도변경을 위하여 지출한 비용
   2) 양도자산의 취득 후 소유권 확보를 위한 쟁송에 직접 소요된 소송비용
   3) 자산취득시 매입한 국민주택채권을 만기 전 금융기관에 양도하여 발생하는 매각차손
   4) 개발부담금   5) 양도자산의 이용편의를 위하여 지출한 비용

단락문제 Q19

제5회 기출

도소득금액계산에 있어 일반적인 경우 다음 계산 중 가장 알맞은 것은?

① 양도소득금액 = 양도가액 − 필요경비 − 양도소득특별공제액 − 양도소득공제액
② 양도소득금액 = 양도차익 − 필요경비 − 양도소득특별공제액 − 양도소득공제액
③ 양도소득금액 = 양도차익 − 장기보유특별공제액
④ 양도소득금액 = 양도차익 − 필요경비 − 양도소득특별공제액 − 장기보유특별공제액 − 양도소득공제액
⑤ 양도소득금액 = 양도가액 − 취득가액 − 양도소득특별공제 − 장기보유특별공제액 − 양도소득공제액

해설 양도소득금액계산
양도가액 − 필요경비 = 양도차익, 양도차익 − 장기보유특별공제 = 양도소득금액
양도소득금액 − 양도소득기본공제 = 과세표준

답 ③

제2장 소득세

단락문제 Q20   제18회 기출

「소득세법」상 국내자산의 양도시 양도소득과세표준을 감소시킬 수 있는 항목에 해당하지 <u>않는</u> 것은?

① 자산의 취득에 소요된 실지거래가액
② 자산을 양도하기 위하여 직접 지출한 비용
③ 장기보유특별공제
④ 양도소득기본공제
⑤ 감면세액

해설 과세표준계산과 세액계산

과세표준계산단계와 세액계산단계를 알고 있는지 여부를 묻는 문제이다. 세액공제 또는 세액감면은 세액을 감소시키는 항목이다. 즉, 과세표준에 세율을 곱하여 산출세액을 계산하고, 그 후 세액공제 또는 세액감면을 하여 납부세액을 계산한다.
양도차익→소득금액→과세표준→세액계산구조를 이해하여야 한다(앞의 07 과세표준 1.양도가액 참조).   **답** ⑤

08 세율 (소득세법 제104조 제1항) ★★★   34회 출제

Q: 양도소득세의 과세요건 중 하나인 세율에 대하여 설명해주시죠.
A: 양도소득세의 세율구조도 조금 복잡합니다. 과세대상의 종류에 따라 세율이 다르고, 보유기간에 따라 그리고 등기여부에 따라 세율이 다르게 적용됩니다.

PROFESSOR COMMENT
토지, 건물, 부동산에 관한 권리를 등기 여부, 보유기간의 장단 여부에 따라 세율적용을 구체적으로 이해하여야 한다.

양도소득세의 세율은 과세대상에 따라 세율이 차등적용된다. 또한 부동산의 경우 등기 여부, 보유기간장단, 비사업용 토지 여부에 따라 세율이 차등적용된다.

1 토지, 건물, 부동산에 관한 권리   30회 출제

(1) 미등기 : 70%

(2) 보유기간 → 등기한 것을 말한다.

1) **1년 미만** 50%(주택 및 조합원입주권은 40%[70%(2021.6.1.이후 양도분부터 적용)])
2) **1년 이상 2년 미만** 40%(주택 및 조합원입주권은 기본세율[60%(2021.6.1.이후 양도분부터 적용)])
3) **2년 이상** 6~45%(초과누진세율 = 기본세율 = 일반세율)

제3편 국 세

과세표준	세 율	과세표준	세 율
1,200만원 이하	6%	3억원 이하	38%
4,600만원 이하	15%	5억원 이하	40%
8,800만원 이하	24%	5억원 초과	42%
1억 5천만원 이하	35%	10억원 초과	45%

(3) 보유기간 계산

1) 보유기간은 취득일부터 양도일까지로 한다.
2) 상속받은 자산은 피상속인이 취득한 날로 기산한다. → 세율적용할 때의 보유기간은 피상속인의 취득일로 소급하여 적용한다는 의미이다.
3) 배우자 또는 직계존비속으로부터 증여받은 후 5년 이내 양도하는 자산에 있어서 증여자의 취득가액을 특례로 인정하는 경우에는 증여자가 취득한 날로 기산한다. → 시작한다.
   └→ 이월과세 대상을 말함

(4) 비사업용 토지

→ 지정지역 내 20%p(지정지역 공고일 이전토지를 양도하기 위해 매매계약을 체결하고 계약금을 지급한 경우 20%p 중과배제하고 10%p만 중과함)

1) 비사업용 토지는 초과누진세율(기본세율)에 10%p 추가로 과세한다. 이 경우 1년 미만 보유에 해당되면 50%, 2년 미만 보유에 해당되면 40%와 비교하여 많은 세액을 적용한다.
2) 1필지의 토지가 비사업용 토지와 사업용 토지로 구분될 경우 각각 다른 자산으로 보아 세율을 적용한다.

(5) 조정대상지역 내 분양권 전매시 세율 50% 적용

무주택 세대주로서 다음 조건 모두 충족시 50% 적용배제한다.
1) 양도 당시 다른 분양권이 없을 것
2) 30세 이상 또는 30세 미만으로서 배우자가 있는 경우(미성년자는 제외하고, 배우자가 사망 또는 이혼한 경우 포함) ※공고일 이전에 매매계약을 체결하고 계약금을 지급받은 경우에는 중과세 배제함

단락문제 Q21 제19회 기출 개작

양도소득세 세율을 설명한 것이다. 틀린 것은?
① 보유기간이 1년 미만인 전세권의 양도 : 50%
② 보유기간이 1년 이상 2년 미만인 부동산을 취득할 수 있는 권리의 양도 : 40%
③ 법령의 규정에 의한 1세대 2주택에 해당하는 주택의 양도(1년 미만 보유) : 40%
④ 미등기 자산(법령이 정하는 자산은 제외)의 양도 : 70%
⑤ 1세대 3주택의 양도(1년 미만 보유) : 60%

해설 세율
① 50%, ② 40%, ③ 40%, ④ 70%, ⑤ 40%
* ③, ⑤ 초과누진세율을 적용하나, 보유기간이 1년 미만이면 40%와 비교하여 많은 세액으로 과세한다. 1년 이상이면 초과누진세율을 적용한다. **답** ⑤

2 기타 자산 : 초과누진세율(6~45%)

보유기간의 장단여부 및 등기(登記)여부와 관계없이 초과누진세율을 적용한다.

3 주식, 출자지분, 신주인수권(이하 "주식 등"이라 함)

(1) 중소기업 외의 법인의 주식 등으로서 대주주가 1년 미만 보유한 주식 등 30%
(2) 중소기업의 주식 등 10%
(3) 중소기업주식으로 대주주가 양도하는 경우 20%
(4) 위의 (1), (2) 외의 주식 등 20%

4 탄력세율

위 세율은 그 세율에 10%를 가산한 범위 안에서 탄력적으로 적용할 수 있다. 다만, 부동산가격의 안정을 위하여 필요한 경우에는 그 적용대상을 지정지역 안의 부동산 및 1세대 3주택 이상에 해당하는 주택 등 특정한 부동산에 한정할 수 있다.

5 세율 적용

(1) 하나의 양도자산이 2 이상의 세율에 해당하는 때에는 양도소득 산출세액 중 큰 것을 적용한다.
(2) Ⅰ그룹 내에서 둘 이상의 자산을 동일한 과세연도에 양도한 경우 다음의 ①과 ② 중 큰 금액이 계산되는 경우의 산출세액으로 과세한다.

> ① 양도소득과세표준 합계액에 기본세율을 적용한 산출세액에서 양도소득세 감면액을 차감한 금액
> ② 양도소득세 세율적용대상 자산호별 산출세액의 합계액에서 양도소득세 감면액을 차감한 금액

6 다주택자가 조정대상지역 내 주택양도 시 추가 과세

(1) **대상** : 2주택 이상(2018. 4. 1. 시행)
(2) **세율** : 초과누진세율(= 기본세율)+10%p(3주택 이상 보유자는 기본세율+20%p임)

→ 2021.6.1. 이후 양도분부터는 20%p
→ 2021.6.1. 이후 양도분부터는 30%p

예제 2010년 1월 1일 토지를 취득하여, 2018년 9월 1일 양도했다. 미등기 또는 등기의 경우 적용세율은?

풀이
1) 미등기 : 보유기간에 관계없이 과세표준 × 70%이다.
2) 등 기 : 보유기간 2년 이상이므로 과세표준 × 초과누진세율이다.

제3편 국 세

 2주택자 보유주택 중 중과 제외 주택범위 규정

■ 2주택자의 중과 제외 주택
① 3주택 이상자의 중과제외대상 주택(장기임대주택 등)
② 수도권·광역시·특별자치시(세종시) 외의 지역*의 양도 당시 기준시가 3억원 이하 주택**
  *광역시·특별자치시 소속 군 및 읍·면 지역 포함
  **보유주택수 계산시에도 제외
③ 취학, 근무상 형편, 질병 요양 등의 사유로 취득한 수도권 밖 주택 및 다른 시·군 소재 주택*
  *취득 당시 기준시가 3억원 이하, 취득 후 1년 이상 거주하고 사유해소 후 3년 이내 양도
④ 혼인합가일부터 5년 이내 양도하는 주택
⑤ 부모봉양합가일부터 10년 이내 양도하는 주택
⑥ 소송진행 중이거나 소송결과에 따라 취득한 주택(확정판결일부터 3년 이내 양도)
⑦ 일시적 2주택인 경우 종전 주택
⑧ 양도 당시 기준시가 1억원 이하 주택*
  *「도시 및 주거환경정비법」상 정비구역 내 주택은 제외
⑨ 상기 ①~⑥의 주택 외에 1개의 주택만을 소유하는 경우 해당 주택

■ 1주택·1조합원입주권 보유자의 중과 제외 주택
  *수도권 외 지역(광역시 소속 군 및 읍·면 지역은 포함)의 주택 및 조합원입주권으로서 3억원 이하인 경우는 주택·조합원입주권의 수 계산시 산입하지 않음
• 2주택자의 중과 제외 주택으로서 ①~⑥ 및 ⑧에 해당하는 주택
• 1주택자가 주택취득일부터 1년 경과 후 1조합원입주권을 취득하고 3년 이내 종전 주택양도시 해당 주택
• 1주택자가 1조합원입주권을 취득하고 3년이 경과하여 종전 주택을 양도하는 경우 해당 주택(다음 요건 충족 시)
  – 재건축·재개발로 취득하는 주택의 완공 후 2년 이내 세대전원이 해당 주택으로 이사하여 1년 이상 거주
  – 주택완공 후 2년 이내 종전 주택양도
• 1주택자가 해당 주택의 재개발·재건축으로 대체주택을 취득하였다가 양도하는 경우 해당 주택(다음 요건 충족시)
  – 사업시행인가일 이후 대체주택을 취득하여 1년 이상 거주
  – 재개발·재건축사업으로 취득하는 주택의 완공 후 2년 이내 세대전원이 해당 주택으로 이사하여 1년 이상 거주
  – 주택완공 후 2년 이내 대체주택 양도

[개정이유] 양도소득세 중과 제외대상 규정
[적용시기] 2018.4.1. 이후 양도하는 분부터 적용

3주택 이상자 보유주택 중 중과 제외 주택범위

3주택 이상자의 중과 제외 주택
① 수도권·광역시·특별자치시(세종시) 외의 지역*의 양도 당시 기준시가 3억원 이하 주택**
  *광역시·특별자치시 소속 군 및 읍·면 지역 포함
  **보유주택수 계산시에도 제외
② 장기임대주택*
  *준공공임대주택 등으로 등록하여 8년 이상 임대한 주택
   (다만, 2018.3.31.까지 등록한 경우에는 5년 이상 임대한 주택)
  • 매입임대주택 : 6억원 이하(비수도권 3억원 이하) 주택
  • 건설임대주택 : 대지 298㎡ 이하, 건물연면적 149㎡ 이하, 6억원 이하 주택을 2호 이상 임대
③ 조특법상 감면대상 주택*
  *장기임대주택(제97조, 제97조의2), 미분양주택 등(제98조~제98조의3, 제98조의5~제98조의8), 신축주택 등(제99조~제99조의3)
④ 10년 이상 무상제공한 장기사원용 주택
⑤ 5년 이상 운영한 가정어린이집 등
⑥ 상속받은 주택(5년 이내 양도)
⑦ 문화재주택
⑧ **저당권 실행 또는 채권변제를 위해 취득한 주택(3년 이내 양도)**
⑨ **상기 ①~⑧의 주택 외에 1개의 주택만을 소유하는 경우의 해당 주택**
[개정이유] 임대주택공급 확대지원 등을 감안
[적용시기] 2018.4.1 이후 양도하는 분부터 적용

7 2년 미만 보유주택 세율 인상

주택 수에 조합원 입주권과 분양권을 포함하며 2021.6.1. 이후 양도분부터 세율을 아래 [표]와 같이 인상한다.

(단위 : %)

구 분		현 행				2021.6.1. 이후 양도분	
		주택 외 부동산	주택·입주권	분양권		주택·입주권	분양권
				조 정	비조정		
보유 기간	1년 미만	50%	40%	50%	50%	70%	70%
	1년 이상 2년 미만	40%	기본세율	50%	40%	60%	60%
	2년 이상	기본세율	기본세율	50%	기본세율	기본세율	60%

* 기본세율=초과누진세율

제3편 국세

8 비사업용 토지의 범위 30회 출제

> 중요한 내용이나 시간이 부족하면 생략해도 합격에는 지장없다.

"비사업용 토지"라 함은 해당 토지를 소유한 기간 중 대통령령이 정하는 기간 동안(이하 "법정기간"이라 함) 다음의 어느 하나에 해당하는 토지를 말한다.

(1) 전·답 및 과수원(이하 "농지"라 함)

1) 소유자가 농지소재지에 거주하지 아니하거나 자기가 경작하지 아니하는 농지
2) 특별시·광역시(광역시의 군은 제외)·특별자치시(특별자치시에 있는 읍·면지역은 제외)·특별자치도(행정시의 읍·면지역은 제외) 및 시지역(읍·면지역 제외) 중 「국토의 계획 및 이용에 관한 법률」의 규정에 의한 도시지역 안의 농지

> 녹지지역 및 개발제한구역을 제외하고, 도시지역으로 편입된 날부터 2년이 경과되지 아니한 농지도 제외한다.

WIDE 농지의 범위 등

① **농지의 범위 등**
"농지"라 함은 전·답 및 과수원으로서 지적공부상의 지목에 관계없이 실제로 경작에 사용되는 토지를 말한다. 이 경우 농지의 경영에 직접 필요한 농막·퇴비사·양수장·지소(池沼)·농도·수로 등의 토지 부분을 포함한다.

② **소유자가 농지소재지에 거주하지 아니하거나 자기가 경작하지 아니하는 농지의 범위**
농지의 소재지와 동일한 시·군·구(자치구인 구를 말한다. 이하 같다), 연접한 시·군·구 또는 농지부터 직선거리 30킬로미터 이내에 있는 지역에 사실상 거주(이하 "재촌"이라 한다)하는 자가 「조세특례제한법 시행령」 제66조 제13항에 따른 직접 경작(이하 "자경"이라 한다)을 하는 농지를 제외한 농지를 말한다.

③ **비사업용 토지에서 제외되는 농지**
   ㉠ 「농지법」 제6조 제2항 제2호·제3호·제9호·제10호 가목 또는 다목에 해당하는 농지
   ㉡ 「농지법」 제6조 제2항 제4호의 규정에 따라 상속에 의하여 취득한 농지로서 그 상속개시일부터 3년이 경과하지 아니한 토지
   ㉢ 「농지법」 제6조 제2항 제5호의 규정에 따라 이농 당시 소유하고 있던 농지로서 그 이농일부터 3년이 경과하지 아니한 토지
   ㉣ 「농지법」 제6조 제2항 제7호의 규정에 따른 농지전용허가를 받거나 농지전용신고를 한 자가 소유한 농지 또는 동법 제6조 제2항 제8호의 규정에 따른 농지전용협의를 완료한 농지로서 해당 전용목적으로 사용되는 토지
   ㉤ 「농지법」 제6조 제2항 제10호 라목부터 바목의 규정에 따라 취득한 농지로서 해당 사업목적으로 사용되는 토지
   ㉥ 종중이 소유한 농지(2005년 12월 31일 이전에 취득한 것에 한한다)
   ㉦ 소유자(제88조 제6호에 따른 생계를 같이하는 자 중 소유자와 동거하면서 함께 영농에 종사한 자를 포함한다)가 질병, 고령(65세 이상), 징집, 취학, 선거에 의한 공직취임 그 밖에 기획재정부령이 정하는 부득이한 사유로 인하여 자경할 수 없는 경우로서 다음의 요건을 모두 갖춘 토지
      ⓐ 해당 사유 발생일부터 소급하여 5년 이상 계속하여 재촌하면서 자경한 농지로서 해당 사유발생 이후에도 소유자가 재촌하고 있을 것. 이 경우 해당 사유발생 당시 소유자와 동거하던 제88조 제6호에 따른 생계를 같이 하는 자가 농지소재지에 재촌하고 있는 경우에는 그 소유자가 재촌하고 있는 것으로 본다.
      ⓑ 「농지법」 제23조의 규정에 따라 농지를 임대하거나 사용대할 것
   ㉧ 「농지법」 그 밖의 법률에 따라 소유할 수 있는 농지로서 기획재정부령이 정하는 농지

(2) 임야

다만, 다음의 어느 하나에 해당되는 것을 제외한다.
1) 「산림자원의 조성 및 관리에 관한 법률」에 의하여 지정된 산림유전자원보호림·보안림·채종림·시험림 그 밖에 공익상 필요 또는 산림의 보호육성을 위하여 필요한 임야로서 대통령령이 정하는 것

대통령이 정하는 것은 사찰림 또는 동유림(洞有林) 등의 임야를 말한다.

2) 대통령령이 정하는 바에 의하여 임야소재지에 거주하는 자가 소유한 임야
3) 토지의 소유자·소재지·이용상황·보유기간 및 면적 등을 고려하여 거주 또는 사업과 직접 관련이 있다고 인정할 만한 상당한 이유가 있는 임야로서 대통령령이 정하는 것

(3) 목장용지

대통령령이 정하는 지역을 제외한다. 이하 같음

다음의 어느 하나에 해당하는 것은 비사업용 토지에 해당한다.
1) 축산업을 영위하는 자가 소유하는 목장용지로서 대통령령이 정하는 축산용 토지의 기준면적을 초과하거나 특별시·광역시·특별자치시·특별자치도 및 시지역의 도시지역 안에 있는 것(도시지역에 편입된 날부터 대통령령이 정하는 기간이 경과되지 아니한 경우를 제외함)

대통령이 정하는 기간이란 "3년"을 말한다.

2) 축산업을 경영하지 아니하는 자가 소유하는 토지

 목장용지

① 비사업용 토지에서 제외되는 목장용지의 범위
토지의 소유자·소재지·이용상황·보유기간 및 면적 등을 고려하여 거주 또는 사업과 직접 관련이 있다고 인정할 만한 상당한 이유가 있는 목장용지로서 대통령령이 정하는 다음의 것을 제외한다.
㉠ 상속받은 목장용지로서 상속개시일부터 3년이 경과하지 아니한 것
㉡ 종중이 소유한 목장용지(2005.12.31. 이전에 취득한 것에 한함)
㉢ 「지방세특례제한법」 제22조·제41조·제50조 및 제89조에 따른 사회복지법인등, 학교등, 종교·제사 단체 및 정당이 그 사업에 직접 사용하는 목장용지
㉣ 그 밖에 토지의 소유자, 소재지, 이용상황, 소유기간 및 면적 등을 감안하여 거주 또는 사업과 직접 관련이 있는 목장용지로서 기획재정부령이 정하는 것

② 목장용지의 범위
"목장용지"라 함은 축산용으로 사용되는 축사와 부대시설의 토지, 초지 및 사료포(飼料圃)를 말한다.

(4) 농지, 임야 및 목장용지 외의 토지 중 다음을 제외한 토지

1) 「지방세법」 또는 관계법률의 규정에 의하여 재산세가 비과세되거나 면제되는 토지
2) 「지방세법」 제106조 제1항 제2호 및 제3호의 규정에 의한 재산세 별도합산과세대상 또는 분리과세대상이 되는 토지
3) 토지의 이용상황·관계법률의 의무이행 여부 및 수입금액 등을 고려하여 거주 또는 사업과 직접 관련이 있다고 인정할 만한 상당한 이유가 있는 토지로서 대통령령이 정하는 것

(5) 「지방세법」 제106조 제2항의 규정에 의한 주택부속토지 중 주택이 정착된 면적에 지역별로 대통령령이 정하는 배율을 곱하여 산정한 면적을 초과하는 토지

대통령이 정하는 배율은 "도시지역 안의 토지 5배, 도시지역 밖의 토지 10배"를 말한다.

(6) 별장의 부속토지

주거용 건축물로서 상시주거용으로 사용하지 아니하고 휴양·피서·위락 등의 용도로 사용하는 건축물(이하 "별장"이라 함)의 그 부속토지. 다만, 「지방자치법」 제3조 제3항 및 제4항의 규정에 의한 읍 또는 면에 소재하고 대통령령이 정하는 범위와 기준에 해당하는 농어촌주택의 부속토지를 제외하며, 별장에 부속된 토지의 경계가 명확하지 아니한 때에는 그 건축물 바닥면적의 10배에 해당하는 토지를 부속토지로 본다.

> **WIDE** 비사업용 토지의 범위에서 제외되는 농어촌 주택의 부속토지
>
> 비사업용 토지의 범위에서 제외되는 농어촌 주택의 부속토지는 다음의 요건을 모두 갖추어야 한다.
> ① 건물의 연면적이 150m² 이내이고 그 건물의 부속토지의 면적이 660m² 이내일 것
> ② 건물과 그 부속토지의 가액이 기준시가 2억원 이하일 것
> ③ 「조세특례제한법」 제99조의4 제1항 제1호 가목 1)부터 4)까지의 어느 하나에 해당하는 지역을 제외한 지역에 소재할 것

(7) 그 밖에 (1) 내지 (6)과 유사한 토지로서 거주자의 거주 또는 사업과 직접 관련이 없다고 인정할 만한 상당한 이유가 있는 대통령령이 정하는 토지

(8) 위 (1) 내지 (7)의 규정을 적용함에 있어 토지의 취득 후 법률의 규정으로 인한 사용의 금지 그 밖에 대통령령이 정하는 부득이한 사유가 있어 비사업용 토지에 해당하는 경우에는 대통령령이 정하는 바에 따라 비사업용 토지로 보지 아니할 수 있다.

WIDE 부득이한 사유가 있어 비사업용 토지로 보지 아니하는 토지의 판정기준 등

① 다음의 어느 하나에 해당하는 토지는 해당 각 호에서 규정한 기간 동안 법 제104조의3 제1항 각 호의 어느 하나에 해당하지 아니하는 토지로 보아 동항의 규정에 따른 비사업용 토지(이하 "비사업용 토지"라 한다)에 해당하는지 여부를 판정한다.
  ㉠ 토지를 취득한 후 법령에 따라 사용이 금지 또는 제한된 토지 : 사용이 금지 또는 제한된 기간
  ㉡ 토지를 취득한 후 「문화재보호법」에 따라 지정된 보호구역 안의 토지 : 보호구역으로 지정된 기간
  ㉢ 제1호 및 제2호에 해당되는 토지로서 상속받은 토지 : 상속개시일부터 제1호 및 제2호에 따라 계산한 기간
  ㉣ 그 밖에 공익, 기업의 구조조정 또는 불가피한 사유로 인한 법령상 제한, 토지의 현황·취득사유 또는 이용상황 등을 감안하여 기획재정부령이 정하는 부득이한 사유에 해당되는 토지 : 기획재정부령이 정하는 기간

② 다음의 어느 하나에 해당하는 토지에 대하여는 해당 각 호에서 규정한 날을 양도일로 보아 제168조의6의 규정을 적용하여 비사업용 토지에 해당하는지 여부를 판정한다.
  ㉠ 「민사집행법」에 따른 경매에 따라 양도된 토지 : 최초의 경매기일
  ㉡ 「국세징수법」에 따른 공매에 따라 양도된 토지 : 최초의 공매일
  ㉢ 그 밖에 토지의 양도에 일정한 기간이 소요되는 경우 등 기획재정부령이 정하는 부득이한 사유에 해당되는 토지

③ 다음의 어느 하나에 해당하는 토지는 비사업용 토지로 보지 아니한다.
  ㉠ 2006년 12월 31일 이전에 상속받은 농지·임야 및 목장용지로서 2009년 12월 31일까지 양도하는 토지
  ㉡ 직계존속 또는 배우자가 8년 이상 기획재정부령으로 정하는 토지소재지에 거주하면서 직접 경작한 농지·임야 및 목장용지로서 이를 해당 직계존속 또는 해당 배우자부터 상속·증여받은 토지. 다만, 양도 당시 「국토의 계획 및 이용에 관한 법률」에 따른 도시지역(녹지지역 및 개발제한구역은 제외한다) 안의 토지는 제외한다.
  ㉢ 2006년 12월 31일 이전에 20년 이상을 소유한 농지·임야 및 목장용지로서 2009년 12월 31일까지 양도하는 토지
  ㉣ 「공익사업을 위한 토지 등의 취득 및 보상에 관한 법률」 및 그 밖의 법률에 따라 협의매수 또는 수용되는 토지로서 사업인정고시일이 2006년 12월 31일 이전인 토지 또는 취득일(상속받은 토지는 피상속인이 해당 토지를 취득한 날을 말하고, 법 제97조의2 제1항을 적용받는 경우에는 증여한 배우자 또는 직계존비속이 해당 자산을 취득한 날을 말한다)이 사업인정고시일부터 2년 이전인 토지
  ㉤ 법 제104조의3 제1항 제1호 나목에 해당하는 농지로서 다음 각 목의 어느 하나에 해당하는 농지
    ⓐ 종중이 소유한 농지(2005.12.31. 이전에 취득한 것에 한한다)
    ⓑ 상속에 의하여 취득한 농지로서 그 상속개시일부터 5년 이내에 양도하는 토지
  ㉥ 그 밖에 공익, 기업의 구조조정 또는 불가피한 사유로 인한 법령상 제한, 토지의 현황·취득사유 또는 이용상황 등을 감안하여 기획재정부령이 정하는 부득이한 사유에 해당되는 토지

(9) 위 **(1) ~ (8)**의 규정을 적용함에 있어서 농지·임야·목장용지의 범위 등에 관하여 필요한 사항은 대통령령으로 정한다.

WIDE 지목의 판정

특별한 규정이 있는 경우를 제외하고는 사실상 현황에 의한다. 다만, 사실상 현황이 분명하지 아니한 경우에는 공부상의 등재현황에 의한다.

제3편 국 세

단락문제 Q22 제10회 기출 개작

양도소득세의 세율에 관한 설명 중 옳은 것은?

① 미등기양도자산에 대한 세율은 75%이다.
② 1년 이상 2년 미만 보유한 토지·건물에 대한 세율은 30%이나, 1년 이상 2년 미만 보유한 '부동산에 관한 권리'에 대한 세율은 20%이다.
③ 2년 이상 보유한 토지와 건물의 과세표준이 1천만원 이하인 경우의 세율은 6%이다.
④ 기타 자산에 대한 세율은 보유기간에 관계없이 10%의 단일비례세율을 적용한다.
⑤ 1년 이상 2년 미만 보유한 토지와 건물(주택은 제외)에 대한 세율은 과세표준의 크기에 관계없이 50%이다.

해설 양도소득세의 세율
① 미등기양도자산에 대한 세율은 70%이다.
② 1년 미만 보유한 토지·건물 및 부동산에 관한 권리에 대한 세율은 50%이다.
④ 기타 자산에 대한 세율은 초과누진세율(6~42%)을 적용한다.
⑤ 1년 이상 2년 미만 보유한 부동산과 부동산에 관한 권리에 대한 세율은 40%이다(주택의 경우 초과누진세율). **답** ③

09 신고와 납부 ★★ 17·19·29·31·33회 출제

Q: 양도소득세의 신고와 납부는 예정과 확정으로 나눕니다. 예정신고와 확정신고에 대하여 설명해주십시오.
A: 예정신고와 확정신고를 구분하여 살펴보겠습니다. 그중에서 예정신고는 자세히 숙지하여야 합니다.

PROFESSOR COMMENT
예정신고납부의 기한을 집중정리하기 바란다.

Key Point 신고·납부

1) 예정신고납부 : 양도일이 속하는 달의 말일부터 2개월 이내
   주식은 반기의 말일부터 2개월 이내   * 파생상품은 예정신고의무 면제
2) 확정신고납부 : 다음 연도 5월 1일부터 5월 31일까지

양도소득세의 신고·납부에 대한 절차상의 내용으로 예정신고납부와 확정신고납부가 있다.

제2장 소득세

1 양도소득과세표준의 예정신고와 납부(소득법 제105조 제1항) 22회 출제

(1) 의 의

1) 예정신고제도의 취지 양도소득과세표준의 예정신고제도는 양도차익의 성격이 자본이득의 성격을 가지고 있을 뿐 아니라 투기적 성향도 배제할 수 없으므로 법 소정의 기간 내에 양도차익을 예정신고하도록 함으로써 세원을 미리 포착하고 납세자의 세액부담을 분산시키도록 하고자 하는 것이 그 취지인 것이다.

2) 예정신고의무 이러한 예정신고는 양도자산의 과세대상이 되는 자산을 양도하였을 경우에는 양도차익이 없거나 양도차손이 발생한 때에도 신고를 하여야 하며, 다만 1세대 1주택 등의 비과세대상자산의 양도는 납세의무자체가 성립되지 아니한 것이므로 예정신고의무는 없다.

PROFESSOR COMMENT
2010년 1월 1일부터 예정신고납부세액공제제도가 폐지되었다.

양도소득세 예정신고 납부

① 양도한 달의 말일부터 2개월 이내에 예정신고 납부

② 확정신고
(다음 연도 5.1.~ 5.31. 사이)

부동산(부동산 관련 권리 포함) 양도시 양도소득 과세표준의 예정신고는 양도한 달의 말일부터 2개월 이내에 해야 한다.

7.5. 양도 → 그 달 말일 → 7.31. → 2개월 이내 → 예정신고는 9.31.까지!

토지거래허가구역 안에 있는 토지를 양도하는데 허가를 받기 전에 대금을 청산한 경우에는

토지거래 허가구역 → 허가 전 대금청산 → 허가일이 속한 달의 말일부터 2개월 이내!

그 허가일이 속하는 달의 말일부터 2개월 이내에 예정신고납부를 하여야 한다.

5월 22일에 허가받았다면 5월 31일부터 7월 31일까지 예정신고납부 하여야 한다.

5. 22. 허가 → 7. 31.까지!

양도소득 과세표준의 확정신고는 다음 연도 5월 1일부터 5월 31일까지로 한다.

양도소득 확정신고 → 다음 해 5.1. ~ 5.31.

2018년 8월에 양도했다면 확정신고기간은 2019년 5월 1일~5월 31일이다.

(2) 예정신고납부의 기한 ★ 16·17회 출제

Key Point 예정신고납부의 기한
1) 부동산 등 : 양도일이 속하는 달의 말일부터 2개월 이내
2) 주식 : 양도일이 속하는 반기의 말일부터 2개월 이내

1) 부동산, 부동산에 관한 권리, 기타 자산은 그 양도일이 속하는 달의 말일부터 2개월 이내에 양도차익예정신고납부를 하여야 한다.
2) 「부동산 거래신고 등에 관한 법률」에 따른 토지거래계약에 관한 허가구역에 있는 토지를 양도함에 있어서 토지거래계약허가를 받기 전에 대금을 청산하는 경우에는 그 허가일이 속하는 달의 말일부터 2개월 이내에 하여야 한다. *토지거래계약허가를 받기 전에 허가구역의 지정이 해제된 경우에는 그 해제일*
3) 부담부증여에 있어서 양도소득세가 해당되는 경우 그 부분에 대하여는 증여일이 속하는 달의 말일부터 3개월 이내에 하여야 한다.
4) 주식, 출자지분, 신주인수권은 그 양도일이 속하는 반기의 말일부터 2개월 이내에 하여야 한다.

(3) 예정신고를 2회 이상할 경우

해당 과세기간에 누진세율 적용대상 자산에 대한 예정신고를 2회 이상 하는 경우로서 거주자가 이미 신고한 양도소득금액과 합산하여 신고하려는 경우에는 다음의 계산식에 따른 금액을 제2회 이후 신고하는 예정신고 산출세액으로 한다.

예정신고 산출세액 = [(A+B−C)×D]−E
A : 이미 신고한 자산의 양도소득금액
B : 2회 이후 신고하는 자산의 양도소득금액
C : 양도소득 기본공제
D : ⅰ) 제104조 제1항 제1호
　　 ⅱ) 제104조 제1항 제8호 또는 제9호에 따른 세율
E : 이미 신고한 예정신고 산출세액

(4) 예정신고납부불이행시 가산세 26회 출제

1) 신고불성실가산세
　　과소신고의 경우 10%, 무신고의 경우 20%, 부정 과소·무신고의 경우 40%가 적용된다.
2) 납부지연가산세(=①+②)
　　① 미납부세액×(납부기한의 다음날~납부일)×0.022%(가산율 변경가능)
　　② 납부고지 후 미납부세액×3%

제2장 소득세

단락핵심 ─ 양도소득세의 신고 및 납부

「부동산거래신고 등에 관한 법률」에 의한 토지거래계약허가구역 안에 있는 토지를 양도함에 있어서 토지거래계약허가를 받기 전에 대금을 청산한 경우에는 그 허가일이 속하는 달의 말일부터 2개월 이내에 양도소득과세표준예정신고를 하여야 한다.

단락문제 Q23
제17회 기출 개작

甲은 「부동산거래신고 등에 관한 법률」의 규정에 의한 토지거래계약허가구역 안의 토지에 대하여 2018.1.30. 乙과 매매계약을 체결하고, 2018.2.28. 매매대금을 모두 수령하며 2018.5.30. 토지거래계약허가를 받는다고 가정한다. 이 경우 甲의 양도소득세 예정신고기한으로 옳은 것은?(단, 신고기한은 공휴일이 아님)

① 2018. 4. 30. ② 2018. 5. 31. ③ 2018. 7. 31.
④ 2018. 8. 31. ⑤ 2018. 2. 29.

해설 양도소득세 예정신고기한
토지거래계약허가를 받기 전에 대금을 청산한 경우에는 그 허가일이 속하는 달의 말일부터 2개월 이내에 예정신고를 하여야 한다. 따라서 2018.5.30이 속하는 말일부터 2개월 이내인 2018.7.31이 예정신고납부기한이다. **답** ③

2 양도소득에 대한 확정신고와 세액납부(소득세법 제110조 제1항) 12·25·27회 출제

> **Q**: 2019.1.1.~12.31. 사이에 부동산 등을 양도한 경우
> **A**: 2020. 5. 1. ~ 5. 31. 확정신고·납부

(1) 의 의

1) 확정신고

양도소득과세표준확정신고라 함은 해당 과세기간의 양도소득금액이 있는 거주자는 그 양도소득 과세표준을 그 과세기간의 다음 연도 5월 1일부터 5월 31일까지 납세지 관할세무서장에게 신고하여야 하는 것을 말한다.
이는 해당 연도의 과세표준이 없거나 결손금액이 있는 때에도 적용하며 자산양도차익예정신고를 한 자는 확정신고를 하지 아니할 수 있다.

2) 납부

거주자는 해당 연도의 과세표준에 대한 양도소득산출세액에서 감면세액과 세액공제액 및 자산양도차익예정신고시 산출세액 등을 공제한 금액을 과세표준확정신고기한까지 납세지 관할세무서장, 한국은행 또는 체신관서에 납부하여야 한다.

(2) 분 납

위의 납부할 세액이 1천만원을 초과하는 경우에는 다음의 금액을 납부기한 경과 후 2개월 이내에 분납할 수 있다.

1) 납부할 세액이 2천만원 이하일 때 1천만원을 초과하는 금액
2) 납부할 세액이 2천만원을 초과하는 경우 그 세액의 50% 이하의 금액

> **예제** 2018년 8월 1일 건물을 양도한 경우 예정과 확정 신고납부시기는?
>
> **풀이** 1) 예정신고납부 : 2018년 10월 31일까지
> 2) 확정신고납부 : 2019년 5월 1일부터 5월 31일까지

3 양도소득과세표준과 세액의 결정·경정 및 통지 24회 출제

(1) 관할세무서장등의 세액결정

납세지 관할세무서장 또는 지방국세청장은 예정신고를 하여야 할 자 또는 확정신고를 하여야 할 자가 그 신고를 하지 아니한 때에는 해당 거주자의 양도소득과세표준과 세액을 결정한다.

분납

① 세액이 1천만원 초과시 납부기한 경과 후 2개월 이내 분납 가능
② 세액이 2천만원 이하 : 1천만원 초과하는 금액을 분납
③ 세액이 2천만원 초과 : 그 세액의 50% 이하의 금액을 분납
④ 예정신고와 확정신고시 분납가능

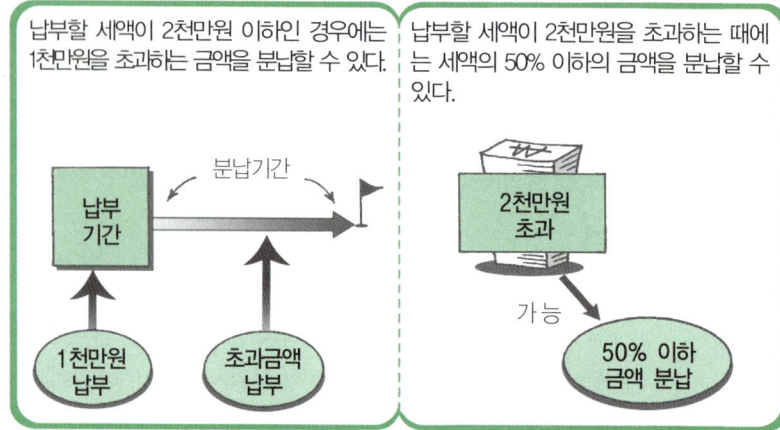

(2) 세액경정

납세지 관할세무서장 또는 지방국세청장은 예정신고를 한 자 또는 확정신고를 한 자의 신고내용에 탈루 또는 오류가 있는 경우에는 양도소득과세표준과 세액을 경정한다.

(3) 재경정

납세지 관할세무서장 또는 지방국세청장은 양도소득과세표준과 세액을 결정 또는 경정한 후 그 결정 또는 경정에 탈루 또는 오류가 있는 것이 발견된 때에는 즉시 이를 다시 경정한다.

(4) 양도소득과세표준과 세액을 결정 또는 경정하는 경우

납세지 관할세무서장 또는 지방국세청장은 위 (1) 내지 (3)의 규정에 의하여 양도소득과세표준과 세액을 결정 또는 경정하는 경우에는 양도 또는 취득 당시의 실지거래가액(법 제96조, 제97조 및 제97조의2 규정)에 의한 가액에 의하여야 한다.

(5) 실지거래가액을 확인할 수 없는 경우 20회 출제

1) 매매사례가액, 감정가액, 환산가액(환산가액), 기준시가로 결정·경정

위 (4)를 적용함에 있어서 양도가액 또는 취득가액을 실지거래가액에 의하는 경우로서 대통령령이 정하는 사유로 장부 기타 증빙서류에 의하여 해당 자산의 양도당시 또는 취득 당시의 실지거래가액을 인정 또는 확인할 수 없는 경우에는 대통령령이 정하는 바에 따라 양도가액 또는 취득가액을 매매사례가액, 감정가액, 환산가액(실지거래가액·매매사례가액 또는 감정가액을 대통령령이 정하는 방법에 의하여 환산한 취득가액을 말함) 또는 기준시가 등에 의하여 추계조사하여 결정 또는 경정할 수 있다.

2) 적용순서 20·28회 출제

양도가액 또는 취득가액을 추계결정 또는 경정하는 경우에는 다음의 방법을 순서대로 적용하여 산정한 가액에 의한다.
다만, 아래 ①의 규정에 의한 매매사례가액 또는 아래 ②의 규정에 의한 감정가액이 특수관계인과의 거래에 따른 가액 등으로서 객관적으로 부당하다고 인정되는 경우에는 이를 적용하지 아니한다.

① 매매사례가액

양도일 또는 취득일 전후 각 3개월 이내에 해당 자산(주권상장법인의 주식 등을 제외)과 동일성 또는 유사성이 있는 자산의 매매사례가 있는 경우 그 가액

② **감정가액**

양도일 또는 취득일 전후 각 3월 이내에 해당 자산(주식 등을 제외)에 대하여 2 이상의 감정평가업자가 평가한 것으로서 신빙성이 있는 것으로 인정되는 감정가액(감정평가기준일이 양도일 또는 취득일 전후 각 3개월 이내인 것에 한함)이 있는 경우에는 그 감정가액의 평균액(기준시가 10억원 이하의 부동산에 대해 하나의 감정기관 감정가액도 인정)

③ **환산한 취득가액** → 환산 양도가액은 적용하지 아니함

④ **기준시가**

Key Point 적용순서 ★

구 분	순 서
1) 양도가액	실지양도가액 → 매매사례가액 → 감정가액 → 기준시가
2) 취득가액	실지취득가액 → 매매사례가액 → 감정가액 → 환산가액 → 기준시가

(6) 세액결정·경정의 통지

납세지 관할세무서장 또는 지방국세청장은 위 **(1)** 내지 **(3)**의 규정에 의하여 거주자의 양도소득과세표준과 세액을 결정 또는 경정한 때에는 이를 해당 거주자에게 대통령령이 정하는 바에 따라 서면으로 통지하여야 한다.

(7) 거래내역의 적정성을 확인할 필요가 있는 경우

납세지 관할세무서장 또는 지방국세청장은 위 **(1)** 내지 **(3)**의 규정을 적용함에 있어서 법인(중소기업을 포함)의 대주주 등이 양도하는 주식 또는 출자지분의 양도차익에 대한 신고내용의 탈루 또는 오류 기타 거래내역의 적정성을 확인할 필요가 있는 경우에는 「금융실명거래 및 비밀보장에 관한 법률」 등 다른 법률의 규정에 불구하고 대통령령이 정하는 바에 따라 「자본시장과 금융투자업에 관한 법률」에 따른 투자매매업자 또는 투자중개업자 및 그 주식등의 주권 또는 출자증권을 발행한 법인에 이를 조회할 수 있다.

(8) 등기부기재가액을 실지거래가액으로 추정하여 과세할 수 있는 경우(소득세법 시행령 제176조 제5항)

양도소득세를 무신고한 경우로서 납부할 양도소득세액이 300만원 미만인 경우와 납부할 양도소득세액이 300만원 이상이면서 관할세무서장으로부터 기한 후 신고를 하도록 통지받은 날부터 30일 이내에 기한 후 신고를 하지 아니하는 경우에는 등기부기재가액을 실지거래가액으로 추정하여 양도소득세를 과세할 수 있다.

4 양도소득세에 대한 가산세 ★   18회 출제

Key Point 가산세

1) 신고불성실가산세
   $\frac{10}{100}$ (단순무신고 20%, 부정·고의신고위반 40%)
2) 납부지연가산세(= ① + ②)
   ① 법정이자율 $\left(\frac{22}{100,000}\right)$ × 미납일수 × 미납부세액
   ② 납부고지 후 미납부세액 × 3%

(1) 신고불성실가산세

거주자가 확정신고를 하지 아니하였거나 신고하여야 할 소득금액에 미달하게 신고한 때에는 그 신고를 하지 아니한 해당 소득금액 또는 신고하여야 할 금액에 미달한 해당 소득금액이 양도소득금액에서 차지하는 비율을 납부하여야 할 세액에 곱하여 계산한 금액의 100분의 10에 상당하는 금액을 산출세액에 가산한다. 다만, 고의적 신고위반은 40%, 단순무신고는 20%이다.

(2) 납부지연가산세

거주자가 양도소득세액을 납부하지 아니하였거나 납부하여야 할 세액에 미달하게 납부한 때에는 그 납부하지 아니하였거나 미달한 세액에 대하여 금융기관의 연체대출이자율을 참작하여 대통령령이 정하는 율(1일 100,000분의 22)을 적용하여 계산한 금액과 납부고지 후 미납부세액의 3%에 해당하는 금액을 더한 금액을 산출세액에 가산한다.

(3) 기장불성실가산세

법인(중소기업을 포함함)의 대주주 등이 양도하는 주식 또는 출자지분에 대하여 거래내역 등을 기장하지 아니하였거나 누락한 때에는 그 기장을 하지 아니한 소득금액 또는 누락한 소득금액이 양도소득금액에서 차지하는 비율을 납부하여야 할 세액에 곱하여 계산한 금액의 100분의 10에 상당하는 금액을 산출세액에 가산한다.

다만, 납부하여야 할 세액이 없는 때에는 그 거래금액의 1만분의 7에 상당하는 금액을 기장불성실가산세로 한다.

(4) 추가납부세액이 없는 경우

확정신고를 하여야 할 거주자가 신고를 하지 아니하였거나 신고하여야 할 과세표준에 미달하게 신고한 경우에도 추가납부세액(가산세액을 제외함)이 없는 경우에는 **(1)**의 규정을 적용하지 아니한다.

(5) 가산세 적용

위 (1)과 (3)이 동시에 해당하는 경우에는 그 중 큰 금액이 해당하는 가산세만을 적용하고 (1)과 (3)의 가산세액이 같을 경우에는 (1)의 가산세만을 적용한다.

단락문제 Q24   제18회 기출 개작

「소득세법」상 2주택을 보유한 1세대가 주택을 양도하는 경우에 관련된 설명 중 **틀린 것은?**(단, 해당 2주택은 3년 이상 보유한 등기된 주택임)

① 2주택을 연도를 달리하여 양도하고 다른 양도자산이 없다면, 각각에 대하여 연 250만원의 양도소득기본공제가 적용된다.
② 먼저 양도하는 주택은 장기보유특별공제가 적용된다.
③ 나중에 양도하는 주택은 1세대 1주택 비과세요건을 충족하면 양도소득세가 비과세된다.
④ 1세대 2주택자가 3년 이상 보유한 주택을 양도한 경우 초과누진세율이 적용된다.
⑤ 먼저 양도하는 주택의 양도소득금액을 계산함에 있어서 양도 당시의 실지거래가액을 확인할 수 없어 양도가액을 추계결정하는 경우에는 기준시가, 감정가액, 매매사례가액, 등기부기재가액을 순차로 적용하여 산정한 가액을 양도가액으로 한다.

해설 양도가액 추계결정시 적용순서
⑤ 양도가액을 추계결정하는 경우에는 '매매사례가액 → 감정가액 → 기준시가'를 순차로 적용한다.   **답** ⑤

---

5 양도소득세의 징수

(1) 납부기한 후 3개월 내 징수

납세지 관할세무서장은 거주자가 해당 연도의 양도소득세로 납부하여야 할 세액의 전부 또는 일부를 납부하지 아니한 때에는 그 미납된 부분의 양도소득세액을 그 납부기한이 경과된 날부터 3개월 이내에 징수한다. 예정신고납부세액의 경우에도 또한 같다.

(2) 추가납부세액의 징수

납세지 관할세무서장은 양도소득과세표준과 세액을 결정 또는 경정한 경우 양도소득 총결정세액이 다음의 금액의 합계액을 초과하는 때에는 그 초과하는 세액(이하 "추가납부세액"이라 함)을 해당 거주자에게 통지한 날부터 30일 이내에 징수한다.

1) 예정신고자진납부세액과 확정신고자진납부세액
2) (1)의 규정에 의하여 징수하는 세액
3) 수시부과세액

6 양도소득세의 환급

납세지 관할세무서장은 연도별로 해당 연도의 양도소득과세표준과 세액을 결정·경정한 경우로서 상기 5 (2)의 1), 2), 3)의 금액의 합계액이 양도소득총결정세액을 초과하는 때에는 그 초과하는 세액은 이를 환급하거나 다른 국세·가산금과 강제징수비에 충당하여야 한다.

단락문제 Q 25

제17회, 제19회 기출 유사

「소득세법」상 양도소득 과세표준의 예정·확정신고 및 납부와 관련된 설명 중 틀린 것은?

① 양도소득세 납세자가 국내 거주자인 경우 그 납세지는 양도물건의 소재지이다.
② 과세표준 확정신고서를 국세정보통신망에 의하여 제출한 경우에는 이에 입력된 때에 신고된 것으로 본다.
③ 예정신고를 한 자는 확정신고를 하지 아니할 수 있다.
④ 미납부 또는 미달세액에 대한 납부불성실가산세액은 1일 1십만분의 25을 적용하여 계산된다.
⑤ 납세지 관할세무서장은 양도소득이 있는 국내거주자가 조세를 포탈할 우려가 있다고 인정되는 상당한 이유가 있는 경우에는 수시로 그 거주자의 양도소득세를 부과할 수 있다.

해설 양도소득세의 신고, 납부
① 납세지는 물건지의 소재지관할이 아니고, 양도자의 주소지 관할 세무서이다.

답 ①

10 국외자산에 대한 양도소득세 ★★ 10·17·20·27·31·35회

Q: 내국인이 외국에 소재하는 부동산을 양도한 경우 양도소득세가 해당되나요?

A: 네, 우리나라에 양도소득세를 신고·납부하여야 합니다. 이 경우 외국에서 양도소득세를 신고·납부하였다면 그 신고·납부한 세금은 우리나라에서 양도소득세를 계산할 때 필요경비에 산입하거나 세액공제합니다.

 국내에 사는 홍길동은 네덜란드에 소재하는 부동산을 취득하여 양도하였습니다. 이때 양도소득세를 신고납부하여야 할까요? 신고납부하여야 한다면 우리나라에 신고납부하여야 할까요? 이러한 내용의 국외자산 양도에 대한 양도소득세에 대하여 살펴보고자 합니다.

1 양도소득의 범위

→ 국내에 해당 자산의 양도일까지 계속 5년 이상 주소 또는 거소를 둔 자에 한함

거주자의 국외에 있는 자산의 양도에 대한 양도소득은 해당 과세기간에 국외에 있는 자산을 양도함에 따라 발생하는 다음의 소득을 말한다(소득법 제118조의2).

(1) 토지 또는 건물

(2) 부동산에 관한 권리(미등기 양도자산을 포함)

1) 지상권·전세권과 부동산임차권
2) 부동산을 취득할 수 있는 권리

(3) 주식 또는 출자지분

외국법인이 발행한 주식등과 내국법인이 발행한 주식등으로서 증권시장과 유사한 시장으로서 외국에 있는 시장에 상장된 주식등을 말한다.

(4) 기타 자산

국내자산을 준용한다.

(5) 파생상품

2 양도가액의 계산

(1) 국외자산의 양도가액

국외자산의 양도가액은 해당 자산의 양도 당시의 실지거래가액으로 한다. 다만, 양도 당시의 실지거래가액을 확인할 수 없는 경우에는 양도자산이 소재하는 국가의 양도 당시의 현황을 반영한 시가에 의하되, 다음의 가액이 확인되는 때에는 이를 해당 자산의 시가로 한다. 다만, 주식이나 기타 자산의 경우에는 아래 **2)**를 적용하지 아니한다.

1) 국외자산의 양도에 대한 과세와 관련하여 이루어진 외국정부의 평가가액
2) 국외자산의 양도일 또는 취득일 전후 6월 이내에 이루어진 실지거래가액, 감정가액, 수용 등을 통한 보상가액

(2) 시가산정이 어려운 경우

시가를 산정하기 어려운 때에는 해당 자산의 종류·규모·거래상황 등을 고려하여 다음과 같이 결정한다.

1) 부동산 및 부동산에 관한 권리의 경우에는 「상속세 및 증여세법」상 평가액, 이것이 적절하지 아니한 경우에는 감정평가업자의 감정가액
2) 유가증권의 가액은 「상속세 및 증여세법」상 평가방법을 준용하되 '2월'은 각각 '1월'로 본다.

3 필요경비의 계산

양도가액에서 공제하는 필요경비의 계산은 다음의 금액을 합한 것으로 한다.

(1) 취득가액

해당 자산의 취득에 소요된 실지거래가액. 다만, 실거래가액을 확인할 수 없는 경우에는 위의 양도가액시 실거래가액을 산정하는 방법을 준용한다.

(2) 자본적 지출액, 양도비

이러한 비용 등은 거주자의 양도차익 계산시 적용한 방법을 준용한다.

4 과세표준의 계산 30회 출제

과세표준은 거주자의 국내자산의 양도에 관한 규정을 준용하되 장기보유특별공제는 적용하지 아니한다.

5 기 타 25회 출제

(1) 양도차익의 외화환산

양도차익을 계산함에 있어서는 양도가액 및 필요경비를 수령하거나 지출한 날 현재 「외국환거래법」에 의한 기준환율 또는 재정환율에 의하여 계산한다.

(2) 세 율

다음과 같이 규정하되, 10% 범위 내에서 탄력적으로 가산할 수 있다.

구 분		과세표준	세 율
1) 토지, 건물 부동산에 관한 권리 2) 기타 자산		1천200만원 이하	과세표준의 100분의 6
		1천200만원 초과 4천600만원 이하	72만원 + (1천200만원을 초과하는 금액의 100분의 15)
		4천600만원 초과 8천800만원 이하	582만원 + (4천600만원을 초과하는 금액의 100분의 24)
		8천800만원 초과 1억 5천만원 이하	1천590만원 + (8천800만원을 초과하는 금액의 100분의 35)
		1억 5천만원 초과 3억원 이하	3천760만원 + (1억5천만원을 초과하는 금액의 100분의 38)
		3억원 초과 5억원 이하	9천460만원 + (3억원을 초과하는 금액의 100분의 40)
		5억원 초과	1억7천460만원 + (5억원을 초과하는 금액의 100분의 42)
3) 주식 및 출자지분	중소기업의 주식등		10%
	그 밖의 주식등		20%
4) 파생상품			10%

(3) 외국납부세액공제 등

국외자산의 양도소득에 대하여 해당 외국에서 과세를 하는 경우 그 양도소득에 대하여 국외자산양도소득세액을 **다음의 방법** 중 하나를 선택하여 적용받을 수 있다. → 세액공제방법과 필요경비산입방법

1) 외국납부세액공제법

다음의 금액을 외국납부세액으로 공제한다.

$$\min \begin{cases} \text{국외자산 양도소득세액} \\ \text{양도소득 산출세액} \times \dfrac{\text{국외자산 양도소득금액}}{\text{해당 과세기간의 양도소득금액}} \end{cases}$$

2) 취득가액산입법

국외자산 양도소득세 과세표준에 대하여 납부하였거나 납부할 국외자산 양도소득세액을 해당 사업연도의 양도소득세 과세표준계산에 있어서 취득가액에 산입하여 필요경비로 인정한다.

(4) 준용규정

비과세, 신고·납부, 과표계산, 세액계산 등 거주자의 규정을 대부분 준용하되, 양도차손의 통산은 준용하지 아니한다.

단락핵심 납세의무자 등

(1) 자본자유화가 본격적으로 시행됨에 따라 국내자산과 국외자산 간의 과세상 형평의 유지가 요구된다. 이러한 요구에 부응하여 국외자산의 양도소득에 대하여도 과세하는 규정이 신설되었다.
(2) 납세의무자는 해당 자산의 양도일까지 계속 5년 이상 주소 또는 거소를 둔 자에 한한다.

단락문제 026 제25회 기출

「소득세법」상 국외자산 양도에 관한 설명으로 옳은 것은?

① 양도차익 계산시 필요경비의 외화환산은 지출일 현재 「외국환거래법」에 의한 기준환율 또는 재정환율에 의한다.
② 국외자산 양도시 양도소득세의 납세의무자는 국외자산의 양도일까지 계속하여 3년간 국내에 주소를 둔 거주자이다.
③ 미등기 국외토지에 대한 양도소득세율은 70%이다.
④ 장기보유특별공제는 국외자산의 보유기간이 3년 이상인 경우에만 적용된다.
⑤ 국외자산의 양도가액은 실지거래가액이 있더라도 양도 당시 현황을 반영한 시가에 의하는 것이 원칙이다.

해설 국세, 양도소득세 - 국외자산
② 3년이 아니라 5년이다.
③ 국외 양도자산은 미등기여부를 가리지 아니한다. 등기제도가 없는 나라도 있을 수 있기 때문이다.
④ 장기보유특별공제는 적용하지 아니한다.
⑤ 원칙이 실지거래가액이다.

답 ①

CHAPTER 02 소득세

• 경록 교재에 모든 답이 있습니다.

01 양도의 개념
(1) 양도(讓渡)란 자산에 대한 등기 또는 등록과 관계없이 매도·교환·법인에 대한 현물출자 등을 통하여 그 자산이 유상으로 사실상 이전되는 것을 말한다.
(2) 자산의 소유권이 유상으로 이전되는 구체적인 경우로는 매매, 교환, 현물출자, 대물변제, 부담부 증여, 경매, 토지수용 등을 들 수 있다.
(3) 자산의 양도로 보지 아니하는 사항은 환지처분, 양도담보, 공유물분할, 소유권 환원이 있다.

02 납세의무자
과세대상 재산을 양도함으로써 발생된 소득이 있는 자(거주자, 비거주자, 법인으로 보는 단체 외의 사단·재단 기타 단체)로서 법인 이외의 자연인이다.

03 양도소득의 범위(과세대상)
부동산, 부동산에 관한 권리, 일정주식, 기타 자산, 파생상품

04 양도시기
(1) 원칙은 대금을 청산한 날로 한다.
(2) 대금을 청산한 날이 분명하지 아니한 경우에는 등기·등록접수일 또는 명의개서일로 한다.

05 1세대 1주택 비과세 요건
(1) 1주택의 특례사항으로 일시적인 2주택, 지정문화재 주택, 상속주택, 혼인주택, 노부모 봉양주택, 농어촌주택, 조합원입주권이 있다.
(2) 2년 이상 보유에 있어서 그 보유기간의 계산은 해당 자산의 취득일부터 양도일까지로 한다.

06 미등기 양도자산에 대한 불이익
비과세규정의 적용배제, 장기보유특별공제·양도소득기본공제의 배제, 양도소득세의 중과로 한다.

07 과세표준
(1) 양도가액과 취득가액의 결정
  1) 토지, 건물, 부동산에 관한 권리 … 실지거래가액
  2) 주식, 기타 자산 … 실지거래가액
(2) 필요경비개산공제
(3) 필요경비를 기준시가에 의한 경우
  취득 당시기준시가 + 필요경비개산공제
(4) 필요경비를 실지거래가액에 의한 경우
  취득가액 + 자본적 지출액(설비비와 개량비 포함) + 양도비

(5) 장기보유특별공제
    1) 3년 이상 4년 미만 보유자산 … 양도차익의 6%
    2) 5년 이상 6년 미만 보유자산 … 양도차익의 10%
    3) 15년 이상 보유자산 … 양도차익의 30%
      * 1세대 1주택으로 과세되는 경우 : 최저 24%, 최고 80%까지 공제율 적용

(6) 양도소득기본공제
    양도소득자별로 연1회에 한하여 공제대상 양도자산 그룹별(Ⅰ그룹 : 부동산·부동산에 관한 권리·기타 자산, Ⅱ그룹 : 주식, Ⅲ그룹 : 파생상품 등)로 각각 250만원을 공제한다.

08 세 율

(1) 부동산과 부동산에 관한 권리
    1) 미등기 : 70%
    2) 1세대 3주택 : 초과누진세율
    3) 1세대 2주택 : 초과누진세율
      * 주택은 위의 초과누진세율과 보유기간에 따른 세율(1년 미만 보유 70%)과 비교하여 높은 세율을 적용한다.
    4) 보유기간
      ① 1년 미만 … 50%(주택과 조합원입주권은 70%)
      ② 1년 이상 2년 미만 … 40%(주택과 조합원입주권은 60%)
      ③ 2년 이상 … 6~45%(초과누진세율)

(2) 일정주식
    1) 중소기업 외의 법인의 주식 등으로서 대주주가 1년 미만 보유한 주식 등 … 30%
    2) 중소기업의 주식 등 … 100분의 10
    3) 위의 1), 2) 외의 주식 등 … 100분의 20

(3) 기타 자산 : 초과누진세율(6~45%)

09 신고·납부

(1) 예정신고납부 : 부동산의 경우에는 양도일이 속하는 달의 말일부터 2월 이내
(2) 확정신고납부 : 과세기간의 다음 연도 5월 1일부터 5월 31일까지

10 가산세

(1) 신고불성실가산세 : 10/100(단순 무신고 20%, 부당 무신고 40%)
(2) 납부지연가산세 : 1) + 2)
    1) 법정이자율 × 미납부일수 × $\left(\dfrac{22}{100,000}\right)$ × 미납부세액
    2) 납부고지 후 미납부세액 × 3%

소득세
CHAPTER 02

· 경록 교재에 모든 답이 있습니다.

01 양도소득세는 부동산등의 양도단계 세목이다. _____

02 양도소득은 종합소득에 해당하지 아니한다. _____

03 양도소득은 개인 또는 법인이 양도소득세 과세대상을 양도하여 발생하는 소득이다. _____

04 사업자인 개인의 부동산매매업과 건설업(주택신축판매업)에 해당하는 토지와 건물의 양도는 양도소득세 과세대상에 해당하지 아니한다. _____

05 남편은 공장을, 아내는 상가를 소유하다가 남편과 아내가 동일한 연도에 양도하였을 경우 부부합산하여 양도소득세를 신고납부하여야 한다. _____

06 개인 甲이 상가를 취득한 후 등기를 하지 아니한 상태로 양도하였을 경우 양도가 아니다. _____

07 교환·공매·부담부증여·양도담보는 자산이 유상으로 사실상 이전되는 것에 해당하는 양도의 사례이다. _____

08 甲은 10억원의 건축물과 부속토지를 특수관계인인 乙에게 증여하였다. 증여하면서 은행대출금 4억원을 乙이 부담하기로 약정한 경우에 4억원은 부담부증여에 해당하고 양도에 해당한다. _____

09 환지처분은 양도가 아니지만 환지받은 토지를 양도한 경우 양도에 해당한다. _____

10 토지거래계약허가구역 내의 허가를 받지 아니하고 체결한 토지거래계약은 양도에 해당하지 아니한다. _____

01. O

02. O

03. X
법인은 법인세 과세

04. O

05. X
부부합산하지 아니하고 개인별로 과세한다.

06. X
등기, 미등기 불문

07. X
양도담보는 양도가 아님

08. O

09. O

10. O

제2장 소득세

11 무허가 창고를 양도한 경우 양도소득세 과세대상이 아니다.

11. X
허가, 무허가 모두 과세대상

12 1세대 1주택에 해당하는 주택을 무허가로 음식점 영업을 하면서 양도하였다. 이 경우 주택을 양도한 경우에 해당하지 않는다.

12. O
사실상 현황에 따른다.

13 개인 甲이 중구 명동에 있는 부동산임차권을 미등기상태로 양도한 경우에는 양도소득세의 과세대상이 아니다.

13. O

14 _____의 비율이 50% 이상이고 주식소유비율이 50% 이상인 주주 1인과 기타주주가 3년 이내에 50% 이상을 양도한 경우에는 기타 자산을 양도한 것으로 분류한다.

14. 총자산에서 부동산과 부동산에 관한 권리

15 영업권을 단독으로 양도한 경우에는 양도소득세 과세대상이 아니다.

15. O
종합소득세 과세

16 국내에 해당 자산의 양도일까지 계속 5년 이상 주소 또는 거소를 둔 거주자가 국외 소재 미등기 부동산을 양도한 경우 과세대상이 아니다.

16. X
등기, 미등기 모두 과세대상

17 서울 성동구에 주소를 둔 甲은 제주특별자치도에 있는 귤밭을 양도하였다. 양도소득세 납세지는 주소지인 성동구청이다.

17. X
주소지 관할 세무서장이다.

18 비거주자의 납세지는 국내사업장이 없는 경우 국내원천소득이 발생하는 장소이다.

18. O

19 양도시기는 대금청산일로 한다. 이 경우 대금에는 해당 자산의 양도에 대한 양도소득세 및 양도소득세의 부가세액을 양수자가 부담하기로 약정한 경우 해당 양도소득세 및 부가세액을 대금에서 제외한다.

19. O

제3편 국세

20 대금청산일이 확인되지 아니한 경우 양도시기는 _____이다.

20. 등기·등록접수일 또는 명의개서일

21 증여받은 부동산을 양도한 경우 양도시기는 증여를 받는 날이다.

21. X
양도시기는 대금청산일이고 취득시기는 증여받은 날이다.

22 부동산을 현물출자한 경우의 양도시기는 주식을 교부받는 날이다.

22. O

23 자기가 건축한 건축물의 양도시기는 사용승인서 교부일이다.

23. X
취득시기가 사용승인서 교부일이다.

24 환지처분시 교부받은 환지면적이 감소된 경우 양도시기는 환지처분의 공고일의 다음 날이다.

24. O

25 시효취득한 대지의 양도시기는 해당 대지의 점유개시일이다.

25. X
취득시기가 점유개시일이다.

26 1977. 2. 1. 취득한 토지를 양도하였다. 기준시가에 의하여 양도·취득가액을 계산할 경우 토지의 의제취득시기는 (____년__월__일)이다.

26. 1985. 1. 1.

27 양도차익계산에서 가장 나중에 공제되는 항목은 양도소득기본공제이다.

27. X
양도소득기본공제는 과세표준계산 단계에서 가장 나중에 공제

28 양도차익을 계산함에 있어서 양도가액과 취득가액을 원칙적으로 기준시가로 한다.

28. X
실지거래가액으로 한다.

29 토지의 필요경비 개산공제액은 양도당시 개별공시지가의 3%이다.

29. X
취득 당시

30 아파트당첨권을 기준시가에 의하여 계산할 경우 필요경비개산공제액은 취득 당시 기준시가의 ____%이다.

30. 1%

제2장 소득세

31 양도소득세 과세대상인 주식을 양도한 경우 양도가액과 취득가액을 실지거래가액으로 한다. _____

31. O

32 甲은 임야를 취득한 후 법률에 의하여 수용되었다. 이 경우 양도가액과 취득가액을 실지거래가액으로 할 수 있다. _____

32. O

33 토지의 기준시가는 _____, 지정지역 내의 토지의 기준시가는 _____이다.

33. 개별공시지가, 배율방법에 의하여 산정고시가액(= 개별공시지가 × 배율)

34 건물의 기준시가는 _____이다.

34. 매년 1월 1일 국세청장의 산정고시가액

35 기준시가에 의하여 양도차익을 계산할 경우 양도당시 기준시가가 1억원인 건물을 공매에 의하여 처분하였다. 공매가액이 8천만원인 경우 양도가액은 1억원이다. _____

35. X
8천만원

36 甲은 지정지역 내 아파트를 취득등기한 후 양도하였다. 양도 당시 기준시가가 2억원, 취득 당시 기준시가가 1억원인 경우 기준시가에 의한 양도차익은 얼마인가? _____

36. 97,000,000원
필요경비는 1억원+1억원 × 3%

37 甲은 양도가액과 취득가액을 실지거래가액으로 할 경우 토지를 취득할 때 납부했던 취득세, 등록면허세를 필요경비로 공제할 수 있다. _____

37. O

38 甲은 2년 6월 보유·등기한 건물과 15년 보유·등기한 토지를 양도하였다. 장기보유특별공제율은 건물 ____%, 토지 ____%이다.

38. 0, 30
3년 이상 보유, 등기

39 1세대 1주택에 해당하고 11년 3월 보유·거주·등기된 고가주택을 양도한 경우 장기보유특별공제율은 ____%이다.

39. 80

제3편 국 세

40 甲은 등기된 토지와 건물, 기타 자산을 2014년도에 양도하였다. 양도소득기본공제금액은 토지와 건물에 대하여 250만원, 기타 자산에 대하여 250만원을 각각 공제한다.

40. ✗
토지와 건물, 부동산에 관한 권리, 기타자산을 하나의 그룹으로 하여 양도 연도에 총 250만원을 공제한다.

41 토지, 건물, 부동산에 관한 권리는 등기 여부와 보유기간에 따라 세율이 다르다.

41. ○

42 3년 보유한 미등기 토지의 양도소득세 세율은 ____ % 이다.

42. 70%

43 1년 미만 보유한 등기된 건물의 양도소득세 세율은 ____ % 이다.

43. 50

44 양도소득세의 탄력세율은 10% 범위 내에서 가산할 수 있다.

44. ○

45 경작상 필요에 의하여 대토하는 농지는 새로이 취득하는 농지를 3년 이상 농지소재지에 거주하면서 경작하는 경우 양도소득세를 비과세한다.

45. ✗
비과세가 아니라 면제한다. 농지의 교환·분합이 비과세에 해당

46 비과세대상이 되는 농지의 교환, 분합에 있어서 농지는 전, 답, 과수원, 목장용지를 말한다.

46. ✗
목장용지 제외

47 1세대 1주택 비과세해당여부의 판정시기는 양도일 현재이다.

47. ○

48 1세대 1주택을 판정함에 있어 공동소유주택은 각각 개개인이 1주택을 소유하는 것으로 보며, 공동상속주택은 상속지분이 가장 큰 상속인의 주택으로 본다.

48. ○

49 겸용주택에 있어서 주택연면적이 주택 이외의 연면적보다 작을 경우는 주택부분만 주택으로 본다.

49. ○

50	고가주택은 1세대 1주택 비과세에서 원칙적으로 제외한다.	50. O
51	고가주택이 1세대 1주택 비과세요건을 충족한 경우 _____억원 초과가액에 대하여 과세한다.	51. 12
52	단독주택이든, 공동주택이든 연면적에 관계없이 실지양도가액이 12억원을 초과하면 고가주택이다.	52. O
53	다가구주택은 원칙적으로 공동주택의 규정을 적용하여 고가주택 여부를 판정한다.	53. O
54	무허가 주택은 1세대 1주택 비과세를 적용할 수 없다.	54. X 무허가주택도 비과세 가능
55	국내에 1주택을 소유한 1세대가 그 주택을 양도하기 전에 다른 주택을 취득하여 일시적으로 2주택이 된 경우 다른 주택을 취득한 날부터 _____년 내에 종전 주택을 양도하면 1주택으로 본다.	55. 3
56	1세대인 甲이 1주택을 소유하고 있는 중에 부모가 사망하여 1주택을 상속받았을 경우 상속받은 1주택 이외의 주택을 양도할 때에는 1주택으로 본다.	56. O
57	혼인으로 인한 1세대 2주택의 경우 혼인한 날부터 5년 이내에 먼저 양도하는 주택은 1주택으로 본다.	57. O
58	귀농주택이 고가주택에 해당하면 양도한 1주택은 양도소득세를 비과세하지 아니한다.	58. O 과세한다는 의미
59	농어촌 주택과 일반 주택을 보유한 경우 1세대 1주택의 비과세 규정을 적용받고자 하는 자는 1세대 1주택 특례적용신고서를 제출하여야 한다.	59. O

제3편 국 세

60 법률에 의한 조합원의 입주자 지위(일명 "입주권") 양도는 1주택으로 보아 즉, 1주택에 대한 예외로 보아 비과세 해당 여부를 판정한다.

60. ○

61 2년 이상 보유기간의 계산은 ____부터 양도일까지이다.

61. 취득일

62 「민간임대주택에 관한 특별법」에 의한 민간건설임대주택인 경우 거주기간이 5년인 경우 보유기간이 단 1월 이내라 하더라도 2년 이상 보유한 것으로 간주한다.

62. ○

63 甲은 주택과 부속토지를 취득한 후 1년 2개월만에 법률에 의하여 수용당하였다. 2년 이상 보유요건의 특례에 해당한다.

63. ○
2년 이상 보유 간주

64 공부상 용도가 주택이라도 사실상 사무실로 사용하고 있음이 확인된 경우 주택으로 보지 아니한다.

64. ○

65 토지, 건물을 미등기상태로 양도한 경우 필요경비개산(의제)공제를 적용한다.

65. ○
0.3%

66 1세대 1주택 비과세에 해당하는 경우 건축허가를 받지 않아 등기가 불가능한 자산은 미등기 양도자산에서 제외한다.

66. ○

67 1세대를 갖춘 甲은 3년 5월 보유한 1주택인 고가주택을 양도하였다. 고가주택의 양도차익은 {양도차익×(양도가액－12억원) / 양도가액} 이다.

67. ○

68 토지거래허가일이 2022. 12. 5.이고, 잔금청산일이 2022.2.10.인 경우 양도소득세 예정신고기한은 ____까지이다.

68. 2023년 2월 말

69 양도소득세 예정신고를 하지 아니한 경우 가산세는 10%이다.

69. X
과소신고 10%, 무신고 20%

제2장 소득세

70 양도소득세의 가산세 중 과소신고불성실가산세는 20%이다.

70. X
과소신고 10%

71 양도소득세는 분납과 물납제도가 있다.

71. X
물납제도는 없다.

72 국외자산의 양도차익 계산에서 양도가액과 취득가액은 원칙적으로 실지거래가액으로 한다.

72. O

73 국외자산인 토지와 건물은 등기 여부에 따라 세율이 다르다.

73. X
국외자산은 미등기도 등기간주

제3편 국 세

제2절 부동산임대소득 35회 출제

Q: 부동산임대사업은 사업소득에 속하는데 사업소득은 종합소득에 속하는 건가요?
A: 네. 임대사업은 사업소득으로 종합소득에 해당합니다.

> **PROFESSOR COMMENT**
> 부동산임대소득 분야는 출제빈도가 낮아서 큰 비중을 두지 않아도 합격의 당락에는 영향이 없다. 따라서 시간이 허락된다면 부동산임대소득의 범위정도만 정리하면 충분하리라 생각한다.

부동산임대란 부동산을 취득하여 소유하면서 활용하는 단계를 말한다. 즉 타인에게 부동산을 사용·수익하게 하고 일정한 대가를 받는 것을 부동산임대소득이라 한다.
2010년도부터는 부동산임대소득도 사업소득으로 과세하도록 개정되었다. 따라서 사업소득을 구성하는 부동산임대소득으로 과세한다.

01 부동산임대소득금액의 계산

부동산임대소득금액(不動産賃貸所得金額)은 해당 연도 총수입금액에서 이에 소요된 필요경비를 공제한 금액으로 한다.

> 부동산임대소득금액 = 부동산 총수입금액 – 필요경비

02 부동산임대소득의 내용 ★★ 12·20·21·24·25회 출제

다음에 해당하는 경우에 사업자등록여부와 관계없이 부동산임대소득으로 본다.

1 부동산 또는 부동산상의 권리의 대여로 인하여 발생하는 소득

(1) 대여의 의의

전세권 기타 권리를 설정하고 그 대가를 받는 것과 임대차계약 기타 방법에 의하여 물건 또는 권리를 사용 또는 수익하게 하고 그 대가를 받는 것을 말한다.

(2) 지역권·지상권의 대여는 기타 소득과 부동산임대사업소득으로 구분하여 과세한다

「공익사업을 위한 토지 등의 취득 및 보상에 관한 법률」 제4조에 따른 공익사업과 관련하여 지역권·지상권(지하 또는 공중에 설정된 권리를 포함)을 설정하거나 대여함으로써 발생하는 소득은 제외한다. 즉 기타 소득으로 과세한다.

> **PROFESSOR COMMENT**
> 위 (2) 이외의 지역권·지상권을 설정하거나 대여함으로써 발생하는 소득은 부동산임대사업소득에 해당한다.

(3) 소유 부동산의 담보제공 대가

자기 소유의 부동산을 타인의 담보물로 사용하게 하고 그 사용대가를 받는 것은 부동산상의 권리의 대여로 인하여 발생하는 소득으로 본다.

(4) 부동산매매를 목적으로 취득한 부동산의 일시적 대여의 소득

부동산매매업 또는 건설업자가 판매를 목적으로 취득한 토지 또는 부동산을 일시적으로 대여하고 얻은 소득은 부동산임대소득으로 본다.

(5) 광고용으로 사용되는 토지 등의 대가

광고용으로 토지, 가옥의 옥상 또는 측면 등을 사용하게 하고 받는 대가는 부동산임대소득으로 본다.

2 공장재단 또는 광업재단의 대여로 인하여 발생하는 소득

(1) 공장재단에서 분리된 기계등을 별도로 임대한 경우

공장의 토지 또는 건물에 설치된 기계·기구 등의 시설이 공장재단에서 분리되어 공장재단과 기계 등 시설을 별도로 임대한 경우에는 공장재단은 부동산임대소득이다.

(2) 기계 등 시설의 임대

기계 등 시설의 임대는 사업소득 중 부동산임대업이 아닌 사업서비스업에서 발생된 사업소득으로 본다.

3 광업권자·조광권자 또는 덕대가 채굴에 관한 권리를 대여함으로 인하여 발생하는 소득

(1) 광업권자 등이 채굴을 할 수 있는 시설과 함께 광산을 대여함으로써 발생하는 소득으로 한다.

(2) 광업권자 등이 자본적 지출이나 수익적 지출의 일부 또는 전부를 제공하는 것을 조건으로 광업권·조광권 또는 채굴에 관한 권리를 대여하고 덕대 또는 분덕대부터 받는 분철료는 포함하지 아니하는 것으로 한다. 즉 사업소득 중 부동산임대업에서 발생된 소득으로 보지 아니하고 일반적인 사업소득으로 구분한다.

제3편 국 세

1) **덕 대** 광주와 계약을 맺고 채광하는 사람을 말한다.
2) **분 철** 분광업자가 계약대로 생산물의 일부를 광주에게 지불(또는 지급)하는 광석이나 돈

4 분묘설치자부터 받은 지료 등

묘지를 개발하여 분묘기지권을 설정하고 분묘설치자부터 지료 등을 받는 것은 부동산임대소득에 해당한다.

5 1세대 3주택 이상에 해당되는 주택의 임대로 인하여 발생하는 보증금 등의 간주임대료

1세대 3주택 이상에 해당되는 주택을 임대하여 발생하는 보증금 등의 간주임대료는 사업소득 중 부동산임대소득으로 하여 과세한다. 전용면적 40m² 이하로서 기준시가 2억원 이하의 소형주택은 2021년 12월 31일까지 주택수 계산에서 제외

단락문제 Q27 제5회 기출

「소득세법」에서의 부동산임대소득에 관한 설명 중 틀린 것은?

① 전세금을 받아 이를 예금하여 이자를 받는 것은 부동산임대소득이 아니다.
② 광업권을 대여하고 분철료(分鐵料)를 받은 것은 부동산임대소득이 아니다.
③ 부동산을 타인의 담보물로 사용하게 하고 대가를 받는 것은 부동산임대소득이다.
④ 공익사업과 관련이 없는 지상권을 대여하고 대가를 받는 것은 부동산임대소득이 아니다.
⑤ 공장재단을 임대하고 대가를 받는 것은 부동산임대소득이다.

해설 부동산임대소득

부동산소득은 해당 연도에 발생한 다음의 소득을 말한다.
1) 부동산 또는 부동산상의 권리의 대여로 인하여 발생하는 소득
   공익사업과 관련이 없는 지역권·지상권을 대여하고 받는 소득은 부동산임대사업소득에 해당한다.
2) 공장재단 또는 광업재단의 대여로 인하여 발생하는 소득
3) 광업권자·조광권자 또는 덕대가 채굴에 관한 권리를 대여함으로 인하여 발생하는 소득
   광업권자 등이 자본적 지출이나 수익적 지출의 일부 또는 전부를 제공하는 것을 조건으로 광업권·조광권 또는 채굴에 관한 권리를 대여하고 덕대 또는 분덕대부터 받는 분철료는 사업소득 중 부동산임대소득에 해당하지 아니하는 사업소득이다.

답 ④

03 비과세 부동산임대소득 ★   31회 출제

부동산임대소득이라 하더라도 다음에 해당하는 경우에는 소득세를 부과하지 아니한다.

(1) 논·밭을 작물생산에 이용하게 함으로 인하여 발생하는 소득은 비과세소득(非課稅所得)으로 한다.

(2) 1개 이하의 주택을 소유하는 자의 주택임대소득(고가주택과 국외소재 주택 제외)은 비과세소득으로 한다.

> 고가주택은 1주택을 임대하더라도 임대소득으로 과세한다는 의미이다.

(3) 주택임대소득이 연간 총수입금액 2천만원 이하인 경우에는 2019년 1월 1일부터는 분리과세(14%)와 종합과세 중 선택할 수 있다.

04 부동산임대소득의 총수입금액

> 총수입금액 = 임대료 + 간주임대료 + 관리비수입 + 보험차익

1 임대료

(1) 선세금의 해당 연도 총수입금액

부동산을 임대하고 수입하는 임대료는 부동산임대소득의 총수입금액에 산입한다. 부동산임대소득에 대한 총수입금액 계산에 있어서 선세금에 대하여는 그 선세금을 계약기간의 월수로 나눈 금액의 각 연도의 합계액을 총수입금액으로 한다.

$$\text{선세금의 해당 연도 총수입금액} = \text{선세금} \times \frac{\text{해당 연도 중 임대기간월수}}{\text{임대기간월수}}$$

(2) 초월산입·말월불산입

이 경우 월수는 달력에 따라 계산하되, 과세기간개시일이 속하는 달이 1월 미만인 경우에는 1월로 하고, 해당 과세기간 종료일이 속하는 달이 1월 미만인 경우에는 이를 산입하지 아니한다.

(3) 주택 1채는 전세, 1채는 월세인 경우

월세계약으로 인하여 얻은 임대료에 대해서는 소득세가 과세되나, 전세계약으로 인하여 얻은 임대료는 소득세가 과세되지 아니한다.

2 간주임대료 22회 출제

(1) 의 의

1) 원칙
거주자가 부동산 또는 그 부동산상의 권리 등을 대여하고 보증금·전세금 또는 이와 유사한 성질의 금액을 받은 경우에는 **일정한 산식에 따라 계산한 금액을 임대료로** 간주하여 부동산임대소득금액의 계산에 있어서 총수입금액에 산입한다. → 이를 "간주임대료"라 한다.

2) 예외
사원용 주택 또는 임대주택을 대여하고 받는 보증금 등에 대하여는 간주임대료를 계산하지 아니한다.

(2) 간주임대료의 계산 ★

1) 소득금액을 추계결정 또는 경정하는 경우

$$\text{해당 과세기간의 보증금 등의 적수} \times \text{정기예금이자율} \times \frac{1}{365}$$

2) 일반적인 경우

$$\left\{ \left(\text{해당 과세기간의 보증금 등의 적수} - \text{임대용 부동산의 건설비 상당액의 적수} \right) \times \text{정기예금이자율} \times \frac{1}{365} \right\} - \left(\text{해당 과세기간의 임대사업부분에서 발생한 금융수익의 합계액} \right)$$

PROFESSOR COMMENT

'1)'과 '2)' 산식의 차이
장부·증빙 등이 없어 추계결정하는 '1)'의 경우와는 달리 '2)'에서는 장부·증빙에 의하여 확인되는 건설비상당액의 적수와 금융수익의 합계액은 차감한다는 차이가 있다.
이 경우 총수입금액에 산입할 금액이 0보다 적은 때에는 이를 없는 것으로 보며, 적수의 계산은 매월말 현재의 임대보증금등의 잔액에 경과일수를 곱하여 계산할 수 있다.

3) 3주택 이상 보유자

(전세보증금 합계 − 3억원) × 60% × 이자율 − 임대관련 발생이자·배당

* **소형주택**은 주택수 계산에서 제외함(2026.12.31.까지)
 └→ 전용면적 40㎡ 이하로서 기준시가 2억원 이하

(3) 위 산식의 보충설명

1) 주택수의 계산
① **다가구주택**
1개의 주택으로 본다. 단 구분등기시에는 각각 1주택으로 본다.

② **공동소유주택**(소득령 제8조의2 제3항)
지분이 큰 자의 소유로 하되, 지분이 큰 자가 2인 이상인 경우 최다지분자간 합의에 따르되 합의가 없으면 각각의 소유로 본다. 단 합의하여 1인을 귀속자로 신고한 경우에는 1인 귀속자의 소유로 본다. ㉠, ㉡ 중 하나에 해당하면 소수지분자도 주택수에 가산

㉠ 해당 주택에서 발생하는 임대소득이 연간 600만원 이상
㉡ 기준시가가 9억원을 초과하는 주택의 30%를 초과하는 공유지분을 소유
동일 주택을 부부가 일정지분 이상 소유한 경우 다음 순서
㉢, ㉣로 부부 중 1인의 소유주택으로 계산
㉢ 부부 중 지분이 더 큰 자
㉣ 부부의 지분이 동일한 경우 부부 사이의 합의에 따라 소유주택에 가산하기로 한 자

③ **부부가 각각 소유한 주택**
주택수 계산시에는 합산한다.

④ **임차·전세받은 주택을 전대·전전세할 경우**
임차·전세받은 주택을 임차인·전세받은 자의 주택으로 보아 주택수를 계산한다.

2) 임대용 부동산의 건설비상당액
① 임대용 부동산의 건설비상당액은 토지가액을 제외한 건축물의 취득가액을 말하는 바, 이 경우 건축물의 취득가액은 자본적 지출액을 포함하고 재평가차액을 제외한 금액으로 한다.
② 간주임대료 계산시 임대보증금적수에서 차감하는 건설비 적수는 다음과 같이 면적비율로 안분하여 계산한다.

$$임대용\ 부동산의\ 매입·건설비 \times \frac{임대면적}{건축물의\ 연면적}$$

3) 정기예금이자율
금융회사 등의 정기예금이자율을 고려하여 기획재정부령으로 정하는 이자율을 말한다.

4) 임대사업부분에서 발생한 금융수익의 합계액 28회 출제
이는 비치·기장한 장부나 증빙서류에 의하여 해당 임대보증금 등으로 취득한 것이 확인되는 금융자산으로부터 발생하는 수입이자와 할인료 및 배당금을 말한다.

제3편 국 세

단락문제 Q28
제25회 기출

「소득세법」상 국내에 소재한 주택을 임대한 경우 발생하는 소득에 관한 설명으로 틀린 것은?(단, 아래의 주택은 상시 주거용으로 사용하고 있음)

① 주택 1채만을 소유한 거주자가 과세기간 종료일 현재 기준시가 10억원인 해당 주택을 전세금을 받고 임대하여 얻은 소득에 대해서는 소득세가 과세되지 아니한다.
② 주택 2채를 소유한 거주자가 1채는 월세계약으로 나머지 1채는 전세계약의 형태로 임대한 경우, 월세계약에 의하여 받은 임대료에 대해서만 소득세가 과세된다.
③ 거주자의 보유주택 수를 계산함에 있어서 다가구주택은 1개의 주택으로 보되, 구분등기된 경우에는 각각을 1개의 주택으로 계산한다.
④ 주택의 임대로 인하여 얻은 과세대상 소득은 사업소득으로서 해당 거주자의 종합소득금액에 합산된다.
⑤ 주택을 임대하여 얻은 소득은 거주자가 사업자등록을 한 경우에 한하여 소득세 납세의무가 있다.

해설 국세, 부동산임대소득
⑤ 사업자등록 여부와 관계없이 주택을 임대하여 얻은 소득은 소득세 납세의무가 있다. 공평과세와 실질과세원칙이 적용된다.

답 ⑤

3 관리비수입(공공요금을 제외함)

(1) 유지비와 관리비 등으로 지급받는 금액이 있는 경우
사업자가 부동산을 임대하고 임대료 외에 유지비와 관리비 등의 명목으로 지급받는 금액이 있는 경우에는 전기료·수도료 등의 공공요금을 제외한 청소비·난방비 등은 부동산임대소득의 총수입금액에 산입한다.

(2) 공공요금으로 지급받는 금액이 실제 공공요금 납부액을 초과하는 경우
전기료·수도료 등의 공공요금 명목으로 지급받은 금액이라 하더라도 그 금액이 실제 공공요금 납부액을 초과할 때는 그 초과금액은 부동산임대소득의 총수입금액에 산입한다.

4 부동산임대소득과 관련하여 발생하는 보험차익

사업소득 중에서 부동산임대소득뿐 아니라 산림소득 또는 기타의 사업소득과 같이 사업성이 있는 소득이 있는 거주자가 그 사업과 관련하여 해당 사업용 자산의 손실로 인하여 취득하는 보험차익은 총수입금액에 이를 산입한다.

단락문제 Q29
제25회 기출

거주자가 부동산 또는 그 부동산상의 권리 등을 대여하고 보증금·전세금 또는 이와 유사한 성질의 금액을 받는 경우에는 간주임대료를 부동산임대소득 계산시 총수입금액에 산입하는 바, 이에 대한 설명으로 잘못된 것은?

① 간주임대료 계산대상의 주택에는 사원용 주택 또는 임대주택 및 그 부수토지는 제외한다.
② 「총수입금액에 산입할 금액(간주임대료) = (해당 과세기간의 보증금 등의 적수 − 임대용 부동산의 건설비 상당액의 적수) × 1/365 × 정기예금이자율 − 해당 과세기간의 임대사업부분에 대한 법정금융소득」으로 한다.
③ ②의 산식에서 법정의 금융소득이라 함은 수입이자와 할인료·배당금·유가증권 처분익·신주인수권 처분익의 합계액을 말한다.
④ 소득금액을 추계결정 또는 경정하는 경우에는 「총수입금액에 산입할 금액(간주임대료) = 해당 과세기간의 보증금 등의 적수 × 정기예금 이자율 × 1/365」로 계산한다.
⑤ ②의 산식중 법정의 금융소득에는 비치·기장한 장부나 증빙서류에 의하여 해당 임대보증금 등으로 취득한 것이 확인되는 금융자산으로부터 발생한 것에 한한다.

해설 간주임대료
③ 법인의 경우에 차감하는 금융소득이며, 개인의 경우에는 수입이자와 할인료·배당금의 합계액만 차감한다. 즉 유가증권처분익과 신주인수권처분익은 차감하지 아니한다.
답 ③

05 부동산임대소득의 필요경비·필요경비불산입

부동산임대소득의 필요경비·필요경비불산입(必要經費不算入)은 사업소득금액의 경우와 같다.

06 부동산임대소득의 수입확정시기

부동산임대소득에 대한 총수입금액의 수입할 시기는 다음에 게기(揭記)하는 날로 한다.

(1) 계약 또는 관습에 의하여 지급일이 정하여진 것
1) 그 정하여진 날
2) 지급일이 정하여지지 아니한 것에 대하여는 그 지급을 받은 날

제3편 국 세

(2) 임대차계약의 존부의 쟁송 등에 대한 판결·화해 등으로 인하여 부동산의 소유자 등이 받게 되어 있는 이미 경과한 기간에 대응하는 **임차료 상당액**
  → 미불임대료의 청구에 관한 쟁송을 제외함
  → 공탁된 임대료 상당액 이외에 공탁되지 아니한 임대료 상당액 및 지연이자 기타 손해배상금을 포함

  1) 그 판결·화해 등이 있는 날
  2) 임대료에 관한 쟁송의 경우에 그 임대료를 변제하기 위하여 공탁된 금액에 대하여는 정하여진 날

07 세율

종합소득세율인 초과누진세율(6~42%)을 적용한다.

WIDE 주택임대수입금액이 연 2천만원 이하인 경우

분리과세의 경우 주택임대소득 세액산출
주택임대수입금액이 2천만원 이하인 경우 분리과세와 종합과세 중 선택가능하다.

  세액 = [수입금액 × (1 − 필요경비율) − 공제금액] × 14%

- 필요경비율 : 임대주택등록자 60%
             미등록자 50%
- 공제금액(주택임대 외 종합소득금액이 2천만원 이하인 경우 적용)
  - 임대주택 등록자 : 400만원
  - 미등록자 : 200만원
- 세액감면 : 임대주택등록자 세액감면
  - 4년 임대시 세액의 30%
  - 8년 임대시 세액의 75%
※ 종합과세하는 경우이든 분리과세하는 경우이든 모두 세액감면대상임

제2장 소득세

제3절 부동산매매업 ★ 15회 출제

> **Q:** 부동산매매업도 부동산을 양도하는 경우입니다. 그런데 왜 양도소득세를 부담하지 않나요?
> **A:** 부동산매매업은 사업소득입니다. 즉 부동산매매업에 있어서 부동산은 일종의 재고자산인 상품 또는 제품에 해당합니다. 따라서 상품 또는 제품을 양도하였으므로 사업소득에 해당합니다.

① 부동산매매업 분야도 출제빈도가 낮으므로 수험시간이 부족하다면 생략해도 합격에는 영향이 없다. 따라서 시간이 있으면 부동산매매업의 범위에 대해서만 정리하면 충분하다.
② 부동산매매업도 부동산임대업 및 주택신축판매업과 동일하게 사업소득에 속한다.

Key Point 부동산 관련 소득의 구분

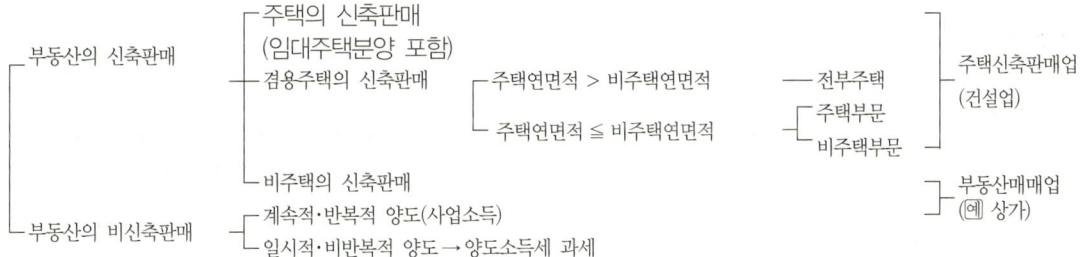

01 부동산매매업의 개요

한국표준산업 분류상의 건축물 자영건설업 및 부동산 분양공급업을 말한다. 다만, 주택신축판매업을 제외한다. 사업적으로 영리를 목적으로 계속적·반복적으로 부동산을 매매함으로 인하여 발생하는 소득은 사업소득이나, 사업적이 아닌 일시적·우발적으로 부동산을 매매함으로 인하여 발생하는 소득은 종합소득이 아닌 양도소득으로 과세된다.
→ 부동산매매업과 구별하여 별도로 과세한다는 의미이다.

1 부동산매매업의 정의

부동산의 매매(건물을 신축하여 판매하는 경우 포함) 또는 그 중개를 사업목적으로 나타내어 부동산을 판매하거나, 사업상의 목적으로 1과세기간 중에 1회 이상 부동산을 취득하고 2회 이상 판매하는 경우에는 부동산매매업을 영위하는 것으로 본다.

제3편 국 세

2 부동산매매업 등의 업종구분

(1) 자기의 토지 위에 상가 등을 신축하여 판매할 목적으로 건축중인 「건축법」에 의한 건물과 토지를 제3자에게 양도한 경우

(2) 토지를 개발하여 주택지·공업단지·상가·묘지 등으로 분할 판매하는 경우(「공유수면관리 및 매립에 관한 법률」 제46조의 규정에 의하여 소유권을 취득한 자가 그 취득한 매립지를 분할하여 양도하는 경우 포함).

(3) 부동산매매업의 구분에 있어 토지의 개발이라 함은 일정한 토지를 정지·분합·조성·변경 등을 함으로써 해당 토지의 효용가치가 합리적이고 효율적으로 증진을 가져오는 일체의 행위를 말한다.

> **Key Point** 주요 세법상 겸용주택의 경우 주택의 구분방법
>
> 겸용주택에 대한 세법의 규정은 다음과 같이 크게 두 가지로 대별할 수 있다.
>
> **유형 1**
> 「소득세법」상 건설업으로 보는 주택신축판매사업
> 1) 다음의 경우에는 겸용주택을 전부 주택으로 본다.
>   ① 주택과 상가를 각각의 매매단위로 분리하여 매매하는 경우로서 상가면적이 주택면적의 10% 이하인 경우
>   ② 주택과 주택에 부수되어 있는 상가를 하나의 매매단위로 매매하는 경우로서 상가면적이 주택 면적보다 작은 경우
> 2) "1)" 외의 경우
>   주택면적부분만 주택으로 보고 주택 외의 면적은 주택으로 보지 아니한다.
>
> **유형 2**
> 1) 「소득세법」상 비과세되는 1세대 1주택
> 2) 「부가가치세법」상 면세대상 주택임대용역
>   ① '주택연면적 > 상가연면적' 인 경우 : 겸용주택 전부를 주택으로 본다.
>   ② '주택연면적 ≦ 상가연면적' 인 경우 : 주택면적부분만 주택으로 보고 주택 외의 면적은 주택으로 보지 아니한다.

제2장 소득세

단락문제 Q30
제3회 기출

「소득세법」상 부동산 관련사업에 관한 설명 중 틀린 것은?

① 부동산매매를 사업목적으로 「부가가치세법」상 1과세기간 내에 1회 이상 부동산을 취득하고 2회 이상 판매하는 경우 부동산매매업에 해당된다.
② 토지를 개발하여 주택지·상가 등으로 분할 판매하는 경우 부동산매매업에 해당한다.
③ 자기의 토지 위에 상가를 신축하여 판매할 목적으로 건축중인 「건축법」에 의한 건물과 토지를 제3자에 양도한 경우 부동산매매업에 해당한다.
④ 주택신축판매사업자로서 1동의 주택을 1년에 1회 신축하여 판매하는 경우 부동산매매업에 해당한다.
⑤ 묘지를 개발하여 분묘기지권을 설정하고 분묘설치자부터 지료 등을 받는 경우 부동산임대업에 해당한다.

해설 부동산매매업 등의 업종구분
④ 부동산매매업이 아니라 주택신축판매업이다. **답** ④

WIDE 주택신축판매업(건설업)

① 정의 : 주택을 건설하여 판매하는 사업을 말한다.
  ㉠ 1동의 주택을 신축하여 판매하여도 건설업으로 본다.
  ㉡ 건설업자에게 도급을 주어서 주택을 신축하여 판매하여도 건설업으로 본다.
  ㉢ 종전부터 소유하던 자기의 토지 위에 주택을 신축하여 주택과 함께 토지를 판매하는 경우 그 토지의 양도로 인한 소득은 건설업의 소득으로 본다.
  ㉣ 시공중인 주택을 양도하는 경우에는 그 주택의 시공정도가 「건축법」에 의한 건축물에 해당하는 때에는 건설업으로 본다.
  ㉤ 신축한 주택이 판매되지 아니하여 판매될 때까지 일시적으로 일부 또는 전부를 임대한 후 판매하는 경우에도 해당 주택의 판매사업은 건설업으로 본다.
② 부수토지 : 주택에는 이에 부수되는 토지로서 건물이 정착된 면적에 5배(도시지역 밖에는 10배)를 곱하여 산정한 면적 이내의 토지를 포함한다.
③ 주택의 일부에 설치된 점포 등 다른 목적의 건물 또는 동일지번상에 설치된 다른 목적의 건물이 해당 건물과 같이 있는 경우에는 다른 목적의 건물 및 그에 부수되는 토지는 주택에서 제외하고 다음의 1에 해당하는 경우에는 그 전체를 주택으로 본다.
  ㉠ 주택과 다른 목적의 건물이 각각의 매매단위로 매매되는 경우로서 다른 목적의 건물면적이 주택면적의 10% 이하인 경우
  ㉡ 주택에 부수되어 있는 다른 목적의 건물과 주택을 하나의 매매단위로 매매하는 경우로서 다른 목적의 건물면적이 주택면적보다 작은 경우
④ 주택과 다른 목적의 건물을 신축하여 판매하는 경우
  ㉠ 각각 이를 구분하여 기장하고 이에 공통되는 필요경비가 있는 경우에는 해당 주택 및 다른 목적의 건물 각각의 가액에 비례하여 안분계산하는 것으로 한다.
  ㉡ 해당 주택 및 다른 목적의 건물의 가액의 구분이 불분명한 경우에는 해당 주택 및 다른 목적의 건물 각각의 기준시가에 의하여 안분계산한다.

02 총수입금액의 수입시기

 주택을 신축하여 분양하였을 경우 계약금, 중도금, 잔금수령일 중 언제 분양되었다고 볼 것인가요? 즉, 총수입금액의 수입시기를 언제로 할 것인가에 관한 내용입니다.

1 주택신축판매업의 주택과 부동산매매업의 경우
(1) 부동산의 대금을 청산한 날을 총수입금액의 수입시기로 한다.
(2) 다만, 대금을 청산하기 전에 소유권의 이전에 관한 등기 또는 등록을 하거나 해당 자산을 사용수익하는 경우에는 그 등기·등록일 또는 사용수익일로 한다.

2 장기할부조건에 의한 판매·건설·제조 또는 용역
그 장기할부금을 수입하였거나 수입하기로 약정된 날을 총수입금액의 수입시기로 한다.

3 도 급
(1) 목적물의 전부를 완성하여 상대방에게 인도하거나 용역의 제공을 완료한 날을 총수입금액의 수입시기로 한다.
(2) 다만, 건설 또는 제조에 관하여 계약기간이 1년을 초과하는 장기도급계약에 의하여 해당 연도 종료일 현재 계속 중인 것에 대하여는 공사진행기준에 의하여 작업진행률에 따라 해당 연도에 귀속될 수입금액을 계산한다.

03 토지 등 매매차익의 계산 (소법영 제128조 참조)★

Key Point 토지 등 매매차익

토지 등 매매차익은 매매가격에서 필요경비와 기타공제액을 차감하여 계산한다. 필요경비라 함은 취득원가와 자본적 지출액 그리고 양도비용등을 합한 금액으로 한다.

(1) 취득에 소요된 실지거래가액
다음의 금액을 합한 것을 말한다.
1) 취득원가에 상당하는 가액(부당행위 계산에 의한 시가초과액을 제외)
① **매입한 고정자산**
매입당시의 가액(취득세 기타 부대비용을 포함)
② **자기가 건설·제작 등에 의하여 취득한 고정자산**
원재료비·노무비·운임·하역비·보험료·수수료·설치비·등록세·취득세 기타 부대비용의 합계액
③ **기타의 자산**
취득 당시의 정상가액
2) 취득에 관한 쟁송이 있는 자산에 대하여 그 소유권등을 확보하기 위하여 직접 소요된 소송비용·화해비용 등의 금액으로서 그 지출한 연도의 각 소득금액의 계산에 있어서 필요경비에 산입된 것을 제외한 금액

(2) 자본적 지출액 등
1) 의 의
자본적 지출이란 사업자가 소유하는 감가상각자산의 내용연수를 연장시키거나 해당 자산의 가치를 현실적으로 증가시키기 위하여 지출한 수선비를 말한다(영 제67조 제2항).
2) 자본적 지출액의 내용
① 양도자산의 용도변경을 위하여 지출한 비용
② 양도자산의 개량을 위하여 지출한 비용
③ 양도자산의 이용편의를 위하여 지출한 비용
④ 「하천법」·「댐건설 및 주변지역지원 등에 관한 법률」 등 기타 법률에 의하여 시행하는 사업으로 인하여 해당 사업구역 내의 토지소유자가 부담한 수익자 부담금 등의 사업비용과 「개발이익환수에 관한 법률」에 의한 개발부담금
⑤ 토지이용의 편의를 위하여 지출한 장애철거비용
⑥ 토지이용의 편의를 위하여 해당 토지 또는 해당 토지에 인접한 타인 소유의 토지에 도로를 신설한 경우의 그 시설비
⑦ 토지이용의 편의를 위하여 해당 토지에 도로를 신설하여 국가 또는 지방자치단체에 이를 무상으로 공여한 경우의 그 도로로 된 토지의 취득 당시 가액

⑧ 사방사업에 소요된 비용
⑨ 양도자산을 취득한 후 쟁송이 있는 경우에 그 소유권을 확보하기 위하여 직접소요된 소송비용·화해비용 등의 금액으로서 그 지출한 연도의 각 소득금액의 계산에 있어서 필요경비에 산입된 것을 제외한 금액

(3) 양도비
1) 자산을 양도하기 위하여 직접 지출한 비용과 「증권거래세법」에 의하여 납부한 증권거래세
2) 국민주택채권 및 토지개발채권을 만기 전에 증권회사에 양도한 매각차손

(4) 해당 토지등의 건설자금에 충당한 금액의 이자

(5) 토지등의 매도로 인하여 법률에 의하여 지급하는 공과금

(6) 토지등을 평가증하여 장부가액을 수정한 때에는 그 평가증을 하지 아니한 장부가액으로 매매차익을 계산한다.

(7) 부동산매매업자는 토지등과 기타의 자산을 함께 매매하는 경우에는 각각 이를 구분하여 기장하고, 공통되는 필요경비가 있는 경우에는 해당 자산의 가액에 따라 안분계산한다.

단락문제 Q31

제3회 기출

개인이 부동산매매업을 영위하는 경우에 납부하는 세금에 관한 설명으로서 옳지 않은 것은?

① 부가가치세는 예정신고의무(豫定申告義務)가 있다.
② 기준시가를 기준으로 하여 과세표준을 계산함이 원칙이다.
③ 과세기간 중 1회 이상 부동산을 취득하고 2회 이상 판매하면 「부가가치세법」상 사업자가 된다.
④ 그 발생하는 소득은 사업소득으로서 종합소득에 합산된다.
⑤ 종합소득세의 확정신고의무(確定申告義務)가 있다.

해설 부동산매매업

- 양도가액 ┬ 원 칙 : 실지거래가액
         └ 예 외 : 기준시가
- 취득가액 중 필요경비 : 취득 당시의 장부가액

답 ②

04 토지 등 매매차익 예정신고와 자진납부

매매차익에 대한 신고납부는 예정신고와 확정신고가 있다.

1 예정신고기한

부동산매매업자는 토지 등의 매매차익과세액을 그 매매일이 속하는 달의 말일부터 2월 이내에 주소지 관할세무서장에게 신고하여야 한다(토지 등 매매차익이 없거나 매매차손이 발생한 때에도 신고하여야 함).

2 토지 등 매매차익 예정신고 산출세액

매매차익에 대한 산출세액은 매매차익에 양도소득세율을 곱하여 계산한 금액으로 한다.

3 토지 등 매매차익 예정신고 자진납부

부동산매매업자는 예정신고 산출세액을 주소지 관할세무서장에게 신고하고 납부하여야 한다.

05 토지 등 매매차익과 세액의 조사·결정 및 통지

1 토지 등 매매차익과 세액의 결정

(1) 토지 등 매매차익을 계산할 수 있을 경우

부동산매매업자가 매매차익 예정신고시 제출한 증빙서류 또는 비치·기장한 장부와 증빙서류에 의하여 토지 등 매매차익을 계산할 수 있을 때에는 그에 의하여 조사·결정한다.

(2) 추계결정 사유에 해당되는 경우

추계결정 사유에 해당되는 경우에는 토지 등 매매차익은 매매가액에 소득표준율을 곱하여 계산한 금액으로 한다.

(3) 실지거래가액을 알 수 있는 경우와 알 수 없는 경우

매도한 토지의 실지거래가액을 알 수 있는 경우에는 실지거래가액으로 하고, 실지거래가액을 확인할 수 없는 경우에는 기준시가로 한다.

2 통지

납세지 관할세무서장은 토지등매매차익 예정신고 또는 자진신고납부 1) 한 자에 대하여는 → 1월 내 2) 하지 아니한 자에 대하여는 → 즉시 매매차익과 세액을 결정하고 해당 부동산 매매업자에게 이를 통지하여야 한다.

06 양도소득세율이 적용되는 주택매매사업자

1 범위

개인 부동산매매업 중 1세대 2주택 이상, 1세대 3주택 이상 비사업용 토지 등을 소유한 거주자로서 주택의 매매차익이 있는 자를 말한다.

2 1세대 2주택 이상 등의 판정방법

양도소득세율이 중과되는 중과세율 적용대상 1세대 2주택 이상의 범위와 동일하다.

3 주택매매차익의 계산

양도소득세 과세표준계산을 준용한다.

> 주택매매차익 = 양도가액 − 필요경비 − 양도소득기본공제

PROFESSOR COMMENT
장기보유특별공제를 배제한다.

4 세율의 적용

아래의 **(1)**과 **(2)** 중 많은 금액에 의한다.

(1) 종합소득산출세액

(2) (주택매매차익 × 양도소득세 세율) + (종합소득세 과세표준 − 주택매매차익) × 종합소득세 세율

부록

제35회 공인중개사 기출문제

부동산세법

01

경록 '25 기본서
51쪽 출제

국세기본법령 및 지방세기본법령상 조세채권과 일반채권의 우선관계에 관한 설명으로 틀린 것은? (단, 납세의무자의 신고는 적법한 것으로 가정함)

① 취득세의 법정기일은 과세표준과 세액을 신고한 경우 그 신고일이다.
② 토지를 양도한 거주자가 양도소득세 과세표준과 세액을 예정신고한 경우 양도소득세의 법정기일은 그 예정신고일이다.
③ 법정기일 전에 전세권이 설정된 사실은 양도소득세의 경우 부동산등기부 등본 또는 공증인의 증명으로 증명한다.
④ 주택의 직전 소유자가 국세의 체납 없이 전세권이 설정된 주택을 양도하였으나, 양도 후 현재 소유자의 소득세가 체납되어 해당 주택의 매각으로 그 매각금액에서 소득세를 강제징수하는 경우 그 소득세는 해당 주택의 전세권담보채권에 우선한다.
⑤ 「주택임대차보호법」 제8조가 적용되는 임대차관계에 있는 주택을 매각하여 그 매각금액에서 지방세를 강제징수하는 경우에는 임대차에 관한 보증금 중 일정액으로서 같은 법에 따라 임차인이 우선하여 변제받을 수 있는 금액에 관한 채권이 지방세에 우선한다.

해설
세금이 우선하느냐, 기타 채권이 우선하느냐에 관한 문제이다. ④번 "우선한다"를 "우선하지 아니한다"로 수정해야 한다.

정답 01. ④

02

국세기본법령 및 지방세기본법령상 국세 또는 지방세 징수권의 소멸시효에 관한 설명으로 옳은 것은?

① 가산세를 제외한 국세가 10억원인 경우 국세징수권은 5년 동안 행사하지 아니하면 소멸시효가 완성된다.
② 가산세를 제외한 지방세가 1억원인 경우 지방세징수권은 7년 동안 행사하지 아니하면 소멸시효가 완성된다.
③ 가산세를 제외한 지방세가 5천만원인 경우 지방세징수권은 5년 동안 행사하지 아니하면 소멸시효가 완성된다.
④ 납세의무자가 양도소득세를 확정신고하였으나 정부가 경정하는 경우, 국세징수권을 행사할 수 있는 때는 납세의무자가 확정신고한 법정 신고납부기한의 다음 날이다.
⑤ 납세의무자가 취득세를 신고하였으나 지방자치단체의 장이 경정하는 경우, 납세고지한 세액에 대한 지방세징수권을 행사할 수 있는 때는 그 납세고지서에 따른 납부기한의 다음 날이다.

해설
국세와 지방세의 소멸시효에 관한 문제이다. "세금을 언제까지 징수할 수 있느냐"는 것이다. ⑤번이 정답. 고지서상의 납부기한의 다음날이다.

03

종합부동산세법령상 주택에 대한 과세에 관한 설명으로 옳은 것은?

① 「신탁법」 제2조에 따른 수탁자의 명의로 등기된 신탁주택의 경우에는 수탁자가 종합부동산세를 납부할 의무가 있으며, 이 경우 수탁자가 신탁주택을 소유한 것으로 본다.
② 법인이 2주택을 소유한 경우 종합부동산세의 세율은 1천분의 50을 적용한다.
③ 거주자 甲이 2023년부터 보유한 3주택(주택 수 계산에서 제외되는 주택은 없음) 중 2주택을 2024.6.17.에 양도하고 동시에 소유권이전등기를 한 경우, 甲의 2024년도 주택분 종합부동산세액은 3주택 이상을 소유한 경우의 세율을 적용하여 계산한다.
④ 신탁주택의 수탁자가 종합부동산세를 체납한 경우 그 수탁자의 다른 재산에 대하여 강제징수하여도 징수할 금액에 미치지 못할 때에는 해당 주택의 위탁자가 종합부동산세를 납부할 의무가 있다.
⑤ 공동명의 1주택자인 경우 주택에 대한 종합부동산세의 과세표준은 주택의 시가를 합산한 금액에서 11억원을 공제한 금액에 100분의 50을 한도로 공정시장가액비율을 곱한 금액으로 한다.

정답 02. ⑤ 03. ③

> 해설
> 주택분 종합부동산세에 관한 내용이다. ③번이 정답. 6. 1. 기준으로 주택수를 판정한다.

04 종합부동산세법령상 토지에 대한 과세에 관한 설명으로 옳은 것은?

경록 '25 기본서 284쪽 출제

① 토지분 재산세의 납세의무자로서 종합합산과세대상 토지의 공시가격을 합한 금액이 5억원인 자는 종합부동산세를 납부할 의무가 있다.
② 토지분 재산세의 납세의무자로서 별도합산과세대상 토지의 공시가격을 합한 금액이 80억원인 자는 종합부동산세를 납부할 의무가 있다.
③ 토지에 대한 종합부동산세는 종합합산과세대상, 별도합산과세대상 그리고 분리과세대상으로 구분하여 과세한다.
④ 종합합산과세대상인 토지에 대한 종합부동산세의 과세표준은 해당 토지의 공시가격을 합산한 금액에서 5억원을 공제한 금액에 100분의 50을 한도로 공정시장가액비율을 곱한 금액으로 한다.
⑤ 별도합산과세대상인 토지의 과세표준 금액에 대하여 해당 과세대상 토지의 토지분 재산세로 부과된 세액(「지방세법」에 따라 가감조정된 세율이 적용된 경우에는 그 세율이 적용된 세액, 같은 법에 따라 세부담 상한을 적용받은 경우에는 그 상한을 적용받은 세액을 말한다)은 토지분 별도합산세액에서 이를 공제한다.

> 해설
> 토지분 종합부동산세에 관한 내용이다. ⑤번이 정답. 과세기준금액 "이상"이 아니라 "초과"이다.

05 지방세법령상 취득세의 취득당시가액에 관한 설명으로 옳은 것은? (단, 주어진 조건 외에는 고려하지 않음)

경록 '25 기본서 106쪽 출제

① 건축물을 교환으로 취득하는 경우에는 교환으로 이전받는 건축물의 시가표준액과 이전하는 건축물의 시가표준액 중 낮은 가액을 취득당시가액으로 한다.
② 상속에 따른 건축물 무상취득의 경우에는 「지방세법」 제4조에 따른 시가표준액을 취득당시가액으로 한다.
③ 대물변제에 따른 건축물 취득의 경우에는 대물변제액(대물변제액 외에 추가로 지급한 금액이 있는 경우에는 그 금액을 제외한다)을 취득당시가액으로 한다.
④ 법인이 아닌 자가 건축물을 건축하여 취득하는 경우로서 사실상취득가격을 확인할 수 없는 경우에는 시가인정액을 취득당시가액으로 한다.
⑤ 법인이 아닌 자가 건축물을 매매로 승계취득하는 경우에는 그 건축물을 취득하기 위하여 「공인중개사법」에 따른 공인중개사에게 지급한 중개보수를 취득당시 가액에 포함한다.

정답   04. ⑤   05. ②

해설
취득세의 취득가액을 결정하는 내용이다. 상속취득은 시가표준액이다. ②번이 정답.

06

지방세법령상 취득세에 관한 설명으로 틀린 것은? (단, 지방세특례제한법령은 고려 하지 않음)

① 대한민국 정부기관의 취득에 대하여 과세하는 외국정부의 취득에 대해서는 취득세를 부과한다.
② 토지의 지목을 사실상 변경함으로써 그 가액이 증가한 경우에는 취득으로 본다.
③ 국가에 귀속의 반대급부로 영리법인이 국가 소유의 부동산을 무상으로 양여받는 경우에는 취득세를 부과하지 아니한다.
④ 영리법인이 취득한 임시흥행장의 존속기간이 1년을 초과하는 경우에는 취득세를 부과한다.
⑤ 신탁(「신탁법」에 따른 신탁으로서 신탁등기가 병행되는 것만 해당한다)으로 인한 신탁재산의 취득 중 주택조합등과 조합원 간의 부동산 취득에 대해서는 취득세를 부과한다.

해설
취득세의 비과세 등 여러 가지를 묻는 문제이다. ③번이 정답. "부과한다"가 올바른 내용.

07

지방세법령상 부동산 취득에 대한 취득세의 표준세율로 옳은 것을 모두 고른 것은?
(단, 조례에 의한 세율조정, 지방세관계법령상 특례 및 감면은 고려하지 않음)

ㄱ. 상속으로 인한 농지의 취득: 1천분의 23
ㄴ. 법인의 합병으로 인한 농지 외의 토지 취득: 1천분의 40
ㄷ. 공유물의 분할로 인한 취득: 1천분의 17
ㄹ. 매매로 인한 농지 외의 토지 취득: 1천분의 19

① ㄱ, ㄴ   ② ㄴ, ㄷ   ③ ㄷ, ㄹ   ④ ㄱ, ㄴ, ㄷ   ⑤ ㄴ, ㄷ, ㄹ

해설
취득세 표준세율에 관한 내용이다. ①번 ㄱ, ㄴ이 올바른 내용이다.

정답 06. ③ 07. ①

08

경록 '25 기본서 408쪽 출제

소득세법령상 거주자의 부동산과 관련된 사업소득에 관한 설명으로 옳은 것은?

① 해당 과세기간의 종합소득금액이 있는 거주자(종합소득과세표준이 없거나 결손금이 있는 거주자를 포함한다)는 그 종합소득 과세표준을 그 과세기간의 다음 연도 5월 1일부터 5월 31일까지 대통령령으로 정하는 바에 따라 납세지 관할 세무서장에게 신고하여야 하며, 해당 과세기간에 분리과세 주택임대소득이 있는 경우에도 이를 적용한다.
② 공장재단을 대여하는 사업은 부동산임대업에 해당되지 않는다.
③ 해당 과세기간의 주거용 건물 임대업을 제외한 부동산임대업에서 발생한 결손금은 그 과세기간의 종합소득과세표준을 계산할 때 공제한다.
④ 「공익사업을 위한 토지 등의 취득 및 보상에 관한 법률」 제4조에 따른 공익사업과 관련하여 지역권을 설정함으로써 발생하는 소득은 부동산업에서 발생하는 소득에 해당한다.
⑤ 사업소득에 부동산임대업에서 발생한 소득이 포함되어 있는 사업자는 그 소득별로 구분하지 않고 회계처리하여야 한다.

> **해설**
> 부동산임대소득 중에서 주택임대소득에 관한 내용이다. 분리과세 주택임대소득도 신고하여야 한다. ①번이 정답.

09

경록 '25 기본서 217쪽 출제

지방세법령상 재산세 과세기준일 현재 납세의무자로 틀린 것은?

① 공부상에 개인 등의 명의로 등재되어 있는 사실상의 종중재산으로서 종중소유임을 신고하지 아니하였을 경우: 종중
② 상속이 개시된 재산으로서 상속등기가 이행되지 아니하고 사실상의 소유자를 신고하지 아니하였을 경우: 행정안전부령으로 정하는 주된 상속자
③ 「도시 및 주거환경정비법」에 따른 정비사업(재개발사업만 해당한다)의 시행에 따른 환지계획에서 일정한 토지를 환지로 정하지 아니하고 체비지로 정한 경우: 사업시행자
④ 「채무자 회생 및 파산에 관한 법률」에 따른 파산선고 이후 파산종결의 결정까지 파산재단에 속하는 재산의 경우: 공부상 소유자
⑤ 지방자치단체와 재산세 과세대상 재산을 연부(年賦)로 매매계약을 체결하고 그 재산의 사용권을 무상으로 받은 경우: 그 매수계약자

> **해설**
> 재산세 납세의무자에 관한 내용으로 자주 출제되는 문제이다. ①번 공부상 소유자가 정답.

정답　08. ①　09. ①

10

지방세법령상 재산세의 물납에 관한 설명으로 옳은 것을 모두 고른 것은?

> ㄱ. 지방자치단체의 장은 재산세의 납부세액이 1천만원을 초과하는 경우에는 납세의무자의 신청을 받아 해당 지방자치단체의 관할구역에 있는 부동산에 대하여만 대통령령으로 정하는 바에 따라 물납을 허가할 수 있다.
> ㄴ. 시장·군수·구청장은 법령에 따라 불허가 통지를 받은 납세의무자가 그 통지를 받은 날부터 10일 이내에 해당 시·군·구의 관할구역에 있는 부동산으로서 관리·처분이 가능한 다른 부동산으로 변경 신청하는 경우에는 변경하여 허가할 수 있다.
> ㄷ. 물납을 허가하는 부동산의 가액은 물납 허가일 현재의 시가로 한다.

① ㄱ ② ㄷ ③ ㄱ, ㄴ ④ ㄴ, ㄷ ⑤ ㄱ, ㄴ, ㄷ

해설
재산세 물납에 관한 내용이다. 허가일이 아니고 과세기준일이다. ③번이 정답

11

지방세법령상 재산세에 관한 설명으로 옳은 것은? (단, 주어진 조건 외에는 고려하지 않음)

① 특별시 지역에서 「국토의 계획 및 이용에 관한 법률」에 따라 지정된 주거지역의 대통령령으로 정하는 공장용 건축물의 표준세율은 초과누진세율이다.
② 수탁자 명의로 등기·등록된 신탁재산의 수탁자는 과세기준일부터 15일 이내에 그 소재지를 관할하는 지방자치단체의 장에게 그 사실을 알 수 있는 증거자료를 갖추어 신고하여야 한다.
③ 주택의 토지와 건물 소유자가 다를 경우 해당 주택에 대한 세율을 적용할 때 해당 주택의 토지와 건물의 가액을 소유자별로 구분계산한 과세표준에 세율을 적용한다.
④ 주택의 재산세로서 해당 연도에 부과할 세액이 20만원 이하인 경우에는 납기를 9월 16일부터 9월 30일까지로 하여 한꺼번에 부과·징수할 수 있다.
⑤ 지방자치단체의 장은 과세대상의 누락으로 이미 부과한 재산세액을 변경하여야 할 사유가 발생하여도 수시로 부과·징수할 수 없다.

해설
재산세의 내용을 종합적으로 묻는 문제이다. ②번이 정답. 수탁자가 과세기준일부터 15일 이내에 신고해야 함.

정답 10. ③ 11. ②

12 다음 자료를 기초로 할 때 소득세법령상 국내 토지A에 대한 양도소득세에 관한 설명으로 옳은 것은? (단, 甲, 乙, 丙은 모두 거주자임)

경록 '25 기본서 360쪽 출제

> ○ 甲은 2018.6.20. 토지A를 3억원에 취득하였으며, 2020.5.15. 토지A에 대한 자본적 지출로 5천만원을 지출하였다.
> ○ 乙은 2022.7.1. 직계존속인 甲으로부터 토지A를 증여받아 2022.7.25. 소유권이전등기를 마쳤다(토지A의 증여 당시 시가는 6억원임).
> ○ 乙은 2024.10.20. 토지A를 甲 또는 乙과 특수 관계가 없는 丙에게 10억원에 양도하였다.
> ○ 토지A는 법령상 협의매수 또는 수용된 적이 없으며, 소득세법 제97조의2 양도소득의 필요경비 계산 특례(이월과세)를 적용하여 계산한 양도소득 결정세액이 이를 적용하지 않고 계산한 양도소득 결정세액보다 크다고 가정한다.

① 양도차익 계산시 양도가액에서 공제할 취득가액은 6억원이다.
② 양도차익 계산시 甲이 지출한 자본적 지출액 5천만원은 양도가액에서 공제할 수 없다.
③ 양도차익 계산시 乙이 납부하였거나 납부할 증여세 상당액이 있는 경우 양도차익을 한도로 필요경비에 산입한다.
④ 장기보유 특별공제액 계산 및 세율 적용시 보유기간은 乙의 취득일부터 양도일까지의 기간으로 한다.
⑤ 甲과 乙은 양도소득세에 대하여 연대납세의무를 진다.

해설

양도소득세 이월과세 내용이다. 2~3년에 한 번씩 출제되고 있다. "필요경비에 산입한다." ③번이 정답.

정답 12. ③

13

소득세법령상 다음의 국내자산 중 양도소득세 과세대상에 해당하는 것을 모두 고른 것은? (단, 비과세와 감면은 고려하지 않음)

> ㄱ. 토지 및 건물과 함께 양도하는 「개발제한구역의 지정 및 관리에 관한 특별조치법」에 따른 이축권(해당 이축권 가액을 대통령령으로 정하는 방법에 따라 별도로 평가하여 신고하지 않음)
> ㄴ. 조합원입주권
> ㄷ. 지역권
> ㄹ. 부동산매매계약을 체결한 자가 계약금만 지급한 상태에서 양도하는 권리

① ㄱ, ㄷ ② ㄴ, ㄹ ③ ㄱ, ㄴ, ㄷ ④ ㄴ, ㄷ, ㄹ ⑤ ㄱ, ㄴ, ㄷ, ㄹ

[해설]
양도소득세 과세대상에 관한 문제이다. 지역권은 과세대상이 아니다. ③번이 정답.

14

소득세법령상 거주자의 국내자산 양도에 대한 양도소득세에 관한 설명으로 옳은 것은?

① 부담부증여의 채무액에 해당하는 부분으로서 양도로 보는 경우에는 그 양도일이 속하는 달의 말일부터 2개월 이내에 양도소득세를 신고하여야 한다.
② 토지를 매매하는 거래당사자가 매매계약서의 거래가액을 실지거래가액과 다르게 적은 경우에는 해당 자산에 대하여 「소득세법」에 따른 양도소득세의 비과세에 관한 규정을 적용할 때, 비과세 받을 세액에서 '비과세에 관한 규정을 적용하지 아니하였을 경우의 양도소득 산출세액'과 '매매계약서의 거래가액과 실지거래가액과의 차액' 중 큰 금액을 뺀다.
③ 사업상의 형편으로 인하여 세대전원이 다른 시·군으로 주거를 이전하게 되어 6개월 거주한 주택을 양도하는 경우 보유기간 및 거주기간의 제한을 받지 아니하고 양도소득세가 비과세된다.
④ 토지의 양도로 발생한 양도차손은 동일한 과세기간에 전세권의 양도로 발생한 양도소득금액에서 공제할 수 있다.
⑤ 상속받은 주택과 상속개시 당시 보유한 일반주택을 국내에 각각 1개씩 소유한 1세대가 상속받은 주택을 양도하는 경우에는 국내에 1개의 주택을 소유하고 있는 것으로 보아 1세대 1주택 비과세 규정을 적용한다.

[해설]
양도소득세 혼합문제이다. ④번이 정답.

정답 13. ③ 14. ④

15

경록 '25 기본서 394쪽 출제

소득세법령상 거주자가 2024년에 양도한 국외자산의 양도소득세에 관한 설명으로 **틀린** 것은? (단, 거주자는 해당 국외자산 양도일까지 계속 5년 이상 국내에 주소를 두고 있으며, 국외 외화차입에 의한 취득은 없음)

① 국외자산의 양도에 대한 양도소득이 있는 거주자는 양도소득 기본공제는 적용받을 수 있으나 장기보유 특별공제는 적용받을 수 없다.
② 국외 부동산을 양도하여 발생한 양도차손은 동일한 과세기간에 국내 부동산을 양도하여 발생한 양도소득금액에서 통산할 수 있다.
③ 국외 양도자산이 부동산임차권인 경우 등기여부와 관계없이 양도소득세가 과세된다.
④ 국외자산의 양도가액은 그 자산의 양도 당시의 실지거래가액으로 한다. 다만, 양도 당시의 실지거래가액을 확인할 수 없는 경우에는 양도자산이 소재하는 국가의 양도 당시 현황을 반영한 시가에 따르되, 시가를 산정하기 어려울 때에는 그 자산의 종류, 규모, 거래상황 등을 고려하여 대통령령으로 정하는 방법에 따른다.
⑤ 국외 양도자산이 양도 당시 거주자가 소유한 유일한 주택으로서 보유기간이 2년 이상인 경우에도 1세대 1주택비과세 규정을 적용받을 수 없다.

해설
국외자산 양도에 관한 문제이다. ②번 "있다"가 "없다"가 되어야 맞다.

정답 15. ②

16 다음 자료를 기초로 할 때 소득세법령상 거주자 甲이 확정신고시 신고할 건물과 토지B의 양도소득과세표준을 각각 계산하면? (단, 아래 자산 외의 양도자산은 없고, 양도소득과세표준 예정신고는 모두 하지 않았으며, 감면소득금액은 없다고 가정함)

구분	건물 (주택아님)	토지 A	토지 B
양도차익(차손)	15,000,000원	(20,000,000원)	25,000,000원
양도일자	2024.3.10.	2024.5.20.	2024.6.25.
보유기간	1년 8개월	4년 3개월	3년 5개월

* 위 자산은 모두 국내에 있으며 등기됨
* 토지 A, 토지 B는 비사업용 토지 아님
* 장기보유 특별공제율은 6%로 가정함

	건물	토지B
①	0 원	16,000,000원
②	0 원	18,500,000원
③	11,600,000원	5,000,000원
④	12,500,000원	3,500,000원
⑤	12,500,000원	1,000,000원

해설

과세표준 계산문제이다. ④번이 정답.
건물 : 15,000,000 − 0(장기보유특별공제) − 2,500,000(기본공제) = 12,500,000원
토지B : 25,000,000 − 1,500,000(장보특 6%) − 0(기본공제) − 20,000,000 = 3,500,000원

정답 16. ④

알고 보니 경록이다

우리나라 부동산전문교육의 본산 경록 1957

한방에 합격은 경록이다

제1회 시험부터 수많은 합격자를 배출한 전문성 - 경록

시험장에서 눈을 의심할 만큼, 진가를 합격으로 확인하세요

정가 38,000원

1회 시험부터 수많은 합격자를 배출한 독보적 교재
공인중개사 기본서
2차 ⑥ 부동산세법

27년연속99%
독보적 정답률

대한민국 1등 교재
optimization test
시험최적화 대한민국 1등 교재
(100인의 부동산학 대학교수진, 2021)

최초로 부동산학을 정립한 부동산학의
모태(원조)로서 부동산전문교육
1위 인증(한국부동산학회)

대한민국 부동산교육 공헌대상(한국부동산학회)
4차산업혁명대상(대한민국 국회)
고객만족대상(교육부)
고객감동 1위(중앙일보)
고객만족 1위(조선일보)
고객감동경영 1위(한국경제)
한국소비자만족도 1위(동아일보) 등 석권

발 행	2025년 1월 10일	
인 쇄	2024년 11월 18일	
연 대	최초 부동산학 연구논문에서부터 현재까지 (1957년 원전 ~ 현재)	
편 저	경록 공인중개사 교재편찬위원회, 신한부동산연구소 편	
발 행 자	이 성 태 / 李 星 兌	
발 행 처	경록 / 景鹿	
주 소	서울시 강남구 영동대로 114길 7 (삼성동 91-24) 경록메인홀	
문 의	02)3453-3993 / 02)3453-3546	
홈페이지	www.kyungrok.com	
팩 스	02)556-7008	
등 록	제16-496호	
ISBN	979-11-93559-87-1 14320	

대표전화 1544-3589

이 책의 무단전재·복제를 금함

이 책은 저작권법에 의해 저작권이 보호됩니다. 무단전재 및 복제행위는 이 법 제136조에 의해 5년 이하의 징역 또는 5,000만원 이하의 벌금에 처하거나 병과(倂科)할 수 있습니다.

부동산전문교육 68년 전통과 노하우

개정법령 및 정오사항 등은 경록 홈페이지에서 서비스됩니다.